PAPUS

LA CABBALE

TRADITION SECRÈTE DE L'OCCIDENT

Ouvrage précédé d'une lettre d'Ad. **FRANCK** (*de l'Institut*) et d'une étude par Saint-Yves d'ALVEYDRE

2e Edition. — *Considérablement augmentée, renfermant de nouveaux textes de* Lenain, Eliphas Levi, Stanislas de Guaita, Dr Marc Haven, Sedir, J. Jacob, Saïr *et une traduction complète du Sepher Ietzirah*

Suivi de la réimpression partielle d'un traité cabalistique du CHEV. DRACH

Avec Figures et Tableaux

PARIS
LIBRAIRIE GÉNÉRALE DES SCIENCES OCCULTES
BIBLIOTHÈQUE CHACORNAC
11, QUAI SAINT-MICHEL
1903

LA CABBALE

OUVRAGES DU MÊME AUTEUR

EN VENTE

à la Librairie générale des Sciences occultes

Traité élémentaire de Magie pratique. — Adaptation, Réalisation, Théorie de la Magie. — Appendice sur l'histoire et la bibliographie de l'Evocation magique, Dictionnaire de la Magie des campagnes, des Philtres d'amour, etc. Beau vol in-8 raisin de 560 pages avec 158 figures, planches et tableaux . . . . 12 fr. »»

La Magie et l'Hypnose. — Contrôle expérimental des phénomènes et des enseignements de la Magie au moyen de l'Hypnose. Vol. in-8 carré avec gravures . . . . 8 fr. »»

L'anatomie philosophique et ses divisions. — Beau vol. in-8 raisin. . . . . 4 fr. »»

Martines de Pasqually. — Sa vie; Ses pratiques magiques; Son œuvre; Ses disciples d'après des documents entièrement inédits. Vol. in-18 jésus . . . . 4 fr. »»

L'illuminisme en France 1771-1803. **Louis-Claude de Saint-Martin.** Sa vie, sa voie théurgique, ses ouvrages, son œuvre, ses disciples, suivi de la publication de 50 lettres inédites. Un vol. in-18 jésus, avec fac-simile et tableaux . . . . 4 fr. »»

Premiers éléments de Chiromancie, renfermant en une série de leçons didactiques, la chirognomonie, chiromancie physique et astrologique et la chirosophie. Ouvrage précédé de la réédition du traité synthétique de chiromancie et illustré de 62 fig. originales. Un vol in-18 jésus . . . . 3 fr. 50

L'Ame humaine avant la naissance et après la mort. — Broch. in-18 jésus avec dessins. . . . . 1 fr. 50

Qu'est ce que l'occultisme ? — Psychologie, Métaphysique, Logique Morale, Théodicie, Sociologie, Pratiques, Traditions et Bibliographie de l'occultisme. Broch. in-18 jésus. . . . . 1 fr. »»

Martinésisme, Willermosisme. — Martinisme et Franc-Maçonnerie. — 1 vol. in-16 jésus de 120 pages . . . . . . 1 fr. »»

Les Arts divinatoires. — Graphologie; Chiromancie; Physionomie; Astrologie. Broch. in-18 jésus avec nombreux dessins . . . . 1 fr. »»

Peut-on envoûter ? — Broch. in-18 avec gravure représentant un pacte de Sorcellerie au XIXe siècle . . . . 1 fr. »»

Le diable et l'occultisme. — Broch. in-18 . . . . . 1 fr. »»

Anarchie, Indolence et Synarchie. — Broch. in-8 . . 1 fr. »»

La Science des Mages et ses Applications théoriques et pratiques. — Petit résumé de l'Occultisme entièrement inédit. Broch. in-18 de 72 pages . . . . 0 fr. 50

Le cas de la Voyante de la rue de Paradis. — D'après la Tradition et la Magie. Broch. in-18 jésus. . . . . 0 fr. 50

La Maison hantée de Valence-en-Brie. — Etude critique et historique du phénomène. Broch. in-18 jésus. . . . . 0 fr. 50

Premiers éléments de Langue Sanscrite. — In-18. . 0 fr. 50

Catholicisme, Satanisme, Occultisme. — Broch. in-18 0 fr. 50

Comment est constitué l'être humain — Le Corps. L'astral. L'esprit et leurs correspondances. Les Auras humaines. Clef des constitutions à neuf, sept et cinq éléments. Broch. in-16 raisin (inédit) . . . . 0 fr. 25

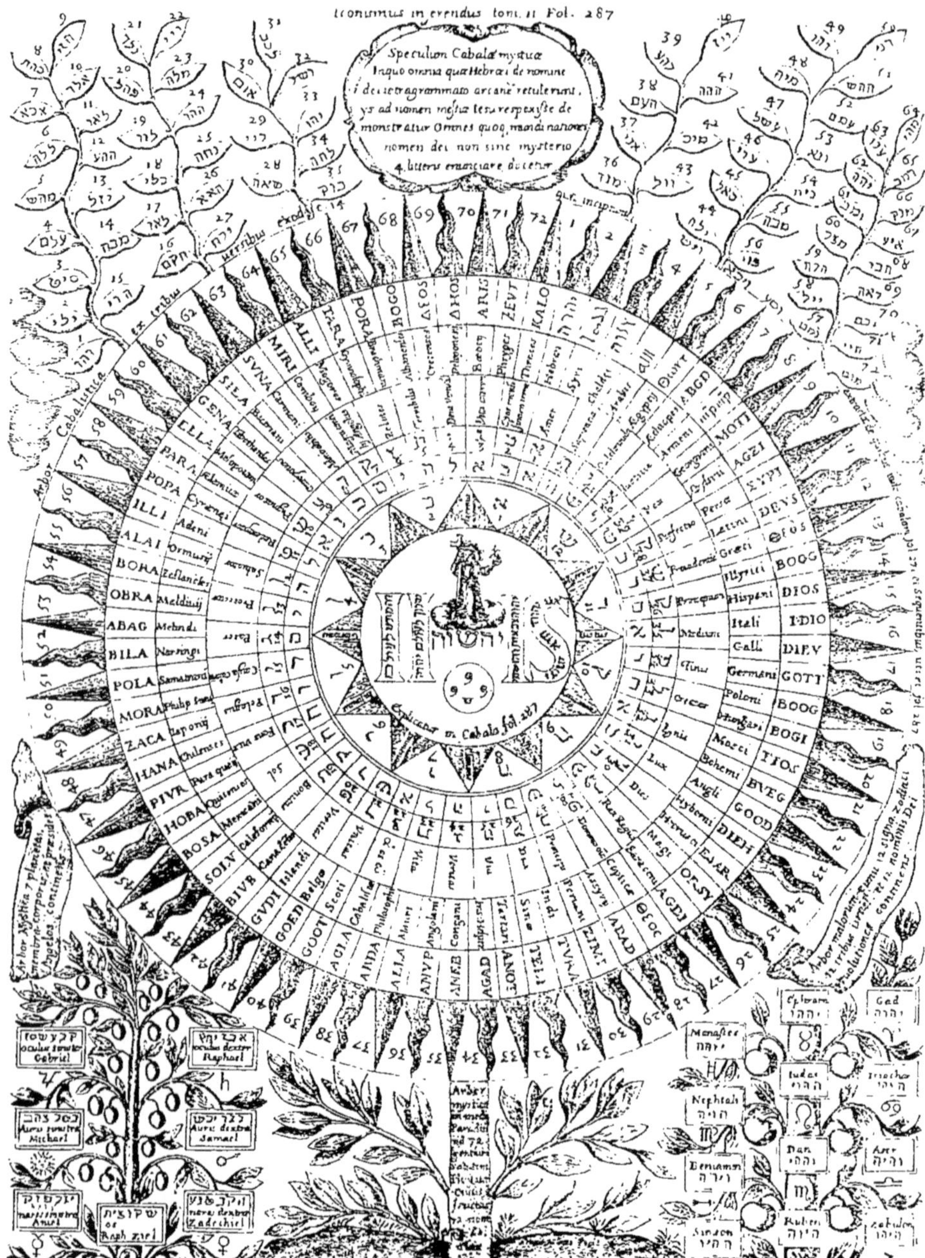

Le Grand Arbre Kabbalistique, d'après Kircher (Œdipus Ægyptiacus).

PAPUS

LA CABBALE

TRADITION SECRÈTE DE L'OCCIDENT

Ouvrage précédé d'une lettre d'Ad. FRANCK (*de l'Institut*) et d'une étude par Saint-Yves d'ALVEYDRE

2e Edition. — *Considérablement augmentée, renfermant de nouveaux textes de* LENAIN, ELIPHAS LEVI, STANISLAS DE GUAITA, Dr MARC HAVEN, SEDIR, J. JACOB, SAÏR *et une traduction complète du Sepher Ietzirah*

Suivi de la réimpression partielle d'un traité cabalistique du CHEV. DRACH

Avec Figures et Tableaux

PARIS
LIBRAIRIE GÉNÉRALE DES SCIENCES OCCULTES
BIBLIOTHÈQUE CHACORNAC
11, QUAI SAINT-MICHEL
1903

PRÉFACE DE LA SECONDE ÉDITION

Notre étude très élémentaire sur « la Kabbale » a obtenu un succès auquel nous ne nous attendions pas étant donné son caractère si technique. Aujourd'hui une seconde édition est devenue nécessaire et nous avons mis tous nos soins à la mettre au courant des recherches faites depuis notre précédente publication.

Nous nous étions efforcé d'établir tout d'abord une classification aussi claire que possible des livres et des traditions dont la Kabbale ne forme qu'une section, et nous avions élaboré de notre mieux une bibliographie non pas complète, mais assez étendue. Nous avons conservé intégralement dans cette nouvelle édition ces deux parties principales de notre premier travail, mais nous y avons ajouté les éléments suivants :

Dans l'introduction, un travail du plus grand intérêt du marquis de Saint-Yves d'Alveydre, sur la tradition cabalistique rétablie à la lumière de l'archéomètre.

Dans la deuxième partie (enseignement), nous avons fait appel à la plume du Maître kabbaliste Eliphas Lévi en publiant son cours de Kabbale en dix leçons ; nous avons fait suivre ce cours d'un travail également très clair du jeune Maître Sedir, de manière à donner au lecteur une idée synthétique des enseignements kabbalistiques. Il est ensuite facile de comprendre les chapitres suivants et surtout l'étude des Séphiroth de Stanislas de Guaita que nous avons fait précéder de notre clef de construction du tableau séphirotique.

Dans la troisième partie, LES TEXTES, on trouvera une traduction nouvelle et qui nous semble enfin complète du SEPHER JESIRAH ou livre kabbalistique de la création, avec les commentaires les plus importants.

Il nous a semblé utile également de résumer dans cette section les éléments les plus généraux de quelques textes se rapportant soit au Zohar, soit aux autres sections de la tradition écrite.

Enfin, nous avons complété notre bibliographie par celle si importante établie par le Dr Marc Haven dont les travaux sont bien connus et si appréciés de tous nos lecteurs.

De plus nous donnons, dans cette édition, les éléments de Kabbale pratique dérivés de l'appel des génies d'après les noms divins et une réimpression presque intégrale de la brochure du chev. Drach qui coûte encore si cher quand on la trouve dans les catalogues.

Les figures ont été l'objet également d'un choix spécial.

Nous espérons ainsi, non pas faire de nos lecteurs des kabbalistes, mais bien leur permettre de comprendre clairement les enseignements de la tradition occidentale qui se résume dans le christianisme.

La kabbale seule a droit à ce titre de « Tradition » que quelques vagues systèmes philosophiques cherchent à détourner de son véritable sens.

Cet essai est, à nos yeux, le moyen de se diriger vers le sanctuaire de l'Illuminisme où rayonnent les quatre lettres du nom mystique du Sauveur des Trois Plans :

INRI : le Christ, Dieu venu en chair dont la lumière éclaire tout Esprit qui fuit l'orgueil du Plan Mental.

PAPUS

INTRODUCTION

Paris, le 23 octobre 1891.

LETTRE

DE M. ADOLPHE FRANCK A L'AUTEUR

« MONSIEUR,

» J'accepte avec le plus grand plaisir la dédicace que vous voulez bien m'offrir de votre ouvrage sur la Kabbale, qui n'est pas un *essai*, comme il vous plaît de l'appeler, mais un livre de la plus grande importance.

» Je n'ai pu encore que le parcourir rapidement ; mais je le connais assez pour vous dire que c'est, à mon avis, la publication la plus curieuse, la plus instructive, la plus savante qui ait paru jusqu'à ce jour sur cet obscur sujet.

» Je ne trouve à y reprendre que les termes beaucoup trop flatteurs de la lettre à mon adresse dont vous la faites précéder.

» Avec une rare modestie, vous ne me demandez mon opinion que sur le travail bibliographique par lequel se termine votre étude.

» Je n'oserais pas vous affirmer qu'il n'y manque absolument rien ; car le cadre de la Science Kabbalistique peut varier à l'infini ; mais un travail bibliographique aussi complet que le vôtre, je ne l'ai rencontré nulle part.

» Veuillez agréer, Monsieur, avec mes félicitations et mes remerciements, l'assurance de mes sentiments dévoués.

« AD. FRANCK. »

A Monsieur ADOLPHE FRANCK,

Membre de l'Institut,
Professeur honoraire au collège de France,
Président de la Ligue nationale contre l'Athéisme.

« Mon cher Maitre,

» Voulez-vous me permettre de vous dédier le modeste essai que je publie aujourd'hui sur cette question de la Kabbale, si importante à élucider pour le philosophe ?

» Vous avez été le premier, non seulement en France, mais aussi en Europe, à mettre au jour un travail considérable sur la « philosophie religieuse des Hébreux », comme vous la nommez vous-même. — Cet ouvrage, que vous seul pouviez mener à bonne fin, grâce à votre parfaite connaissance de la langue hébraïque, d'une part, et de l'histoire des doctrines philosophiques, d'autre part, a fait, dès son apparition, autorité dans la matière et a justement mérité les traductions et les imitations qui se sont produites depuis cette publication. Les quelques critiques allemands qui ont voulu vous reprendre au sujet de la Kabbale n'ont réussi qu'à donner la mesure exacte de leur insuffisance et de leur parti pris. La réédition de 1889 est venue sanctionner le succès de l'édition de 1843.

» Mais si nous tous, qui nous occupons aujourd'hui de ces questions, nous devons une profonde reconnaissance à notre doyen, à notre initiateur en ces études, comment pourrais-je, personnellement, vous remercier de l'insigne honneur que vous avez bien voulu me faire en encourageant mes efforts de l'autorité de votre nom, en déclarant que, si vous n'êtes pas mystique, vous préférez du moins voir les nouveaux venus épris de ces recherches, plutôt que de les sentir apôtres des doctrines désespérantes, antiphilosophiques et, osons le dire, antiscientifiques du positivisme matérialiste ?

» A l'heure où nous avons levé le bouclier de la lutte intellectuelle contre le matérialisme, à l'heure où tous les adeptes de cette doctrine, épars dans les Facultés de médecine, dans la Presse, et dans les couches les plus élevées comme les plus basses de la société, nous ont considéré comme des « dilettanti », des cléricaux ou des fous, le président de la Ligue nationale contre l'athéisme est venu, bravant tous les sarcasmes, nous couvrir de l'autorité incontestable et incontestée d'un philosophe profond, doublé d'un défenseur ardent du spiritualisme.

» Vous nous avez montré que ces savants, éminents pour la plupart par leurs découvertes analytiques, sont astreints, de par leur spécialisation même, à une étude trop hâtive de la philosophie. De là leur mépris pour une branche du savoir humain qui, seule, pourrait leur fournir cette synthèse des sciences qu'ils aspirent tant à posséder ; de là leurs conclusions matérialistes, de là l'*inconnaissable* et toutes les formules qui indiquent la paresse de l'esprit humain, inapte à un effort sérieux, et pressé de conclure, sans approfondir la valeur ou les conséquences sociales de ses affirmations.

» A côté du courant officiel, des Universités religieuses ou laïques, des Académies des sciences et des Laboratoires des Facultés, a toujours existé un courant indépendant, généralement peu connu, et, partant, assez méprisé, formé de chercheurs parfois trop imbus de philosophie, parfois trop épris de mysticisme, mais combien curieux et combien intéressants à étudier !

» Ces adeptes de la Gnose, ces Alchimistes, ces disciples de Jacob Boëhm, de Martinez Pasqualis ou de Louis-Claude de Saint-Martin, sont pourtant les seuls qui n'aient jamais négligé l'étude de la Kabbale jusqu'au moment où l'apparition de votre travail est venue montrer qu'ils avaient trouvé un approbateur et un maître dans la personne d'un des plus éminents parmi les représentants de l'Université.

» C'est comme admirateur et disciple moi-même de Saint-Martin et de ses doctrines, que je prends la liberté de vous remercier, au nom de ces « indépendants », de l'appui précieux qu'ils ont trouvé en votre personne et, si j'osais, en terminant, vous adresser une prière, ce serait de vous voir intercéder pour eux auprès des chefs de notre Université.

» Il y a dans les œuvres de Saint-Martin, dans celles de Fabre d'Olivet, de Wronski, de Lacuria et de Louis Lucas, une série d'études que je crois très profondes et qui sont peu connues, sur la psychologie, la morale ou la logique.

» Or, il serait pour le moins utile de voir au programme de notre Ecole Normale Supérieure le *Traité des signes et des Idées* de Saint-Martin, *Les Missions* de Saint-Yves d'Alveydre ou les *Vers dorés de Pythagore* de Fabre d'Olivet, ainsi que le système de psychologie qui forme l'introduction de son *Histoire philosophique du genre humain*, ou bien encore la partie philosophique de la *Médecine nouvelle* ou du *Roman alchimique* de Louis Lucas, sans parler de la *Création de la Réalité absolue* de Wronski, peut-être trop technique et trop abstraitement présentée.

» Vous me direz que ces auteurs sont des « mystiques », des écrivains dont l'érudition laisse à désirer quelquefois ; mais c'est un « mystique » aussi qui réclame qu'on les lise davantage et qu'on les critique, ne serait-ce que pour mieux se rendre compte des diverses évolutions de l'esprit humain.

» Quel que soit l'accueil fait à ma requête, je vous serai toujours reconnaissant, mon cher Maître, de tout ce que vous avez fait pour notre cause.

» Ce n'est pas sans efforts ni sans luttes que nous avons progressé, et nous continuerons notre route, comme nous l'avons commencée, répondant par le travail et par des œuvres à toutes les attaques qui accablent chacune de nos œuvres ou chacune de nos personnalités. En effet, toute œuvre de bonne foi subsiste bien longtemps encore ; mais que reste-t-il après quelques années, des calomnies les plus perfides ? Un peu d'amertume et beaucoup de pitié au cœur des victimes, de plus grands remords en l'âme des calomniateurs, et rien autre chose.

» Mais si les œuvres subsistantes perdent, par la suite des temps, de leur valeur comme puissance dynamique, il est un sentiment sacré, que tous ceux qui défendront plus tard notre cause devront éprouver autant que nous-même, c'est la reconnaissance profonde pour celui qui n'hésita pas, dans les moments les plus difficiles, à encourager nos efforts en les appuyant de tout le respect et de toute l'autorité qui s'attachent à un grand nom.

» Veuillez agréer, mon cher Maître, l'assurance de ma considération très distinguée.

« Papus. »

Au Marquis de SAINT-YVES D'ALVEYDRE

« Mon cher Maitre,

» Je suis sur le point de publier une nouvelle édition de mon étude sur la « Kabbale », étude bien élémentaire, surtout quand je me reporte aux travaux considérables grâce auxquels vous êtes parvenu à reconstituer cette antique synthèse patriarcale, dont l'antiquité n'a possédé que les bribes.

» Mais quand je songe à la voie de douleur et de deuil que Notre-Seigneur a placée le long de votre existence de labeur, quand je songe à la déchirure d'âme surhumaine qui a précédé la certitude de l'Union éternelle avec votre cher Ange, je trouve qu'il en coûte beaucoup de venir éclairer de lumière divine un siècle qui n'a plus presque que cette voie de Salut.

» Mais pour revenir à cette question technique de la « Kabbale », je viens faire appel aux précisions de l'Archéomètre, pour résoudre une question discutée depuis des siècles et que, comme tant d'autres de tout genre, votre admirable réalisation permet de déterminer définitivement.

» Il s'agit de l'orthographe du mot traduisant exactement le sens et l'origine de la tradition secrète dont le Sepher Ietzirah et le Sohar sont les lumineuses colonnes.

» Permettez-moi donc d'être indiscret tout à fait et à côté de la définition exacte du mot Cabale, Kabbale ou Quabbale, laissez-moi demander à l'archéomètre quelques notions vraies sur les dix nombres au sujet desquels les pythagoriciens ont répandu tant d'erreurs. Merci de tout ce que vous voudrez bien me répondre, pour la plus grande gloire de Jésus-Christ, Notre-Seigneur.

« Papus. »

NOTES
SUR LA TRADITION CABALISTIQUE

« Mon cher Ami,

« Je me fais un vrai plaisir de répondre à votre bonne lettre. Je n'ai rien à ajouter à votre remarquable livre sur la Cabale juive. Il est classé au premier rang par l'appréciation si éminente et si méritée qu'en a faite le regretté M. Franck, de l'Institut, l'homme le plus autorisé à porter un jugement sur ce sujet.

» Votre œuvre complète la sienne, non seulement quant à l'érudition, mais aussi quant à la bibliographie et à l'exégèse de cette tradition spéciale ; et encore une fois, je crois ce beau livre définitif.

» Mais, sachant mon respect pour la tradition, et, en même temps, mon besoin d'universalité et de vérification par tous les procédés des méthodes actuelles, connaissant en outre les résultats de mes travaux, vous ne craignez pas que j'élargisse le sujet, et, au contraire, vous voulez bien me le demander.

» Je n'ai, en effet, accepté que sous bénéfice d'inventaire les livres de la Cabale juive, quelque intéressants qu'ils soient. Mais l'inventaire une fois fait, mes recherches personnelles ont porté sur l'universalité antérieure d'où procèdent ces documents archéologiques, et sur le principe ainsi que sur les lois qui ont pu motiver ces faits de l'esprit humain.

» Chez les Juifs, la Cabale provenait des Kaldéens par Daniel et Esdras.

» Chez les Israélites antérieurs à la dispersion des dix tribus non juives, la Cabale provenait des Egyptiens, par Moïse.

» Chez les Kaldéens comme chez les Egyptiens, la Cabale faisait partie de ce que toutes les Universités métropolitaines appelaient la Sagesse, c'est-à-dire la synthèse des sciences et des arts ramenés à leur Principe commun. Ce Principe était la Parole ou le Verbe.

» Un précieux témoin de l'antiquité patriarcale prémoïsiaque déclare cette sagesse perdue ou bouleversée 3.000 ans environ avant Notre-Seigneur. Ce témoin est Job et l'antiquité de ce livre est autologiquement signée par la position des constellations qu'il mentionne : « Qu'est devenue la Sagesse, où donc est-elle ? » dit ce saint patriarche.

» Dans Moïse, la perte de l'unité antérieure, le démembrement de la Sagesse patriarcale, sont indiqués sous le nom de division des Langues et d'Ere de Nimroud. Cette époque Kaldéenne correspond à celle de Job.

» Un autre témoin de l'Antiquité patriarcale est le Brahmanisme. Il a conservé toutes les traditions du passé superposées comme les différentes couches géologiques de la terre. Tous ceux qui l'ont étudié au point de vue moderne ont été frappés et de ses richesses documentaires et de l'impossibilité où sont leurs possesseurs de les classer d'une manière satisfaisante, tant au point de vue chronologique, qu'au point de vue scientifique. Leurs divisions en sectes brahmaniques, vishnavistes, sivaïstes, pour ne parler que de celles-là, ajoutent encore à cette confusion.

» Il n'en est pas moins vrai que les Brahmes du Népaul font remonter au commencement du Kaly-Youg la rupture de l'antique universalité et de l'unité primordiale des enseignements.

» Cette synthèse primitive portait, bien avant le nom de Brahma, celui d'Ishva-Ra, Jésus-Roi : *Jesus Rex Patriarcharum*, disent nos litanies.

» C'est à cette synthèse primordiale que saint Jean fait allusion au commencement de son Evangile ; mais les Brahmes sont loin de se douter que leur Isoua-Ra est notre Jésus, Roi de l'Univers, comme Verbe Créateur et Principe de la Parole humaine. Sans cela, ils seraient tous Chrétiens.

» L'oubli de la Sagesse Patriarcale d'Ishva-Ra date de Krishna, le fondateur du Brahmanisme et de sa Trimourti. Là encore, il y a concordance entre les Brahmes, Job et Moïse, quant au fait et quant à l'époque.

» Depuis ce temps babélique, aucun peuple, aucune race, aucune Université, n'a plus possédé qu'à l'état de débris fragmentaires l'ancienne Universalité des connaissances divines, humaines et naturelles, ramenées à leur Principe : le Verbe-Jésus. Saint Augustin désigne sous le nom de *Religio vera* cette Synthèse primordiale du Verbe.

» La Cabale rabbinique, relativement récente comme rédaction, était connue de fond en comble dans ses sources écrites ou orales par les adeptes juifs du premier siècle de notre ère. Elle n'avait certainement pas de secret pour un homme de la valeur et de la science de Gamaliel. Mais elle n'en avait pas non plus pour son premier et prééminent disciple, saint Paul, devenu l'apôtre du Christ ressuscité.

» Or, voici ce que dit saint Paul, Ire épître aux Corinthiens, chapitre II, versets 6, 7, 8 :

« Nous prêchons la Sagesse aux parfaits, non la Sagesse de ce « monde, ni des princes de ce monde qui se détruisent ;

« Mais nous prêchons la Sagesse de Dieu, renfermée dans son « Mystère ; Sagesse qui était demeurée cachée, que Dieu, avant tous « les siècles, avait prédestinée et préparée pour notre gloire ;

« Qu'aucun des princes de ce monde n'a connue ; car s'ils l'eus- « sent connue, ils n'eussent jamais crucifié le Seigneur de la « Gloire. »

» Toutes ces paroles sont pesées comme de l'or et du diamant au carat, et il n'en est pas une qui ne soit infiniment précise et précieuse. Elles proclament l'insuffisance de la Cabale juive.

» Ayant ainsi éclairé l'Universalité de la question qui vous intéresse, concentrons cette lumière sur ce fragment néanmoins précieux de la Sagesse antique, qu'est ou que peut être la Cabale juive.

» Avant tout, précisons le sens du mot Cabale.

» Ce mot a deux sens, selon qu'on l'écrit, comme les Juifs, avec le Q, c'est-à-dire avec la vingtième lettre de l'alphabet assyrien, celle qui porte le nombre 100, ou avec le C, la onzième lettre du même alphabet, celle qui porte le nombre 20.

» Dans le premier cas, le nom signifie Transmission, Tradition, et la chose reste ainsi indécise ; car tant vaut le transmetteur, tant vaut la chose transmise ; tant vaut le traditeur, tant vaut la tradition.

» Nous croyons que les Juifs ont transmis assez fidèlement ce qu'ils ont reçu des savants Kaldéens, avec leur écriture et la refonte des livres antérieurs par Esdras, guidé lui-même par le grand Maître de l'Université des Mages de Kaldée, Daniel. Mais, au point de vue scientifique, cela n'avance pas la question. Elle n'en est que reculée à un inventaire des documents assyriens et ainsi de suite jusqu'à la source primordiale. Dans le second cas, Ca-Ba-La signifie la Puissance, La, des XXII, CaBa, puisque C = 20, puisque B = 2.

» Mais alors, la question est résolue exactement, puisqu'il s'agit du caractère scientifique attaché dans l'antiquité patriarcale aux alphabets de vingt-deux lettres numérales.

» Faut-il faire de ces alphabets un monopole de race, en les appelant sémitiques ? Peut-être, si c'est réellement un monopole, non dans le cas contraire.

» Or, d'après mon investigation des alphabets antiques de Ca-Ba-La, de XXII lettres, le plus caché, le plus secret qui a très certainement servi de prototype, non seulement à tous les autres du même genre, mais aux signes védiques et aux lettres sanscrites, est un alphabet aryen. — C'est celui que j'ai été si heureux de vous communiquer, et je le tiens moi-même de Brahmes éminents qui n'ont jamais songé à m'en demander le secret.

» Il se distingue des autres dits sémitiques en ce que ses lettres sont morphologiques, c'est-à-dire parlant exactement par leurs formes, ce qui en fait un type absolument unique. De plus, une étude attentive m'a fait découvrir que ces mêmes lettres sont les prototypes des signes zodiacaux et planétaires, ce qui est aussi de toute importance.

» Les Brahmes nomment cet alphabet Vattan ; et il semble remonter à la première race humaine, car, par ses cinq formes mères rigoureusement géométriques, il se signe de lui-même, Adam, Eve et Adamah.

» Moïse semble le désigner dans le verset 19 du chapitre II de son Sépher Barashith. De plus, cet alphabet s'écrit de bas en haut, et ses lettres se groupent de manière à former des images morphologiques ou parlantes. Les pandits effacent ces caractères sur l'ardoise, dès que la leçon des gourous est finie. Ils l'écrivent aussi de gauche à droite, comme le sanscrit, donc à l'européenne. Pour toutes les raisons précédentes, cet alphabet prototypique de tous les Kaba-Lim appartient à la race aryenne.

» On ne peut donc plus donner aux alphabets de ce genre le nom de sémitiques, puisqu'ils ne sont pas le monopole des races qu'on nomme ainsi, à tort ou à raison.

» Mais on peut et on doit les appeler schématiques. Or le schéma ne signifie pas seulement signe de la Parole, mais aussi Gloire. C'est à cette double signification qu'il faut faire attention, en lisant le passage ci-dessus de saint Paul.

» Elle existe aussi dans d'autres langues comme le slavon. Par exemple, l'étymologie du mot slave est slovo et slava qui signifie parole et gloire.

» Ces sens portent déjà haut. Le sanscrit va corroborer cette altitude. Sama, qu'on retrouve aussi dans les langues d'origine celtique, signifie similitude, identité, proportionnalité, équivalence, etc.

» Nous verrons plus loin l'application de ces significations antiques.

» Pour le moment, résumons ce qui précède.

» Le mot Cabale, tel que nous le comprenons, signifie l'Alphabet des XXII Puissances, ou la puissance des XXII Lettres de cet Alphabet. Ce genre d'alphabets a un prototype aryen ou japhétique. Il peut être désigné, à bon droit, sous le nom d'alphabet de la Parole ou de la Gloire.

» Parole et Gloire ! Pourquoi ces deux mots sont-ils rapprochés dans deux langues antiques aussi distantes que le slavon et le kaldéen ? Cela tient à une constitution primordiale de l'Esprit humain dans un Principe commun, à la fois scientifique et religieux : le Verbe, la Parole cosmologique et ses Equivalents.

» Jésus, dans Sa dernière prière si mystérieuse, jette, en cela comme en tout, une lumière décisive sur le mystère historique qui nous occupe ici :

» O Père ! Couronne-moi de la Gloire que j'ai eue avant que ce Monde ne fût ! »

» Le Verbe incarné fait allusion en cela à Son Œuvre, à Sa création directe comme Verbe créateur, Création désignée sous le nom de Monde divin et éternel de la Gloire prototype du Monde astral et temporel, créé par les Alahim sur ce modèle incorruptible.

» Que le Principe créateur soit le Verbe, l'Antiquité n'a sur ce point qu'une voix unanime. Parler et créer y sont synonymes dans toutes les langues.

» Chez les Brahmes, les documents antérieurs au culte de Brahma représentent ISOu-Ra, Jésus-Roi, comme le Verbe créateur.

» Chez les Egyptiens, les livres d'Hermès Trismégiste disent la même chose ; et OShI-Ri est Jésus-Roi lu de droite à gauche.

» Chez les Thraces, Orphée, initié aux Mystères d'Egypte vers la même époque que Moïse, avait écrit un livre intitulé le *Verbe divin*.

» Quant à Moïse même, le Principe est le premier mot et le sujet de la première phrase de son Sépher. Il n'y s'agit pas de Dieu dans son Essence, IHOH, qui n'est nommé que le septième jour, mais de Son Verbe, créateur de l'Hexade divine : BaRa-Shith. — Bara signifie parler et créer ; Shith signifie Hexade. En sanscrit mêmes significations : BaRa-Shath.

» Ce mot BaRa-Shith a donné lieu à des discussions sans nombre. Saint Jean l'arbore comme Moïse, dès le commencement de son Evangile, et dit, en Syriaque, langue cabalistique de XXII lettres : Le principe est le Verbe. Jésus avait dit : Je suis le Principe.

» Le sens exact est ainsi fixé par Jésus même corroborant toute l'Universalité antérieure prémoïsiaque.

» Ce qui précède explique que les Universités véritablement antiques considéraient le Verbe créateur comme l'Incidence dont la Parole humaine est la Réflexion exacte, quand le processus alphabétique emboîte exactement le Planisphère du Kosmos.

» Le processus alphabétique, armé de tous ses équivalents, représente alors le monde éternel de la Gloire : et le processus cosmique représente le monde des cieux astraux.

» C'est pourquoi le Roi-Prophète, écho de toute l'Antiquité patriarcale, dit : *Cœli enarrant Dei Gloriam*. Ou en français : Le monde astral raconte le monde de la Gloire divine. L'Univers invisible parle à travers le visible.

» Restent ici deux choses à déterminer : 1° le processus cosmique des écoles antiques ; 2° celui des alphabets correspondants.

» Pour le premier point, III Formes mères : le centre, le rayon ou diamètre et le cercle ; XII signes involutifs ; VII signes évolutifs.

» Pour le second point, auquel les anciens accordaient le premier rang : III lettres constructives ; XII involutives ; VII évolutives.

» Dans les deux cas :

$$\text{III} + \text{XII} + \text{VII} = \text{XXII} = \text{CaBa},$$

prononciation de :

$$\text{C} = 20,\ \text{B} = 2,\ \text{total } 22,\ \text{C.Q.F.D.}$$

» Les alphabets de vingt-deux lettres correspondaient donc à un Zodiac solaire ou solaro-lunaire, armé d'un septenaire évolutif.

» C'étaient les alphabets schématiques.

» Les autres, suivant la même méthode, devenaient par 24 lettres les horaires des précédents ; par 28 lettres, leurs lunaires ; par 30, leurs Mensuels solaro-lunaires , par 36, leurs décaniques, etc.

» Sur les alphabets de vingt-deux lettres, la Royale, l'Emissive de l'aller, la Rémissive du retour, était l'I ou Y ou J ; et, posée sur le premier triangle équilatéral inscrit, elle devait former autologiquement, avec deux autres, le nom du Verbe et de Jésus IShVa-(Ra), OShI-(Ri).

» Au contraire, tous les peuples qui ont embrassé le schisme naturaliste et lunaire ont pris pour Royale la lettre M, qui commande le deuxième trigone élémentaire.

» Tout le système védique, puis brahmanique, a été ainsi réglé après coup, par Krishna, à partir du commencement du Kaly-Youg. Telle est la clef du *Livre des guerres de IÊVÊ*, guerres de la Royale I ou Y contre l'usurpatrice M.

» Vous avez vu, mon cher ami, les preuves toutes modernes, c'est-à dire de simple observation et d'expérimentation scientifique par lesquelles la tradition la plus antique a été à la fois rétablie et vérifiée par moi. Je ne dirai donc ici que le strict nécessaire à l'élucidation du fait historique de la Cabale.

» D'après les patriarches qui les ont précédés, les Brahmes ont divisé les langues humaines en deux grands groupes : 1° Devanagaries, langues de cité céleste ou de civilisation ramenée au Principe cosmologique divin ; 2° Pracrites, langues de civilisations sauvageonnes ou anarchiques. Le sanscrit est une langue Dévanagar, de quarante-neuf lettres ; le Vède également. avec ses quatre-vingts lettres ou signes dérivés du point de l'AUM, c'est-à-dire de la lettre M.

» Ces deux langues sont cabalistiques dans leur système particulier, dont la lettre M forme le point de départ et de retour. Mais elles ont été, dès leur origine et demeurent jusqu'à nos jours, articulées sur une langue de temple de vingt-deux lettres, dont la Royale primitive était l'I.

» Toutes rectifications deviennent possibles et faciles, grâce à cette clef, aux plus grands triomphe et gloire de Jésus, Verbe de IÊVÊ, autrement dit de la Synthèse primordiale des premiers Patriarches.

» Les Brahmes actuels prêtent à leur alphabet de vingt-deux lettres une vertu magique; mais ce mot n'a d'autre signification pour nous que superstition et ignorance.

» Superstition, décadence et super-station d'éléments archéologiques et de formules plus ou moins altérées, mais qu'une étude approfondie peut quelquefois, comme c'est ici le cas, rattacher à un enseignement antérieur, scientifique et conscient, et non métaphysique ni mystique.

» Ignorance plus ou moins grande des faits, des lois et du principe qui ont motivé cet enseignement primordial.

» Du reste, l'école lunaire védo-brahmanique n'est pas la seule où la science et sa synthèse solaire, la religion du Verbe, soient dégénérées en magie. Il suffit d'explorer un peu l'universalité terrestre à partir de l'époque babélique, pour voir une décadence croissante attribuer de plus en plus aux alphabets antiques un caractère superstitieux et magique.

» De la Kaldée à la Thessalie, de la Scythie à la Scandinavie, des Kouas de FO-HI et des Musnads de l'antique Arabie aux Runes des Varaighes, on peut observer la même dégénérescence.

» La vérité, en cela comme en tout, est infiniment plus merveilleuse que l'erreur, et vous connaissez, cher ami, cette admirable vérité.

» Enfin, comme rien ne se perd dans l'Humanité terrestre pas plus que dans le Kosmos tout entier, ce qui a été est encore, et témoigne de l'antique universalité dont parle saint Augustin dans ses *Rétractations*.

» Les Brahmes cabalisent avec les quatre-vingts signes védiques, avec les quarante-neuf lettres du sanscrit dévanagari, avec les dix-neuf voyelles, semi-voyelles et diphtongues, c'est-à-dire toute la massore de Krishna surajoutée par lui à l'alphabet vattan ou adamique. Les Arabes, les Persans, les Soubbas cabalisent avec leurs alphabets lunaires de vingt-huit lettres, et les Marocains avec le leur ou Koreïsh.

» Les Tartares mandchoux cabalisent avec leur alphabet mensuel de trente lettres. Mêmes observations à faire chez les Thibétains, chez les Chinois, etc.; mêmes réserves quant aux altérations de la Science antique des équivalents cosmologiques de la Parole.

» Reste à savoir dans quel ordre ces XXII équivalents doivent être fonctionnellement rangés sur le planisphère du Kosmos.

» Vous en avez sous les yeux, cher ami, le modèle conforme à celui qui a été légalement déposé sous le nom d'archéomètre.

» Vous savez que les clefs de cet instrument de précision, à l'usage des hautes études, m'ont été données par l'Evangile, par certaines paroles très précises de Jésus, à rapprocher de celles de saint Paul et de saint Jean.

» Permettez-moi maintenant de me résumer en aussi peu de mots que possible.

» Toutes les Universités religieuses, asiatiques et africaines, munies d'alphabets cosmologiques, solaires, solaro-lunaires, horaires, lunaires, mensuels, etc., se servent de leurs lettres d'une manière cabalistique.

» Qu'il s'agisse de Science pure, de Poésie interprétant la Science ou d'Inspiration divine, tous les livres antiques, écrits dans des langues dévanagaries et non pracrites, ne peuvent être compris que grâce à la Cabale de ces langues.

» Mais celles-ci doivent être ramenées aux XXII équivalents schématiques, et ceux-là à leurs positions cosmologiques exactes.

» La Cabale des Juifs est donc motivée par toute la constitution antérieure de l'Esprit humain ; mais elle a besoin d'être archéométrée, c'est-à-dire mesurée par son Principe régulateur, contrôlée sur l'Instrument de précision du Verbe et de sa Synthèse primordiale.

» Je ne sais, cher ami, si ces pages répondront à votre affectueuse attente. Je n'ai pu qu'y résumer des chapitres entiers en quelques lignes.

« Veuillez donc en excuser les imperfections, et ne voir, dans ce qui procède, qu'un témoignage de ma bonne volonté et de ma vieille amitié.

« SAINT-YVES. »

10 janvier 1901.

LA KABBALE

PREMIÈRE PARTIE

Les divisions de la Kabbale.

CHAPITRE PREMIER

LA TRADITION HÉBRAIQUE ET LA CLASSIFICATION DES OUVRAGES QUI S'Y RAPPORTENT

Celui qui, pour la première fois, aborde l'étude de la *Kabbale*, ne saurait trop être renseigné sur la place exacte qu'il faut attribuer aux ouvrages purement kabbalistiques, comme le *Sepher Jesirah* et le *Zohar*, par rapport aux autres traités se rapportant à la tradition hébraïque.

Ainsi l'on sait généralement qu'on trouve dans la Kabbale l'exposé des règles théoriques et pratiques de la Science Occulte ; mais on a peine à discerner le rapport existant entre le texte sacré proprement dit et la tradition ésotérique.

Tous ces embarras proviennent de la confusion qui s'établit dans l'esprit dès qu'il faut *classer* les immenses compilations hébraïques parvenues jusqu'à nous.

Nous allons faire nos efforts, dans l'exposé suivant, pour établir une classification aussi claire que possible des divers ouvrages ayant pour objectif de fixer la tradition orale.

Il n'existe pas, à notre connaissance du moins, un travail assez complet, résumant en un ou plusieurs tableaux les données techniques complétées par une sérieuse bibliographie.

On trouvera à la fin de notre étude la liste des ouvrages modernes dans lesquels nous avons puisé pour notre exposé et l'on pourra se rendre compte, en se reportant à ces ouvrages, de la difficulté que nous avons rencontrée dans cette tâche. C'est pourquoi nous ne sommes pas sûr d'avoir encore épuisé définitivement cette question, et nous sommes tout prêt à reconnaître les fautes que nous pourrions avoir commises dans cet exposé, si quelqu'un de plus autorisé que nous veut bien nous les signaler.

*
* *

Tous ceux qui sont un peu au courant des choses d'Israël savent qu'à côté de la Bible il a, sinon toujours, du moins depuis un temps très reculé, existé *une tradition* destinée à mettre à même certaine classe d'initiés d'expliquer et de comprendre la Loi (la Thorah).

Cette tradition, transmise presque uniquement par la voie orale pendant de longues années, portait sur plusieurs points différents :

1° Il y avait d'abord tout ce qui concernait le *corps matériel* de la Bible. De même que nous verrons au Moyen Age certaines corporations posséder des règles strictes et tenues cachées pour la construction des cathédrales, de même, la *construction* de chaque exemplaire de la Bible hébraïque était soumise à des règles fixes, constituant une partie de la tradition ;

2° Il y avait de plus tout ce qui concernait l'*esprit* du texte sacré. Les commentaires et les interprétations portaient sur deux grandes parties : d'un côté la Loi, l'ensemble des règles qui déterminent les rapports sociaux des membres d'Israël entre eux, entre les voisins et entre la Divinité ; d'un autre côté la Doctrine secrète, l'ensemble des connaissances théoriques et pratiques grâce auxquelles on pouvait connaître les rapports de Dieu, de l'Homme et de l'Univers.

Corps du texte sacré, partie législative de ce texte et partie doctrinale, telles sont les trois grandes divisions qui font de la tradition ésotérique un tout complet formé de corps, de vie et d'esprit.

*
* *

Lorsque, suivant le commentaire placé en tête du *Sepher Jesirah*, « vu le mauvais état des affaires d'Israël », il fallut se décider à écrire les divers points de cette tradition orale, plusieurs grands ouvrages prirent naissance, destinés à transmettre chacun une partie de la tradition.

Si l'on a bien compris ce qui précède, il sera on ne peut plus facile d'établir une classification claire de ces ouvrages.

Tout ce qui avait rapport *au corps* du texte, les règles concernant la manière de lire et d'écrire la Thorah (la Loi), les considérations spéciales sur le sens mystique des caractères sacrés, tout cela fut fixé dans la MASSORA (ou Mashore).

Les commentaires *traditionnels* sur la partie législative de la Thorah formèrent la MISHNA, et les additions faites *ultérieurement* à ces commentaires (correspondant à notre jurisprudence actuelle) formèrent la GEMARAH (ou Gemmare). La réunion de ces deux fractions de la partie législative en un seul tout forme le TALMUD. Voilà pour la partie législative.

La Doctrine secrète comprenait deux divisions, la théorie et la pratique, échelonnées en trois degrés : un degré historique, un degré social, un degré mystique.

L'ensemble des connaissances renfermées dans ces deux divisions constitue la KABBALE proprement dite.

La partie théorique *seule* de la Kabbale a été fixée par l'écriture et surtout par l'impression. Cette partie théorique comprend deux études : 1° celle de la *création* et de ses lois mystérieuses (BERESCHIT), résumée dans le *Sepher Jesirah ;* 2° celle, plus métaphysique de l'*essence divine* et de ses modes de manifestation, ce que les kabbalistes appellent le *Char céleste* (MERCAVAH), résumée dans le *Zohar*.

La partie pratique de la Kabbale est à peine indiquée dans quelques manuscrits épars dans nos grandes collections. A Paris, la Bibliothèque Nationale en possède un des plus beaux dont l'origine est attribuée à Salomon. Ces manuscrits, généralement connus sous le nom de *clavicules*, ont servi de base à tous les vieux grimoires qui courent les campagnes (*Grand* et *Petit Albert*, *Dragon rouge* et *Enchiridion*) ou à ceux qui poussent les prêtres à l'aliénation mentale par la sorcellerie (*Grimoire d'Honorius*).

Nous allons entrer dans quelques détails au sujet de chacun des ouvrages dont nous venons de parler ; mais auparavant, résumons ce qui précède en un tableau qui permettra de tout embrasser d'un coup d'œil.

<table>
<tr>
<td rowspan="7">TRADITIONS
diverses
se rapportant
à la
THORAH</td>
<td>Traditions se rapportant à la partie MATÉRIELLE du texte.
(*Fixation du texte.*)</td>
<td>Parole. — Écriture. — Manière de lire, manière d'écrire le texte.
Quelques sens mystiques des caractères sacrés.
Corps.</td>
<td></td>
<td></td>
<td>MASSORA.</td>
<td></td>
</tr>
<tr>
<td rowspan="6">Traditione se rapportant à la partie SPIRITUELLE du texte sacré.
(*Explication du texte*).</td>
<td rowspan="2">Partie législative.
LA LOI
Règles diverses.
Coutumes.
Cérémonies.
Vie civile.
Vie.</td>
<td rowspan="2"></td>
<td>Tradition primitive de Moïse et des grands prophètes.</td>
<td>MISHNA.</td>
<td rowspan="2">TALMUD
(Code général de LA LOI)</td>
</tr>
<tr>
<td>Commentaires de cette tradition.
(Jurisprudence.)</td>
<td>GHÉMARAH.</td>
</tr>
<tr>
<td rowspan="4">Partie religieuse et philosophique.
LA DOCTRINE SECRÈTE
Ésotérisme de la Bible.
Ame.</td>
<td rowspan="2">THÉORIE.</td>
<td>*Bereschit.*
Génération, constitution mystique et rapports des 3 mondes.</td>
<td>SEPHER JESIRAH.</td>
<td>(Kabbale théorique.)</td>
</tr>
<tr>
<td>*Mercavah.*
Étude mystique du monde divin et de ses rapports.</td>
<td>ZOHAR.</td>
<td>LA KABBALE.</td>
</tr>
<tr>
<td rowspan="2">PRATIQUE.</td>
<td>*Hiéroglyphisme synthétique.*
Évolution. — Division. Transposition mystique des lettres et des nombres.</td>
<td>(Presque rien de publié.)
TAROT.</td>
<td rowspan="2">(Kabbale pratique.)</td>
</tr>
<tr>
<td>*Manuscrits magiques* attribués à Salomon.
(*Magie pratique.*)</td>
<td>CLAVICULES.
(Schemamphoras)</td>
</tr>
</table>

§ 2. — LA MASHORE

Nous pourrons maintenant aborder avec plus de détails chacun de ces recueils pour bien en déterminer le caractère.

MASHORE. — La mashore forme le *corps* de la tradition ; elle traite de tout ce qui a rapport à la partie matérielle de la *Thorah*.

La *M'sorah* consiste en deux points principaux :

« 1° Elle enseigne la manière de lire les passages douteux à l'aide des points et des voyelles, d'assembler et de prononcer les mots et les phrases au moyen des accents.

« 2° Elle s'étend sur les consonnes comme sur la partie extérieure et matérielle de la Bible, et donne un registre des hiéroglyphes exprimés par la forme plastique de la *Thorah*, tels que la division des livres, des chapitres, des versets, la figure des lettres, etc., sans néanmoins expliquer le sens de ces hiéroglyphes (1). »

Les occultistes qui se sont occupés spécialement de la Kabbale comme Saint-Yves d'Alveydre (2), Fabre d'Olivet (3), Claude de Saint-Martin (4), prétendent que la *mashore*, ensemble de formules tout exotériques, est destinée à enlever à la langue hébraïque tout ce qui peut mettre sur la voie du sens secret de la Thorah.

On divise souvent la Mashore en grande et petite. La *Bible rabbinique* a été imprimée pour la première fois chez Daniel Bemberg, imprimeur à Venise (1525), puis à Amsterdam (1724-1727).

MISCHNA (5). — La Mischna comprend six sections (*sedarim*) qui se divisent en soixante paragraphes ou traités (*M'sachoth*) ; chacun de ces traités se subdivise de nouveau en chapitres (*Perakim*).

Nous donnons ici un aperçu de la Mischna, afin que le lecteur puisse avoir une idée de son contenu (6).

(1) *Molitor*, p. 249.

(2) Voici en quoi consista la réforme pédagogique et primaire d'Esdras : Il changea les caractères primitifs de Moïse pour ceux des prêtres chaldéens avec la notation à l'assyrienne qui constitue la première mashore (*Mission des Juifs*, p. 646.)

(3) *La Langue hébraïque restituée*.

(4) *Le Crocodile* (œuvres diverses).

(5) Outre la Bible, les juifs orthodoxes reconnaissent encore des traductions qui obtiennent de leur part le même respect que les préceptes du *Pentateuque*.

D'abord transmises de bouche en bouche et dispersées de toutes parts ensuite recueillies et rédigées par Judas le Saint sous le nom de Mischno, puis enfin prodigieusement augmentées et développées par les auteurs du *Talmud*, elles ne laissent plus aujourd'hui la moindre part à la raison et à la liberté. Ad. FRANCK, *op. cit.*

(6) *Molit.*, *op. cit.*, p. 17.

§ 3. — LA MISCHNA

PREMIÈRE SECTION

Des semences, comprenant onze chapitres.

1° De la prière et de la bénédiction journalière; 2° du coin de champ appartenant au pauvre ; 3° des fruits dont on refuse la dîme, comment il faut en user ; 4° des hétérogènes ou des animaux qui ne doivent pas être accouplés ; des semences qu'on ne doit point mêler ensemble dans la terre ; des fils qu'on ne peut tisser ensemble ; 5° des rapports de l'année sabbatique ; 6° des présents faits au prêtre ; 7° de la dîme des lévites ; 8° de la seconde dîme que doit fournir le propriétaire à Jérusalem ; 9° des cuisines des prêtres ; 10° de la défense de manger des fruits d'un arbre pendant les trois premières années ; 11° des prémices, des fruits qu'on doit apporter dans le temple.

2e SECTION

Des jours de fête, comprenant douze chapitres.

1° Du rapport du sabbat ; 2° des biens sociaux, c'est-à-dire que toute la ville est considérée comme une seule maison ; 3° de la fête de Pâques ; 4° du sicle que chacun est obligé de donner annuellement à l'Eglise ; 5° des fonctions aux fêtes propritiatoires ; 6° de la fêtes des tabernacles ; 7° des différents mets défendus aux jours de fête ; 8° du jour de nouvel an ; 9° des différents jours d'abstinence ; 10° de la lecture du livre d'*Esther* ; 11° des demi-jours de fête ; 12° du sacrifice annuel ; des trois apparitions à Jérusalem.

3 SECTION

Des contrats de mariage et du divorce, comprenant sept chapitres.

1° De la permission, de la défense d'épouser la femme de son frère ; 2° du contrat de mariage ; 3° des fiançailles ; 4° de la manière de divorcer ; 5° des vœux ; 6° des personnes consacrées à Dieu ; 7° des femmes soupçonnées d'adultère.

4e SECTION

Des dommages causés, comprenant dix parties.

1° Des droits pour les dommages ; 2° des droits sur les objets trouvés, prêtés, mis en dépôt ; 3° de la vente, de l'achat, de l'héritage, de la caution et d'autres rapports sociaux ; 4° de la juridiction en général et des punitions ; 5° des quarante coups moins un ; 6° des serments ; 7° des conclusions générales, du droit et des témoignages ; 8° ce que doit faire le juge si par erreur il a porté un faux jugement ; 9° de l'idolâtrie et du commerce avec les païens ; 10° proverbes moraux.

5e SECTION

Des offrandes sacrées, comprenant onze parties.

1° Des offrandes ; 2° de l'offrande de farine ; 3° des premiers nés ; 4° de l'immolation des animaux sains ou malades ; 5° de la taxe des choses consacrées à Dieu et de son paiement ; 6° de l'échange de l'offrande ; 7° violation des choses sacrées ; 8° des 36 péchés à cause desquels a lieu la peine d'extermination ; 9° de l'offrande journalière ; 10° de la construction du temple ; 11° des colombes et des tourterelles.

6e SECTION

Des purifications, comprenant douze parties.

1° Des meubles et de leur purification ; 2° de la tente où se trouve la mort ; 3° de la lèpre ; 4° des cendres de la vache de purification ; 5° des différentes purifications ; 6° des bains pour la purification ; 7° des menstrues ; 8° qu'on ne doit rien manger d'impur, à moins qu'on n'ait répandu dessus quelque chose de liquide ; 9° du flux séminal ; 10° celui qui a pris un bain est encore impur jusqu'au coucher du soleil ; 11° du lavement des mains ; 12° comment la queue du fruit le rend impur.

GEMURAH. — La Gemurah forme un véritable recueil de *jurisprudence* basé sur la Mischna. La réunion de la Mischna et de la Gemurah forme le *Talmud*.

A propos de ces deux recueils, je rencontre avec le plus grand plaisir l'occasion de signaler un travail tout personnel et d'une grande valeur de l'auteur de la *Mission des Juifs :* c'est l'histoire des divers éléments de la tradition à propos du *Talmud* (p. 650 et suiv.). Voici un extrait de cette histoire.

« L'encombrement de littérature casuistique et scolastique, qui depuis le retour de l'exil remplaça la puissante intellectualité des prophètes, et continua à se multiplier après la destruction du troisième temple, pendant dix siècles, est généralement comprise sous le nom de *Midrash*, commentaire.

» Les deux principales routes de cette forêt de papier s'appellent *Hallachah*, l'allure ou règle de la marche ; *Haggadah*, l'on-dit ou la légende.

» C'est dans ce dernier chapitre que les communautés ésotériques ont laissé transpirer un peu de leur science : Kabbale, Shemata.

» Les premiers recueils de l'*Hallachah* sont un mélange inextricable de droit civil et de droit canon, de politique nationale et de méthodisme individuel, de loi divines et humaines, enchevêtrées et se ramifiant dans des détails infinis.

» Cette œuvre, d'ailleurs intéressante à consulter à bien des points de vue, évoque les noms fameux d'Hillel, d'Akiba et de Simon B. Gamaliel.

» Mais la rédaction finale est due à Juda Hamassi en 220 ap. J.-C.

» Elle forme la *Mischna*, de *shana*, apprendre ; et ses suppléments sont connus sous le nom de *Toseftah*, les *Boraïtha*.

. . . .

» Les rédacteurs de la période mischnaïque, après les Soferim d'Esdras, sont les Tannim, auxquels succédèrent les Amoraïm.

» Les controverses et les développements de la *Mischna* par ces derniers forment la *Ghemarah* ou le complément.

» Elle eut deux rédactions : celle de Palestine ou de Jérusalem, au milieu du IVe siècle ; et celle de Babylone, au Ve siècle après J.-C.

» La Mischna et la Gemurah réunies sont connues sous le nom de TALMUD, continuation et conclusion de la réforme primaire d'Esdras. »

LE TALMUD. — D'après ce qui précède, on voit que le Talmud est formé par la réunion des deux principaux recueils se rapportant à la partie *législative* de la Thorah.

Le Talmud constitue donc la *Vie* même de la tradition condensée en plusieurs traités. Outre les deux recueils que nous avons cités (Mischna et Gemurah), le Talmud contient, si l'on s'en réfère à d'autres auteurs que Molitor, l'ensemble d'une nouvelle série de commentaires (*Medrashim*) et d'autres adjonctions (*Tosiftha*).

En somme, voici la nomenclature des recueils dont la réunion forme le Talmud :

Mishna *Ghemarah* *Medrashim* *Tosiftha*	} TALMUD

Le lecteur curieux de nouveaux développements pourra consulter avec fruit la *Philosophie de la tradition*, de Molitor, et surtout la *Mission des Juifs*, de Saint-Yves (p. 653 et suiv.). Ce dernier ouvrage contient une histoire fort bien faite des vicissitudes du Talmud à travers les âges.

§ 4. — LA KABBALE

Nous arrivons maintenant, à la partie supérieure de la tradition, à la Doctrine secrète ou *Kabbale*, l'âme véritable de cette tradition.

On peut voir, en consultant le tableau ci-dessus, que la partie théorique de la Kabbale nous est seule bien connue, la partie pratique ou magique étant encore tenue secrète, ou étant à peine indiquée dans quelques rares manuscrits.

1° KABBALE THÉORIQUE

Cette partie théorique a même été considérée de façon bien différente au point de vue du classement par les auteurs qui se sont occupés de la question. Nous allons dire quelques mots des principaux de ces travaux.

Un premier groupe de chercheurs, le plus nombreux, a suivi les divisions données par les Kabbalistes eux-mêmes. C'est là le plan suivi par M. *Ad. Franck* dans son bel ouvrage (1843), par *Eliphas Lévi* (1853) et par M. *Isidore Loeb* (article Cabbale dans la *Grande Encyclopédie*).

Les principaux sujets de la spéculation mystique du temps s'appellent *œuvre du char* (*maasse mercaba*), par allusion au char d'Ézéchiel, et *œuvre de la création* (*maasse bereschit*).

L'œuvre du char qui est aussi le grand œuvre (*dabar gadol*), comprend les êtres du monde supra-naturel, Dieu, les puissances, les idées premières, la « famille céleste », comme on l'appelle quelquefois ; l'œuvre de la création comprend la génération et la nature du monde terrestre (1).

(1) Isid. LOEB.

Voici cette division :

KABBALE.	Maasse Mercaba. — ZOHAR (*œuvre du char*).
	Maasse Bereschit. — SEPHER JESIRAH (*œuvre de la création*).

*
* *

D'autres écrivains, comme M. *S. Munck* (1), divisent la Kabbale de la façon suivante :

KABBALE.	1° *Symbolique.*	Calculs mystiques. — Themura. — Gematria. — Notarikon.
	2° *Positive, dogmatique.*	Anges et démons. Divisions. Transmigration des âmes.
	3° *Speculative et metaphysique.*	Sephiroth, etc.

Comme on le voit, M. *S. Munck* se rapproche de l'ancienne division adoptée par certains Kabbalistes, surtout par *Kircher*.

*
* *

Mais la division la plus complète, à notre avis, de la Kabbale, est celle de *Molitor* (2) : c'est celle que nous avons adoptée nous-mêmes dans notre tableau général ci-dessus, car elle a le mérite de répondre, par ses grandes lignes, aux divisions généralement adoptées tout en complétant ces divisions par la reconnaissance d'une partie pratique.

KABBALE.	THÉORIE.	BERESCHIT. Sepher Jesirah.	1er degré. Légendes historiques. *Haggadah.*
		MERCABAH. Zohar.	2e degré. Morale pratique.
	PRATIQUE.	Rien ou presque rien d'écrit. MANUSCRITS. MAGIQUES. (*Clavicules.*)	3e degré. Mystique. (*Magie pratique.*)

L'enseignement traditionnel, trine comme la nature humaine et ses besoins, était à la fois ***historique***, ***moral*** et ***mystique*** ; en sorte que l'écriture sainte renfermait un triple sens, savoir : 1° le sens

(1) S. MUNK, article *Kabbale* (*Dict. de la conversation*).
(2) J.-F. Molitor, *Philosophie de la tradition*, traduit de l'allemand par Xavier QURIS.

littéral, historique (pashut), qui correspond au corps et au parvis du temple ;

2° L'explication morale (*drusch*), à l'âme ou au saint ;

3° Enfin le sens mystique (*sod*), qui représente l'esprit et le saint des saints.

Le premier, composé de certains récits tirés de la vie des anciens patriarches, se transmettait de génération en génération comme autant de légendes populaires. On le trouve épars çà et là en forme de glose, dans les manuscrits bibliques et les paraphrases chaldaïques.

Le sens moral envisageait tout sous le point de vue pratique, tandis que le mystique, s'élevant au-dessus des rapports du monde visible et passager, planait sans cesse dans la sphère de l'éternel.

Le mystique obligeait donc à une discipline secrète, exigeant une piété d'âme peu commune.

C'était en raison de ces deux conditions qu'on initiait un disciple, sans considérer ni l'âge ni la condition, puisqu'il arrivait quelquefois au père d'instruire ses fils encore tout jeunes.

On nomme cette haute tradition *Kabbale* (en hébreu KIBBEL, réunir). Ce mot enferme, outre l'objet extérieur, l'aptitude de l'âme à concevoir les idées surnaturelles.

La Kabbale se divisait en deux parties, savoir : la théorique et la pratique.

1° Traditions patriarcales sur le saint mystère de Dieu et des personnes divines ;

2° Sur la création spirituelle et la chute des anges ;

3° Sur l'origine du chaos, de la matière et la rénovation du monde dans les six jours de la création ;

4° Sur la création de l'homme visible, sa chute et les voies divines tendant à sa réintégration.

Autrement elle traitait :

De l'œuvre de la création (*Masse-Bereschit*).

Du char céleste (*Mercabah*).

*
* *

L'œuvre de la création est renfermée dans le *Sepher Jesirah*.

Nous avons fait de ce livre la première traduction française qui ait paru (1887).

Depuis, une nouvelle traduction, plus développée, grâce à des originaux plus complets, a été faite par M. *Mayer-Lambert* (1). Nous ne pouvons que recommander vivement ce travail très sérieux. Un seul regret peut être exprimé, c'est l'absence d'une bibliographie qui eût été fort utile pour tous.

Afin de permettre au lecteur de compléter, autant que possible, notre traduction qui se trouvera plus loin, nous donnons ici un tableau résumant les développements complémentaires du *Sepher Jesirah*. Nous avons modifié les rapports des planètes et des jours de la semaine, rapports qui nous semblent défectueusement établis par suite d'un rapprochement mal compris entre l'ordre des planètes et celui des jours. L'horloge égyptienne donnée par Alliette (Etteila) permet de bien voir l'origine de cette erreur.

(1) Mayer Lambert, *Commentaire sur le Sepher Yesira* ou *Livre de la création*, par le Gaon Saadya de Fayoum, publié et traduit par Mayer Lambert, élève diplômé de l'Ecole pratique des hautes études, professeur au séminaire israélite (Paris, Bouillaud, 1891).

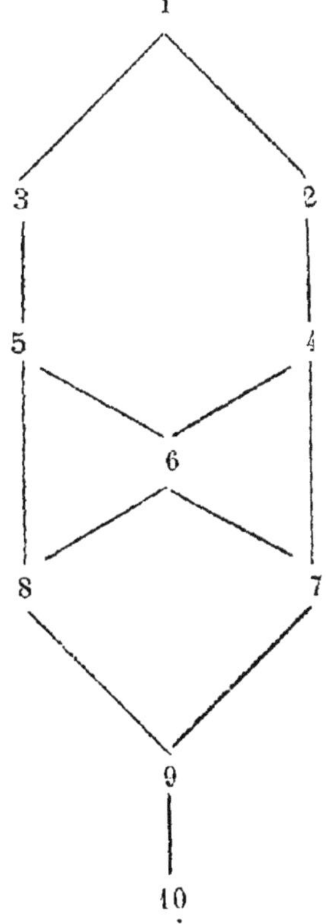

Tableau des rapports d'après le Sepher Jesirah

LETTRES		UNIVERS	ANNÉE	HOMME	MONDE MORAL
א	Aleph AIR	Atmosphère	Tempéré (Print. ou autom.)	Poitrine	Règle de l'Equilibre
מ	Mem EAU	Terre	Hiver	Ventre	Plateau du Démérite
ש	Schin TERRE	Ciel	Été.	Tête	Plateau du Mérite
ב	Bet	Saturne	Samedi SAMEDI	Bouche	Vie et Mort
ג	Ghimel	Jupiter	Dimanche JEUDI	Œil droit	Paix et Malheur
ד	Daleth	Mars	Lundi MARDI	Œil gauche	Sagesse et Sottise
כ	Caf	Soleil	Mardi DIMANCHE	Narine droite	Richesse et Pauvreté
פ	Pe	Vénus	Mercredi VENDREDI	Narine gauche	Culture et Désert
ר	Resch	Mercure	Jeudi MERCREDI	Oreille droite	Grâce et Laideur
ת	Thau	Lune	Vendredi LUNDI	Oreille gauche	Domination et Servitude
ה	Hé	Bélier	Mars	Foie	Vue et Cécité
ו	Vau	Taureau	Avril	Bile	Ouïe et Surdité
ז	Zain	Gémeaux	Mai	Rate	Odorat et absence d'Odorat
ח	Het	Cancer	Juin	Estomac	Parole et Mutisme
ט	Teth	Lion	Juillet	Rein droit	Déglutition et Faim
י	Iod	Vierge	Août	Rein gauche	Coït et Castration
ל	Lamed	Balance	Septembre	Intestin abstinent	Activité et Impotence
נ	Nun	Scorpion	Octobre	Intestin aveugle	Marche et Claudication
ס	Samech	Sagittaire	Novembre	Main droite	Colère et Enlèvement du Foie
ע	Ain	Capricorne	Décembre	Main gauche	Rire et Enlèvement de la Rate
צ	Tsad	Verseau	Janvier	Pied droit	Pensée et Enlèvement du Cœur
ק	Caph	Poissons	Février	Pied gauche	Sommeil et Langueur

L'œuvre du char céleste est contenue dans le *Zohar*. N'ayant pas le loisir de faire ici une traduction française de ce livre (traduit déjà en latin et en anglais), nous nous contenterons de publier l'excellent résumé fait par M. *Isidore* Loeb dans la *Grande Encyclopédie* (article *Cabbale*).

« Le Zohar est un commentaire cabbalistique du Pentateuque ; il n'est pas sûr que nous l'ayons dans sa forme primitive, et il est possible que plusieurs personnes y aient travaillé. C'est une vaste compilation où sont entrés, avec les idées du rédacteur, ou des rédacteurs, d'autres ouvrages, plus ou moins anciens, comme *le Livre du Secret, la Grande Assemblée, la Petite Assemblée, le Livre des Tentes célestes, le Pasteur fidèle, le Discours du jeune homme* et d'autres.

« Les théories fondàmentales sont déjà, en grande partie, dans le livre d'Azriel. Nous en donnons ici une analyse, elle suffira pour faire connaître en gros toute la Kabbale. »

ANALYSE DU ZOHAR

PAR M. ISIDORE LOEB (1).

« Dieu est la source de la vie et le créateur de l'univers, mais il est infini (*en sof*), inaccessible, incompréhensible, il est l'inconnu (*aïn* rien, néant, pour notre intelligence), il est le grand problème (*mi*, qui ?), il serait profané s'il était en relation directe avec le monde ; entre lui et le monde se placent les dix *sefirot*, au moyen desquelles il a créé le monde, qui sont ses instruments (*kélim*), les canaux (*cinnorot*) par lesquels son action se transmet au monde des Faces (V. plus loin). L'ensemble de dix *sefirot* forme l'homme prototype. Adam supérieur ou Adam éternel (ou encore Pré-Adam), qui est le macrocosme, le type intellectuel du monde matériel. Les *sefirot* sont généralement représentées, chez les cabbalistes, par le dessin ci-après, qui est l'*arbre* des *sefirot* (Voyez p. 28).

« Leurs noms, en suivant les numéros d'ordre de ce dessin, sont : 1, couronne (*kéter*) ; 2, sagesse (*hokhma*) ; 3, intelligence (*bina*) ; 4, grâce (*hésed*) ; 5, justice (*din*) ; 6, beauté (*tiféret*) ; 7, triomphe (*néçah*) ; 8, gloire (*hod*) ; 9, base (*iesod*) ; 10, royauté ou royaume (*malkhut*). Les neuf premières *sefirot* se divisent en triades, contenant chacune deux principes opposés et un principe de conciliation. C'est la Balance du Livre de la Création. La première triade (n°s 1,

(1) Grande *Encyclopédie*, article *Cabbale*.

2, 3) représente les attributs métaphysiques de Dieu, ou, si l'on veut, le monde intelligible; la deuxième (nos 4, 5, 6), le monde moral; la troisième (nos 7, 8, 9), le monde physique; la dernière (n° 10) n'est que le résumé et l'ensemble de toutes les autres, elle est l'*harmonie* du monde. Le rôle le plus important, dans ce monde des *sefirot*, est joué par la première *sefira* (n° 1), la Couronne, qui a créé les autres *sefirot* et, par suite, le monde entier. Elle est donc le Métatron de l'ancienne cabbale, une espèce de démiurge. Comme elle est presque aussi insaisissable et immatérielle que Dieu lui-même, elle est aussi appelée quelquefois *infini* ou *néant* (*en sof*, *aïn*); elle est dans tous les cas le *point premier* (sans dimensions ni rien de matériel), la matière première, la Face sainte, la longue Face, et toutes les autres *sefirot* ensemble ne sont que la petite Face. Elle est aussi la Volonté de Dieu, à moins que la Volonté ne soit en Dieu lui-même et identique avec lui. La triade dont la première *sefira* tient la tête est le plan de l'univers, la triade du monde; les sept *sefirot* suivantes sont inférieures à ces trois, elles ne sont que les *sefirot* de l'exécution (de la *construction*, comme disent les cabbalistes). Considérées à un autre point de vue, les *sefirot* se divisent en *sefirot* de droite (nos 2, 4, 7), de gauche (nos 3, 5, 8) et du milieu (nos 1, 6, 9).

« Celles de droite représentent l'élément masculin, lequel est considéré comme supérieur à l'autre, meilleur; il est principe actif, ayant les attributs de la bonté et de la miséricorde; celles de gauche représentent l'élément féminin, qui est le principe passif et qui a les attributs de la réflexion concentrée, de la justice stricte; le groupe du milieu est le groupe de la conciliation des principes opposés. Les trois unités qui le composent représentent respectivement, en partant d'en haut, le monde intelligible, le monde moral, le monde sensible ou matériel. Dans d'autres écrits cabbalistiques, ce sont les trois triades des nos 1 à 9 qui représentent respectivement ces trois mondes, lesquels correspondent aux trois parties de l'âme humaine, comme on les trouve chez les néo-platoniciens: l'intelligence (*nous*), le cœur (*psyché*), l'âme végétative (*physis*). L'introduction des sexes en Dieu est un des traits les plus remarquables de la cabbale. Dans cette division des *sefirot* en triades parallèles, allant de haut en bas, on distingue aussi les triades par des couleurs, ce qui est également digne de remarque: le groupe de droite est blanc, le groupe de gauche est rouge, le groupe du milieu a une couleur intermédiaire (bleu, jaune ou vert). Enfin la *sefira* n° 6 est reliée d'une certaine façon aux *sefirot* latérales, ce qui forme des combinaisons diverses.

« Les dix *sefirot* sont comme les *logoi* ou idées mères du monde. Elles composent ensemble un monde qui vient directement de Dieu et qui, par opposition aux mondes inférieurs, qui en procèdent, s'appelle le monde de l'émanation (*acilut*). Par des évolutions successives, trois autres mondes sont formés, pourvus chacun de dix *sefirot* aussi : 1, le monde de la création (*beria*), qui est aussi le monde des sphères célestes ; 2, le monde de la formation (*iecira*), qui est aussi le monde des anges ou esprits qui animent les sphères ; 3, le monde de la terminaison (*açigya*), qui est le monde matériel, l'univers visible, l'*écorce* des autres mondes. Dieu a essayé beaucoup de mondes avant le monde actuel, déjà le Talmud connaît les mondes créés et détruits avant le monde actuel ; ce mythe représente ou bien l'activité perpétuelle de la force créatrice, qui produit sans cesse et ne se repose jamais, ou bien la théorie de l'optimisme, suivant laquelle ce monde est le meilleur des mondes possibles. Ce monde contient cependant le mal, qui est inséparable de la matière. Le mal vient de l'affaiblissement successif de la lumière divine qui, par son irradiation ou émanation, a créé le monde ; il est une négation ou manque de lumière, ou bien il est le reste et résidu des mondes essayés et trouvés mauvais. Ces restes sont les *écorces*, le mal est toujours représenté comme une écorce, il y a même un monde du mal, peuplé d'anges déchus, qui sont également des *écorces* (*kelippot*).

« L'homme terrestre est l'être le plus élevé de la création, l'image de l'Adam prototype, le microcosme. La triade cosmique se retrouve, comme nous l'avons vu, dans les trois âmes qui le composent et dont le siège est respectivement dans le cerveau, le cœur et le foie. L'âme humaine est le résultat de l'union du roi (n° 6) avec la reine (n° 10), et, par l'un de ses attributs les plus remarquables, la reine peut remonter jusqu'au roi, l'homme peut agir par ses vertus sur le monde supérieur et l'améliorer. De là l'importance de la prière, par laquelle l'homme agit sur les forces supérieures pour se les rendre favorables ; par elle, il les met positivement en mouvement et est leur excitateur. L'âme est immortelle, mais elle n'atteint le bonheur céleste que lorsqu'elle est devenue parfaite, et, pour le devenir, elle est souvent obligée de vivre dans plusieurs corps ; c'est la théorie de la métempsycose (1). Il lui arrive même de descendre du ciel pour s'associer à une autre âme dans un même corps

(1) Le mot *réincarnation* rend bien mieux cette idée que celui de métempsycose. — L'âme se réincarne dans un corps d'homme, jamais dans un corps d'animal (P).

(*sod ha ibbur*), afin de s'améliorer à son contact ou d'aider celle-ci à se perfectionner. Toutes les âmes sont créées depuis l'origine du monde, et lorsque toutes seront à l'état de perfection, le Messie viendra. Le *Zohar*, comme beaucoup d'autres ouvrages de la littérature juive, calcule même la date à laquelle viendra le Messie. »

2° Kabbale pratique

2° La Kabbale pratique expliquait :

A. Le sens spirituel de la loi ;

B. Prescrivait le mode de purification qui assimilait l'âme à la divinité et en faisait un organe priant, agissant dans la sphère du visible et de l'invisible.

C'est ainsi qu'elle devenait capable de s'abîmer pieusement dans la méditation des noms sacrés, l'écriture étant, suivant les kabbalistes, l'expression visible des forces divines, sous la figure desquelles le ciel se révèle à la terre.

On comprend facilement que rien ou presque rien n'ait été écrit ni surtout publié de ce qui a rapport à cette partie de la Kabbale.

Aussi la critique n'a-t-elle pas manqué de diriger ses pointes les plus acerbes contre les kabbalistes qui prétendaient aux connaissances magiques.

Il faut bien reconnaître toutefois que la critique, tablant sur des ouï-dire, ne pouvait guère porter un jugement favorable.

La théorie de la Kabbale pratique se rattache à la théorie générale de la magie ; union de l'idée et du symbole dans la Nature, dans l'Homme et dans l'Univers. Agir sur des symboles, c'était agir sur des idées et sur des êtres spirituels (anges) ; de là tous les procédés d'évocation mystique.

L'étude de la Kabbale pratique comprenait tout d'abord des connaissances spéciales sur les lettres hébraïques et les divers changements qu'on pouvait leur faire subir au moyen de trois opérations bien connues de la plupart des kabbalistes (*Themuria*, *Gematria*, *Notaria*).

Ce point est important à connaître, car il constitue la partie la plus grossière, la plus exotérique de la kabbale pratique, et cependant plusieurs critiques (surtout les Allemands) n'ont voulu voir dans toute la Kabbale que cette science des charades, des rébus et des anagrammes, tout cela pour ne pas avoir pris la peine d'aller jusqu'au fond de la question.

Comme il est important de connaître cet *hiéroglyphisme* spécial, nous allons emprunter à *Molitor* (*op. cit.*) quelques exemples typiques à ce sujet.

*
* *

Nous avons dit plus haut qu'il était aussi difficile d'écrire la Thorah que de la lire. En effet, il se trouvait souvent dans un mot une lettre de plus ou de moins, quelquefois l'une pour l'autre, puis enfin les finales à la place des médiantes et *vice-versâ*.

Outre cet hiéroglyphisme plastique, la Bible en renferme encore un autre où les mots sont considérés comme autant de chiffres mystérieux.

Cet hiéroglyphisme lui-même est ou *synthétique* ou *identique* :

1° Synthétique quand un mot en recèle plusieurs autres qu'on découvre soit en *développant*, en *divisant* ou en *transposant* les lettres ;

2° Identique lorsque plusieurs mots de l'écriture expriment la même chose. Cette identité se fonde soit sur le rapport mystérieux existant entre les lettres, soit sur leur valeur numérique, ainsi que nous en trouvons des traces évidentes dans les prophètes. Le Mischna appelle cet hiéroglyphisme *le parfum de la sagesse*.

Voici maintenant plusieurs exemples de l'hiéroglyphisme synthétique.

1° L'*évolution* des lettres.

David, dans son testament à son fils Salomon, s'écrie : *Il m'a maudit avec de dures malédictions* (Nimrezeth NMRZTh).

Or le mot hébreu *Nimrezeth* renferme le contenu de ces reproches injurieux que le prophète faisait à David.

N *oeph*, adultère.

M *oabi*, Moabite, parce qu'il descendait de Ruth.

R *ozeach*, meurtrier.

Z *ores*, violent.

T *hoeb*, cruel.

2° La *division*.

En divisant le mot *B'reschit*, on a *Bara-Schith*, *il créa six*, c'est-à-dire les six forces fondamentales qui président à l'œuvre mystérieuse des six jours. On jouit de la même liberté pour la construction des phrases et des périodes entières.

3° La *transposition*.

Dieu dit dans l'Exode : *Je veux envoyer devant toi M'lachi*, c'est-à-dire mon ange ; en transposant dans ce mot, on a le nom de Michel, le protecteur du peuple hébreu.

La plus remarquable de ces évolutions, appelée *Gilgul*, consiste dans la transposition régulière des différentes lettres d'un mot, telles que celles du saint nom IEVE (*Jéovah*). Les douze changements mystérieux qu'on peut opérer avec les quatre lettres de ce nom représentent le jeu continuel de cette puissance première qui fait sortir la variété de l'unité (1).

Emploi des nombres.

Outre l'hiéroglyphisme synthétique dont nous venons de parler, il en existe un autre fondé sur le rapport numérique des lettres qui représentent chacune une certaine valeur.

Les nombres forment trois classes ; chaque classe renferme neuf lettres correspondantes. La première contient les nombres simples depuis 1 jusqu'à 9. On les appelle les petits nombres.

La deuxième, qui commence à 10 et finit à 90, renferme les nombres moyens.

La troisième enfin, formée du produit des unités et des dizaines, est à proprement parler le grand nombre.

Quant aux mille, le dernier degré de la progression numérique, on peut les ramener facilement à l'unité = 1.000 = 1 ; voilà pourquoi ces deux nombres ont la même lettre en hébreu : *Aleph* (2) (Voy. p. 41).

Les lettres se remplacent par des nombres et alternativement. Ceux-ci s'additionnent ou s'énumèrent à part, c'est à volonté.

Prenons pour exemple le mot ADAM $\frac{m\ d\ a}{40\ 4\ 1}$ dont la somme égale 45 (40 + 4 + 1 = 45) ; si l'on extrait la racine, on aura 9.

Il suit de là qu'il y a affinité entre les mots dont la valeur numérique est la même, témoin *Achad* et *Ahabha* dont le nombre correspondant est 13, et qui signifient, le premier l'*unité*, et le second l'*amour*, chargé précisément de reconstruire aujourd'hui l'unité détruite ; du reste le nombre 13 est le nombre de l'amour éternel figuré par Jacob et ses fils, Jésus-Christ et ses apôtres ; et ce qu'il y a d'admirable, c'est qu'en l'additionnant, on arrive à la racine 4 (1 + 3 = 4), qui correspond aux quatre lettres du saint nom *IEVE*, principe de vie et d'amour.

La clef générale de ces évolutions si curieuses qu'on fait subir

(1) *Molitor*, p. 31, 32, 35 (Voy. aussi p. 123 pour les changements de IEVE).

(2) La langue hébraïque manque d'un nom propre pour exprimer le nombre dépassant 1000. Ainsi *Ribbo* qui signifie dix mille a la même racine que *Robh* (multitude).

aux mots et aux lettres, nous la trouverons dans ce livre hiéroglyphique et numéral si peu connu quant à ses bases scientifiques, le TAROT (1).

L'explication mystique de ce Tarot formait la base de l'enseignement oral de la *magie pratique* qui conduisait le Kabbaliste initié jusqu'à la prophétie. Rien n'a été imprimé, à notre connaissance, sur ce sujet dans les livres dits *Kabbalistiques*. Nos biliothèques publiques renferment quelques manuscrits attribués à Salomon et traduits de l'hébreu en latin, et de là en français ; ces manuscrits renferment, d'une part, la reproduction, sous le nom de talismans, des lames du Tarot ou « clavicules », et d'autre part *l'explication* et la mise en usage de ces clavicules. On les connaît soit sous le nom de *clavicules de Salomon*, soit sous le nom de *Schemamphoras ;* encore faut-il reconnaître que les données fournies par ces manuscrits sont bien incomplètes.

Quoi qu'il en soit, il était nécessaire de les citer pour déterminer aussi exactement que possible les divisions principales qu'on peut établir dans cette partie de la tradition secrète des Hébreux. Voici donc, pour terminer, la manière dont nous diviserons la Kabbale.

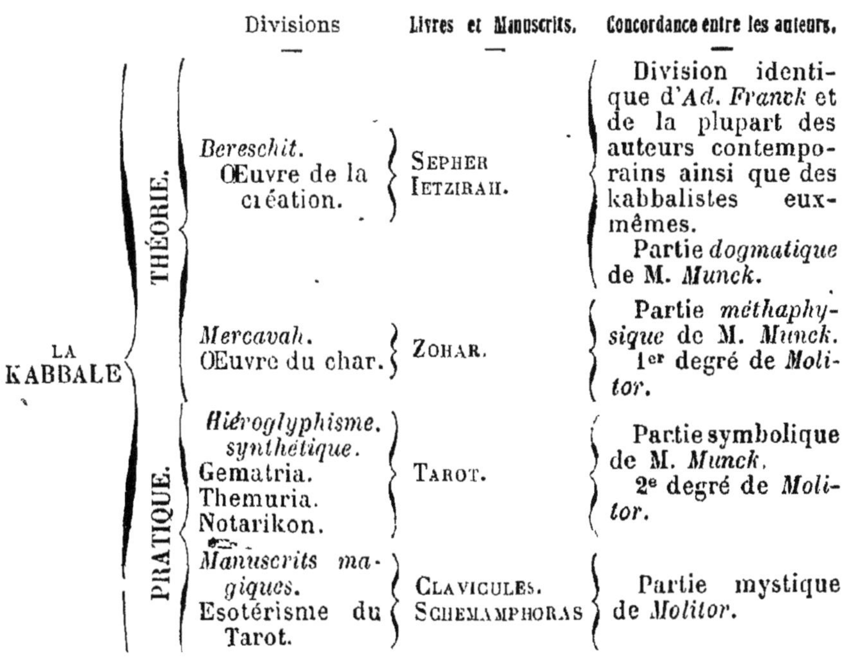

LA KABBALE		Divisions	Livres et Manuscrits.	Concordance entre les auteurs.
	THÉORIE.	*Bereschit.* Œuvre de la création.	SEPHER IETZIRAH.	Division identique d'*Ad. Franck* et de la plupart des auteurs contemporains ainsi que des kabbalistes eux-mêmes. Partie *dogmatique* de M. *Munck*.
	THÉORIE.	*Mercavah.* Œuvre du char.	ZOHAR.	Partie *méthaphysique* de M. *Munck*. 1er degré de *Molitor*.
	PRATIQUE.	*Hiéroglyphisme. synthétique.* Gematria. Themuria. Notarikon.	TAROT.	Partie symbolique de M. *Munck*. 2e degré de *Molitor*.
	PRATIQUE.	*Manuscrits magiques.* Esotérisme du Tarot.	CLAVICULES. SCHEMAMPHORAS	Partie mystique de *Molitor*.

(1) Voy. ELIPHAS LÉVI, *Rituel de Haute Magie*, chap. XXI, et PAPUS, *Le Tarot des Bohémiens*.

DEUXIÈME PARTIE

Les enseignements de la Kabbale

LES ÉLÉMENTS DE LA KABBALE EN DIX LEÇONS

Lettres d'Eliphas Lévi (1).

PREMIÈRE LEÇON

PROLÉGOMÈNES GÉNÉRAUX

« MONSIEUR ET FRÈRE,

» Je puis vous donner ce titre, puisque vous cherchez la vérité dans la sincérité de votre cœur et que pour la trouver vous êtes prêt à des sacrifices.

» La vérité, étant l'essence même de ce qui est, n'est pas difficile à trouver : elle est en nous et nous sommes en elle. Elle est comme la lumière et les aveugles ne la voient pas.

» L'Être est. Cela est incontestable et absolu. L'idée exacte de l'Être est vérité ; sa connaissance est science ; son expression idéale est la raison ; son activité, c'est la création et la justice.

» Vous voudriez croire, dites-vous. Pour cela, il suffit de savoir et d'aimer la vérité. Car la vraie foi, c'est l'adhésion inébranlable de l'esprit aux déductions nécessaires de la science dans l'infini conjectural.

» Les sciences occultes donnent seules la certitude, parce qu'elles prennent pour bases les réalités et non les rêves.

(1) Ces lettres nous ont été obligeamment communiquées par un élève d'Eliphas Lévi, M. Montaut. Elles ont paru dans la revue l'*Initiation* en 1891.

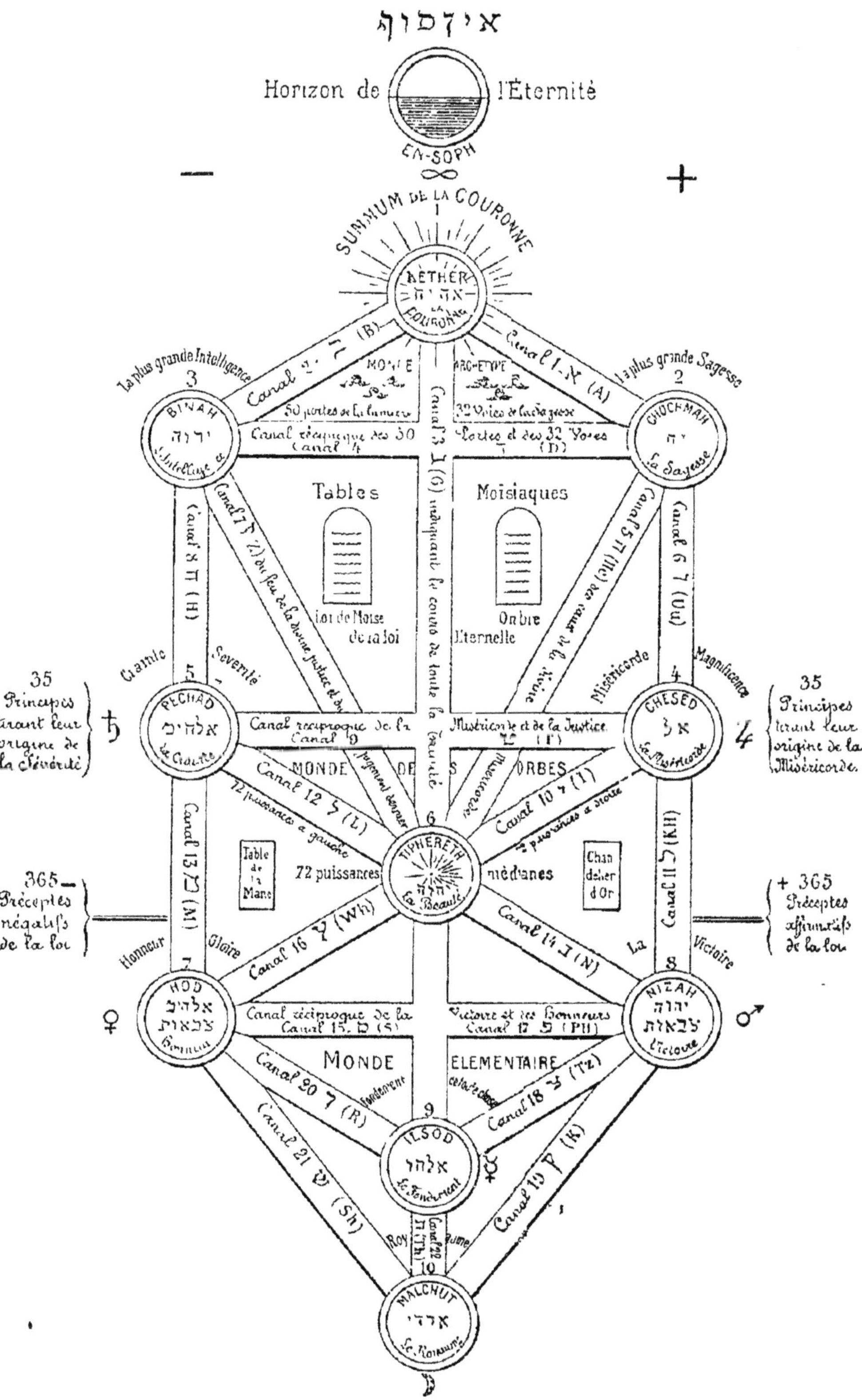

Horizon de l'Éternité
EN-SOPH
SUMMUM DE LA COURONNE
KETHER
LA COURONNE
La plus grande Intelligence
La plus grande Sagesse
BINAH
CHOCHMAH
La Sagesse
Canal réciproque des 50 Portes et des 32 Voies
50 portes de la lumière
32 Voies de la Sagesse
Tables Moïsiaques
Loi de Moïse
Ombre Éternelle
Canal 8 ח (H)
Canal 6 ו (U)
Canal 3 ג (G) indiquant le cours de toute la beauté
Sévérité
Miséricorde
Magnificence
35 Principes tirant leur origine de la Sévérité
35 Principes tirant leur origine de la Miséricorde
PECHAD
CHESED
La Miséricorde
Canal réciproque de la Miséricorde et de la Justice
MONDE DES ORBES
Canal 12 ל (L)
Canal 10 י (I)
72 puissances
72 puissances à gauche
médianes
TIPHERETH
La Beauté
Table de la Manne
Chandelier d'Or
Canal 13 מ (M)
Canal 11 כ (KH)
365 — Préceptes négatifs de la loi
+ 365 Préceptes affirmatifs de la loi
Honneur
Gloire
La Victoire
Canal 16 ו (Wh)
Canal 14 ב (N)
HOD
NIZAH
Victoire
Canal réciproque de la Victoire et des Honneurs
MONDE ELEMENTAIRE
Canal 20 ר (R)
Canal 18 צ (Tz)
IESOD
Le Fondement
Canal 21 ש (Sh)
Canal 19 ק (K)
Canal 22 ת (Th)
Roy
aume
MALCHUT
Le Royaume

» Elles font discerner dans chaque symbole religieux la vérité et le mensonge. La vérité est la même partout, et le mensonge varie suivant les lieux, les temps et les personnes.

» Ces sciences sont au nombre de trois : la Kabbale, la Magie et l'Hermétisme.

» La Kabbale ou science traditionnelle des Hébreux pourrait s'appeler les mathématiques de la pensée humaine. C'est l'algèbre de la foi. Elle résout tous les problèmes de l'âme comme des équations, en degageant les inconnues. Elle donne aux idées la netteté et la rigoureuse exactitude des nombres ; ses résultats sont pour l'esprit l'infaillibilité (relative, toutefois, à la sphère des connaissances humaines) et la paix profonde pour le cœur.

» La Magie ou science des mages a eu pour représentants dans l'antiquité les disciples et peut-être les maîtres de Zoroastre. C'est la connaissance des lois secrètes et particulières de la nature qui produisent les forces cachées, les aimants, soit naturels, soit artificiels qui peuvent exister en dehors même du monde métallique. En un mot, et pour employer une expression moderne, c'est la science du magnétisme universel.

» L'Hermétisme est la science de la nature cachée dans les hiéroglyphes et les symboles de l'ancien monde. C'est la recherche du principe de vie avec le rêve (pour ceux qui n'y sont pas encore arrivés) de l'accomplissement du grand œuvre, la reproduction par l'homme du feu naturel et divin qui crée et régénère les êtres.

» Voilà, Monsieur, les choses que vous désirez étudier. Le cercle en est immense, mais les principes en sont si simples qu'ils sont représentés et contenus dans les signes des nombres et dans les lettres de l'alphabet. « C'est un travail d'Hercule qui ressemble à un jeu d'enfants », disent les maîtres de la sainte science.

» Les dispositions pour réussir dans cette étude sont une grande rectitude de jugement et une grande indépendance d'esprit. Il faut se défaire de tout préjugé et de toute idée préconçue, et c'est pour cela que le Christ disait : « Si vous ne vous présentez pas avec la simplicité de l'enfant, vous n'entrerez pas dans le *Malkouht*, c'est-à-dire dans le royaume de la science. »

» Nous commencerons par la Kabbale dont voici la division : Béréchith, Mercavah, Gématrie et Lemurah.

» Tout à vous en la sainte science. »

DEUXIÈME LEÇON

LA KABBALE — BUT ET MÉTHODE

» Ce qu'on doit se proposer en étudiant la Kabbale, c'est d'arriver à la paix profonde par la tranquillité de l'esprit et la paix du cœur.

» La tranquillité de l'esprit est un effet de la certitude ; la paix du cœur vient de la patience et de la foi.

» Sans la foi, la science conduit au doute ; sans la science, la foi mène à la superstition. Les deux réunies donnent la certitude et pour les unir il ne faut jamais les confondre. L'objet de la foi, c'est l'hypothèse, et elle devient une certitude quand l'hypothèse est nécessitée par l'évidence ou par les démonstrations de la science.

» La science constate des faits. De la répétition des faits elle préjuge les lois. La généralité des faits en présence de telle ou telle orce démontre l'existence des lois. Les lois intelligentes sont nécessairement voulues et dirigées par l'intelligence. L'unité dans les lois fait supposer l'unité de l'intelligence législative. Cette intelligence que nous sommes forcés de supposer d'après les œuvres manifestes, mais qu'il nous est impossible de définir, est ce que nous appelons Dieu !

» Vous recevez ma lettre, voilà un fait évident ; vous reconnaissez mon écriture et mes pensées, et vous en concluez que c'est bien moi qui vous l'ai écrite. C'est une hypothèse raisonnable, mais l'hypothèse nécessaire, c'est que quelqu'un a écrit cette lettre. Elle pourra être contrefaite, mais vous n'avez aucune raison de le supposer. Si vous le supposez gratuitement, vous faites une hypothèse très douteuse. Si vous prétendez que la lettre toute écrite est tombée du ciel, vous faites une hypothèse absurde.

» Voici donc, suivant la méthode kabbalistique, comment se forme la certitude :

Evidence	certitude
Demonstration scientifique.	certitude
Hypothèse nécessaire.	certitude
Hypothèse raisonnable	probalité
Hypothèse douteuse	doute
Hypothèse absurde	erreur

» En ne sortant pas de cette méthode, l'esprit acquiert une véritable infaillibilité, puisqu'il affirme ce qu'il sait, croit ce qu'il doit nécessairement supposer, admet les suppositions raisonnables, examine les suppositions douteuses et rejette les suppositions absurdes.

» Toute la Kabbale est contenue dans ce que les maîtres appellent les trente-deux voies et les cinquante portes.

» Les trente-deux voies sont trente-deux idées absolues et réelles attachées aux signes des dix nombres de l'arithmétique et aux vingt-deux lettres de l'alphabet hébraïque.

» Voici ces idées :

NOMBRES

1 Puissance suprême	6 Beauté
2 Sagesse absolue	7 Victoire
3 Intelligence infinie	8 Eternité
4 Bonté	9 Fécondité
5 Justice ou rigueur	10 Réalité

LETTRES

Aleph . .	Père	Lamed. .	Sacrifice
Beth . .	Mère	Mem . .	Mort
Ghimel. .	Nature	Nun. . .	Reversibilité
Daleth . .	Autorité	Samech .	Etre universel
Hé . . .	Religion	Gnain . .	Equilibre
Vau. . .	Liberté	Phè. . .	Immortalité
Dzain . .	Propriété	Tsade . .	Ombre et reflet
Cheth . .	Répartition	Koph . .	Lumière
Theth . .	Prudence	Resch . .	Reconnaissance
Iod . . .	Ordre	Thau . .	Synthèse
Caph . .	Force		

TROISIÈME LEÇON

USAGE DE LA MÉTHODE

» Dans la leçon précédente, je n'ai parlé que des trente-deux voies ; plus tard j'indiquerai les cinquante portes.

» Les idées exprimées par les nombres et les lettres sont des réalités incontestables. Ces idées s'enchainent et se concordent comme les nombres eux-mêmes. On procède logiquement de l'un à l'autre. L'homme est fils de la femme, mais la femme sort de l'homme comme le nombre de l'unité. La femme explique la nature, la nature révèle l'autorité, crée la religion qui sert de base à la liberté et qui rend l'homme maître de lui-même et de l'univers, etc... Procurez-vous un Tarot (mais je crois que vous en avez un) et disposez en deux séries de dix cartes allégoriques numérotées depuis un jusqu'à vingt et un. Vous verrez toutes les figures qui expliquent les lettres. Quant aux nombres depuis un jusqu'à dix, vous en trouverez l'explication quatre fois répétée avec les symboles de bâton ou sceptre du père, coupe ou délices de la mère, épée ou combat de l'amour, et deniers ou fécondité. Le Tarot est dans le livre hiéroglyphique des trente-deux voies, et son explication sommaire se trouve dans le livre attribué au patriarche Abraham qu'on nomme *Sepher-Jézirah.*

» Le savant Court de Gebelin a le premier deviné l'importance du Tarot qui est la grande clé des hiéroglyphes hiératiques. On en retrouve les symboles et les nombres dans les prophéties d'Ezéchiel et de saint Jean. La Bible est un livre inspiré, mais le Tarot est le livre inspirateur. On l'a appelé aussi la roue, *rota*, d'où *tarot* et tora. Les anciens rose-croix le connaissaient et le marquis de Suchet en parle dans son livre sur les illuminés.

» C'est de ce livre que sont venus nos jeux de cartes. Les cartes espagnoles portent encore les principaux signes du Tarot primitif et l'on s'en sert pour jouer au jeu de l'hombre ou de l'homme, réminiscence vague de l'usage primitif d'un livre mystérieux contenant les arrêts régulateurs de toutes les divinités humaines.

» Les très anciens Tarots étaient des médailles dont on a fait depuis des talismans. Les clavicules ou petites clés de Salomon se composaient de trente-six talismans portant soixante-douze empreintes analogues aux figures hiéroglyphiques du Tarot. Ces figures altérées par les copistes se retrouvent encore dans les anciennes clavicules manuscrites qui existent dans les bibliothèques. Il existe un de ces manuscrits à la Bibliotheque Nationale et un autre à la Bibliothèque de l'Arsenal. Les seuls manuscrits authentiques des clavicules sont ceux qui donnent la série des trente-six talismans avec les soixante-douze noms mystérieux ; les autres, quelque anciens qu'ils soient, appartiennent aux rêveries de la magie noire et ne contiennent que des mystifications.

» Voyez, pour l'explication du Tarot, mon *Dogme et Rituel de la haute magie.*

» Tout à vous en la sainte science,

« ELIPHAS LÉVI. »

QUATRIÈME LEÇON

LA KABBALE

I

« MONSIEUR ET FRÈRE,

» Bereschith veut dire « genèse ». Mercavah signifie « chariot » par allusion aux roues et aux animaux mystérieux d'Ezéchiel.

» Le Bereschith et la Mercavah résument la science de Dieu et du monde.

» Je dis « science de Dieu », et pourtant Dieu nous est infiniment inconnu. Sa nature échappe complètement à nos investigations. Principe absolu de l'être et des êtres, on ne peut le confondre avec les effets qu'il produit et l'on peut dire, tout en affirmant son existence, qu'il n'est ni l'être ni un être. Ce qui confond la raison sans l'égarer et nous éloigne à jamais de toute idolâtrie.

» Dieu est le seul *postulatum* absolu de toute science, l'hypothèse absolument nécessaire qui sert de base à toute certitude, et voici comment nos anciens maîtres ont établi sur la science même cette hypothèse certaine de la foi : l'Être est. Dans l'Être est la vie. La vie se manifeste par le mouvement. Le mouvement se perpétue par l'équilibre des forces. L'harmonie résulte de l'analogie des contraires. Il y a, dans la nature, loi immuable et progrès indéfini. Changement perpétuel dans les formes, indestructibilité de la substance, voilà ce que l'on trouve en observant le monde physique.

» La métaphysique vous présente des lois et des faits analogues soit dans l'ordre intellectuel, soit dans l'ordre moral, le *vrai*, immuable d'un côté, de l'autre la fantaisie et la fiction. D'un côté le bien qui est le vrai, de l'autre le mal qui est le faux et de ces conflits apparents sortent le jugement et la vertu. La vertu se compose de bonté et de justice. Bonne, la vertu est indulgente. Juste, elle est rigoureuse. Bonne parce qu'elle est juste, et juste parce qu'elle est bonne, elle se montre belle.

» Cette grande harmonie du monde physique et du monde moral, ne pouvant avoir une cause supérieure à elle-même, nous révèle et nous démontre l'existence d'une sagesse immuable, principe et lois éternelles, et d'une intelligence créatrice infiniment active. Sur cette sagesse et sur cette intelligence, inséparables l'une de l'autre, repose cette puissance suprême que les Hébreux nomment la couronne. La couronne et non le roi, car l'idée d'un roi impliquerait celle d'une idole. La puissance suprême est, pour les kabbalistes, la couronne de l'univers et la création tout entière est le royaume de la couronne ou, si vous l'aimez mieux, le domaine de la couronne.

» Nul ne peut donner ce qu'il n'a pas et nous pouvons admettre en virtualité dans la cause ce qui se manifeste dans les effets.

» Dieu est donc la puissance ou couronne suprême (keter) qui repose sur la sagesse immuable (chocmah) et l'intelligence créatrice (binah) ; en lui sont la bonté (hesed) et la justice (geburah) qui sont l'idéal de la beauté (tiphereth). En lui sont le mouvement toujours victorieux (netzah) et le grand repos éternel (hod). Son vouloir est un enfantement continuel (jésod), et son royaume (malchuth), c'est l'immensité que peuplent les univers.

» Arrêtons-nous ici : nous connaissons Dieu !

» Tout à vous en la sainte science.

« Eliphas Lévi »

CINQUIÈME LEÇON

II

« Monsieur et Frère,

» Cette connaissance rationnelle de la divinité, échelonnée sur les dix chiffres dont se composent tous les nombres, vous donne toute la méthode de la philosophie kabbalistique. Cette méthode se compose de trente-deux moyens ou instruments de connaissance qu'on nomme les trente-deux voies et de cinquante sujets auxquels la science peut s'appliquer et qu'on nomme les cinquante portes.

» La science synthétique universelle est ainsi considérée comme un temple auquel conduisent trente-deux chemins et dans lequel on entre par cinquante portes.

» Ce système numéral qu'on pourrait aussi appeler décimal, parce que le nombre dix en est la base, établit, par les analogies, une classification exacte de toutes les connaissances humaines. Rien n'est plus ingénieux, mais aussi rien n'est plus logique ni plus exact.

» Ce nombre de dix appliqué aux notions absolues de l'être dans l'ordre divin, dans l'ordre métaphysique et dans l'ordre naturel, se répète ainsi trois fois et donne trente pour les moyens d'analyse ; ajoutez la syllepse et la synthèse, l'unité qui commence par se proposer à l'esprit et celle du résumé universel, vous avez les trente-deux voies.

» Les cinquante portes sont une classification de tous les êtres en cinq séries de dix chacune, qui embrasse toutes les connaissances possibles et rayonne sur toute l'encyclopédie.

» Mais ce n'est pas assez d'avoir trouvé une méthode mathématique exacte, il faut, pour être parfaite, que cette méthode soit progressivement révélatrice, c'est-à-dire qu'elle nous donne le moyen de tirer exactement toutes les déductions possibles d'obtenir des connaissances nouvelles et de développer l'esprit sans rien laisser au caprice de l'imagination.

» C'est ce qu'on obtient par la Gématrie et la Lemurah qui sont les mathématiques des idées. La Kabbale a sa géométrie idéale, son algèbre philosophique et sa trigonométrie analogique. C'est ainsi qu'elle force en quelque manière la nature à lui révéler ses secrets.

» Ces hautes connaissances acquises, on passe aux dernières révélations de la Kabbale transcendantale, et l'on étudie dans le schémamamphorasch la source et la raison de tous les dogmes.

» Voilà, Monsieur et ami, ce qu'il s'agit d'apprendre. Voyez si cela ne vous effraie pas ; mes lettres sont courtes, mais ce sont des résumés très concis et qui disent beaucoup en peu de mots. J'ai mis un assez long espace entre mes cinq premières leçons pour vous laisser le temps d'y réfléchir, je puis vous écrire plus souvent, si vous le désirez.

» Croyez-moi, Monsieur, avec l'ardent désir de vous être utile, votre tout dévoué en la sainte science.

« Eliphas Lévi. »

SIXIÈME LEÇON

III

« Monsieur et Frère,

» La Bible donne à l'homme deux noms. Le premier, c'est Adam, qui signifie tiré de la terre ou homme de terre ; le second, c'est

Enos ou Hénoch, qui signifie homme divin ou élevé jusqu'à Dieu. Suivant la genèse, c'est Enos qui le premier adressa des hommages publics au principe des êtres, et cet Enos, le même qu'Enoch, fut, dit-on, enlevé vivant au ciel après avoir gravé sur les deux pierres qu'on nomme les colonnes d'Hénoch les éléments primitifs de la religion et de la science universelle.

» Cet Hénoch n'est pas un personnage, c'est une personnification de l'humanité élevée au sentiment de l'immortalité par la religion et la science. A l'époque désignée par le nom d'Enos ou d'Hénoch, le culte de Dieu apparaît sur la terre et le sacerdoce commence. Là aussi commence la civilisation avec l'écriture et les mouvements hiératiques.

» Le génie civilisateur que les Hébreux personnifient dans Hénoch, les Egyptiens l'ont nommé Trismégiste, et les Grecs Kadmos ou Cadmus, celui qui, aux accords de la lyre d'Amphion, vit s'élever et se ranger d'elles-mêmes les pierres vivantes de Thèbes.

» Le livre sacré primitif, le livre que Postel appelle la genèse d'Hénoch, est la source première de Kabbale ou tradition à la fois divine et humaine, à la fois religieuse. Là nous apparaît dans toute sa simplicité la révélation de l'intelligence suprême à la raison et à l'amour de l'homme, la loi éternelle réglant l'expansion infinie, les nombres dans l'expansion infinie, les nombres dans l'immensite et l'immensité dans les nombres, la poésie dans les mathématiques et les mathématiques dans la poésie.

» Qui croirait que le livre inspirateur de toutes les théories et de tous les symboles religieux nous ait été conservé et soit parvenu jusqu'à nous sous la forme d'un jeu composé de cartes bizarres? Rien n'est plus évident cependant, et Court de Gebelin, suivi depuis par tous ceux qui ont étudié sérieusement le symbolisme de ces cartes, a été au siècle dernier le premier à le découvrir.

» L'alphabet et les dix signes des nombres, voilà certes ce qu'il y a de plus élémentaire dans les sciences. Joignez-y les signes des quatre points cardinaux du ciel ou des quatre saisons, et vous avez le livre d'Hénoch tout entier. Mais chaque signe représente une idée absolue ou, si vous voulez, essentielle.

» La forme de chaque chiffre et de chaque lettre a sa raison mathématique et sa signification hiéroglyphique. Les idées, inséparables des nombres, suivent, en s'additionnant ou se divisant ou se multipliant, etc., le mouvement des nombres et en acquièrent l'exactitude. Le livre d'Hénoch est enfin l'arithmétique de la pensée.

» Tout à vous en la sainte science.

« ELIPHAS LÉVI. »

SEPTIÈME LEÇON

IV

« Monsieur et Frère,

» Court de Gebelin a vu dans les vingt-deux clés du Tarot la représentation des mystères égyptiens et il en attribue l'invention à Hermès ou Mercure Trismégiste, qui a été aussi appelé Thaut ou Thoth. Il est certain que les hiéroglyphes du Tarot se retrouvent sur les anciens monuments de l'Egypte ; il est certain que les signes de ce livre, tracés en ensembles synoptiques sur des stèles ou sur des tables métalliques semblables à la table isiaque de Bembo, étaient reproduits séparément sur des pierres gravées ou sur des médailles qui devinrent plus tard des amulettes et des talismans. On séparait ainsi les pages du livre infini dans ses combinaisons diverses pour les assembler, les transposer et les disposer d'une manière toujours nouvelle pour en obtenir les oracles inépuisables de la vérité.

» Je possède un de ces talismans antiques qui m'a été apporté d'Egypte par un voyageur qui est de mes amis. Il représente le binaire des Cycles ou vulgairement le deux de deniers. C'est l'expression figurée de la grande loi de polarisation et d'équilibre produisant l'harmonie par l'analogie des contraires ; voici comment ce symbole est figuré dans le Tarot que nous possédons et qui se vend encore de nos jours. S La médaille que j'ai est un peu fruste, large à peu près comme une pièce de cinq francs en argent, mais plus épaisse. Les deux cycles polaires y sont figurés exactement comme notre Tarot italien, une fleur de lotus avec une auréole ou un nimbe.

» Le courant astral qui sépare et attire en même temps les deux foyers polaires est représenté dans notre talisman égyptien par le bouc Mendès placé entre les deux vipères analogues aux serpents du caducée. Sur le revers de la médaille, on voit un adepte ou un prêtre égyptien qui, s'étant substitué à Mendès entre les deux cycles de l'équilibre universel, conduit dans une avenue plantée d'arbres le bouc devenu docile comme un simple animal sous la baguette de l'homme imitateur de Dieu.

» Les dix signes des nombres, les vingt-deux lettres de l'alphabet et les quatre signes astronomiques des saisons sont le sommaire et le résumé de toute la Kabbale.

» Vingt deux lettres et dix nombres donnent les trente-deux voies du Sepher Jetzirah ; quatre donnent la mercavah et le schémamamphorasch.

» C'est simple comme un jeu d'enfants et compliqué comme les plus ardus problèmes des mathématiques pures.

» C'est naïf et profond comme la vérité et comme la nature.

» Ces quatre signes élémentaires et astronomiques sous les quatre formes du sphinx et les quatre animaux d'Ezéchiel et de saint Jean.

» Tout à vous en la sainte science.

« Éliphas Lévi. »

HUITIÈME LEÇON

V

« Monsieur et Frère,

» La science de la Kabbale rend impossible le doute en matière de religion, parce que seule elle concilie la raison avec la foi en montrant que le dogme universel diversement formulé, mais au fond toujours et partout le même, est l'expression la plus pure des aspirations de l'esprit humain éclairé par une foi nécessaire. Elle fait comprendre l'utilité des pratiques religieuses qui, en fixant l'attention, fortifient la volonté, et jette une lumière supérieure également sur tous les cultes. Elle prouve que le plus efficace de tous ces cultes est celui qui par des signes efficaces rapproche en quelque sorte la divinité de l'homme, la lui fait voir, toucher et en quelque sorte se l'incorporer. C'est assez dire qu'il s'agit de la religion catholique.

» Cette religion, telle qu'elle apparaît au vulgaire, est la plus absurde de toutes parce qu'elle est de toutes la mieux *révélée* ; j'emploie ce mot dans son véritable sens, *revelare*, revoiler, voiler de nouveau. Vous savez que, dans l'Evangile, il est dit qu'à la mort du Christ le voile du temple se déchira tout entier et tout le travail dogmatique de l'Eglise à travers les âges a été de tisser et de broder un nouveau voile.

» Il est vrai que les chefs du sanctuaire eux-mêmes, pour en avoir voulu être les princes, ont perdu depuis longtemps les clés de la haute initiation. Ce qui n'empêche pas la lettre du dogme d'être sacrée et les sacrements d'être efficaces. J'ai établi dans mes ouvrages que le culte chrétien-catholique est la haute magie organisée et régularisée par le symbolisme et la hiérarchie. C'est une combinaison de secours offerts à la faiblesse humaine pour affermir sa volonté dans le bien.

» Rien n'a été negligé, ni le temple mystérieux et sombre, ni l'encens qui calme et qui exalte en même temps, ni les chants prolongés et monotones qui bercent le cerveau dans un demi-somnambulisme. Le dogme, dont les formules obscures semblent le désespoir de la raison, sert de barriere aux pétulances d'une critique inexpérimentée et indiscrète. Ils paraissent insondables pour mieux représenter l'infini. L'office même, célébré dans une langue que la masse du peuple n'entend pas, élargit ainsi la pensée de celui qui prie et lui laisse trouver dans la prière tout ce qui est en rapport avec les besoins de son esprit et de son cœur. Voilà pourquoi la religion catholique ressemble à ce sphinx de la fable qui se succède de siècle en siècle et renaît toujours de sa cendre, et ce grand mystère de la foi est tout simplement un mystère de la nature.

» On semblerait émettre un paradoxe énorme si l'on disait que la religion catholique est la seule qui puisse être justement appelée naturelle, et pourtant cela est vrai, puisque seule elle satisfait pleinement à ce besoin naturel de l'homme qui est le sens religieux.

» Tout à vous en la sainte science.

« ÉLIPHAS LÉVI. »

NEUVIÈME LEÇON

VI

« MONSIEUR ET FRÈRE,

» Si le dogme chrétien-catholique est entièrement kabbalistique, il en faut dire autant de ceux des grands sanctuaires de l'ancien monde. La légende de Chrisma, telle que la donne le Bhaghavadam, est un véritable évangile, semblable aux nôtres, mais plus naïf et plus brillant. Les incarnations de Vichnou sont au nombre de dix comme les Séphiroth de la Kabbale et forment une révélation plus complète en quelque sorte que la nôtre. Osiris tué par Typhon, puis ressuscité par Isis, c'est le Christ renié par les Juifs, puis honoré en la personne de sa mère. La Thébaïde est une grande épopée religieuse qu'il faut placer à côté du grand symbole de Prométhée. Antigone est un type de la femme divine aussi pur que celui de Marie. Partout le bien triomphe par le sacrifice volontaire après avoir subi pour un temps les assauts déréglés de la force fatale. Les rites même sont symboliques et se transmettent d'une religion à l'autre. Les tiares, les mitres, les surplis appartiennent à toutes les grandes religions. Depuis on conclut que toutes sont fausses, et c'est la conclusion qui est fausse. La vérité est que la religion est une comme l'humanité, progressive comme elle et restant toujours la même en se transformaut toujours.

» Si chez les Egyptiens Jésus-Christ se nomme Osiris, chez les Scandinaves Osiris se nomme Balder. Il est tué par le loup Jeuris, mais Woda ou Odin le rappelle à la vie, et les Walkyries elles-mêmes lui versent l'hydromel dans le walhalla. Les scaldes, les druides, les bardes chantent la mort et la résurrection de Tarenis ou de Téténus, distribuent à leurs fidèles le gui sacré comme nous le buis bénit aux fêtes du solstice d'été et rendent un culte à la virginité inspirée des prêtresses de l'île de Seyne.

» Nous pouvons donc, en toute conscience et avec toute raison, accomplir des devoirs que nous impose notre religion maternelle. Les pratiques sont des actes collectifs et répétés avec une intention directe et persévérante. Or, de pareils actes sont toujours utiles à employer et, en fortifiant la volonté dont *ils sont la gymnastique*, ils nous font arriver au but spirituel que nous voulons atteindre. Les pratiques magiques et les passes magnétiques n'ont pas un autre but, et donnent des résultats analogues à ceux des pratiques religieuses, mais plus imparfaits.

» Combien d'hommes n'ont pas l'énergie de faire ce qu'ils voudraient et ce qu'ils devaient faire? Et il y a des femmes en grand nombre qui se consacrent sans découragement aux travaux si répugnants et si pénibles de l'infirmerie et de l'enseignement! Où trouvent-elles tant de force? Dans les petites pratiques répetées. Elles disent tous les jours leur office et leur chapelet et font à genoux l'oraison et l'examen particulier.

» Tout à vous en la science.

« Eliphas Lévi. »

DIXIÈME LEÇON

VII

» Monsieur et Frère,

» La religion n'est pas une servitude imposée à l'homme, c'est un secours qui lui est offert. Les castes sacerdotales ont cherché de tout temps à exploiter, à vendre et à transformer ce secours en un joug insupportable et l'œuvre évangélique de Jésus avait pour but de séparer la religion du prêtre ou du moins de remettre le prêtre à sa place de ministre ou serviteur de la religion, en rendant à la conscience de l'homme toute sa liberté et sa raison. Voyez la parabole du bon Samaritain et ces textes précieux : la loi est faite pour l'homme et non pas l'homme pour la loi. Malheur à vous qui liez et imposez sur les épaules des autres des fardeaux que vous ne voudriez pas toucher seulement du bout du doigt (etc., etc.). L'Eglise officielle, qui se déclare infaillible dans l'*Apocalypse* qui est la clé kabbalistique des évangiles, et il y a toujours eu dans le christianisme une église occulte ou jvanuite qui, tout en respectant la nécessité de l'Eglise officielle, conservait du dogme une interprétation tout autre que celle qu'on donne au vulgaire.

» Les templiers, les rose-croix, les francs-maçons des hauts grades ont tous avant la Révolution française appartenu à cette Eglise dont Pasqualis Martinez. Saint-Martin et même Mme Krudemer ont été les apôtres au siècle dernier.

» Le caractère distinctif de cette école, c'est d'éviter la publicité et ne jamais se constituer en secte dissidente. Le comte Joseph de Maistre, ce catholique si radical, était, plus qu'on ne croit, sympathique à la société des Martinistes et annonçait une régénération prochaine du dogme par des lumières qui émaneraient des sanctuaires de l'occultisme. Il existe encore maintenant des prêtres fervents qui sont initiés à la doctrine antique, et un évêque, entre autres, vient de mourir, qui m'avait fait demander des communications kabbalistiques. Les disciples de Saint-Martin se faisaient appeler les philosophes inconnus et ceux d'un maître moderne, assez heureux pour être encore plus ignoré n'ont besoin de prendre aucun nom, car le monde ne soupçonne pas même leur existence. Jésus a dit que le levain doit être caché au fond du vaisseau qui contient la pâte afin de travailler jour et nuit en silence jusqu'à ce que la fermentation ait envahi peu à peu toute cette masse qui doit devenir du pain.

» Un initié peut donc avec simplicité et sincèrement pratiquer la religion dans laquelle il est né, car tous les rites représentent diversement un seul et même dogme, mais il ne doit ouvrir le fond de sa conscience qu'à Dieu et ne doit compte à personne de ses croyances les plus intimes. Le prêtre ne saurait juger de ce que le Pape lui-même ne comprend pas. Les signes extérieurs de l'initié sont la science modeste, la philanthropie sans éclat, l'égalité de caractère et la plus inaltérable bonté.

» Tout à vous dans la sainte science.

« ELIPHAS LÉVI. »

NOTIONS GÉNERALES SUR LA KABBALE

PAR SÉDIR

La Kabbale est une des plus célèbres parmi les doctrines de l'Occultisme traditionnel ; elle est l'expression de la philosophie ésotérique des Hébreux. Son père ou mieux son fondateur est le patriarche Abraham, d'après les rabbins ; et les livres fondamentaux où se trouve l'exposition de tous ses mystères ne sont autres que ceux de Moïse. Les savants contemporains donnent à la Kabbale une antiquité bien moindre. M. Nicolas la fait remonter au premier siècle avant l'ère chrétienne (1). D'autres prétendent qu'elle a été inventée au XIIIe siècle de notre ère par R. Moïse de Léon ; mais M.M. Franck, dans son livre célèbre, la regarde comme bien antérieure aux compilations de la *Mischna* et du *Talmud*. Cette opinion est celle de tous les initiés qui ont écrit sur la question, et Fabre d'Olivet l'exprime en excellents termes quand il dit :

« Il paraît, au dire des plus fameux rabbins, que Moyse lui-même, prévoyant le sort que son livre devait subir et les fausses interprétations qu'on devait lui donner par la suite des temps, eut recours à une loi orale, qu'il donna de vive voix à des hommes sûrs dont il avait éprouvé la fidélité, et qu'il chargea de transmettre dans le secret du sanctuaire à d'autres hommes qui, la transmettant à leur tour d'âge en âge, la fissent ainsi parvenir à la postérité la

(1) *Encyclop. des sc. relig.* de LICHTENBERGER. Article *Kabbale*.

plus reculée. Cette loi orale que les Juifs modernes se flattent encore de posséder se nomme Kabbale, d'un mot hébreu qui signifie ce qui est reçu, ce qui vient d'ailleurs, ce qui se passe de mains en mains (1). »

Une étude comme celle-ci est destinée à présenter les théories de ceux qui n'acceptent pas seulement les témoignages archéologiques, mais qui accordent surtout leur confiance à la voix plus secrète de l'Initiation.

Comme Moïse était un initié égyptien, la Kabbale doit offrir un exposé complet des mystères de Mizraïm : mais il ne faut pas oublier non plus qu'Abraham fut pour beaucoup dans la constitution de cette science ; et comme le nom de ce personnage symbolique et sa légende indiquent qu'il représentait un collège de prêtres chaldéens, on peut dire que la Kabbale renferme aussi les mystères de Mithras.

Je ne puis donner ici les preuves de tout ce que j'avance ; il faudrait refaire toute la science des langues, et l'histoire ancienne : je le répète, mon intention n'est que d'exposer brièvement avec le plus de clarté possible des idées peu connues.

La tradition enseigne qu'avant la race blanche trois autres races d'hommes avaient paru successivement sur la terre, un cataclysme d'eau ou de feu marquant la décadence de l'une et la croissance de celle qui lui succédait. Deux de ces races avaient vécu sur des continents aujourd'hui disparus et situés là où s'étendent maintenant l'océan Pacifique et l'océan Atlantique. On trouvera dans les ouvrages d'Elisée Reclus et d'Ignatius O'Donnelly des preuves géographiques, géologiques, ethnographiques et historiques qui militent en faveur de cette théorie. Sans entrer dans le détail de l'histoire idéologique de ces peuples disparus, qu'il nous suffise de savoir que, à l'époque où vivait le jeune Hébreu sauvé des eaux, les temples de Thèbes renfermaient les archives sacerdotales des Atlantes, et celles de l'Eglise de Ram. Ces dernières étaient une synthèse de l'ésotérisme de la race noire recueilli par l'ancienne Inde envahie par les blancs. D'autre part, Moïse recueillit dans les temples de Jethro, dernier survivant des sacerdotes noirs, les mystères purs de cette race. Ainsi la tradition orale que le pasteur des Hébreux laissa aux soixante-dix élus par lui comprenait l'ensemble de toutes les traditions occultes que la terre avait reçues depuis son origine.

Voilà pourquoi la Kabbale est émanationiste comme l'Egypte,

(1) D'Olivet, *Langue hébraïque restituée*, p. 92.

panthéistique comme la Chine ; elle connaît comme Pythagore les vertus des lettres et des nombres, elle enseigne les arts psychurgiques comme les Yogis hindous ; elle découvre des vertus secrètes des herbes, des pierres ou des planètes comme les astronomes de Chaldée et les alchimistes de l'Europe. Voilà comment les archéologues l'ont confondue avec des doctrines de beaucoup postérieures et d'une étendue bien plus restreinte que la sienne.

On sait, par un passage de l'Exode, que c'est à Josué que Moïse confia les clés de la tradition orale ; mais ces cles se rouillèrent, comme dit M. de Saint-Yves, à travers la terreur des guerres, des révolutions civiles qui passa sur Israël jusqu'à Esdras ; elles furent conservées cependant non par le sacerdoce de Lévi, mais dans le sein de communautés laïques de prophètes et de voyants dont les plus connues aujourd'hui sont les Esséniens. La lecture des livres de Moïse se faisait au peuple publiquement tous les samedis ; les commentaires qui en étaient donnés, les *Targums*, d'abord simplement oraux, furent écrits par la suite ; toute cette littérature casuistique et scolastique accumulée depuis le retour de l'exil jusqu'après la destruction du troisième temple est appelée *Misdrahim* commentaires. On y distingue la *Hallachah*, l'allure ou règle de la marche, et à la Haggadah l'on dit la Légende.

C'est dans cette dernière partie, dit Saint-Yves (1), que les communautés ésotériques ont laissé transpirer un peu de leur science, *Shemata*, *Kabbala*. Le dernier mot, que l'on dit d'ordinaire signifier Tradition, a cependant une autre étymologie.

« On fait dériver communement le mot de l'hébreu *québil* qui signifie recevoir, recueillir, et on traduit par tradition. Cette étymologie nous semble forcée et inexacte. Nous croyons le mot hébreu *Kabbalah* d'origine Chaldéo-Egyptienne, ayant le sens de science ou de doctrine occulte.

« Le radical égyptien *Khepp*, *Khop*, ou *Kheb*, *Khob*, en hébreu *gab*, *Khebb* ou *Khebet*, signifie cacher, enfermer, et *al*, ou *ol*, en égyptien, prendre : de sorte que ce mot signifierait la science déduite de principes cachés : *ex arcano* (2). »

A partir d'Esdras, l'interprétation des textes ésotériques de Moïse, de triple qu'elle était, devint quadruple, c'est-à-dire non plus solaire mais lunaire, polythéiste en quelque sorte. De là le fameux mot persan Paradis, épelé sans voyelles : P. R. D. S., clé de l'enseignement des Synagogues, bien différente des clés transmises par Moïse à Josué.

(1) *Mission des Juifs*, p. 651.
(2) F.-S Constancin, *Encycl. du* XIX*e siècle*.

Ces quatre degrés peuvent être caractérisés comme suit d'après Molitor :

Le plus inférieur, *Pashut*, est le sens littéral, le deuxième s'appelle *Remmez* ; c'est une simple allégorie ; le troisième, *Derash*, est un symbolisme supérieur communiqué sous le sceau du secret ; le quatrième enfin, *Sod*, le secret, le mystère, l'analogie, est indicible ; il ne se fait comprendre que par révélation directe.

La Kabbale théorique comprenait :

1° Les traditions patriarcales sur le Saint Mystère de Dieu et des personnes divines ;

2° Sur la création spirituelle et sur les anges ;

3° Sur l'origine du chaos, de la matière, et sur la rénovation du monde, dans les six jours de la création ;

4° Sur la création de l'homme visible, sa chute et les voies divines tendant à sa réintégration.

L'œuvre de la création s'appelle *Maasse Bereschit.*

Le char céleste s'appelle *Maasse Mercabah.*

Nous résumerons d'après Molitor la partie théorique se référant à la création : la Cosmogonie.

LA TRADITION ORALE DANS L'AGE DE TOHU

L'essence de tout être créé repose sur trois forces ; la force médiane est le principe de la vie des créatures qu'elle maintient dans leur identité.

La créature n'est telle qu'en vertu du principe réel, qui se manifeste par une tendance à s'individualiser, pour, partant de ce point, agir ensuite à l'extérieur.

Cette action est toute différente de l'action fausse qui a détaché la créature de l'unité divine.

L'acte d'où provient la créature n'est, dans son essence primitive, qu'un instinct aveugle de la nature.

Cette contraction négative de la créature n'est qu'une action qui n'a d'existence que dans sa continuité, et croît jusqu'à ce qu'elle ait atteint son point tropique.

A partir de là, chaque créature soupire vers le principe dont elle procède.

La révélation a une double action concordante à celle de la créature appelée *Schiur Komah* (l'extériorisation du type).

La première produit l'être, lui conserve la vie, lui donne une excentricité propre (le Fils) : c'est la création.

La deuxième concentre, c'est la Rédemption, la révélation du Fils en grâce et en amour (l'Esprit), tendant à délivrer la créature de son néant, et en rapport avec le désir qu'elle éprouve de se réunir à son centre.

La perfection de la vie créaturelle, c'est que le moment de son existence propre coïncide avec celui de son union avec Dieu ; pour cela, il faut qu'elle renonce volontairement à sa propre existence.

La béatitude, pour elle, c'est la fusion de la double joie de l'Etre et du non-Etre.

La vie comprend trois mondes, *Mrchabah*, le char :

1. *N'schammah*, l'Interne ; — l'esprit ; comprend ces intelligences tellement rapprochées de Dieu que l'action excentrique de la créature est vaincue par le divin, en sorte qu'elles deviennent de hautes puissances capables de s'abîmer librement en Lui ;

2. *Rouach*, l'intermédiaire ; hiérarchie d'êtres invisibles, canaux ; l'âme ;

3. *Nephesch*, l'extérieur ou révélé, corps de la création, où l'action excentrique atteint son apogée.

Chaque créature possède à son tour les trois : un *N'schammah* qui la relie à sa racine supérieure où elle existe dans un haut idéal, et un *Nephesch* qui donne à la créature une existence particulière. Ces deux mondes vivent respectivement dans deux courants de forces :

Or Hajaschor : la lumière s'extraliguant, d'involution.

Or Hachoser : la lumière réfléchie, d'évolution.

La vie soupire sans cesse vers l'unité ; les êtres élémentaires ne sont susceptibles d'aucune vie spirituelle, ils ascendent, mais ne peuvent évoluer : chez aucun d'eux l'extérieur ne vient se perdre dans l'intérieur, le réel dans l'idéal.

L'être qui couronnera l'ensemble, et qui lui donne en même temps sa haute initiative, c'est l'homme, qui participe des trois mondes, lentille qui concentre les êtres pour en reverser sur le monde un faisceau de glorification. Dieu se sert de l'homme pour attirer la créature au cœur de son amour.

L'homme représente la direction concentrique de la vie.

L'homme intérieur et spirituel est *Zeelan Alohim*.

L'homme extérieur et corporel est *D'muth Alohim*.

L'ange, au contraire de l'homme, tend à révéler l'idéal sous la forme du réel.

Le grand homme a trois parties, douze organes et soixante-dix membres. Le développement de ses parties est l'histoire de la création et de son union successive avec Dieu. Après quoi la race sacerdotale et le monde entier à sa suite entreront dans l'amour éternel.

La double vocation de la créature est de :

1° Construire librement son unité ;

2° Répondre aux conditions de son existence et aux vues infinies de l'amour éternel.

Cette union de l'individu et de l'infini ne se fait que par la volonté qui réside dans l'âme ; elle a deux phases :

Schimusch Achorajin, Union par derrière. — Etat d'extériorité de la créature au sortir de Dieu, perdue dans le tout.

Siwug Panim Al Panim, Union par devant. — Glorification que lui donne une vie surnaturelle, et qui l'assimile à Dieu.

La créature se rapproche sans jamais atteindre l'infini : *Ain Soph*, que l'homme ne peut comprendre que dans sa manifestation extérieure ou sa splendeur *S'phiroth* ; ces dix ne font que trois personnes.

Adam a une double mission (préceptes positifs et négatifs) ;

1° Cultiver dans le jardin d'Heden ;

2° Se préserver de l'influence des ténèbres.

Si l'homme eût obéi, l'union entre les deux *Adam*, le créaturel et le divin, eût été consommée pour l'éternité ; et la même chose se serait opérée dans toute la nature. Une fois affermi en Dieu, *Adam* aurait poursuivi sans égoïsme son développement excentrique (Cf. Fabre d'Olivet, *Caïn*) : cette sortie n'eût été que la conscience du néant absolu de la créature, notion par laquelle il faut passer. Le Verbe serait venu faire devenir intérieure la culture du jardin, puis le Saint-Esprit pour proclamer le grand *Sabbat*.

Mais le serpent fit naître dans le cœur de l'homme l'amour de la créature ; l'équilibre des pôles de la vie fut troublé ; le principe de contraction s'engourdit peu à peu ; et celui de l'expansion devint chaotique. (Cf. Bœhme, *Passage de la lumière aux ténèbres.*)

La mesure de grâce et de miséricorde *middath-hachesed et Rachmim* fut ainsi changée en mesure de rigueur, *middath hadin*.

L'homme qui résiste absolument aux moyens de retour que lui offre la grâce est lancé pour jamais dans une orbite sans fin hors du cercle de l'harmonie.

Résumons tout ceci :

Les activités de l'Etre suprême s'étendent en s'affaiblissant dans tous les plans de la création

« Mais tandis que dans le *Sepher* la décroissance dans les modes d'existence ou de manifestations de l'Etre s'opère en trois moments, le Zohar serrant de plus près le principe général de son système dédouble le second, qui dans le Sepher se compose de la pensée et de la parole, et nous parle de quatre mondes différents et successifs. C'est d'abord le monde des émanations *ôlam essicuth* du verbe *'assul*, qui signifie *emanare ex alio et se ab illo separare certo modo*, c'est-à-dire le travail intérieur par lequel le possible (*ain* = nihil) devient réel (les trente-deux voies de la sagesse).

» C'est ensuite le monde de la création (*olam beria*, du verbe *bara*, qui signifie sortir de lui-même = excidit) ; c'est-à-dire le mouvement par lequel l'esprit, sortant de son isolement, se manifeste comme esprit en général, sans qu'il s'y révèle encore la moindre trace d'individualité.

» Le *Zohar* désigne ce monde comme le pavillon qui sert de voile au point indivisible, et qui, pour être d'une lumière moins pure que le point, était encore trop pur pour être regardé,

» Le troisième monde est celui de la formation.

» *Olam Jetzirah*, ou vertu *Jatsar*, *fingen* (façonner qui a ce sens passif de *formari*), c'est-à-dire le monde des esprits purs des êtres intelligibles, ou le mouvement par lequel l'esprit général se manifeste ou se décompose en une foule d'esprits individuels.

» Enfin, le quatrième monde est celui de la production (*Olam assija*, du verbe *assa*, faire *conficere*), c'est-à-dire l'univers ou le monde sensible. Le Sepher avait écrit comme se fait l'évolution de l'Etre par « un mouvement qui descend toujours » depuis le plus haut degré de l'existence jusqu'au plus bas. Il n'aurait pas parlé de ce qui arrive ensuite.

» Le Zohar nous apprend que le mouvement d'expansion de l'Etre est suivi d'un mouvement de concentration sur lui-même. Ce mouvement de concentration est même le but définitif de toutes choses. Les âmes (esprits purs) tombées du monde de la formation dans celui de la production rentreront dans leur patrie primitive, quand elles auront développé toutes les perfections dont elles portent en elles-mêmes les germes indestructibles. S'il le faut, il y aura plusieurs existences. C'est ce qu'on appelle le cercle de transmigration (1). »

Selon la Kabbale, suivant en cela la tradition générale de l'Occultisme, l'être humain se compose de trois parties : le corps, l'âme et l'esprit. Conformément à la loi de création indiquée par le système des *Sephiroth*, chacune de ces parties est le reflet l'une de l'autre et renferme une image des deux autres ; et ces subdivisions ternaires

(1) *Encyclopédie* de LICHTENBERGER

peuvent se poursuivre selon la doctrine des rabbins initiés jusque dans les plus petits détails physiologiques, jusque dans les mouvements les plus subtils de l'être psychique. Bien au contraire de ce que pensent les théologiens catholiques, de ce qu'ont dit les philosophes athées et les héresiarques gnostiques, faute d'avoir compris le véritable sens des textes qu'ils avaient sous les yeux, cette division ternaire, qui entraîne avec elle l'existence de Dieu et l'immortalité de l'âme, cette division se trouve exprimée en toutes lettres dans les livres de Moïse et plus particulièrement dans le *Sepher*.

La partie inférieure de l'être humain s'appelle en hébreu *Nephesh*; la partie médiane, l'esprit, s'appelle *Rouach*, et la partie supérieure, *Neshamah*. Chacun de ces centres est extrait pour ainsi dire du plan correspondant de l'Univers : *Nephesh* perçoit le monde physique, s'alimente de ses énergies et y dépose ses créatures ; *Rouach* fait de même pour le monde astral et *Neshamah* pour le monde divin. Toutes les parties de l'Homme sont ainsi dans des interéchanges continuels avec les parties de l'Univers qui leur correspondent, et avec les autres parties de l'Homme lui-même. Un tableau fera mieux comprendre ces correspondances.

« Ces trois parties fondamentales de l'homme, dit un kabbaliste contemporain, Carl de Leiningen (1), ne sont pas complètement distinctes et séparées ; il faut au contraire se les représenter comme passant l'une dans l'autre peu à peu ainsi que les couleurs du spectre qui, bien que successives, ne peuvent se distinguer complètement étant fondues l'une dans l'autre.

» Depuis le corps, c'est-à-dire la puissance la plus infime de *Nephesh*, en montant à travers *Ruach*, jusqu'au plus haut degré de *Neshamach*, on trouve toutes les gradations, comme on passe de l'ombre à la lumière par la pénombre ; et réciproquement, depuis les parties les plus élevées de l'esprit jusqu'à celles physiques les plus matérielles, on parcourt toutes les nuances de la radiation, comme on passe de la lumière à l'obscurité par le crépuscule. — Et, par-dessus tout, grâce à cette union intérieure, à cette fusion des parties l'une dans l'autre, le nombre Neuf se perd dans l'Unité pour produire l'homme, esprit corporel qui unit en Soi les deux mondes. »

En rapprochant ces explications de celles que Molitor nous a fournies précédemment, on voit apparaître l'analogie de l'Homme, de l'Univers et de Dieu, théorie qui se retrouve dans toutes les traditions. Le tableau suivant en donnera une idée plus claire.

(1) *Le Sphinx*, avril 1887.

10	Le Général	Le Particulier	Le Concret
Neshamah	9 *Jechidad*	8 *Chaijah*	7 La connaissance
Rouach	6 Le qualitatif	5 L'extérieur	4 Le quantitatif
Nephesh	3 Le principe	2 La force effectuante	1 La matière effectuée

Le tableau, qui n'est autre qu'une adaptation du schéma des *Sephiroth*, nous amène à parler rapidement de la partie pratique de la tradition.

*
* *

La Kabbale pratique est fondée sur la théorie suivante. Les lettres hébraïques sont strictement correspondantes aux lois divines qui ont formé le monde. Chaque lettre représente un Etre hiéroglyphique, une Idée et un Nombre. Combiner des lettres, c'est donc connaître les lois ou les essences de la Création. De plus, ce système de vingt-deux lettres qui correspond à la trinité divine, aux planètes et au Zodiaque : 3 + 12 + 7 = 22 se développe suivant dix modes qui sont les dix *Sephiroth*. Ce système, auquel le pythagorisme a beaucoup emprunté, a été caractérisé comme suit par Eliphas Lévi :

« La Kabbale ou science traditionnelle des Hébreux pourrait s'appeler les mathématiques de la pensée humaine. C'est l'algèbre de la foi. Elle résout tous les problèmes de l'âme comme des équations, en dégageant les inconnues. Elle donne aux idées la netteté et la rigoureuse exactitude des nombres ; ses résultats sont pour l'esprit l'infaillibilité (relative, toutefois, à la sphère des connaissances humaines) et la paix profonde pour le cœur (1).

» Mais, ce n'est pas assez d'avoir trouvé une méthode mathématiquement exacte, il faut pour être parfaite que cette méthode soit

(1) ELIPHAS LÉVI, *Initiation*, décembre 1890, p. 195.

progressivement révélatrice, c'est-à-dire qu'elle nous donne le moyen de tirer exactement toutes les déductions possibles, d'obtenir des connaissances nouvelles et de développer l'esprit sans rien laisser aux caprices de l'imagination.

» C'est ce qu'on obtient par la *Gématrie* et la *Temurah*, qui sont la mathématique des idées. La Kabbale a sa géométrie idéale, son algèbre philosophique et sa trigonométrie analogique. C'est ainsi qu'elle force en quelque manière la Nature à lui révéler ses secrets.

» Ces hautes connaissances acquises, on passe aux dernières révélations de la Kabbale transcendantale et l'on étudie dans le *scheinhamphorash* la source et la raison de tous les dogmes (1). »

Je ne fais que citer les maîtres de la science, parce qu'il ne m'est pas loisible de donner autre chose que des généralités ; nous découvrons simplement les horizons de cette science, bien plus compliquée et bien plus touffue qu'on ne le croit généralement. Nous n'en voulons pour preuve que les lignes suivantes d'un des plus forts Kabbalistes contemporains :

« Il est deux sortes de Kabbale et je dois m'appesantir sur la différence qui les sépare. L'une, la Kabbale littérale, est celle qu'ont entrevue tous les philologues, que certains ont analysée et classée. C'est elle qui, par son aspect précis et mathématique, a frappé l'imagination de plusieurs et qui reste encore à l'état de science morte, de squelette entassé parmi la masse terrible des études tamuldiques. Il n'est pas de *Rabin*, si ignorant soit-il, qui n'en connaisse quelques bribes ; c'est cette Kabbale qui s'exalte aux tables communatoires, s'inscrit aux talismans des sorciers, aux amulettes parcheminées des juifs et même, ô dérision ! se traîne parmi les conventions typographiques chez les éditeurs d'œuvres hébraïques. Cette Kabbale n'était vivante que des idées qu'elle exprimait, et jadis, au temps du *Zohar*, et même au temps de la nouvelle Kabbale, au XVIIe siècle, toute une mystique spéciale et délicate, possédant sa langue et ses symboles, s'exprimait par son intermédiaire.

» Ceux qui ont étudié les livres du *Zohar*, les traités des Kabbalistes de toutes époques, savent quelle patience, quels efforts sont nécessaires, d'abord pour pénétrer le sens des symboles, pour en préciser l'origine, ensuite pour suivre en leurs rapprochements les explications données par les sages kabbalistes.

» Quelques rares savants parmi les juifs, quelques esprits d'élite possèdent cette science longue à apprendre, plus âpre que du Wronski, plus diffuse que de la mystique espagnole, plus complexe

(1) ELIPHAS LÉVI, *Initiation*, janvier 1891, p. 306-307.

que de l'analyse gnostique, mais pour la pénétrer il faut dix ans d'étude et d'isolement ; il ne faut vivre que pour cela et dans cela. Il faut que la pensée, sans cesse fixée sur ce point, s'y attache si fortement que rien ne l'en puisse arracher et que ces efforts soient couronnés enfin par l'appui protecteur de quelque génie, évoqué par le constant appel et le mérite du travailleur. Certes, cette Kabbale ainsi comprise et étudiée mérite toute l'attention et le travail de ceux qui veulent arriver ; mais, le plus souvent arrêtés dès le début par la distraction ou la lassitude, les chercheurs piétinent sur place, se découragent et demeurent de superficiels érudits, aptes, il est vrai, à jeter de la poudre aux yeux des ignorants, mais incapables et de peu d'intérêt.

» Un Kabbaliste doit pouvoir lire à livre ouvert un ouvrage rabbinique quelconque, en donner l'explication dans la langue même de la mystique juive, c'est-à-dire en l'appuyant de textes pris aux œuvres qui font autorité en ces matières, y apporter les lumières personnelles et de sa réflexion et de ses recherches. L'étudiant aurait donc quatre-vingt-dix ans, puisqu'une existence suffirait à peine à ce labeur, à cette évolution. Et le maître? Où serait-il?

» Cette grande et noble science qu'est la science de la Kabbale ne doit pas être profanée et ridiculisée par l'ignorance orgueilleuse, et il est tout aussi pitoyable de voir des ignorants réciter quelques mots de Molitor, répéter quelques formules de Franck, qu'il le serait de voir des enfants ajouter bout à bout une fraction, un cercle et une équation trigonométrique, et de les entendre crier qu'ils savent les mathématiques.

» Que faire alors? Est-il donc une autre Kabbale? Oui, et je veux le démontrer ici. Il est une autre science théologique que celle de l'école officielle puisqu'il a toujours été des hérétiques et des mystiques ; il est une autre mystique que celle du *Talmud* et d'autres interprétations de la *Thorah* puisqu'il y eut parmi les Kabbalistes même tant de maîtres proscrits, persécutés et qui finalement passèrent au christianisme. De part et d'autre du monde chrétien et du monde juif, sont sortis des hommes qui ont rompu tout charme et se sont dégagés de toute contrainte pour rechercher individuellement la vérité de leur mieux. Les Guillaume Postel, les Keuchlin, les Khünrath, les Nicolas Flamel, les Saint-Martin, les Fabre d'Olivet, que sont-ils? Voilà les maîtres de la Kabbale telle que la voyait Stanislas de Guaïta, telle qu'il sut vraiment la faire connaître et enseigner. Ces hommes furent d'âpres conquérants en quête de la toison d'or, refusant tout titre, toute sanction de leurs contemporains, parlant de haut parce qu'ils étaient haut situés et ne comptant que sur les titres qu'on obtient de ses propres descendants. Ces titres-là sont les seuls, puisque, comme l'enseignent la tradition et la symbolique égyptienne, c'est nous-mêmes qui devrons nous juger. Le fleuve passé, nous apparaissons nus, ayant laissé nos vêtements de mort avec nos rêves, et alors à chacun selon ses œuvres vives : Notre Dieu est celui des vivants et non celui des morts (1). »

Cette pratique kabbalistique peut être intellectuelle ou magique. Quand elle est intellectuelle, elle a pour clé les *Sephiroth*. Nous ne donnerons pas ici une étude des *Sephiroth* ; qu'il nous suffise de savoir que leur loi en est la même que celle des nombres ; on en trouvera une excellente explication dans le *Traité élémentaire de Science occulte* de Papus.

Nous en donnerons deux adaptations : l'une empruntée aux entraînements psychurgiques, l'autre à la psychologie et à l'éthique, d'après Khunrath.

Le thème suivant se réfère à l'exercice du pouvoir thaumaturgique ; on en trouvera les éléments dans l'*Apodictique Messianique* de Wronski, dont le système est uniquement kabbalistique.

	Veille	
Léthargie		Extase
Sommeil		Exaltation
	Rêve	
Catalepsie		Epilepsie
	Somnambulisme	
	Thaumaturgie	

La Kabbale, d'après Boehme, est une espèce de Magie ; elle réside dans la sixième forme, le SON ; son centre est le *Tétragrammaton*, qui contient les forces véritables par quoi l'intelligible agit

(1) Marc HAVEN, Stanislas de GUAÏTA, kabbaliste, *Initiation*, janvier 98 p. 33 à 36.

dans le sensible. Dans ce lieu est la Loi de Moïse, dont les transgressions reçoivent un châtiment éternel.

La Kabbale est aussi la science des mutations possédées par les anges, tant par ceux du feu que par ceux de la Lumière, parce qu'ils peuvent réaliser en formes leurs désirs, au moyen de l'Imagination. C'est la béatitude de la Science (1).

Ceci se réfère à la partie magique de cette science.

*
* *

Voici maintenant des données sur la réintégration de l'homme :

« Les Kabbalistes appellent le péché une écorce : l'écorce, disent-ils, se forme comme une excroissance qui se ride à l'extérieur par la sève qui se fige au lieu de circuler, alors l'écorce se dessèche et tombe. De même l'homme qui est appelé à coopérer à l'œuvre de Dieu, à s'achever lui-même en se perfectionnant par l'acte de sa liberté, s'il laisse figer en lui la sève divine qui doit servir à développer ses facultés pour le bien, l'homme accomplit un progrès rétrograde, il dégénère et tombe comme l'écorce morte. Mais, selon les Kabbalistes, rien n'aboutit au mal dans la nature, toujours le mal est absorbé par le bien ; les écorces mortes peuvent encore être utiles en étant ramassées par le laboureur qui les brûle et se chauffe à leur chaleur, puis fait de leur cendre un fumier nutritif pour l'arbre, ou bien, en se putréfiant au pied de l'arbre, elles le nourrissent et retournent à la sève par les racines. Dans les idées de la Kabbale, le feu éternel qui doit brûler les méchants est donc le feu régénérateur qui les purifie et par des transformations douloureuses, mais nécessaires, les fait servir à l'utilité générale, et les rend éternellement au bien qui doit triompher. Dieu, disent-ils, est 'absolu du bien, et il ne peut y avoir deux absolus : le mal est l'erreur qui sera absorbée par la vérité, c'est l'écorce qui, putréfiée ou brûlée, retourne à la sève, et concourt de nouveau à la vie universelle (2). »

Brûler les écorces est une œuvre difficile et lente ; l'initiation fait parcourir plus rapidement cette route escarpée.

« Choisis-toi un maître », dit le Talmud (*Pir. Aboth*, I, 6) ; et le commentateur ajoute : « Qu'il se procure un maître unique et qu'il reçoive l'enseignement traditionnel de lui toujours, et qu'il ne

(1) *Questions théos.*, III, 34 ; II, 11.
(2) Eliphas Levi, *Initiation*, novembre 1894, p. 109-110.

CORRESPONDANCES SÉPHIROTHIQUES D'APRÈS KHUNRATH

SÉPHIROTHS	MODES	FACULTÉS	ASPECTS DE DIEU DESCENDANTS	VERTUS ASCENDANTES
Cheter	Fides	Mens	Optimus omnia videns	Castitas
Binah	Meditatio	Intellectus	Multus benignitate	Benignitas
Hochmah	Cognitio	Ratio	Solus sapiens	Prudentia
Gedulah	Amor	Judicium superius	Misericors	Misericordia
Geburah	Spes	Judicium inferius	Fortis	Fortitudo
Tiphereth	Oratio	Phantasia	Longanimis	Patientia
Netzah	Conjunctio	Sensu., interior	Justus	Justicia
Hod	Frequentia	Sensus exterior	Maximus	Humilitas
Jesod	Familiaritas	Medium	Verax Zelotes	Temperantia
Malchut	Similitudo	Objectum	Terribilis	Timor Dei

reçoive pas cet enseignement aujourd'hui d'un maître, demain d'un autre. »

« Aux mystères sacrés de la Kabbale (1), un homme n'est admis que s'il accorde une confiance totale, ferme et de tous les instants à son maître et à ses enseignements, bien plus, que s'il ne discute jamais ses paroles et en prend l'engagement. Voilà qui peut éloigner bien des gens de la science sacrée, mais rappelons ici que nous ne parlons pas des sciences occultes en général : il n'est pas besoin de tout cela pour connaître l'Od comme M. de Rochas ou l'hermétisme comme M. Berthelot. Ce n'est pas une branche de connaissances humaines, c'est la haute magie du bien et du mal, la science de la vie et de la mort que le profane veut posséder, et, comme l'a dit Eliphas Lévi : *On peut demander d'être un peu plus qu'un homme à celui qui veut devenir presque un Dieu.* Cette apparente passivité, qui effrayera tant de vanités, n'est que momentanée et personnelle.

» Comme dans les écoles pythagoriciennes (cf. Aulu-Gelle, *Noct. Att.*, I, bh. IX), le disciple doit écouter et s'abstenir de toute discussion ou commentaire, il doit donner, par ses paroles et ses actes, le témoignage de son adhésion. Les révélations que transmet la Kabbale sont divines et d'un ordre plus élevé que ce qui peut tomber sous la norme de la raison ; les facultés actuelles sont épuisées et comme annihilées par l'acte de la réception des mystères. On est donc en droit d'exiger ce sacrifice, on le doit même, car l'âme tout entière du néophyte, la sincérité de ses aspirations, la force de son désir et de sa volonté vont se juger à cette épreuve. S'il se méprise assez et doute assez de ses pouvoirs pour craindre en ce sevrage une mort définitive, il est indigne d'approcher et, de lui-même, va s'enfuir. Bien faible qui s'arrêtera d ce premier pas, bien grossièrement avare qui reculera devant un renoncement aussi précieux.

» En second lieu, le Kabbaliste sera versé dans les sciences et les arts profanes, car il doit s'être orné de tous ses humains pouvoirs, celui qui rêve un tel honneur que l'Initiation. *Cependant pour tout dire, et la raison l'explique comme l'expérience de chaque jour permet de le vérifier, ce n'est pas avec un peu de connaissances, ce n'est pas avec une vague teinte des sciences humaines, ce n'est pas avec une superficielle culture que doit se présenter celui dont le travail, le zèle,*

(1) Ces règles sont traditionnelles, on les trouvera dispersées en divers textes ou commentaires. Parmi les textes, le *Shaar orah* de Rabbi Joseph Castebensis, parmi les commentaires : Reuchlin : *De Cabbala*, Paul Ricceus, *De Celesti agricultura* ; Rob. Fludd, *Tractatus apologeticus*... sont les sources principales et nous n'y renverrons plus.

la volonté vont être désormais occupés à la contemplation des formes séparées, celui qui va pour ainsi dire violer les sanctuaires mêmes de Dieu (Reuchlin). Mais cette science profane ne sera pas la matière et le point d'appui de la science absolue. Il faudra faire le vide et la mort dans son âme, il faudra que tout y redevienne inculte et ténébreux comme Moïse fit dans le désert (1) pour que le sol, désormais fertile, soit prêt à de nouvelles moissons.

» Celui qui n'a pas étudié les sciences du passé et du présent n'a pas le droit d'en faire peu de cas : celui qui n'a fait jouer en lui tous les engrenages des mathématiques, tous les ressorts des sciences naturelles, toutes les cordes de l'imagination, qui n'a ni pleuré, ni réfléchi, celui-là n'a pas le droit de mépriser les larmes ou la pensée, l'affirmation scientifique ou l'émotion artistique. Il sommeille encore ; qu'il ne recherche pas la lumière : souffleur il restera, s'il ne devient sorcier. Je pourrais, parmi les anciens, citer plusieurs noms de ces hommes qui furent des savants avant de devenir des écoliers en haute Science. Un exemple, de nos jours, est plus précieux : un très grand artiste, un maître en littérature n'a pas reculé pour mériter l'adeptat devant les répugnances et les fatigues du laboratoire (2).

» De tels exemples, s'il était nécessaire, prouveraient à eux seuls que la chaîne de la tradition n'est pas rompue.

» En troisième lieu, les Kabbalistes veulent que les disciples qui recherchent leur science soient d'un âge mûr ; ils sont en effet persuadés que nul ne peut être capable d'une si sublime et si profonde religion s'il n'a vieilli, s'il n'a vu se calmer en lui les passions, les fougues de la jeunesse, affermissant et purifiant ses mœurs, ses habitudes, devenant, aurait dit le XVIIIe siècle, un honnête homme.

» Tel était le sentiment de Rabbi Eléazar quand il répondit à son maître Jochanan qui, dans sa bienveillance, le voulait initier de bonne heure aux mystères de la *Mercabah* : « Je n'ai pas encore blanchi ». Une purification s'opère, une sublimation continuelle dans le temps pour celui qui médite et développe les germes déposés en lui. Ce n'est donc pas une période d'état, encore moins de déclin, que réclame la Tradition, c'est un point de l'évolution où se sont éclairés et calmés les principes troublés et agités jusque-là, où l'ange de la mort — qui est le même que celui de la génération

(1) ZIBOLDE DE MOSR, *Introd. ad Histor. Eccles.*. ch. I, p. 26.

(2) Stanislas de Guaita, auteur de nombreux et savants travaux de Kabbale dogmatique comme magique, depuis ses premiers articles dans l'*Artiste* jusqu'à ses derniers ouvrages.

— a été dominé par l'homme, où, en un mot, l'action est possible, l'homme prêt à recevoir la connaissance et à la réaliser.

» La quatrième condition est une pureté absolue : et ceci est presque une conséquence de ce qui précède, une remarque qui laisse entendre que cet âge mûr est variable suivant les individus. En méprisant cette pureté, en sacrifiant à ses désirs, en considérant la jouissance matérielle comme un terme, comme un but en soi, l'homme se laisse aller à la plus dangereuse des illusions et rend impossible toute élévation psychique. Il faut choisir, non pas entre la volupté et la vertu, c'est l'erreur de bien des sectes, mais entre l'amour et la victoire, et, sitôt le choix fait, songer que la Beauté, reflet de la couronne, est entre les deux routes. Les trente-deux voies de la Sagesse ne se découvrent qu'à ceux dont le cœur est bon (1).

» Une âme tranquille, délivrée de toute préoccupation mondaine, est une condition également importante ; que l'esprit soit un lac où toutes les inspirations, toutes les directions supérieures puissent se réfléchir sans qu'un mouvement d'en bas ne vienne troubler l'eau et l'agite soudain. « Quittez femmes, parents, enfants et suivez-moi », disait le Christ. « Vendez vos biens et distribuez votre or aux pauvres », disait Joachim de Flore à ses disciples. « Craignez jusqu'à l'égoïsme de la famille et de l'amitié, disent les maîtres : soyez seuls en face de Dieu pour être plus près de l'humanité. » C'est le silence, le sabattisme des auteurs : pour que, haute et plus sonore, la voix s'élève ensuite. Mais malheur à ceux qui gardent toujours le silence, malheur aux muets pour la moisson qu'ils ont semée, pour les douloureuses passions des réparateurs futurs (2) ! »

Nous terminerons sur ces belles paroles cette étude hâtive qui ne nous paraît, en la relisant, qu'une juxtaposition de matériaux un peu disparates. Nous l'offrons cependant telle quelle ; d'abord parce que le temps et les moyens nous font défaut pour donner de cette vénérable Tradition une idée plus digne d'elle et ensuite parce que nous espérons piquer quelque curiosité et susciter quelques désirs de Vrai, de Beau et de Bien.

SÉDIR

(1) Isaak ben Eljakim. Amst., 1700.
(2) Marc HAVEN, *Initiation*, février 1894. p. 136 à 141.

RÉSUMÉ MÉTHODIQUE DE LA KABBALE

CHAPITRE PREMIER

EXPOSÉ PRÉLIMINAIRE. — DIVISION DU SUJET

Dans l'étude suivante, nous allons résumer de notre mieux les enseignements et les traditions de la Kabbale.

La tâche est assez difficile car la Kabbale comprend, d'une part, tout un système bien particulier basé sur l'étude de la langue hébraïque, et, d'autre part, un enseignement philosophique de la plus haute importance, dérivant de ce système.

Nous allons faire tous nos efforts pour aborder ces divers points de vue l'un après l'autre en les séparant bien nettement. Notre étude comprendra donc :

1° Un exposé préliminaire sur l'origine de la Kabbale ;

2° Un exposé sur le système kabbalistique et ses divisions, *véritable cours de kabbale* en quelques pages ;

3° Un exposé sur la philosophie de la Kabbale et sur ses applications ;

4° Les textes principaux de la Kabbale sur lesquels sont bâties les données précédentes.

C'est la première fois qu'un travail de ce genre est présenté au public. Aussi nous efforcerons-nous de toujours nous appuyer sur des auteurs compétents lorsque les développements ne nous seront point personnels.

La Kabbale est la clef de voûte de toute la tradition occidentale. Tout philosophe abordant les conceptions les plus élevées que puisse atteindre l'esprit humain aboutit forcément à la Kabbale, qu'il s'appelle Raymond Lulle (1), Spinosa (2), ou Leibniz (3).

Tous les alchimistes sont kabbalistes, toutes les societés secrètes religieuses ou militantes qui ont paru en Occident : Gnostiques, Templiers, Rose-Croix, Martinistes ou Francs-Maçons, se rattachent à la Kabbale et enseignent ses théories. Wronski, Fabre d'Olivet et Eliphas Lévi doivent à la Kabbale le plus profond de leurs connaissances et le déclarent plus ou moins franchement.

D'où vient donc cette doctrine mystérieuse?

L'étude, même superficielle des religions, nous montre que l'initiateur d'un peuple ou d'une race divise toujours son enseignement en deux parties :

Une partie voilée sous les mythes, les paraboles ou les symboles à l'usage des foules. C'est la partie exotérique.

Une partie dévoilée à quelques disciples favoris qui ne doit jamais être décrite clairement, si elle est écrite, mais qui doit être transmise *oralement* de génération en génération. C'est la doctrine ésotérique.

Jésus n'échappe pas à la règle générale pas plus que Bouddha ; l'Apocalypse en est la preuve ; pourquoi Moïse serait-il le seul qui ait failli à cette règle?

Moïse, sauvant le plus pur des mystères d'Egypte, sélecta un peuple pour garder son livre, une tribu, celle de Lévi, pour garder le culte ; pourquoi n'aurait-il pas transmis la clef de son livre à des disciples sûrs?

Nous verrons en effet que la Kabbale enseigne surtout le maniement des lettres hébraïques considérées comme des idées ou même comme des puissances effectives. C'est dire que Moïse indiquait par là le sens véritable de son Sepher.

Ceux qui prétendent que la Kabbale vient d'*Adam* racontent tout simplement l'histoire symbolique de la transmission de la tradition d'une race à l'autre, sans insister sur une tradition plus que sur une autre.

Quelques savants contemporains, ignorant tout de l'antiquité,

(1) Les adeptes de cette science (Kabbale) parmi lesquels il faut comprendre plusieurs mystiques chrétiens, tels que Raymond Lulle, Pic de la Mirandole, Reuchlin, Guillaume Postel, Henry Morus, la regardent comme une tradition divine aussi ancienne que le genre humain (*Dictionnaire philosophique* de FRANCK).

(2) Les ouvrages de Spinosa attestent une connaissance profonde de la Kabbale.

(3) Leibniz fut initié à la Kabbale par Mercure van Helmont, fils du célèbre alchimiste, et grand kabbaliste lui-même.

sont étonnés d'y trouver des idées profondes sur les sciences, et placent l'origine de tout le savoir au second siècle de notre ère, d'autres daignent aller jusqu'à l'école d'Alexandrie.

Des critiques prétendent même que la Kabbale a été *inventée* au XIIIe siècle par Moïse de Léon. Un véritable savant, digne de toute notre admiration, M. Franck, n'a pas eu de peine à remettre ces critiques à la raison en les battant sur leur propre terrain (1).

Nous nous rangerons donc à l'avis de Fabre d'Olivet plaçant l'origine de la Kabbale à l'époque même de Moïse.

*
* *

Il paraît, au dire des plus fameux rabbins, que Moïse lui-même, prévoyant le sort que son livre devait subir et les fausses interprétations qu'on devait lui donner par la suite des temps, eut recours à une loi orale, qu'il donna de vive voix à des hommes sûrs dont il avait éprouvé la fidélité, et qu'il chargea de transmettre dans le secret du sanctuaire à d'autres hommes qui, la transmettant à leur tour d'âge en âge, la fissent ainsi parvenir à la postérité la plus reculée. Cette loi orale que les Juifs modernes se flattent encore de posséder se nomme Kabbale, d'un mot hébreu qui signifie ce qui est reçu, ce qui vient d'ailleurs, ce qui se passe de main en main.

Les livres les plus fameux qu'ils possèdent, tels que ceux du *Zohar*, le *Bahir*, les *Medrashim*, les deux *Gemares* qui composent le *Talmud*, sont presque entièrement kabbalistiques.

Il serait très difficile de dire aujourd'hui si Moïse a réellement laissé cette loi orale, ou si, l'ayant laissée, elle ne s'est point altérée comme paraît l'insinuer le savant Maimonides, quand il écrit que ceux de sa nation ont perdu les connaissances d'une infinité de choses sans lesquelles il est presque impossible d'entendre la Loi. Quoi qu'il en soit, on ne peut se dissimuler qu'une pareille institution ne fût parfaitement dans l'esprit des Egyptiens, dont on connaît assez le penchant pour les mystères.

La Kabbale, telle que nous la concevons, est donc le résumé le

(1) Quand on examine la Kabbale en elle-même, quand on la compare aux doctrines analogues, et qu'on réfléchit à l'influence immense qu'elle a exercée, non seulement sur le judaïsme, mais sur l'esprit humain en général, il est impossible de ne pas la regarder comme un système très sérieux et parfaitement original. Il est tout aussi impossible d'expliquer sans elle les nombreux textes de la *Mischna* et du *Talmud* qui attestent chez les Juifs l'existence d'une doctrine secrète sur la nature de Dieu et de l'univers, au temps où nous faisons remonter la science kabbalistique (Ad. Franck).

plus complet qui nous soit parvenu de l'enseignement des mystères d'Egypte. Elle contient la clef des doctrines de tous ceux qui allèrent se faire initier, au péril de leur vie, philosophes-législateurs et théurges.

De même que la langue hébraïque, cette doctrine a pu subir les vicissitudes nombreuses dues à la longue suite des âges qu'elle a traversés ; toutefois ce qui nous en reste est encore digne d'une sérieuse considération.

Telle que nous la possédons aujourd'hui, la Kabbale comprend deux grandes parties. La première constitue une sorte de clef basée sur la langue hébraïque et capable de nombreuses applications, la seconde expose un système philosophique tiré analogiquement de ces considérations techniques.

On désigne dans la plupart des traités sur cette question la première partie seule sous le nom de *Kabbale;* l'autre étant développée dans les livres fondamentaux de la doctrine.

Ces livres sont au nombre de deux : 1° le SEPHER JESIRAH, le livre de la formation qui contient sous forme symbolique l'histoire de la Genèse *Maasseh bereschit.*

2° Le ZOHAR, le livre de la lumière, qui contient également sous forme symbolique tous les développements ésotériques synthétisés sous le nom d'Histoire du char céleste : *Maasseh merkabah* (1).

C'est encore au symbolisme qu'il faut rapporter les deux *cabales* des Juifs, la cabale *Mercava*, et la cabale *Bereschit*. La cabale *Mercava* faisait pénétrer le Juif illuminé dans les mystères les plus profonds et les plus intimes de l'essence et des qualités de Dieu et des anges ; la cabale *Bereschit* lui montrait dans le choix, l'arrangement et le rapport numérique des lettres exprimant les mots de sa langue, les grands desseins de Dieu, et les hauts enseignements religieux que Dieu y avait placés. (DE BRIÈRE.)

Merkabah et Bereschit, telles sont les deux grandes divisions classiques de la Kabbale adoptées par tous les auteurs.

Pour aborder les enseignements de la *Merkabah*, il faut connaître déjà la *Bereschit* et, pour ce faire, il faut connaître l'alphabet hébraïque et les mystères de sa formation.

Partant donc de cet alphabet, nous allons aborder successivement les diverses parties qui constituent cette clef générale dont nous avons parlé, ensuite nous parlerons du système philosophique.

On peut diviser les kabbalistes en deux catégories. Ceux qui ont

(1) FABRE D'OLIVET, *Lang heb.*, p. 29, t. I.

appliqué les principes de la doctrine sans s'attarder à développer les fondements élémentaires et ceux qui, au contraire, ont fait des traités classiques de la Kabbale.

Parmi ces derniers nous pouvons citer Pic de la Mirandole, Kircher et Lenain.

Pic de la Mirandole divise l'étude de la Kabbale en étude des numérations (ou *Sephiroth*) et étude des noms divins (ou *Schenroth*). C'est en effet à ces deux points que se réduit toute la clef.

Kircher, R. P. Jésuite, est un des auteurs les plus complets sur cette question ; il adopte la division générale en trois grandes parties :

1° *Gématrie* ou étude des transpositions ;

2° *Notaria* ou étude de l'art des signes ;

3° *Thémurie* ou étude des commutations et des combinaisons.

Lenain, auteur de la *Science cabalistique*, traite surtout des noms divins et de leurs combinaisons.

Nous donnerons les plans suivis dans ces divers ouvrages après notre exposition, car, actuellement, la plupart des divisions ne seraient pas bien comprises.

CHAPITRE II

L'ALPHABET HÉBRAIQUE

Les vingt-deux lettres et leur signification.

Le point de départ de toute la Kabbale c'est l'alphabet hébraïque.

L'alphabet des Hébreux est composé de vingt-deux lettres ; les lettres ne sont pas cependant placées au hasard les unes à la suite des autres. Chacune d'elles correspond à un nombre d'après son rang, à un hiéroglyphe d'après sa forme, à un symbole d'après ses rapports avec les autres lettres.

Toutes les lettres dérivent d'une d'entre elles, le *iod*, ainsi que nous l'avons déjà dit (1). Le iod les a générées de la façon suivante (voy. *Sepher Jesirah*) :

1° Trois mères :

L'A	(Aleph)	א
L'M	(Le Mem)	מ
Le Sh	(Le Schin)	ש

2° Sept doubles (doubles parce qu'elles expriment deux sons, l'un positif fort, l'autre négatif doux) :

Le B	(Beth)	ב
Le G	(Ghimel)	ג
Le D	(Daleth)	ד
Le Ch	(Caph)	כ
Le Ph	(Phé)	פ
L'R	(Resch)	ר
Le T	(Thau)	ת

3° Enfin douze simples formées par les autres lettres.

(1) Voy. l'étude sur le mot *iod, hé, vau, hé* (page 90).

Nos D'ORDRE	HIÉROGLYPHE	NOMS	VALEURS EN LETTRES ROMAINES	VALEURS DANS L'ALPHABET		VALEURS EN CHIFFRES
1	א	aleph	A	mère		1
2	ב	beth	B		*double*	2
3	ג	ghimel	G		*double*	3
4	ד	daleth	D		*double*	4
5	ה	hé	E		simple	5
6	ו	vau	V		simple	6
7	ז	zain	Z		simple	7
8	ח	heth	H		simple	8
9	ט	teth	T		simple	9
10	י	iod	I		simple et principe	10
11	כ	caph	CH		*double*	20
12	ל	lamed	L		simple	30
13	מ	mem	M	mère		40
14	נ	noun	N		simple	50
15	ס	samech	S		simple	60
16	ע	hain	GH		simple	70
17	פ	phé	PH		*double*	80
18	צ	tsadé	TS		simple	90
19	ק	coph	K		simple	100
20	ר	resch	R		*double*	200
21	ש	shin	SH	mère		300
22	ת	thau	TB		*double*	400

Pour rendre tout cela plus clair, donnons l'alphabet hébreu en indiquant la qualité de chaque lettre ainsi que son rang.

Chaque lettre hébraïque représente donc trois choses.

1° Une lettre, c'est-à-dire un hiéroglyphe ;

2° Un nombre, celui de l'ordre qu'occupe la lettre ;

3° Une idée.

Combiner des lettres hébraïques c'est donc combiner des nombres et des idées ; de là la création du *Tarot* (1).

Chaque lettre étant *une puissance* est liée plus ou moins étroitement avec les forces créatrices de l'Univers. Ces forces évoluant dans trois mondes, un physique, un astral et un psychique, chaque lettre est le point de départ et le point d'arrivée d'une foule de correspondances. Combiner des mots hébraïques c'est par suite agir sur l'Univers lui-même, de là les mots hébreux dans les cérémonies magiques.

Maintenant que nous connaissons l'alphabet en général, il nous faut étudier la signification et les rapports de chacune des vingt-deux lettres de cet alphabet. C'est ce que nous allons faire. On verra, dans cette étude faite d'après Lenain, les correspondances de chaque lettre avec les noms divins, les anges et le sephiroth.

*
* *

Les anciens rabbins, les philosophes et les cabalistes expliquent, selon leur système, *l'ordre*, *l'harmonie* et les *influences des cieux sur le monde*, par les 22 lettres hébraïques que comprend l'alphabet mystique des Hébreux (2).

Explication des mystères de l'alphabet hébreu.

Cet alphabet désigne :

1° Depuis la lettre aleph א jusqu'à la lettre י iod *le monde invisible*, c'est-à-dire *le monde angélique* (intelligences souveraines recevant les influences de la première lumière éternelle attribuée au Père de qui tout émane).

2° Depuis la lettre כ caph jusqu'à celle nommée tsadé צ différents ordres d'anges qui habitent le monde *visible*, c'est-à-dire le monde astrologique attribué à Dieu le Fils, qui signifie la di-

(1) et (2). Voy. le *Tarot des Bohémiens*, par Papus.

vine sagesse qui a créé cette infinité de globes circulant dans l'immensité de l'espace dont chacun est sous la sauvegarde d'une intelligence spécialement chargée par le créateur de les conserver et les maintenir dans leurs orbes, afin qu'aucun astre ne puisse troubler l'ordre et l'harmonie qu'il a établis.

3° A partir de la lettre tsadé צ jusqu'à la dernière nommée ת thau, l'on désigne le monde élémentaire attribué par les philosophes au Saint-Esprit. C'est le souverain Être des êtres qui donne l'âme et la vie à toutes les créatures.

Explication séparée des 22 lettres.

1 א *Aleph*

Correspond au premier nom de Dieu, Eheieh אהיה que l'on interprète essence divine.

Les cabalistes l'appellent celui que l'œil n'a point vu à cause de son élévation.

Il siège dans le monde appelé Ensophe qui signifie l'infini, son attribut se nomme Kether כתר interprété couronne ou diadème : il domine sur les anges appelés par les Hébreux Haioth-Nakodisch היותהקודש c'est-à-dire les animaux de sainteté ; il forme les premiers chœurs des anges que l'on appelle séraphins.

2 ב *Beth*

2e nom divin correspondant à cette lettre : Bachour בחור (clarté, jeunesse), désigne anges de 2e ordre, Ophanim אופנים.

Formes ou roues.

Chérubins (par leur ministère, Dieu débrouilla le chaos).
Numération הכמה Hoschma, sagesse.

3 ג *Ghimel*

Nom Gadol גדול (magnus), désigne anges Aralym אראלים c'est-à-dire *grands et forts*, trônes (par eux, Dieu tetragrammaton Elohim entretient *la forme de la matière*).

Numération Binach בינה providence et intelligence.

4 ד *Daleth*

Nom Dagoul דגול (insignes), anges Hasmalim חשמלים.

Dominations.

C'est par eux que Dieu EL אל *représente* les effigies des corps et toutes les diverses formes de la matière.

Attribut חסד (hœsed), clémence et bonté.

5 ה *Hé*

Nom Hadom הדום (formosus, majestuosus). Seraphim שרפים, puissances (par leur ministère Dieu Elohim Lycbir produit les éléments).

Numération פחד (pachad), crainte et jugement, *gauche de Pierre.*

Attribut גבורה Geburah, force et puissance.

6 ו *Vau*

A formé הזיו Vezio (cum splendore) 6e ordre d'anges מלאכים Malakim, chœur des vertus (par leur ministère Dieu Eloah *produit les métaux et tout ce qui existe dans le règne minéral*).

Attribut תפארת Tipherith, Soleil, splendeur.

7 ז *Zaïn*

A formé זכי Zakai (purus mundus), 7e ordre d'anges, principautés, enfants d'Elohim (par leur ministère Dieu tétragrammaton Sabahot produit les plantes et tout *ce qui existe en végétal*).

Attribut הוצ wezat, triomphe, justice.

8 ח *Heth*

Désigne chased חסיד (misericors), anges de 8e ordre Bené Elohim, fils des Dieux (*chœur des archanges*) (*Mercure*) ; par leur ministère Dieu Elohim Sabahot produit *les animaux et le règne animal.*

Attribut הוד Hod, louange.

9 ט *Teth*

Correspond au nom טוד Tehor (mundus purus), anges de 9e ordre qui président à la naissance des hommes (par leur ministère Saday et Elhoi envoient des anges gardiens aux hommes).

Attribut יכוד Jesod, fondement.

10 י *Iod*

D'où vient Iah יה (Deus).

Attribut : royaume, empire et temple de Dieu ou influence par les héros. C'est par leur ministère que les hommes reçoivent l'intelligenee, l'industrie et la connaissance des choses divines.

Ici finit le monde angélique.

---

11 כ *Caph*

Nom כביר (potens). Désigne 1er ciel, 1er mobile correspondant au nom de Dieu י exprimé par une seule lettre, c'est-à-dire la 1re cause qui met tout ce qui est mobile en mouvement. La première intelligence souveraine qui gouverne le premier mobile, c'est-à-dire le premier ciel du monde astrologique attribué à la deuxième personne de la Trinité, s'appelle מיטטרון: Mittatron.

Son attribut signifie prince des faces : sa mission est d'introduire tous ceux qui doivent paraître devant la face du grand Dieu ; elle a sous elle le prince Oiifiel avec une infinité d'intelligences subalternes ; les cabalistes disent que c'est par le ministère de Mittatron que Dieu a parlé à Moïse ; c'est aussi par lui que toutes les puissances inférieures du monde sensible reçoivent les vertus de Dieu.

Caf, lettre finale ainsi figurée ך, correspond aux deux grands noms de Dieu, composés chacun de deux lettres hébraïques, El אל, Iah יה ; ils dominent sur les intelligences du deuxième ordre qui gouvernent le ciel des étoiles fixes, notamment les douze signes du Zodiaque que les Hébreux appellent Galgol hamnazeloth ; l'intelligence du deuxième ciel est nommée Raziel. Son attribut signifie vision de Dieu et sourire de Dieu.

12 ל *Lamed*

D'où vient Lumined למיד (doctus), correspond au nom Sadaï, nom de Dieu en cinq lettres, nommé emblème du Delta, et domine sur le troisième ciel et sur les intelligences de 3e ordre qui gouvernent la sphère de Saturne.

13 מ *Mem*

Meborakc מבורך (benedictus), correspond au 4e ciel et au 4e nom Jehovah יהוה, domine sur la sphère de Jupiter. L'intelligence qui gouverne Jupiter se nomme Tsadkiel.

Tsadkiel reçoit les influences de Dieu par l'intermédiaire de Schebtaiel pour les transmettre aux intelligences du 5e ordre.

Mem מ, lettre *capitale*, correspond au 5e ciel et au 5e nom de Dieu ; c'est le 5e nom de prince en hébreu. Domine *la sphère de*

Mars. Intelligence qui gouverne Mars : Samaël. Samaël reçoit les influences de Dieu par l'intervention de Tsadkiel et les transmet aux intelligences du 6e ordre.

14 נ *Noun*

Nun Nora נורא (formidabilis) ; correspond aussi au nom Emmanuel (nobiscum Deus), 6e nom de Dieu ; domine le 6e ciel. *Soleil* : 1re intelligence du Soleil, Raphaël.

Nom ן finale ainsi figurée, se rapporte au 7e nom de Dieu Ararita, composé de 7 lettres (Dieu immuable). Domine le 7e ciel et *Vénus*, Intelligence de Vénus : Haniel (l'amour de Dieu, justice et grâce de Dieu).

15 ס *Samech*

Nom Sameck סומך (fulciens, firmans), 8e nom de Dieu ; étoile Mercure ; 1re intelligence de Mercure, Mikael.

16 ע *Haïn*

Nom עזז Hazaz (fortis) ; correspond à Jehova-Sabahot. Domine le 9e ciel ; Lune ; intelligence de la Lune, Gabriel.

Ici finit le monde archangélique.

---

17 פ *Phé*

18e nom lui correspond ; פודה Phodé (redemptor) *âme intellectuelle* (*Kircher*, II, 227).

Cette lettre désigne le *Feu*, l'élément où habitent les salamandres. Intelligence du Feu, Séraphin et plusieurs sous-ordres. *Domine en été sur le Sud ou Midi.*

La finale ף ainsi figurée désigne *l'air*, où habitent les Sylphes. Intelligences de l'air, Chérubin et plusieurs sous-ordres. Les intelligences de l'air dominent au printemps *sur l'Occident ou l'Ouest.*

18 צ *Tsade*

Matière universelle (K). Nom צדק Tsedek (justus). Désigne l'*Eau* où habitent les nymphes. Intelligence, Tharsis. Domine en automne sur l'Ouest ou l'Occident.

Finale ץ forme des éléments (A. E. T. F.) (h).

19 ק *Coph*

Nom dérivé קדש Kodesch (sanctus). *Terre* où habitent les *Gnomes.*

Intelligence de la terre, Ariel. En hiver vers le Nord. *Minéraux*, inanimé (Kircher).

20	ר	*Resch*

Nom רדה (imperans) Rodeh, végétaux (Kircher) ; attribué au 1er principe de Dieu qui s'applique au règne animal et donne la vie à tous les animaux.

21	ש	*Shin*

Nom Schaday שדי (omnipotens) qui signifie Dieu tout-puissant,, attribué au second principe de Dieu (animaux), ce qui a vie (Kircher) qui donne le germe à toutes les substances végétales.

22	ת	*Thau*

Nom Thechinah תחנה (gratiosus), Microcosme (Kircher), 3e principe de Dieu qui donne le germe à tout ce qui existe dans le règne minéral.

Cette lettre est le symbole de l'homme parce qu'elle désigne la fin de tout ce qui existe, de même que l'homme est la fin et la perfection de toute la création.

Division de l'alphabet

Unité	9	8	7	6	5	4	3	2	1
1er monde	ט	ח	ז	ו	ה	ד	ג	ב	א
Dizaine	90	80	70	60	50	40	30	20	10
2e monde	צ	פ	ע	ס	נ	מ	ל	כ	י
Centaine	900	800	700	600	500	400	300	200	100
3e monde	ץ	ף	ן	ם	ך	ת	ש	ר	ק

Voici comment il faut ranger ces lettres et quelle est leur signification mystique.

1re CONNEXION	2e CONNEXION	3e CONNEXION
אלפ aleph c'est-à-dire poitrine. בית beth, maison. ג ghimel, plénitude, rétribution. ד daleth, table et porte. Il indique quelle est la maison de Dieu qui dans les livres divins se trouve nommée plénitude.	ה hé (ista, rue), ainsi celle-ci. ו vau, uncinus. ז zain (Hæc), celle-là, armes. ח vie. Il indique analogiquement l'une et l'autre vie, et quelle peut être l'autre vie sous la même des écritures par laquelle le Christ lui-même annonce la vie des croyants.	ט thet, bien, bon, déclinaison. י iod, principe. Il indique analogiquement que, quoique maintenant nous sachions l'universalité des choses écrites, cependant nous n'en connaissons qu'une partie et nous n'en prophétisons qu'une partie ; cependant quand nous aurons mérité d'être avec le Christ, alors cessera la doctrine des livres, et alors nous aurons face à face le bon principe tel qu'il est.

Monde angelique

4e CONNEXION	5e CONNEXION	6e CONNEXION
כ caph, main, conduite. ל lamed (discipline), cœur. Ils contiennent ceci : Les mains sont comprises dans l'œuvre, le cœur et la conduite sont compris dans les sens parce que nous ne pouvons rien faire qu'auparavant nous ne sachions ce qu'il faut faire.	מ mem, ex ipsis. נ noun, sempiternum. ס samech, adjutorium Il indique analogiquement que c'est des écritures que les hommes doivent tirer uniquement les sources nécessaires à la vie éternelle.	ע haïn, source, œil. פ phé, bouche. צ tsadé, justice. Il indique analogiquement que l'écriture est la source ou l'œil et la bouche de la justice, qui contient l'origine de toutes les œuvres de la partie constituée par la bouche divine.

Monde des orbes

7e CONNEXION

ק coph	Vocation, voix.
ר resch	Tête.
ש shin	Dents.
ת thau	Signe, microcosme.

C'est comme si l'on disait : la vocation de la tête est le signe des dents ; en effet la voix articulée dérive des dents et c'est par ces signes qu'on parvient à la tête de tous qui est le Christ et au Royaume éternel.

Monde des 4 éléments

CHAPITRE III

LES NOMS DIVINS

Si le lecteur a bien compris les données qui précèdent, s'il sait bien que chaque lettre a trois fins et exprime un hiéroglyphe, un nombre et une idée, il connaît les fondements de la Kabbale. Il nous suffira maintenant de nous occuper des combinaisons.

Si chacune des lettres est une puissance effective, le groupement de ces lettres d'après certaines règles mystiques donne naissance à des centres actifs de force qui peuvent agir d'une manière efficace lorsqu'ils sont mis en action par la volonté de l'homme.

De là les *dix noms divins.*

Chacun de ces noms exprime un attribut spécial de Dieu, c'est-à-dire une *loi active de la Nature* et un centre universel d'action.

Comme toutes les manifestations divines, c'est-à-dire tous les actes et tous les êtres, sont liées entre elles autant que les cellules de l'homme sont liées à lui, mettre une de ces manifestations en jeu c'est créer un courant d'action réel qui se répercutera dans tout l'Univers ; de même qu'une sensation perçue par l'homme en un point quelconque de sa peau fait vibrer l'organisme tout entier.

L'étude des noms divins comprend donc :

1° D'une part les qualités spéciales attribuées à ce nom ;

2° D'autre part les rapports de ce nom avec le reste de la Nature.

Nous allons aborder ces points l'un après l'autre.

Tout d'abord énumérons ces dix noms qu'on retrouve sur tous les talismans et dans toutes les formules d'évocation.

Nous mettons les lettres françaises sous les lettres hébraïques, *à l'envers*, pour indiquer le sens de la lecture de l'hébreu.

1	אהיה EIHA	*Ehieh.*
2	יה AI	*Iah.*
3	יהוה EVEI	*Ieovah.*
4	אל LA	*El.*
5	אלוה EOLE	*Eloha.*
6	אלהימ MIELA	*Elohim.*
7	יהוה (1) EVEI	*Tetragrammaton.*
	צבאות TOABST	*Sabaoth.*
8	אלהים MIELA	*Elohim.*
	צבאות TOABST	*Sabaoth.*
9	שדי IDS	*Shadai.*
10	אדני INDA	*Adonai.*

La Kabbale est si merveilleusement construite que tous les termes qui la constituent ne sont que des faces diverses les uns des autres. Ainsi nous sommes obligé, vu la pauvreté d'abstraction de nos langues européennes, d'étudier séparément la signification et les rapports des dix noms divins, puis la signification et les rapports des dix nombres, le tout dans leurs diverses acceptions. Or, tout cela, *nom*, *idée* et *nombre*, se trouve synthétisé dans chacun des hiéroglyphes, soit qu'on parle du nom divin, soit qu'on énonce la Sephiroth.

Ces noms (qui tous ont un sens secret développé en détail dans les écrits des kabbalistes) méritent d'attirer particulièrement notre attention.

1er Nom divin

Le premier d'entre eux *Ehieh* s'écrit souvent par la simple lettre י (iod). Dans ce cas il signifie simplement MOI.

(1) Le nom IEVE ou IOHA ne devant jamais être prononcé par les profanes, est remplacé par le mot *tétragrammaton* ou le mot *adonaï* (seigneur).

TAB

résumant le Symbolisme de tous les Arcanes majeurs et du sens de l'un quelconque de ces

Principe créateur (י) Actif י	Dieu le Père	Volonté	Le Pére
	1	4	7
Principe créateur Passif ה	Adam	Pouvoir	Réalisation
Principe créateur Equilibrant ו	La Nature naturante	créateur Fluide universel	Lumière astrale
Principe conservateur (ה) Actif י	Dieu le Fils	Intelligence	La Mère
	2	5	8
Principe conservateur Passif (ה)	Ève	Autorité	Justice
Principe conservateur Equilibrant ו	La Nature naturée	La Vie universelle	Existence élémentaire
Principe réalisateur (ו) Actif י	Dieu le Saint-Esprit	Beauté	Amour
	3	6	9
Principe réalisateur Passif ה	Adam-Ève, l'Humanité	Amour	Prudence (SE TAIRE)
Principe réalisateur Equilibrant ו	Le Cosmos	Attraction universelle	Fluide astral (AOUR)
	Lui-même (י) +	Manifesté —	Lui-même (ה) +
	DIEU	(21)	**L'HOM** L'HUMA

LEAU

permettant de déterminer immédiatement la définition
Arcanes.

Nécessité 10 La Force en puissance de manifestation Puissance magique	Principe transformateur universel 13 La Mort La Force plastique universelle	La Destruction 16 La Chute adamique Le Monde visible	Les Eléments 19 La Nutrition Le Règne minéral
La Liberté 11 Le Courage (OSER) La Vie réfléchie et passagère	L'involution 14 La Vie corporelle La Vie individuelle	L'immortalité 17 L'Espérance Les Forces physiques	Le Mouvement propre 20 La Respiration Le Règne végétal
Charité 12 Espérance (SAVOIR) Force équilibrante	Le Destin 15 La Destinée Nahash Lumière astrale en circulation	Le Chaos 18 Le Corps matériel La Matière	Le Mouvement de durée relative 0 L'Innervation Le Règne animal
Manifesté — **ME** (21) NITÉ	Lui-même (י) + **L'UNIVERS**	Manifesté — (21)	Retour (ה) à l'Unité

Lacour, dans son livre des Æloïm ou Dieux de Moïse, montre que ce mot a donné naissance au grec *ἀεί*, *toujours*. *Ehieh* signifie donc exactement LE TOUJOURS, et l'on comprend comment la lettre *iod*, qui exprime le commencement et la fin de tout, puisse le représenter.

Ce nom écrit mystiquement en triangle par trois *iod* ainsi :

י
י י

représente les trois principaux attributs de la divinité émanant la création, du *Toujours* donnant naissance aux mesures temporelles.

Le premier *iod* montre en effet l'Eternité donnant naissance *au Temps* dans sa triple division : Passé, Présent et Avenir.

C'est *le Nombre*.

C'est *le Père*.

⁂

Le second *iod* montre *l'Infini* donnant naissance à *l'Espace* dans sa triple division de Longueur, Largeur et Profondeur.

C'est *la Mesure*.

C'est *le Fils*.

⁂

Le troisième *iod* représente la Substance éternelle donnant naissance à *la Matière* dans sa triple spécification de Solide, Liquide et Gazeuse.

C'est *le Poids*.

C'est *le Saint-Esprit*.

⁂

Réunissez en un tout le Temps, l'Espace et la Matière et la *Substance éternelle et infinie*, LE TOUJOURS se manifestera.

De là la représentation suivante de ce nom divin par les Kabbalistes :

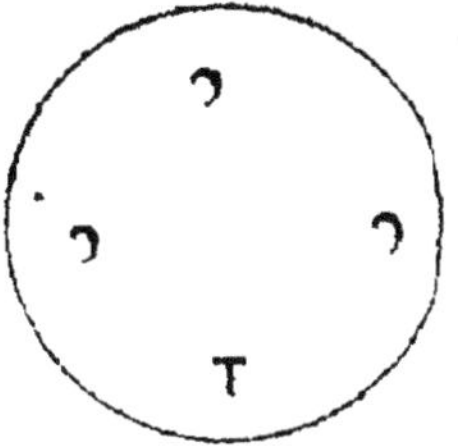

Les correspondances de ce nom sont ainsi données par Agrippa. l'un des plus forts kabbalistes connus (1).

1° *Eheie,* le nom d'essence divine :

Numération : keter (couronne, diadème), signifie l'être très simple de la divinité, il s'appelle ce que l'œil n'a point vu. On l'attribue à Dieu le Père et il influe sur l'ordre des Séraphins, ou, comme parlent les Hébreux, *Haioth Hacadosch*, c'est-à-dire en latin *animalia sanctitatis*, les fameux animaux de sainteté, et de là, par le premier mobile, donne libéralement le nom de l'être à toutes choses remplissant l'Univers par toute sa circonférence jusqu'au centre. Son intelligence particulière s'appelle Mithatron (Prince des Faces) dont l'office est d'introduire les autres devant la face du Prince, et c'est par le ministère de celui-ci que le Seigneur a parlé à Moise.

2e Nom

2° Nom *Iah :*

Iod ou Tetragrammaton joint avec Iod ; numération Hochma (*sapientia*).

Signifie divinité pleine d'idées et premier engendré et s'attribue au fils. Il influe par l'ordre des chérubins (que les Hébreux nomment Ophanim) sur les formes ou les roues et de là sur le ciel des étoiles y fabriquant autant de figures qu'il contient d'idées en soi, débrouillant le chaos ou confusion des matières par le ministère de son intelligence particulière nommée *Raziel* qui fut le gouverneur d'Adam.

3e Nom

3° Nom : IEVE — יהוה.

Ce nom l'un des plus mystérieux de la théologie hébraique, exprime une des lois naturelles les plus étonnantes que nous connaissions.

C'est grâce à la découverte de quelques-unes de ses propriétés que nous avons pu donner l'explication complète du Tarot (2), explication qui n'avait jamais été donnée jusqu'à présent.

(1) H. C. Agrippa, *Philosophie occulte.* t. II, p. 36 et suiv.

(2) Voyez la signification des lettres précédemment.

Voici comment nous analysons ce nom divin :

LE MOT KABBALISTIQUE יהוה (*iod-hé-vau-hé*).

Si l'on en croit l'antique tradition orale des Hébreux ou *Kabbäle*, il existe un mot sacré qui donne, au mortel qui en découvre la véritable prononciation, la clef de toutes les sciences divines et humaines. Ce mot que les Israélites ne prononcent jamais et que le grand prêtre disait une fois l'an au milieu des cris du peuple profane est celui qu'on trouve au sommet de toutes les initiations, celui qui rayonne au centre du triangle flamboyant au 33e degré franc-maçonnique de l'Ecossisme, celui qui s'étale au-dessus du portail de nos vieilles cathédrales, il est formé de quatre lettres hébraïques et se lit *iod-hé-vau-hé* יהוה..

Il sert dans le *Sepher Bereschit* ou Genèse de Moïse à désigner la divinité, et sa construction grammaticale est telle qu'il rappelle par sa constitution même (1) les attributs que les hommes se sont toujours plu à donner à Dieu.

Or, nous allons voir que les pouvoirs attribués à ce mot sont, jusqu'à un certain point, réels, attendu qu'il ouvre facilement la porte symbolique de l'arche qui contient l'exposé de toute la science antique. Aussi nous est-il indispensable d'entrer dans quelques détails à son sujet.

Ce mot est formé de quatre lettres, *iod* (י) *hé* (ה) *vau* (ו) *hé* (ה).

Cette dernière lettre *hé* est répétée deux fois.

A chaque lettre de l'alphabet hébraïque est attribué un nombre. Voyons ces deux lettres qui nous occupent en ce moment.

י Le iod = 10
ה Le hé = 5
ו Le vau = 6

(1) « Ce nom offre d'abord le signe indicateur de la vie, doublé, et formant la racine essentiellement vivante EE (הה). Cette racine n'est jamais employée comme nom et c'est la seule qui jouisse de cette prérogative. Elle est, dès sa formation, non seulement un verbe, mais un verbe unique dont tous les autres ne sont que des dérivés : en un mot le verbe הוה (EVE) être-étant. Ici, comme on le voit, et comme j'ai eu soin de l'expliquer dans ma grammaire, le signe de la lumière intelligible ו (Vô) est au milieu de la racine de vie. Moïse, prenant ce verbe par excellence pour en former le nom propre de l'Être des Êtres, y ajoute le signe de la manifestation potentielle et de l'éternité י (1) et il obtient יהוה (IEVE) dans lequel le facultatif étant se trouve placé entre un passé sans origine et un futur sans terme. Ce nom admirable signifie donc exactement l'Être-qui-est-qui-fut-et-qui-sera. »

(FABRE D'OLIVET, *Langue hébraïque restituée*.)

La valeur numérique totale du mot יהוה est donc

10 + 5 + 6 + 5 = 26

Considérons séparément chacune des lettres.

LE IOD

Le *iod*, figuré par une virgule, ou bien par un point, représente *le principe* des choses.

Toutes les lettres de l'alphabet hébraïque ne sont que des combinaisons résultant de différents assemblages de la lettre *iod* (1). L'étude synthétique de la nature avait conduit les anciens à penser qu'il n'existait *qu'une seule loi* dirigeant les productions naturelles. Cette loi, base de l'analogie, posait l'unité-principe à l'origine des choses et ne considérait celles-ci que comme *des reflets* à degrés divers de cette unité-principe. Aussi *le iod*, formant à lui seul toutes les lettres et par suite tous les mots et toutes les phrases de l'alphabet, était-il justement l'image et la représentation de cette *Unité-Principe* dont la connaissance était voilée aux profanes.

Ainsi la loi qui a présidé à la création de la langue des Hébreux est la même que celle qui a présidé à la création de l'univers, et connaître l'une c'est connaître implicitement l'autre. Voilà ce que tend à démontrer un des plus anciens livres de la Kabbale : *le Sepher Jesirah* (2).

Avant d'aller plus loin, éclairons par un exemple cette définition que nous venons de donner du iod. La première lettre de l'alphabet hébreu, l'aleph (א), est formée de quatre iod opposés deux à deux (א). Il en est de même pour toutes les autres.

La valeur numérique du iod conduit à d'autres considérations. L'UNITÉ-PRINCIPE, d'après la doctrine des kabbalistes, est aussi l'UNITÉ-FIN des êtres et des choses, et l'éternité n'est, à ce point de vue, qu'un éternel présent. Aussi les anciens symbolistes ont-ils figuré cette idée par un point au centre d'un cercle, représentation

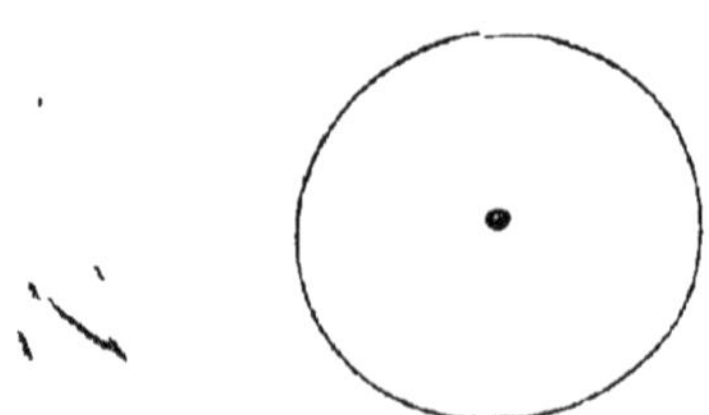

(1) Voy. la *Kabbala denudata*.

(2) Traduit en français récemment pour la première fois (Se trouve chez l'éditeur Carré.)

de l'Unité-Principe (*le point*) au centre de l'éternité (*le cercle* ligne sans commencement ni fin) (1).

D'après ces données, l'Unité est considérée comme la *somme* dont tous les êtres créés ne sont que *les parties constituantes* ; de même que l'Unité-Homme est formée de la somme de millions de cellules qui constituent cet être.

A l'origine de toutes choses la Kabbale pose donc l'affirmation absolue de l'être par lui-même, du Moi-Unité dont la représentation est le *iod* symboliquement, et le nombre 10 numériquement. Ce nombre 10 représentant le *Principe-Tout*, 1, s'alliant au *Néant-Rien*, 0, répond bien aux conditions demandées (2).

LE HÉ

Mais le Moi ne peut se concevoir que par son opposition avec le Non-Moi. A peine l'affirmation du Moi est-elle établie, qu'il faut concevoir à l'instant une réaction du Moi-Absolu sur lui-même, d'où sera tirée la notion de son existence, par une sorte de division de l'Unité. Telle est l'origine de la *dualité*, de l'opposition, du Binaire, image de la féménéité comme l'unité est l'image de la masculinité. Dix se divisant pour s'opposer à lui-même égale donc

$\frac{10}{2} = 5$, cinq nombre exact de la lettre *Hé*, seconde lettre du grand nom sacré.

Le Hé représentera donc le *passif* par rapport au *iod* qui symbolisera *l'actif*, *le non-moi* par rapport au *moi*, *la femme* par rapport à *l'homme ; la substance* par rapport à *l'essence ; la vie* par rapport à *l'âme*, etc., etc.

LE VAU

Mais l'opposition du *Moi* et du *Non-Moi* donne immédiatement naissance à un autre facteur, c'est *le rapport* existant entre ce Moi et ce Non-Moi.

(1) Voy. KIRCHER, *Œdipus Ægyptiacus ;*
LENAIN, *La Science kabbalistique ;*
J. DÉE, *Monas Hieroglyphica.*

(2) Voy. SAINT-MARTIN, *Des rapports qui existent entre Dieu, l'Homme et l'Univers ;*
LACURIA, *Harmonies de l'être exprimées par les nombres.*

Or, le *Vau*, 6e lettre de l'alphabet hébraïque, produit par 10 (iod) + 5 (hé) = 15 = 6 (ou 1 + 5), signifie bien *crochet, rapport*. C'est le crochet qui relie les antagonistes dans la nature entière, constituant le 3e terme de cette mystérieuse trinité.

Moi — Non-Moi.

Rapport du Moi avec le Non-Moi.

LE 2e HÉ

Au delà de la Trinité considérée comme loi, rien n'existe plus.

La Trinité est la formule synthétique et absolue à laquelle aboutissent toutes les sciences, et cette formule, oubliée quant à sa valeur scientifique, nous a été intégralement transmise par toutes les religions, dépositaires inconscients de la SCIENCE SAGESSE des primitives civilisations (1).

Aussi trois lettres seulement constituent-elles le grand nom sacré. Le quatrième terme de ce nom est formé par la seconde lettre, *le Hé*, répetée de nouveau (2).

Cette répétition indique le passage de la loi Trinitaire dans une nouvelle application, c'est à proprement parler *une transition* du monde métaphysique au monde physique ou, en général, d'un monde quelconque au monde immédiatement suivant (3).

La connaissance de cette propriété du second *Hé* est la clef du nom divin tout entier, dans toutes les applications dont il est susceptible. Nous en verrons clairement *la preuve dans la suite* (4).

RÉSUMÉ SUR LE MOT IOD-HÉ-VAU-HÉ.

Connaissant séparément chacun des termes composant le nom sacré, faisons la synthèse et totalisons les résultats obtenus.

(1) Voy. ELIPHAS LÉVI, *Dogme et Rituel de haute magie; la Clef des grands mystères*; — LACURIA, *op cit.*

(2) Voy. FABRE D'OLIVET, *La Langue hébraïque restituée.*

(3) Voy. Louis LUCAS, *Le Roman alchimique.*

Præter hæc tria numera non est alia magnitudo, quod tria sunt omnia, et ter undecunque, ut pythagorici dicunt; omne et omnia tribus determinata sunt. (Aristote, cité par Ostrowski, page 24 de sa *Mathèse*).

(4) Malfatti a parfaitement vu cela : « Le passage de 3 dans 4 correspond à celui de la Trimurti dans Maia, et comme cette dernière ouvre le deuxième ternaire de la décade prégenésétique, de même le chiffre 4 ouvre celle du deuxième ternaire de notre décimale génésétique. »

(*Mathèse*, p. 25.)

Le mot *iod-hé-vau-hé* est formé de quatre lettres signifiant chacune :

Le Iod Le principe actif par excellence.
Le Moi = 10.

Le Hé Le principe passif par excellence.
Le Non-Moi = 5.

Le Vau Le terme médian, *le crochet* reliant l'actif au passif.
Le Rapport du Moi au Non-Moi = 6.

Ces trois termes expriment la loi trinitaire de l'absolu.

Le 2e Hé Le second Hé marque le passage d'un monde dans un autre. La Transition.

Ce second *Hè* représente l'Être complet renfermant dans une Unité absolue les trois termes qui le constituent Moi-Non-Moi-Rapport.

Il indique le passage du noumène au phénomène ou la réciproque, il sert à monter d'une gamme dans une autre.

FIGURATION DU MOT SACRE

Le mot *iod-hé-vau-hé* peut se représenter de diverses manières, qui toutes ont leur utilité.

On peut le figurer en cercle de cette façon :

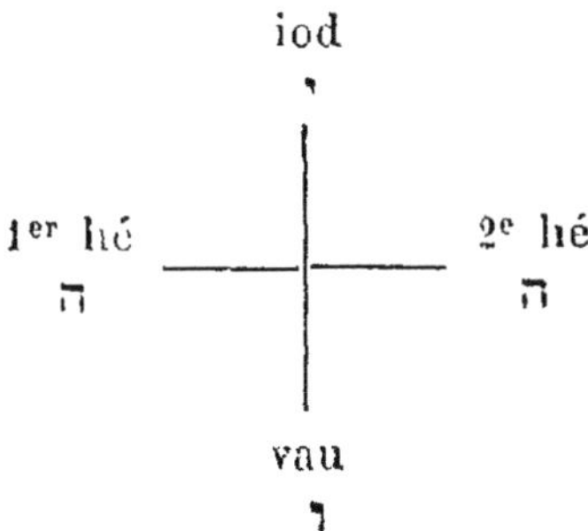

Mais comme le second *Hé*, terme de transition, devient l'entité active de la gamme suivante, c'est-à-dire comme ce *Hé* ne représente en somme qu'un *iod* en germe (1), on peut représenter le mot sacré en mettant le second Hé *sous le* premier *iod* ainsi :

iod 1er *hé* *vau*
2e *hé*

Enfin une troisième façon de représenter ce mot consiste à envelopper la trinité, *iod hé vau*, du terme tonalisateur ou second *hé*, ainsi :

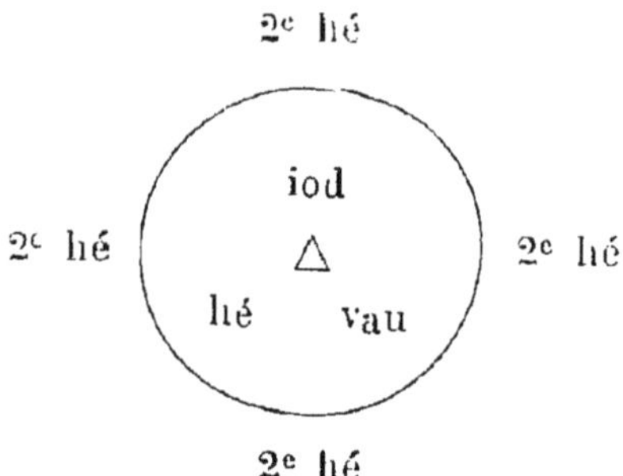

L'étude du Tarot n'est que l'étude des transformations de ce nom divin, ainsi qu'on le voit par la figure synthétique suivante :

(1) Ce 2e *Hé*, sur lequel nous insistons volontairement si longtemps, peut être comparé *au grain de blé* par rapport à l'épi. L'épi, trinité manifestée ou *iod hé vau*, résout toute son activité dans la production du grain de blé ou 2e *Hé*. Mais ce grain de blé n'est que *la transition* entre l'épi qui lui a donné naissance et l'épi auquel il donnera lui-même naissance dans la génération suivante. C'est la transition entre une génération et une autre qu'il contient en germe, c'est pourquoi le deuxième *Hé* est un *iod* en germe.

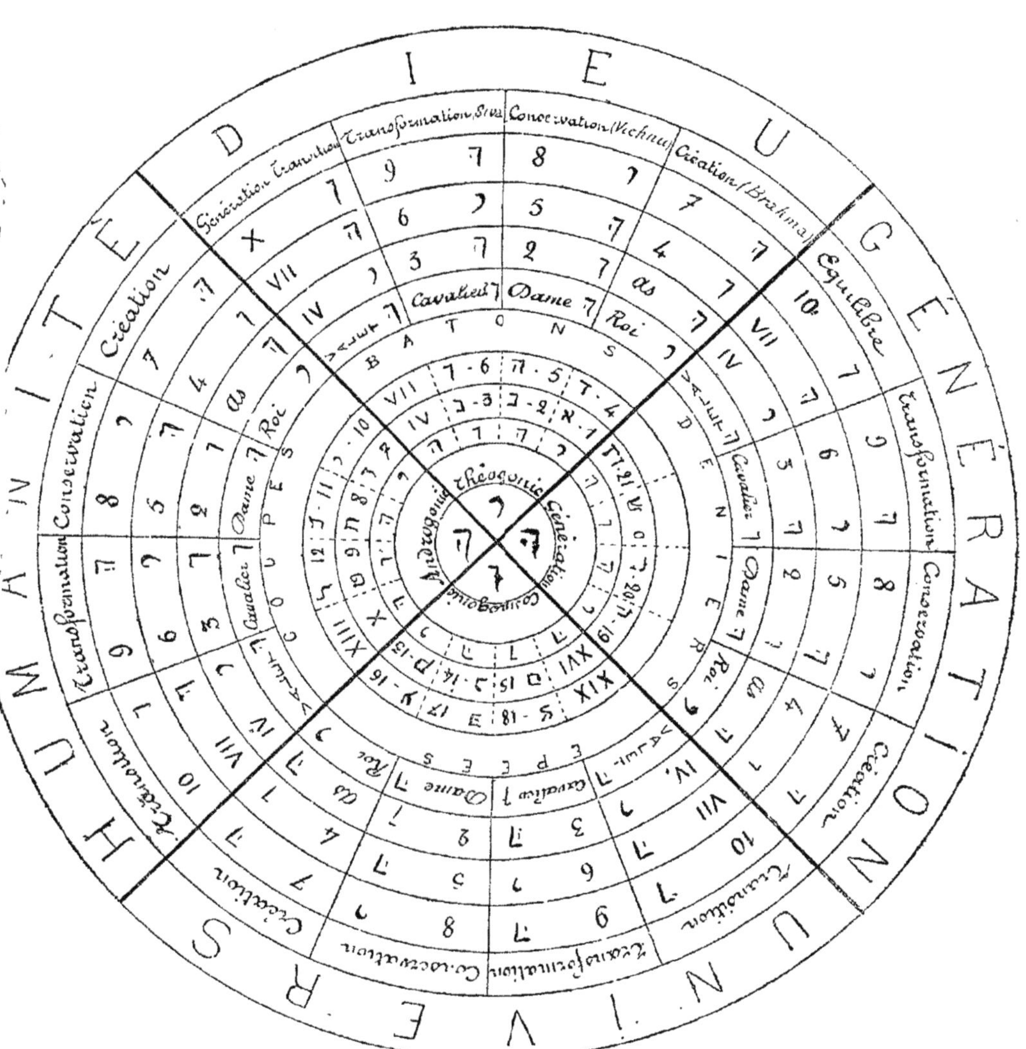

LE TAROT

Cycle des Révolutions de Jeve (יהוה)

Clef absolue de la Science occulte

par

PAPUS

Enfin si nous voulions *même résumer* les déductions des kabbalistes sur ce 3e nom, un volume nous serait nécessaire. *Eliphas Levi* fournit de merveilleux développements à ce sujet dans tous ses ouvrages. *Kircher* développe aussi longuement ses diverses acceptions. Citons les rapports hiéroglyphiques de יהוה d'après cet auteur.

L'hiéroglyphe suivant est ainsi expliqué par Kircher.

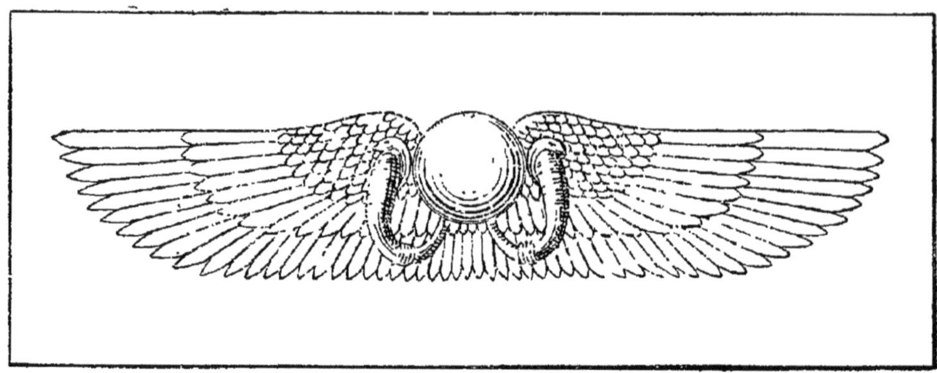

Le globe central représente l'essence de Dieu inaccessible et cachée.

L'× image du *denaire* indique le *iod.*

Les deux serpents s'échappant du globe en bas sont les deux *hé.*

Enfin les deux ailes symbolisent l'esprit le *Vaô.*

*
* *

Le nom de 72 lettres. — Les 72 génies.

C'est encore de ce nom divin qu'on tire le nom kabbalistique de 72 lettres par le procédé suivant :

On écrit le mot IEVE dans un triangle ainsi qu'il suit :

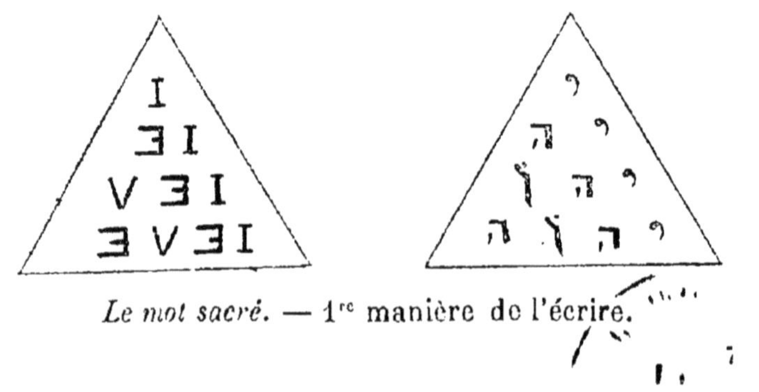

Le mot sacré. — 1re manière de l'écrire.

Voici l'explication de ces deux façons d'écrire le nom de 72 lettres.

Pour la première :

Additionnez les nombres correspondant à chaque lettre hébraïque, vous trouverez le résultat suivant :

י	= 10	= 10
יה	= 10 + 5	= 15
יהו	= 10 + 5 + 6	= 21
יהוה	= 10 + 5 + 6 + 5	= 26
	Total . .	72

Pour la seconde :

Comptez le nombre de boules couronnées qui forment le mot יהוה écrit de cette manière, vous trouverez 24 boules (les 24 vieillards de l'Apocalypse).

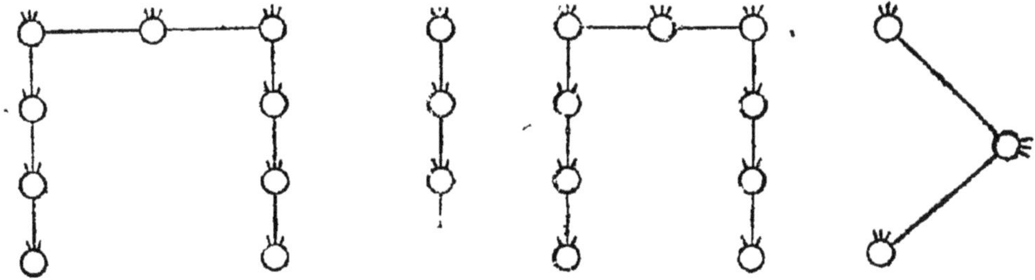

Le mot sacré. — 2e manière de l'écrire.

Chaque couronne ayant trois fleurons, il suffit de multiplier 24 par 3 pour obtenir les 72 lettres mystiques :

$$24 \times 3 = 72$$

* * *

Dans la *Kabbale pratique* (magie universelle), on se sert des 72 noms des Génies tirés de la Bible par les procédés suivants :

Les noms des 72 anges sont formés des trois versets mystérieux du chapitre 14 de l'Exode sous les 19, 20 et 21, lesquels versets, suivant le texte hébreu, se composent chacun de 72 lettres hébraïques.

Manière d'extraire les 72 noms.

Ecrivez d'abord séparément ces versets, formez-en trois lignes, composées chacune de 72 lettres, d'après le texte hébreu, prenez la première lettre du 19e et du 20e verset en commençant par la gauche, ensuite prenez la première lettre du 20e verset qui est celui du milieu en commençant par la droite ; ces trois premières lettres forment l'attribut du génie. En suivant le même ordre jusqu'à la fin, vous avez les 72 attributs des vertus divines.

Si vous ajoutez à chacun de ces noms un de ces deux grands noms divins Iah יה ou El אל, alors vous aurez les 72 noms des anges composés de trois syllabes, dont chacun contient en lui le nom de Dieu.

D'autres kabbalistes prennent la première lettre de chaque diction qui compose un verset.

Mais nous ne devons pas oublier que c'est un *résumé* de la Kabbale que nous présentons à nos lecteurs ; aussi terminons ce qui se rapporte à ce troisième nom pour passer aux sept autres.

3e nom *Tetragrammaton Elohim :*

Numerata Bina (*providentia et intelligentia*) signifie jubilé, rémission et repos, rachat ou rédemption du monde et la vie du siècle à venir ; il s'applique au Saint-Esprit et influe par l'ordre des Trônes (ceux que les Hébreux appellent *Arabim*, c'est-à-dire anges grands, forts et robustes) et après par la sphère de Saturne fournissant la forme de la matière fluide, son intelligence particulière est Zaphohiel, gouverneur de Noé, et l'autre intelligence est Jophiel, gouverneur de Sem, et voilà les trois numérations souveraines et les plus hautes qui sont comme les Trônes des personnes divines par les commandements desquelles toutes choses se font et arrivent ; mais l'exécution s'en fait par le ministère des autres sept numérations appelées pour cela les numérations de la fabrique.

4e Nom

4e nom *El :*

Numération *Hæsed* (*clementia, bonitas*), signifie grâce, miséricorde, piété, magnificence, sceptre et main droite ; il influe par l'ordre des Dominations (celui que les Hébreux appellent *Hasmalim*) sur la sphère de Jupiter et forme les effigies ou représentations des corps, donnant à tous les hommes la clémence, la justice pacifique, et son intelligence particulière se nomme Zadkiel, gouverneur d'Abraham.

5e Nom

5e nom *Elohim Gibor* (*Deus robustus puniens culpas improborum*) :

Numération *Geburah* (puissance, gravité, force, pureté, jugement, punissant par les ravages et les guerres). On l'adapte au tribunal de Dieu, à la ceinture, à l'épée et au bras gauche de Dieu ; il s'appelle aussi Pechad (crainte) et il influe par l'ordre des Puissances (ou celui que les Hébreux nomment *Seraphim*) et de là ensuite par la sphère de Mars à qui appartient la force, et il envoie la guerre, les afflictions et change de place les éléments.

Son intelligence particulière est Camael, gouverneur de Samson.

6e Nom

6e nom *Eloha* (ou nom de quatre lettres) joint avec Vaudahat :

Numération *Tiphereth* (ornement, beauté, gloire, plaisir), il signifie Bois de vie. Il influe par l'ordre des Vertus (ou par celui que les Hébreux appellent *Malachim*, c'est-à-dire anges) sur la sphère du Soleil, lui donnant la clarté et la vie et ensuite produisant les métaux, et son intelligence particulière est *Raphaël*, qui fut gouverneur d'Isaac et du jeune Tobie, et l'ange Feliel, gouverneur de Jacob.

7e Nom

7e nom *Tetragrammaton Sabaoth* ou *Adonaï Sabaoth*, c'est-à-dire le Dieu des armées :

La numération est *Nezah* (triomphe, victoire), on lui attribue la colonne dextre et il signifie éternité et justice du Dieu vengeur. Il influe par l'ordre des Principautés (et par celui que les Hébreux nomment *Elohim*, c'est-à-dire des Dieux) sur la sphère de Vénus et signifie zèle et amour de justice, il produit les végétaux, et son intelligence s'appelle *Haniel* et son ange *Cerirel*, conducteur de David.

8e Nom

8e nom *Elohim Sabaoth*, qu'on interprète aussi Dieu des armées, non pas de la guerre et de la justice, mais de la piété et de la concorde ; car tous les deux noms, celui-ci et le précédent, ont chacun leur terme d'armée :

Numération *Hod* (louange et confession, bienséance et grand renom), on lui attribue la colonne gauche. Il influe par l'ordre des Archanges (ou par celui que les Hébreux appellent *Bene Elohim*, c'est-à-dire fils des Dieux) sur la sphère de Mercure, il donne l'éclat et la convenance de la parure et de l'ornement et produit les animaux. Son intelligence est *Michaël*, qui fut gouverneur de Salomon.

9e Nom

9e nom *Sadai* (tout-puissant et satisfaisant à tout) ou *Elhai* (Dieu vivant) :

Numération *Jesod* (fondement). Il signifie bon entendement, alliance, rédemption et repos. Il influe par l'ordre des Anges (ou par celui que les Hébreux appellent *Cherubim*) sur la sphère de la Lune qui donne l'accroissement et le déclin à toutes choses, qui préside au génie des hommes et leur distribue des anges gardiens et conservateurs. Son intelligence est *Gabriel*, qui fut conducteur de Joseph, de Josué et de Daniel.

10e Nom

10e nom *Adonaï Melech* (Seigneur et Roi) :

Numération *Malchut* (royaume et empire), signifie Eglise et Temple de Dieu et porte. Il influe par l'ordre animastique, c'est-à-dire des âmes bienheureuses, nommé par les Hébreux *Issim*, c'est-à-dire nobles, *Eliros* et *Prince* ; elles sont au-dessous des Hiérarchies, elles influent la connaissance aux enfants des hommes et leur donnent une science miraculeuse des choses, l'industrie et le don de prophétie ou, comme d'autres disent, l'intelligence *Metalhin* qui porte le nom de première création ou âme du monde ; elle fut conductrice de Moïse.

LA KABBALE

Moïse divisa son enseignement en deux parties reliées par une troisième.

1° Une partie écrite : la lettre, formée de caractères idéographiques à trois sens et constituant *le corps.*

2° Une partie orale : *l'esprit*, constituant la clef de la section précédente.

3° Entre les deux parties, un code de règlements relatifs à la conservation scrupuleuse du texte formant *la vie* de la tradition avec la jurisprudence comme principe animateur.

Le corps de la tradition prit le nom de *Massora*, la Mashore.

La vie de la tradition se divisa en *Mishna* et *Ghemara* dont la réunion fit le TALMUD.

Enfin, l'Esprit de la tradition, la partie la plus secrète, constitua le *Sepher Iezirah*, le *Zohar* avec le *Tarot* et les *Clavicules* comme annexes.

L'ensemble du tout forme la KABBALE.

La Kabbale (ou tradition orale) est donc la partie illuminatrice d'un être mystique constitué par Moïse sur le plan des êtres créés. C'est, à notre connaissance, la seule tradition qui se présente à nous avec ce caractère élevé et synthétique, c'est là la raison d'être de son unité et de sa facile adaptation à l'intellectualité occidentale.

La Kabbale est la science de l'Ame et de Dieu dans toutes leurs correspondances. Elle enseigne et elle prouve que TOUT EST DANS UN et que UN EST DANS TOUT permettant, grâce à l'analogie, de remonter de l'image au principe, ou de redescendre à l'instant du principe à la forme. Une lettre hébraique est, pour le Kabbaliste, un univers en petit, avec tous ses plans de correspondance, comme l'Univers est un alphabet kabbalistique avec ses chaînes de rapports vivants. Aussi, rien n'est plus facile à comprendre, rien n'est plus difficile à étudier que la Sainte Kabbale, noyau véritable de toute l'initiation d'occident.

Trois plans d'existence appelés les trois Mondes manifestent l'Unité créatrice hors d'elle-même. Ces trois Mondes nous les retrouverons partout, aussi bien dans Dieu que dans l'Univers ou dans l'Homme, dont chacun manifeste le triple plan d'existence. Nous les retrouverons intégralement dans un grain de blé, comme dans une planète, dans un ver de terre comme dans un soleil. dans une parole humaine comme dans un signe d'écriture.

Aussi, n'est-il pas étonnant que les Kabbalistes aient été considérés, à travers les âges, comme d'ingénieux rêveurs par les pédants et par les ignorants et comme de prodigieux savants par les initiés.

La possession des clefs Kabbalistes ouvre l'avenir, le succès et le ciel à toute religion ou à toute fraternité d'initiés.

La perte de ces clefs condamne à mort ceux qui ont laissé s'éteindre la précieuse lumière.

A l'époque de Ptolémée, les Juifs ne peuvent plus traduire le Sepher de Moïse ; ils vont perdre leur existence indépendante sous peu, et seuls les Esséniens, qui possèdent les clefs de la Kabbale, vont perpétuer leur esprit grâce au Christianisme.

Aujourd'hui, l'Apocalypse est fermée pour les Catholiques romains, autant que pour les Protestants évangélistes, pour les orthodoxes autant que pour les Arméniens ; les clefs sont perdues.

Dans les loges maçonniques, l'acacia n'est plus connu, le cœur d'Hiram n'a pas été conservé dans le vase mystique : des athées, des ambitieux ignorants disent INRI et rayent IAVE du fronton de leurs temples. Ils sont encore plus à plaindre que les clergés qu'ils injurient, car ces derniers ont, au moins, conservé le dévouement qui fait des saints, s'ils ont perdu la tradition qui fait des initiés.

Voilà pourquoi il est nécessaire de parler encore un peu de Kabbale, quoique nous en ayons déjà aperçu quelques traces dans un précédent chapitre.

Voyons donc successivement : Quelques détails sur les trois mondes en eux-mêmes, c'est-à-dire, dans leurs Principes constitutionnels, aussi bien que dans leur triple plan de manifestations. Les images idéales de ces lois, de ces rapports et de ces Principes figurées par les lettres idéographiques de la langue hébraïque, les dix numérations secrètes ou Sephiroth et les opérations de l'Arithmétique sacrée.

*
* *

La Kabbale établit d'abord une loi générale, dont la création entière ne sera qu'une application. Cette loi, c'est la trinité, dérivée d'une unité primordiale, si l'on étudie les origines, aspirant à la fusion en l'Unité, si l'on étudie les fins, ou se développant en un cycle quaternaire, si l'on étudie la vie ou la période d'état.

Cette trinité existe d'abord dans le Principe premier de toute création et est ainsi figurée :

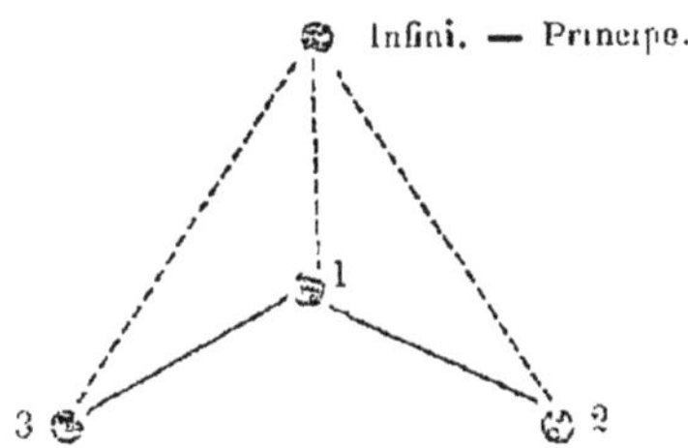

Chacun des éléments constitutifs de cette Trinité possède le pouvoir de création et de génération que possédait le Principe Premier ; mais ce pouvoir est, dans chaque élément dérivé, teinté d'un caractère particulier qui s'appellera affinité ou sexe suivant les plans ultérieurs d'action.

Il y a, en effet, trois plans d'action dans lesquels, seuls, peut s'exercer l'activité de toute créature. Ces trois plans ou hiérarchies sont appelés, par la Kabbale, *les trois mondes* et sont représentés dans la moindre des créatures comme dans la plus immense.

Ainsi, une lettre hébraïque est une créature intellectuelle contenant les trois mondes sous l'aspect des trois sens hiérarchiques, un globule de sang est une créature de vie manifestant les trois mondes par trois centres (enveloppe, substance médiane, noyau), le corps physique de l'homme est une création physique manifestant également les trois mondes par sa constitution (tête, poitrine, ventre).

Ces trois mondes sont constitués :

1° Par un monde supérieur ;

2° Par un médian ;

3° Par un inférieur,

qui recevront des noms tout à fait différents suivant la créature dans laquelle on les considérera. C'est ici la source d'une foule d'obscurités et d'erreurs pour les étudiants, erreurs que les Kabbalistes ont pourtant essayé de conjurer de leur mieux.

Ainsi, dans un globule de sang, les mondes sont représentés par l'âme du globule agissant dans le noyau, la vie du globule agissant dans la substance médiane et le corps du globule limité par l'enveloppe.

Dans l'homme, le monde supérieur sera l'Esprit ou Etre immortel utilisant le système nerveux conscient, la Vie ou principe animateur utilisant le système nerveux sympathique et les vaisseaux sanguins ; enfin le corps renouvelant et supportant toute la matière.

Mais il est facile de voir que le corps est à son tour une représentation des trois mondes, la vie reflète également une trinité, de même que l'Esprit immortel. Comment représenter tout cela pour éviter l'erreur d'interprétation et l'obscurité ?

Chaque monde sera représenté par un espace limité par deux lignes horizontales. La ligne horizontale du haut touchant au monde immédiatement supérieur, la ligne horizontale du bas au monde immédiatement inférieur, et les trois mondes seront ainsi superposés :

. . . .

Monde Supérieur.
Monde Médian.
Monde Inférieur.

. . . .

Mais chaque monde a dans l'autre un reflet ou une représentation de lui-même. Ainsi, le système nerveux conscient, quoique centralisé dans la tête, a des émanations dans la Poitrine et dans le Ventre. Le système sympathique et sanguin, quoique centralisé dans la Poitrine, envoie des artères et des veines partout dans les autres mondes humains, de même que le système digestif et lymphatique, quoique centralisé dans le Ventre, émane également des vaisseaux et des globules circulant dans tout l'organisme.

Trois nouvelles subdivisions dans chaque monde indiqueront très facilement tout cela.

MONDE SUPÉRIEUR	Localisation du Supérieur
	Reflet du Médian
	Reflet de l'Inférieur
MONDE MEDIAN	Reflet du Supérieur
	Localisation du Médian
	Reflet de l'Inférieur

	Reflet du Supérieur
MONDE INFÉRIEUR	Reflet du Médian
	Localisation de l'Inférieur

Mais pour bien indiquer que ces mondes et leurs reflets se pénétraient réciproquement, les Kabbalistes ont adopté des lignes verticales ou *colonnes* qui traversant, chacune, chacun des trois mondes indiquent au premier coup d'œil les relations de ces divers centres hiérarchiques les uns avec les autres, ainsi qu'on le verra par la figure suivante :

MONDE SUPÉRIEUR.	*Reflet supérieur*	SUPÉRIEUR Localisation.	*Reflet supérieur*
MONDE MÉDIAN.	*Reflet médian.*	*Reflet médian.*	MÉDIAN Localisation.
MONDE INFÉRIEUR.	Localisation. INFÉRIEUR	*Reflet inférieur*	*Reflet inférieur*

Voilà le champ d'action dans lequel vont opérer les créatures et il est clair que ce champ d'action changera de nom en même temps que la créature qui sera contenue en lui.

Ainsi pour l'homme, nous aurons à voir dans le plan ou monde supérieur (tête) :

1° L'Esprit qui y est localisé ;
2° La Vie qui y est reflétée ;
3° Le corps qui y est également reflété.

Dans le plan médian ou poitrine, il en sera de même. Il y aura :

1° Le reflet de l'Esprit conscient ;
2° La localisation de la Vie ;
3° Le reflet du corps matériel.

Enfin dans le plan inférieur ou abdomen, nous retrouverons cette triple division. Des cercles nous indiqueront chaque élément et nous aurons très facilement la figure suivante :

Tête Nerfs	ESPRIT	Etre Psychique Vie intellectu.
Poitrine Sang	SENTIMENT	Vie organique
Ventre Lymphe	INSTINCT	Vie cellulaire

Mais n'oublions pas que ces neuf centres sont émanés d'un grand Principe infini qui a donné naissance à la première trinité. Notre figure ne sera donc complète qu'en figurant, au-dessus du monde supérieur, ce Principe premier créateur, et au-dessous du monde Inférieur, le reflet direct de ce principe, l'élément par lequel la création seconde ou génération peut s'accomplir et nous aurons (en prenant toujours l'homme comme une image) la figure suivante :

Principe créateur
DIEU
ESPRIT
Tête
Etre psychique
Poitrine
Vie organique
SENTIMENT
Ventre
Vie cellulaire
INSTINCT
GÉNÉRATION
Reflet du Pr^{pe} créateur dans la Matière

Il faut bien se souvenir que cette figure que nous venons d'appliquer à l'homme tout entier s'appliquerait aussi bien à l'analyse anatomique, c'est-à-dire constitutive de l'homme seul. Cela indique que cette figure est bien l'expression absolue de la loi générale de constitution et qu'il suffit de changer le nom des éléments pour obtenir immédiatement le nom des plans des mondes correspondants ou réciproquement. Et grâce à cette figure, on pourrait analyser par la clef dix (3 ternaires tonalisés), les divisions les plus fines de la cellule aussi bien que nous avons analysé celles de l'homme tout entier.

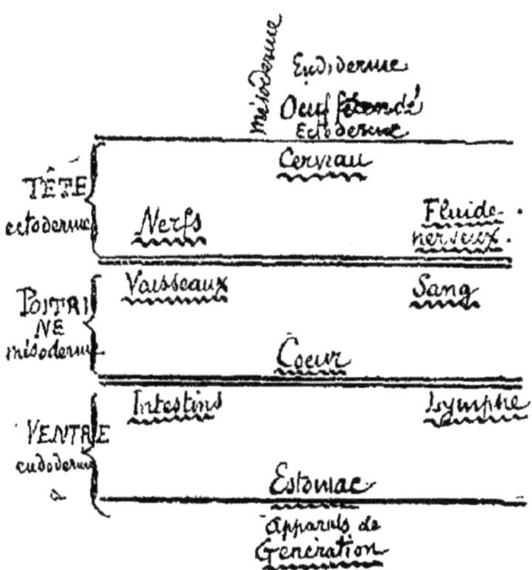

Les Kabbalistes ayant déterminé cette loi générale n'avaient pas à l'obscurcir par le choix d'un exemple quelconque ; il fallait laisser à chaque terme de cette loi un nom assez général pour éviter toute confusion ; aussi, dans la figure qui devait servir d'exemple à toutes les figures d'application, chacun des termes fut-il nommé NUMÉRATION, car il n'existe pas de terme plus général que le nombre.

Telle est l'origine de ce que l'on nomme en Kabbale :

LES DIX SEPHIROTH OU LES DIX NUMÉRATIONS

Chacune de ces Sephiroth ou Numérations fut appliquée à une des qualités de Dieu dans le premier Exemple d'application et l'on obtint ainsi le tableau classique dont nous donnons, pour la première fois à notre connaissance, la genèse et la clef de construction dans les quelques pages précédentes.

Cependant ces Dix éléments d'analyse applicables à une réalité quelconque ne sont pas isolés les uns des autres. Outre leurs relations de colonnes, il existe entre eux des *voies d'union*, appelées CANAUX et réunissant les éléments les uns avec les autres.

Chacun de ces canaux est constitué par une *réalité créée* par un être intellectuel, vital ou matériel suivant le monde auquel appartient la créature à laquelle on applique la figure des numérations.

De même que des *Numérations* indiquaient chacun des éléments constitutifs de notre figure générale, de même, les *lettres hebraïques* indiquèrent chacune des voies mystiques unissant ces éléments.

Ici encore il fallait suivre la loi trinitaire et les Kabbalistes n'y ont pas manqué dans la constitution de cet instrument merveilleux qu'est l'alphabet hébraïque.

L'alphabet hébraïque se compose de vingt-deux lettres hiéroglyphiques, dont chacune est une créature intellectuelle, susceptible de profondes interprétations. Ces lettres répondent aux trois mondes de la façon suivante :

Trois lettres mères : l'A (Aleph) n° 1, l'M (Mem) n° 13 et le SH (SCHIN) n° 21 représentent le monde supérieur.

Sept lettres doubles représentent le monde médian.

Douze lettres simples représentent le monde inférieur.

Comme chacun des mondes est représenté dans les autres, nous trouverons chacun des genres de lettres dans chaque monde. C'est ainsi que

Le Monde supérieur aura une lettre mère, trois doubles et quatre simples constituant ses canaux.

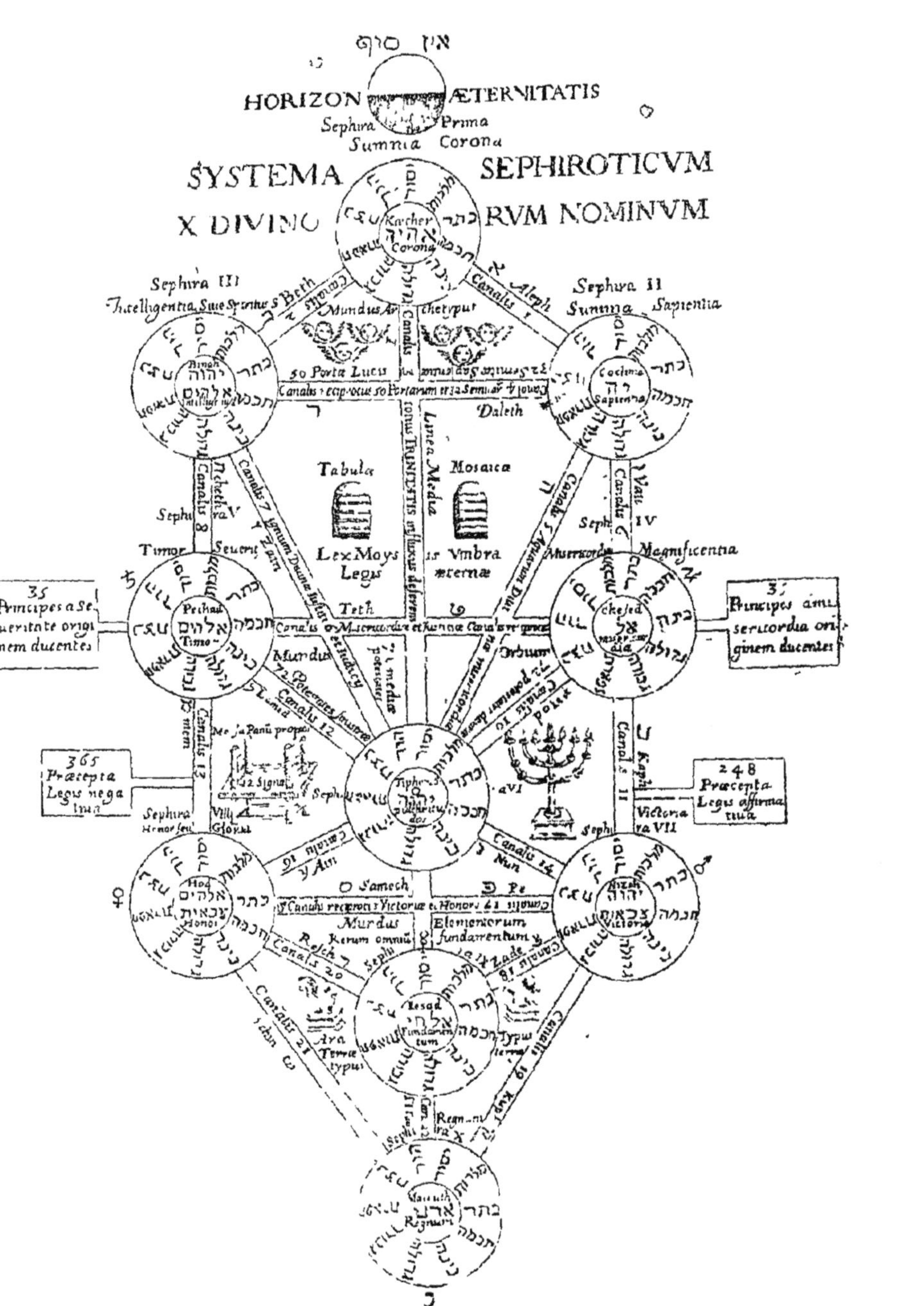

אין סוף
HORIZON ÆTERNITATIS
Sephira Prima
Summa Corona
SYSTEMA SEPHIROTICVM
X DIVINORVM NOMINVM
Kether
Corona
Sephira III
Sephira II
Summa Sapientia
Mundus Archetypus
50 Porta Lucis
Daleth
Tabula Mosaica
Lex Moys Legis
Vmbra æternæ
Linea Media
Canalis
Sephira IV
Magnificentia
Timor
Teth
35
Principes a Seueritate originem ducentes
Principes a misericordia originem ducentes
Pechad
Chesed
365
Præcepta Legis negatiua
248
Præcepta Legis affirmatiua
Tiphereth
Canalis 12
Canalis 13
Canalis 11
Canalis 14
Samech
Pe
Mundus Elementorum
Rerum omnium fundamentum
Hod
Honor
Nizah
Victoria
Canalis 20
Canalis 18
Canalis 21
Canalis 19
Iesod
Fundamentum
Ara Terræ typus
Malchuth
Regnum

Le Monde Médian a une mère, deux doubles, six simples.

Le Monde Inférieur une mère, deux doubles, deux simples.

On trouvera les noms et les numéros de chacune de ces lettres p. 246.

Telle est la loi de constitution statique du système des Sephiroth.

Le triple ternaire, avec ses deux tonalisantes, une supérieure et une inférieure, et les canaux mystiques manifestés par des lettres hébraïques qui unissent les divers centres.

Mais c'est là le statique, l'anatomie du système, et il ne faut pas oublier que ce système est la figure exacte de la Loi de Vie répandue dans l'Univers tout entier ; aussi les divers éléments que nous venons de voir vont-ils donner, par leurs diverses combinaisons, une infinité de lois nouvelles dirigeant le détail de la répartition de la force centrale dans les divisions ultimes des divers mondes.

Chaque fois que le grand schéma sephirotique sera appliqué à un nouveau système de réalités, aussitôt toutes les significations des centres et des voies changeront de caractère et c'est là la route qu'ont suivie les Kabbalistes pour dérouter les paresseux et les profanes.

La signification symbolique des lettres hébraïques a été prise *dans plusieurs systèmes différents, dans plusieurs applications à des réalités de divers plans* et c'est pourquoi certaines lettres se rapportent à l'homme comme le *Caph* qui montre le point fermé, tandis que d'autres se rapportent à la Nature comme le *Samech* qui désigne le serpent astral. A la vérité il n'existe pas de *clef complète et écrite* de la valeur réelle des lettres hébraïques dans un seul plan d'application et c'est à chaque étudiant à faire lui-même une clef de ce genre en la recommençant pour chaque système de réalité ; car le chercheur apprendra ainsi à manier réellement l'analogie et à ouvrir le livre fermé de sept sceaux.

Comment faut-il étudier la Kabbale ?

On comprend que nous ne pouvons, dans ce court exposé, entrer dans de multiples détails concernant la Kabbale qui forme la base réelle de l'initiation occidentale. Nous venons d'exposer assez clairement la construction des Sephiroth, nous avons dit quelques mots des lettres hébraïques, il nous reste à donner quelques conseils à ceux qui voudront pousser plus loin leurs études. Voici d'abord ce qu'il faut savoir d'une manière à peu près imperturbable et qui constitue l'A B C de la question.

1° *Les dix Sephiroth* dans leur application à la manifestation divine.

2° *Les 22 lettres*, leur nom, leur place, leur nombre et leur hiéroglyphe dans l'alphabet traditionnel.

3° *Les Schemoth* ou noms divins qui forment *l'âme* des Sephiroth considérées comme vertus divines.

4° Cela bien connu ; il est utile d'étudier le livre de la formation, clef analogique de la Loi de Vie ou le *Sepher Ietzirah* (1).

5° C'est alors qu'on pourra comprendre d'abord dans Agrippa *Phil. occulte, 2e vol.*) ensuite dans les classiques, l'art des transpositions ou *Ghematria*, l'art de déterminer le caractère des signes ou *Notaria* et enfin l'art des commutations et combinaisons ou *Themuria*.

6° Ces études préparatoires sont nécessaires pour aborder avec fruits la lecture de ce livre mystérieux et sublime qu'est *le livre de la Lumière, le livre du char céleste, le Zohar* qui nous initie aux mystères de la Digestion des Univers par l'Homme Céleste et de la constitution de l'Adam-Kadmon.

7° Les œuvres d'*Eliphas Lévi* et aussi celles de *Louis Michel de Figanières* (*Clef de la Vie, la Vie Universelle*) sont particulièrement indiquées à titre de commentaires et de résumé de tous les enseignements.

On voit maintenant pourquoi l'étude de la Kabbale a toujours été regardée comme un des efforts les plus beaux auquel puisse se consacrer l'intelligence humaine. On trouvera les éléments de tout cela dans les tableaux suivants et certains développements dans notre *Traité méthodique de Science occulte* ainsi que dans les remarquables et très personnels ouvrages de Stanislas de Guaita.

(1) On trouvera notre traduction française de ce livre dans le *Traité méthodique de Science occulte* et une nouvelle traduction plus développée encore, dans notre revue l'*Initiation*.

DILIGES DOMINVM DEVM TVVM EX TOTO CORDE TVO, ET EX TOTA ANIMA TVA, ET EX OMNIBVS VIRIBVS TVIS, ET EX OMNI MENTE TVA, ET PROXIMVM TVVM SICVT TEIPSVM
IN HOC SIGNO VINCES
Vere filius DEI ERAT IPSE

LES SEPHIROTH

dans leur application à la manifestation divine.

ENSOPH
L'Absolu

KETHER
La Couronne

BINAH *L'Intelligence*	CHOCHMAH *La Sagesse*
PECHAD *La Crainte*	CHESED *La Miséricorde*

TIPHERETH
La Beauté

HOD *L'Honneur*	NIZAH *La Victoire*

IESOD
Le Fondement

MALCHUT
Le Royaume

Les 22 lettres

PLACE DANS L'ALPHABET ET CARACTÈRE		NOM	FIGURE	HIÉROGLYPHE USUEL	VALEUR
MÈRE	1	Aleph	א	L'Homme.	1
Double	2	Beth	ב	La Bouche de l'homme.	2
Double	3	Ghimel	ג	La main dans l'action de prendre.	3
Double	4	Daleth	ד	Le Sein.	4
Simple	5	Hé	ה	L'Haleine.	5

Les 22 lettres (suite).

PLACE DANS L'ALPHABET ET CARACTÈRE		NOM	FIGURE	HIÉROGLYPHE USUEL	VALEUR
—		—	—	—	—
Simple	6	Vau	ו	L'Œil. — L'Oreille.	6
Simple	7	Zain	ז	Flèche.	7
Simple	8	Heth	ח	Un Champ.	8
Simple	9	Teth	ט	Une Toiture.	9
Simple et principe	10	Iod	י	L'Index.	10
Double	11	Caph	כ	La main dans l'action de serrer.	20
Simple	12	Lamed	ל	Le Bras se déployant.	30
Mère	13	Mem	מ	La Femme.	40
Simple	14	Noun	נ	Un Fruit.	50
Simple	15	Samech	ס	Serpent.	60
Simple	16	Haïn	ע	Lien matérialisé.	70
Double	17	Phé	פ	La Bouche et la Langue.	80
Simple	18	Tzad	צ	Toit.	90
Simple	19	Caph	ק	Hache.	100
Double	20	Resch	ר	La Tête de l'Homme.	200
Mère	21	Schin	ש	Flèche.	300
Double	22	Thau	ת	Le Sein.	400

Les 10 Noms divins (Schemoth).

1. Ehieh.
2. Iah.
3. Iehovah.
4. El.
5. Eloha.
6. Elohim.
7. IAVE Sabaoth.
8. Elohim Sabaoth.
9. Shadaï.
10. Adonaï.

QUELQUES NOTES DE HAUTE KABBALE

Le Traité kabbalistique de la *Révolution des Ames*, traduction inédite et commentaires du Dr Marc Haven, un des plus profonds kabbalistes contemporains, donne au sujet des points les plus élevés de ces doctrines certains enseignements d'autant plus utiles à faire connaître qu'ils ont été très souvent présentés de manière incomplète par les commentateurs de la Kabbale. En résumant, d'après le manuscrit du Dr Marc Haven, ces enseignements, nous laisserons toutefois à certaines questions le voile que la patience et l'effort personnel de l'étudiant doivent seuls lever. Aussi, procéderons-nous par notes séparées.

LES MONDES (1)

Les Mondes kabbalistiques sont au nombre de trois, tonalisés par un quatrième, ce sont :

Le Monde émanatif ou AZILUTH.
Le Monde créatif ou BRIAH.
Le Monde formatif ou JESIRAH.
Le Monde factif ou ASIAH.

LES PERSONNES

Dans chacun de ces mondes, existent cinq personnes mystiques, ainsi disposées :

MACROPROSOPE
ou Longuanime.

LE PÈRE	LA MÈRE
LE MICROPROSOPE ou Irascible.	L'ÉPOUSE

La réflexion, de haut en bas, de ces personnes mystiques, génère les dix Séphires.

(1) Voy. à ce sujet l'étude précédente sur les *Mondes kabbalistiques*.

Dans l'Homme, les Personnes sont ainsi représentées (1).

CHAIJAH NESCHAMAH (Nous).		JECHIDA ROUACH (Epitumia).
	NEPHESCH (Psyché).	

ADAM

Adam se manifeste sous trois plans :

Adam Kadmon.
Adam Belial.
Adam Protoplaste.

Adam Kadmon est l'Adam qui a précédé la Chute, *Adam Belia* est l'Adam des Ecorces, et *Adam Protoplaste* est le Principe des âmes différenciées (celui que Fabre d'Olivet appelle l'Homme Universel).

Adam Kadmon se manifeste dans les cinq Principes redressés des mondes et Adam Belial dans les cinq Principes renversés (ceci est un mystère).

LES AMES

Les Ames sont issues de la différenciation d'Adam Protoplaste ; elles sont au nombre de soixante myriades et se génèrent d'après les nombres mystiques suivants :

3 — 12 — 70 — 613 — 60 myriades.

Là et non ailleurs est l'origine des 613 préceptes de la Loi.

L'Embryonnat des âmes ou Ibbur (עיבור) est double selon que l'âme est nouvelle ou réincarnée.

La Révolution des âmes ou Gilgoul גילגול complète le mystère de la destinée humaine. Ceux qui connaissent ce mystère, savent qui est l'homme qui a treize ans et un jour.

(1) Voilà pourquoi David a dit (Ps. 103-104) : *Que mon Ame loue cinq fois le Seigneur.*

CHAPITRE IV

LES SÉPHIROTH (*D'après Stanislas de Guaita*).

Les tableaux des correspondances.

Les Séphiroth. — Exposé de Stanislas de Guaita.

Il nous reste, pour terminer ce qui a rapport à cette partie de la Kabbale, à parler des *numérations* ou *Sephiroth*. Dans ce travail extrêmement remarquable, un des plus instruits parmi les kabbalistes contemporains, *Stanislas de Guaita*, a condensé d'importantes données tant sur les noms divins que sur les Séphiroth.

Ce travail n'est que l'analyse d'une planche kabbalistique de *Khumrath*. Nous donnons d'abord cette planche sur laquelle le lecteur pourra suivre les développements donnés par de Guaita.

LA PLANCHE DE KHUNRATH SUR LA ROSE-CROIX

NOTICE SUR LA ROSE-CROIX

La planche kabbalistique est extraite d'un petit in-folio rare et singulier, bien connu des collectionneurs de bouquins à gravures et très recherché de tous ceux que préoccupent, à des titres divers, l'ésotérisme des religions, la tradition de la doctrine secrète sous les voiles symboliques du christianisme, enfin *la transmission du sacerdoce magique* en Occident.

« AMPHITHEATRUM SAPIENTIÆ ÆTERNÆ, SOLIVS VERÆ, *christiano-kabalisticum, divino-magicum, necnon physico-chemicum, tertriunum, katholikon instructore* HENRICO KHUNRATH, *etc.*, HANOVIÆ, 1609, in-folio. »

Unique en son genre, inestimable surtout pour les chercheurs curieux d'approfondir ces troublantes questions, ce livre est malheureusement incomplet dans un grand nombre de ses exemplaires. On nous saura gré peut-être de fournir ici quelques rapides renseignements, grâce auxquels l'acheteur puisse prévoir et prévenir une déception.

*
* *

Les gravures, en *taille-douce* au nombre de douze sont ordinairement reliées en tête de l'ouvrage. Elles sont groupées d'une sorte arbitraire, l'auteur ayant négligé — à dessein peut-être — d'en préciser la suite. L'essentiel est de les posséder au complet, car leur classement varie d'exemplaire à exemplaire.

Trois d'entre elles, en format simple : 1° le frontispice allégorique encadrant le titre gravé ; 2° le portrait de l'auteur, entouré d'attributs également allégoriques ; 3° enfin, une orfraie armée de besicles, magistralement perchée entre deux flambeaux allumés, avec deux torches ardentes en sautoir. Au-dessous, une légende rimée en haut allemand douteux, et que l'on peut traduire :

> A quoi servent flambeaux et torches et besicles
> Pour qui ferme les yeux, afin de ne point voir ?

Puis viennent neuf superbes figures magiques, très soigneusement gravées, en format double et montées sur onglets. Ce sont : 1° *Le grand androgyne hermetique* ; 2° *le Laboratoire* de Khunrath * ; 3° *l'Adam-Eve* dans le triangle verbal ; 4° *la Rose-Croix* (1), pentagrammatique * (dont nous allons parler en détail) ; 5° *les Sept degrés du sanctuaire et les sept rayons* ; 6° *la Citadelle alchimique* aux vingt portes sans issue* ; 7° *le Gymnasium naturæ*, figure synthétique et très savante sous l'aspect d'un paysage assez naïf ; 8° *la Table d'émeraude* gravée sur la pierre ignée et mercurielle ; 9° enfin, *le Pantacle de Khunrath* *, enguirlandé d'une caricature satirique, dans le goût de Callot ; c'est même un Callot avant la lettre. (V. ce qu'en dit Eliphas Lévi, *Histoire de la magie*, p. 368.)

(1) Cette figure, ainsi que celle de l'*Androgyne hermétique* ont été reproduites en taille-douce avec un commentaire détaillé, en tête de l'édition refondue et considérablement augmentée de notre ouvrage paru en 1886 : *Essais des sciences maudites* : *1. Au seuil du mystère.*

Cette dernière planche, d'une sanglante ironie et d'un art sauvage vraiment savoureux, manque à peu près dans tous les exemplaires. Les nombreux ennemis du théosophe, qui s'y voient caricaturés d'un génie âpre et que sans peine on devine triomphalement soucieux des ressemblances, s'acharnèrent à faire disparaître une gravure d'un si scandaleux intérêt.

Pour les autres pantacles, ceux dont nous avons fait suivre l'énoncé d'un astérisque font également défaut dans nombre d'exemplaires.

*
* *

Occupons-nous, à cette heure, du texte divisé en deux sections. Les soixante premières pages, numérotées à part, comprennent un privilège impérial (en date de 1598), puis diverses pièces : discours, dédicace. poésies, prologue, arguments. Enfin le texte des proverbes de Salomon, dont le reste de l'*Amphitheatrum* est le commentaire ésotérique.

Vient ensuite ce commentaire, constituant l'ouvrage proprement dit, en sept chapitres, suivis eux-mêmes d'éclaircissements très curieux sous ce titre : *Interpretationes et Annotationes Henrici Khunrath.* Total de cette seconde partie : 222 pages. Un dernier feuillet porte le nom de l'imprimeur : G. Antonius, et la date : Hanoviæ, M DC. IX.

Nous terminerons cette description par une note importante du savant bibliophile G.-F. de Bure, qui dit, au tome II de sa *Bibliographie* : « Il est à remarquer que dans la première partie de cet ouvrage, qui est de soixante pages, on doit trouver, entre les pages 18 et 19, une espèce de table particulière, imprimée sur une feuille entière à onglets, et qui est intitulée : *Summa Amphitheatri sapientiæ*, etc..., et dans la deuxième partie, de deux cent vingt-deux pages, l'on doit trouver une autre table, pareillement imprimée sur une feuille entière, à onglets, et qui doit être placée à la page 151, où elle est rappelée par deux étoiles que l'on a mises dans le discours imprimé. — Nous avons remarqué que ces deux tables manquaient dans les exemplaires que nous avons vus ; c'est pourquoi il sera bon d'y prendre garde... » (page 248).

Passons maintenant à l'étude de la planche kabbalistique que l'*Initiation* a offerte à ses abonnés.

ANALYSE DE LA ROSE-CROIX

d'après Henry Khunrath

Cette figure est un merveilleux pantacle, c'est-à-dire le résumé hiéroglyphique de toute une doctrine : on trouve là synthétisés, comme la revue l'a annoncé précédemment, tous les mystères pentagrammatiques de la Rose-Croix des adeptes.

* * *

C'est d'abord le point central déployant la circonférence à trois degrés différents, ce qui nous donne les trois régions circulaires et concentriques figurant le processus de l'*Emanation* proprement dite.

* * *

Au centre, un Christ en croix dans une rose de lumière : c'est le resplendissement du Verbe ou de l'*Adam-Kadmôn* אדםקדמון ; c'est l'emblème du Grand Arcane : jamais on n'a plus audacieusement révélé l'identité d'essence entre l'Homme-Synthèse et Dieu manifesté.

[Ce n'est pas sans les raisons les plus profondes que l'hiérographe a réservé pour le milieu de son pantacle le symbole qui figure l'incarnation du Verbe éternel. C'est en effet *par* le Verbe, *dans* le Verbe et *à travers* le Verbe (indissolublement uni lui-même à la Vie), que toutes choses, tant spirituelles que corporelles, ont été créées. — « *In principio erat Verbum* (dit saint Jean), et Verbum erat apud Deum, et Deus erat Verbum... *Omnia per ipsum facta sunt* et sine ipso factum est nihil quod factum est. *In ipso vita erat...* » Si l'on veut prendre garde à quelle partie de la figure humaine est attribuable le point central déployant la circonférence, on comprendra avec quelle puissance hiéroglyphique l'Initiateur a su exprimer ce mystère fondamental.]

Le rayonnement lumineux fleurit alentour ; c'est une rose épanouie en cinq pétales, — l'astre à cinq pointes du *Microcosme* kabbalistique, l'*Etoile flamboyante* de la Maçonnerie, le symbole de la volonté toute-puissante, armée du glaive de feu des Keroubs.

Pour parler le langage du Christianisme exotérique, c'est la sphère de *Dieu le fils*, placée entre celle de *Dieu le Père* (la Sphère d'ombre d'en haut où tranche *Aïn-Soph* אינסוף en caractères lumineux), et celle de *Dieu le Saint-Esprit*, *Rûach Hakkadôsh* רוההקדוש (la sphère lumineuse d'en bas où l'hiérogramme *ŒEmeth* אמת tranche en caractères noirs).

Ces deux sphères apparaissent comme perdues dans les nuages d'*Atziluth* אצלות, pour indiquer la nature occulte de la première et de la troisième personne de la sainte Trinité : le mot hébreu qui les exprime se détache en vigueur, lumineux ici sur le fond d'ombre, là ténébreux sur le fond de lumière, pour faire entendre que notre esprit, inapte à pénétrer ces principes dans leur essence, peut seulement entrevoir leurs rapports antithétiques, en vertu de l'analogie des contraires.

* * *

Au-dessus de la sphère d'*Aïn-Soph*, le mot sacré de *Iéhovah* ou *Ihoâh* se décompose dans un triangle de flamme, comme il suit :

Sans nous engager dans l'analyse hiéroglyphique de ce vocable sacré, sans prétendre surtout à exposer ici les arcanes de sa génération — ce qui voudrait d'interminables développements, — nous pouvons dire qu'*à ce point de vue spécial*, *Iod* י symbolise le Père, *Iah* יה le Fils, *Iahô* יהו l'Esprit-Saint, *Iahôah* יהוה l'Univers vivant : et ce triangle mystique est attribué à la sphère de l'ineffable *Aïn-Soph*, ou de Dieu le Père. Les Kabbalistes ont voulu montrer par là que le Père est la source de la Trinité tout entière, et bien plus, contient en virtualité occulte tout ce qui est, fut ou sera.

*
* *

Au-dessus de la sphère d'*Œmeth* ou de l'Esprit-Saint, dans l'irradiation même de la rose-croix et sous les pieds du Christ, une colombe à tiare pontificale prend son vol enflammé : emblème du double courant d'amour et de lumière qui descend du Père au Fils — de Dieu a l'Homme — et remonte du Fils au Père, — de l'Homme à Dieu, — ses deux ailes étendues correspondent exactement au symbole païen des deux serpents entrelacés au caducée d'Hermès.

Aux seuls initiés l'intelligence de ce rapprochement mystérieux.

*
* *

Revenons à la sphère du *Fils*, qui demande des commentaires plus étendus. Nous avons marqué ci-dessus le caractère impénétrable du *Père* et de l'*Esprit-Saint*, envisagés dans leur essence.

Seule, la *seconde personne* de la Trinité — figurée par la Rose Croix centrale — perce les nuages d'*Atziluth*, en y dardant les dix rayons séphirotiques.

Ce sont comme autant de fenêtres ouvertes sur le grand arcane du Verbe, et par où l'on peut contempler sa splendeur à dix points de vue différents. Le Zohar compare, en effet, les dix *Séphires* à autant de vases transparents de couleur disparate,à travers lesquels resplendit, sous dix aspects divers, le foyer central de l'Unité-synthèse. — Supposons encore une tour percée de dix croisées et au centre de laquelle brille un candélabre à cinq branches ; ce lumineux quinaire sera visible à chacune d'entre elles ; celui qui s'y arrêtera successivement pourra compter dix candélabres ardents aux cinq branches... (Multipliez le pentagramme par dix, en faisant rayonner les cinq pointes à chacune des dix ouvertures, et vous aurez les *Cinquante Portes de Lumière*).

Celui qui prétend à la synthèse doit entrer dans la tour ; celui qui ne sait que la contourner est un analytique pur. On voit à quelles erreurs d'optique il s'expose, dès qu'il veut raisonner sur l'ensemble.

*
* *

Nous dirons quelques mots plus loin du système séphirotique ; il faut en finir avec l'emblème central. Réduit aux proportions géométriques d'un schéma, il peut se tracer ainsi :

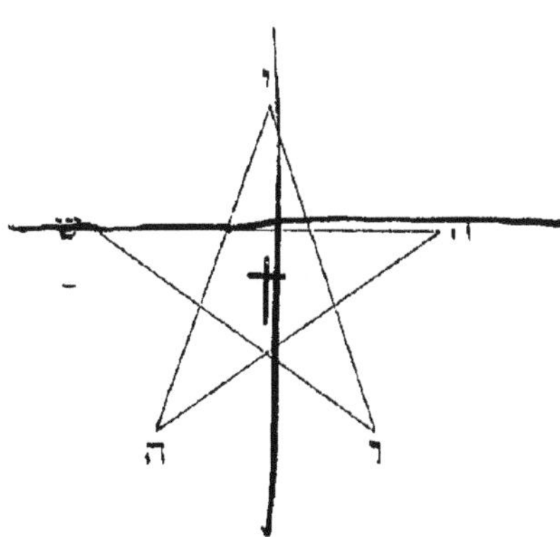

Une croix renfermee dans l'étoile flamboyante. C'est le quaternaire qui trouve son expansion dans le quinaire ; c'est l'Esprit qui se sous-multiplie pour descendre au cloaque de la matière où il s'embourbera pour un temps, mais son destin est de trouver dans son avilissement même la révélation de sa personnalité et déjà — présage de salut — il sent, au dernier échelon de sa déchéance, sourdre en lui la grande force de la Volonté. C'est le *Verbe*, יהוה, qui s'incarne et devient le *Christ douloureux* ou l'homme corporel, יהשוה, jusqu'au jour où, assumant avec lui sa nature humaine régenérée, il rentrera dans sa gloire.

C'est là ce qu'exprime l'adepte Saint-Martin au premier tome d'*Erreurs et Vérité*, quand il enseigne que la chute de l'homme provient de ce qu'il a interverti les feuillets du Grand Livre de la Vie et substitué la cinquième page (celle de la corruption et de la déchéance) à la quatrième (celle de l'immortalité et de l'entité spirituelle).

En additionnant le quaternaire crucial et le pentagramme étoilé, l'on obtient 9, chiffre mystérieux dont l'explication détaillée nous ferait sortir du cadre que nous nous sommes tracé. Nous avons ailleurs (*Lotus*, tome II, n° 12, p. 327-328) détaillé fort au long et démontré par un calcul de kabbale numérique, comme quoi 9 est le nombre *analytique* de l'homme. Nous renvoyons le lecteur à cette exposition...

Notons encore, — car tout se tient en Haute Science et les concordances analogiques sont absolues, — notons que dans les figures sphériques de la *Rose-Croix*, la rose est traditionnellement formée de *neuf* circonférences entrelacées, à l'instar des anneaux d'une chaîne. Toujours le nombre analytique de l'homme : 9 !

*
* *

Une importante remarque et qui sera une confirmation nouvelle de notre théorie. Il est évident, pour tous ceux qui possèdent quelques notions ésotériques, que les quatre branches de la croix intérieure (figurée par le Christ les bras étendus) doivent être marquées aux lettres du tétragramme ; *Iod*, *hé*, *vau*, *hé*. — Nous ne saurions revenir ici sur ce que nous avons dit ailleurs (1) de la composition hiéroglyphique et grammaticale de ce mot sacré : les commentaires les plus étendus et les plus complets se trouvent communément dans les œuvres de tous les kabbalistes. (V. de préférence Rosenroth, *Kabbala denudata* ; Lenain, *la Science kabbalistique* ; Fabre d'Olivet, *Langue hébraïque restituée* ; Eliphas Levi, *Dogme et Rituel*, *Histoire de la magie*, *Clef des grands mystères*, et Papus, *Traité élémentaire de la science occulte*.) Mais considérons un instant l'hiérogramme Jeschua יהשוה : de quels éléments se trouve-t-il composé? Chacun peut y voir le fameux tétragramme יהוה écartelé par le milieu יה-וה, puis ressoudé par la lettre hébraïque ש *schin*. Or, יהוה exprime ici l'*Adam-Kadmôn*, l'Homme dans sa synthèse intégrale, en un mot, la divinité manifestée par son *Verbe* et figurant l'union féconde de l'Esprit et de l'Ame universels. Scinder ce mot, c'est emblématiser la désintégration de son unité et la multiplication divisionnelle qui en résulte pour la génération des sous-multiples. Le *schin* ש, qui rejoint les deux tronçons, figure (Arcane 21, ou 0 du Tarot) le feu générateur et subtil, le véhicule de la vie non différenciée, le *Médiateur plastique universel* dont le rôle est d'effectuer les incarnations en permettant à l'Esprit de descendre dans la matière, de la pénétrer, de l'évertuer, de l'élaborer à sa guise enfin. Le ש en trait d'union aux deux parties du tétragramme mutilé est donc le symbole de la chute et de la fixation, dans le monde élémentaire et matériel, de יהוה désintégré de son unité.

C'est ש enfin, dont l'addition au *quaternaire* verbal de la sorte que nous avons dite, engendre le *quinaire* ou nombre de la déchéance. Saint Martin a très bien vu cela. Mais 5, qui est le nombre de la chute, est aussi le nombre de la volonté, et la volonté est l'instrument de la réintégration.

Les initiés savent comment la substitution de 5 à 4 n'est que transitoirement désastreuse ; comment, dans la fange où il se

(1) *Au seuil du mystère*, 1 vol. gr. in-8° carré, 1886, page 12. — *Lotus*, tome II, n° 12, pages 321-347, *passim*...

vautre déchu, le sous-multiple humain apprend à conquérir une personnalité vraiment libre et consciente. Felix culpa! De sa chute, il se relève plus fort et plus grand ; c'est ainsi que *le mal* ne succède jamais *au bien* que temporairement et en vue de réaliser *le mieux !*

Ce nombre 5 recèle les plus profonds arcanes ; mais force nous est de faire halte ici, sous peine de nous trouver engagé dans d'interminables digressions. — Ce que nous avons dit du 4 et du 5 dans leurs rapports avec la Rose-Croix suffira aux *Initiables*. Nous n'écrivons que pour eux.

Disons quelques mots à cette heure des rayons, au nombre de dix, qui percent la région des nuages ou d'*Atziluth*. C'est le dénaire de Pythagore qu'on appelle en Kabbale *émanation séphirotique*. Avant de présenter à nos lecteurs le plus lumineux classement des Séphiroths kabbalistiques, nous tracerons un petit tableau des correspondances traditionnelles entre les dix séphires et les dix principaux noms donnés à la divinité par les théologiens hébreux : ces noms, que Khunrath a gravés en cercles dans l'épanouissement de la rose flamboyante, correspondent chacun à l'une des dix Séphires. (Voir le tableau à la page 321.)

Quant aux noms divins, après avoir donné leur traduction en langage vulgaire, nous allons, aussi brièvement que possible, déduire de l'examen hiéroglyphique de chacun d'eux, la signification ésotérique moyenne qui peut leur être attribuée :

אהיה. — Ce qui constitue l'essence immarcessible de l'Être absolu où fermente la vie.

יה. — L'indissoluble union de l'Esprit et de l'Ame universels.

יהוה. — Copulation des Principes mâle et femelle qui engendrent éternellement l'Univers vivant (Grand arcane du Verbe).

אל. — Le déploiement de l'Unité-principe. — Sa diffusion dans l'Espace et le Temps.

אלהים גבור. — Dieux-les-dieux des géants ou des hommes-dieux.

אלוה. — Dieu reflété dans l'un des dieux.

יהוה צבאות. — Le *Iod-hévé* (voir plus haut) du septénaire ou du triomphe.

אלהים צבאות. — Dieux-les-dieux du septénaire ou du triomphe.

שדי. — Le fécondateur par la Lumière astrale en expansion quaternisée, puis son retour au principe à jamais occulte d'où elle émane. (Masculin de שדה, la Fécondée, la Nature).

SÉPHIROTHS		NOMS DIVINS QUI S'Y RAPPORTENT		
כתר *Kether*	La Couronne.	אהיה *Aete*.	L'Être.	
חכמה *Hochmah*	La Sagesse.	יה *Jah*	Jah.	
בינה *Binah*	L'Intelligence.	יהוה *Jhôah*	Jehouah. L'Éternel.	
חסד *Hesed*.	La Miséricorde.	אל *Æl*	Æl.	
		אלהים גבור *Ælohim Ghib-*		
גבורה *Geburah*	La Justice.	*bor*	Ælohim Ghibbor.	
תפארת *Tiphereth*	La Beauté.	אלוה *Æloha*	Æloha.	
		אלהים צבאות *Ælohim Ze-*		
נצח *Netzah*	L'Éternité.	*baoth*	Ælohim Sabaoth.	Dieu des armees
הוד *Hod*	Le Fondement.	יהוה צבאות *Jhôah Zebaoth*. .	Jehovah Sabaoth.	
יסד *Jesod*	La Victoire.	שדי *Schaddai*.	Le Tout-Puissant.	
מלכות *Malkuth*	Le Royaume.	אדנימלך *Adonaï Meleck*.	Le Seigneur Roi.	

אדני. — La multiplication quaterne ou cubique de l'Unité-principe pour la production du Devenir changeant sans cesse (le παντα ρει d'Héraclite) ; puis l'occultation finale de l'objectif concret, par le retour au subjectif potentiel.

מלך. — La Mort maternelle, grosse de la vie : loi fatale se déployant dans tout l'Univers, et qui interrompt avec une force soudaine son mouvement de perpétuel échange, chaque fois qu'un être quelconque s'objective.

Tels sont ces hiérogrammes dans l'une de leurs significations secrètes.

∴

Notons à cette heure que chacune des dix séphires (aspects du Verbe) correspond, dans le pantacle de Khunrath, à l'un des chœurs angéliques ; idée sublime, quand on sait l'approfondir. Les anges, en Kabbale, ne sont pas des êtres d'une essence particulière et immuable : tout vit, se meut et se transforme dans l'Univers vivant ! En appliquant aux hiérarchies célestes la belle comparaison par laquelle les auteurs du Zohar tâchent d'exprimer la nature des séphires, nous dirons que les chœurs angéliques sont comparables à des enveloppes transparentes et de couleurs diverses, où viennent briller tour à tour d'une lumière de plus en plus splendide et pure, les Esprits qui, définitivement affranchis des formes temporelles, montent les suprêmes degrés de l'échelle de Jacob, dont l'Ineffable יהוה occupe le sommet.

A chacun des chœurs angéliques, Khunrath fait correspondre encore l'un des versets du décalogue : c'est comme si l'ange recteur de chaque degré ouvrait la bouche pour promulguer l'un des préceptes de la loi divine. Mais ceci semble un peu arbitraire et moins digne de fixer notre attention.

∴

Une idée plus profonde du théosophe de Leipzig est de faire sortir les lettres de l'alphabet hébreu de la nuée d'Aziluth criblée des rayons séphirotiques.

Faire naître des contrastes de la Lumière et des Ténèbres les vingt-deux lettres de l'alphabet sacré hiéroglyphique, — lesquelles correspondent, comme on sait, aux vingt-deux arcanes de la Doctrine absolue, traduits en pantacles dans les vingt-deux clefs du

Tarot samaritain, — n'est-ce pas condenser en une image frappante toute la doctrine du *Livre de la Formation, Sepher-Yetzirah* (ספר יצירה)? Ces emblèmes, en effet, tour à tour rayonnants et lugubres, mystérieuses figures qui symbolisent si bien le *Fas* et le *Nefas* de l'éternel Destin, Henry Khunrath les fait naître de l'accouplement fécond de l'Ombre et de la Clarté, de l'Erreur et de la Vérité, du Mal et du Bien, de l'Être et du Non-Être ! Tels soudain surgissent à l'horizon d'imprévus fantômes, au visage souriant ou lugubre, splendide ou menaçant, quand sur l'amoncellement des nuages denses et sombres, Phœbus, une fois encore vainqueur de Python, darde ses flèches d'or.

*
* *

Le tableau que voici fournira, avec le sens réel des séphiroths, les correspondances qu'établit la Kabbale entre elles et les hiérarchies spirituelles :

Pour compléter les notions élémentaires que nous avons pu fournir touchant le système séphirotique, nous terminerons ce travail par le schéma bien connu du triple ternaire ; ce classement est le plus lumineux, selon nous, et le plus fécond en précieux corollaires.

Les trois ternaires figurent la trinité manifestée dans les trois mondes.

Le premier ternaire, — celui du monde intellectuel, — est seul la représentation absolue de la trinité sainte : la *Providence* y équilibre les deux plateaux de la Balance de l'ordre divin : la *Sagesse* et l'*Intelligence*.

Les deux ternaires inférieurs ne sont que les reflets du premier dans les milieux plus denses des mondes moral et astral. Aussi sont-ils *inversés*, comme l'image d'un objet qui se reflète à la surface d'un liquide.

Dans le monde moral, la *Beauté* (ou l'Harmonie ou la Rectitude) équilibre les plateaux de la balance : la *Miséricorde* et la *Justice*.

Dans le monde astral, la *Génération*, instrument de la stabilité des êtres, assure la *Victoire* sur la mort et le néant, en alimentant l'*Éternité* par l'intarissable succession des choses éphémères.

Enfin, Malkuth, le *Royaume* des formes, réalise en bas la synthèse totalisée, épanouie et parfaite des séphiroths, dont en haut Kether, la *Providence* (ou la couronne) renferme la synthèse germinale et potentielle.

LES SÉPHIRES DE		CORRESPONDENT A	
כתר *Kether*	La Providence équilibrante.	חיות הקדוש *Haioth Hakkadôsh*	Les intelligences providentielles.
חכמה *Hochmah*	La divine Sagesse.	אופנים *Ophanim*	Les Moteurs des roues étoilées.
בינה *Binah*	L'Intelligence toujours active.	אראלים *Aralim*	Les Puissants.
חסד *Hesed*	La Miséricorde infinie.	חשמלים *Hasmalim*	Les Lucides.
גבורה *Geburah*	L'absolue Justice.	שרפים *Seraphim*	Les Anges brûlant de zèle.
תפארת *Tiphereth*	L'immarcessible Beauté.	מלאכים *Malachim*	Les Rois de la splendeur.
נצח *Netzah*	La Victoire de la Vie sur la Mort.	אלהים *Elohim*	Les Dieux (envoyés de Dieu).
הוד *Hod*	L'Éternité de l'Être.	בני אלהים *Bené-Elohim* . .	Les Fils des dieux.
יסוד *Jesod*	La génération, pierre angulaire de la stabilité.	כרובים *Cheroubim*	Les Ministrants du feu astral.
מלכות *Malkuth*	Le principe des Formes.	אישים *Ischim*.	Les Ames glorifiées.

*
* *

Bien des choses nous resteraient encore à dire de la Rose-Croix symbolique de Henry Khunrath. Mais il faut nous borner.

Au demeurant, ce ne serait pas trop d'un livre entier pour le développement logique et normal des matières que nous avons cursivement indiquées en ces quelques notes ; aussi le lecteur nous trouvera-t-il fatalement trop abstrait et même obscur. Nous lui présentons ici toutes nos excuses.

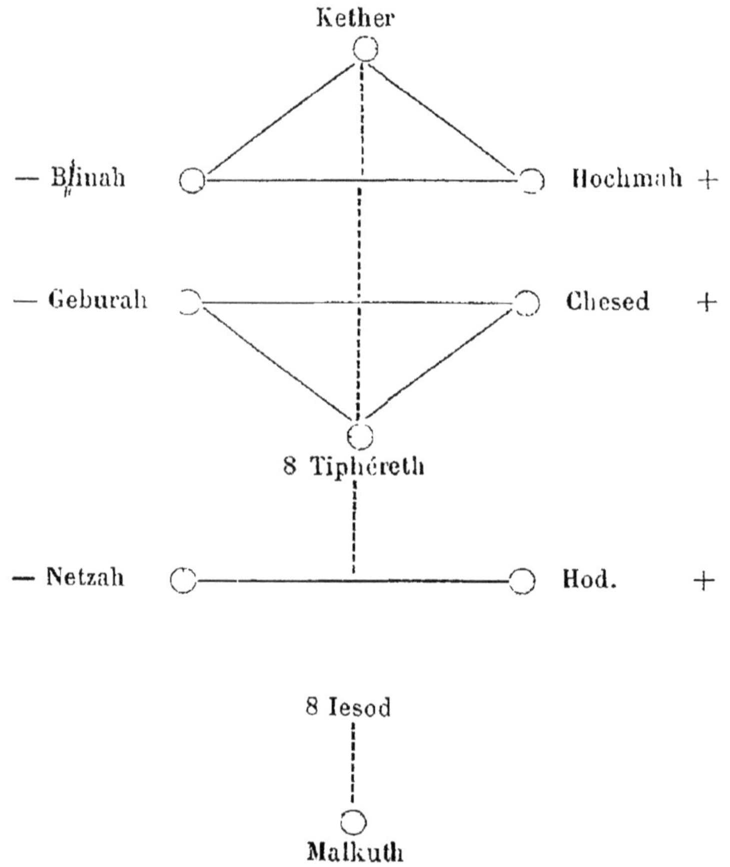

Peut-être, s'il prend la peine d'approfondir la Kabbale à ses sources mêmes, ne sera-t-il pas fâché de retrouver, au cours de cet exposé massif et de si fatigante lecture, l'indication précise et même l'explication en langage initiatique d'un nombre assez notable d'arcanes transcendants.

Comme l'algèbre, la Kabbale a ses équations et son vocabulaire technique. Lecteur, c'est une langue à apprendre, dont la merveilleuse précision et l'emploi coutumier vous dédommageront assez par la suite des efforts où votre esprit a pu se dépenser dans la période de l'étude.

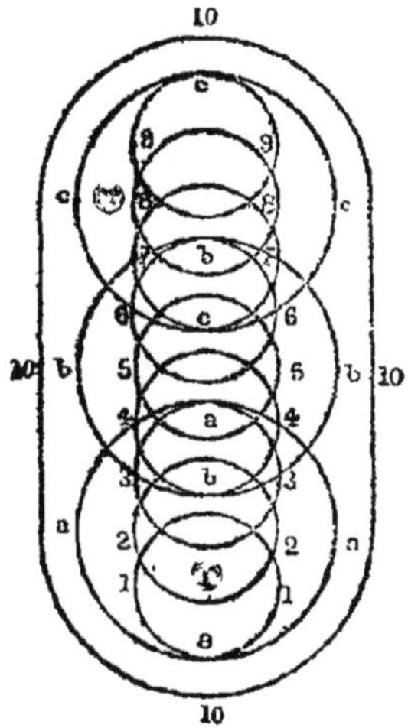

Cercle résumant l'enseignement de la Kabbale (Voir chap. vi, p. 161).

***

DÉRIVATION DES CANAUX

Voir le tableau frontispice (p. 110) pour les sept qu'ils joignent. Je n'indique ici que le nom divin qu'ils désignent.

1	א	Dieu de l'infinité	איה
2	ב	Dieu de la Sagesse	ביה
3	ג	Dieu de la Rétribution	גיה
4	ד	Dieu des Portes de Lumière	דיה
5	ה	Dieu de Dieu	היה
6	ו	Dieu fondateur	ויה
7	ז	Dieu de la foudre (fulgoris)	זיה
8	ח	Dieu de la Miséricorde	חיה
9	ט	Dieu de la Bonté	טיה
10	י	Dieu principe	ייה
11	כ	Dieu immuable	כיה
12	ל	Dieu des 30 voies de la Sagesse	ליה
13	מ	Dieu arcane	מיה
14	נ	Dieu des 50 portes de la Lumière	ניה
15	ס	Dieu foudroyant	סיה
16	ע	Dieu adjurant	עיה
17	פ	Dieu des Discours	פיה
18	צ	Dieu de Justice	ציה
19	ק	Dieu du Droit	קיה
20	ר	Dieu tête	ריה
21	ש	Dieu Sauveur	שיה
22	ת	Dieu fin de tout	תיה

Tous les noms ont la même terminaison יה. Leur signification dépend uniquement de la lettre initiale et, par suite, peut servir à établir la signification de la lettre initiale elle-même.

RESUMÉ

Il existe donc entre les nombres, les noms divins, les lettres et les séphiroths d'étroits rapports : *Stanislas de Guaita* vient d'en énumerer quelques-uns ; les deux tableaux suivants, extraits l'un de *Kircher*, l'autre du R. P. *Esprit Sabbathier*, vont développer encore toutes ces concordances et résumer tout ce que nous avons dit jusqu'ici. Nous plaçons ici une table générale montrant non seulement les Séphiroths et les noms divins, mais encore la Kabbale tout entière dans un coup d'œil d'ensemble.

TABLE DU DENAIRE KABBALISTIQUE PAR KIRCHER

10 PRÉCEPTES DE LA LOI	MEMBRES DE L'HOMME TERRESTRE	MEMBRES MYSTIQUES DE L'HOMME CÉLESTE	MEMBRES MYSTIQUES DE L'HOMME ARCHÉTYPE	MEMBRES MYSTIQUES AUPRÈS DES ORTHODOXES	NOMS DE DIEU	SÉPHIROTH CORRESPONDANTES
1	Cerveau	Ciel empyrée	Haroth	Séraphins	אהיה Sum qui sum	Couronne
2	Poumon	1er mobile	Ophanim	Chérubins	יה Essence essentialisante	Sagesse
3	Cœur	Firmament	Aralim	Trônes	יהוה Dieu les Dieux	Intelligence
4	Estomac	Saturne	Haschemalim	Dominations	אל Dieu créateur	Grandeur
5	Foie	Jupiter	Seraphim	Vertus	אלוה Dieu puissant	Force
6	Fiel	Mars	Melachim	Puissances	אלהים Dieu fort	Beauté
7	Rate	Soleil	Elohim	Principautés	יהוהצבאות Dieu des Armées	Victoire
8	Reins	Vénus	Ben Elohim	Archanges	אלהים Seigneur des Armées	Gloire
9	Genitaires	Mercure	Cherubim	Anges	שדי Tout-Puissant	Fondement
10	Matrice	Lune	Ischim	Ames	אדני Seigneur	Royaume

3e MONDE (DIVIN), par le R. P. Esprit SABBATHIER

M. S.	INTELLIGENCE DES SPHÈRES	ORDRES DES BIENHEUREUX
ד ע	Prince du Monde מטטרון: Mittatron	Séraphins Saints Animaux היות הקודש Hakkodesch haioth
ה פ	Courrier de Dieu רציאל: Ratsiel	Chérubins Roues אופנים: Ophanim
ו ♄ צ	Contemplation de Dieu צפקיאל Tsaphkiel	Trônes Puissants אראלים: Erelim
ז ♃ כ	Justice de Dieu צדקיאל Tsadkiel	Dominations Etincelants חשמלים Haschmalim
ח ♂ ר	Punition de Dieu סמאל Sammael	Puissances Enflammés שרפים Seraphim
ט ☉ ש	Qui est semblable à Dieu מיכאל Michael	Vertus Rois מלכים Melachim
י ♀ ת	Grâce de Dieu חאניאל Hanniel	Principautés Dieux אלהים Eloim
כ ☿ ך	Médecin de Dieu רפאל Raphael	Archanges Enfants de Dieu אלהים בני Elohim Bene
ל ☽ ם	Homme de Dieu גבריאל Gabriel	Anges Base des enfants כרובים Kerubim
מ ן	Messie מטטרון: Mittatron	Ames bienheureuses Hommes אשים Ischim
נ ף	PAS DE NOM DE 11 LETTRES, MAUVAIS NOMBRE	
ס ץ		

(Ombre idéale de la Sagesse universelle).

SÉPHIROTH	NOMS DE DIEU SELON LE NOMBRE DE LETTRES	NOMS DE DIEU KABBALISTIQUES
Couronne כתר: Kether	Moi י: I	Je serai אהיה Ehie
Sagesse חכמה Hochma	Dieu — אל — El Être de soi — יה — Iah	L'Être des Êtres — יהוה — Jehova Moi — י — I
Intelligence בינה Bina	Jésus — ישו: — Jeschou Tout-puissant — שדי — Schaddai	Dieu — אלהים — Elohim Être de Êtres — יהוה — Etre des Êtres
Libéralité חסד: Hesed	Etre des Êtres יהיה: Jehova	Dieu אל: El
Force גבורה Geobura	Sauveur — יהשוה — Jehoschouha Dieu — אלהים — Elohim Très Haut — עליון — Helion	Fort — גבורה — Gibor Dieu — אלהים — Elohim
Beauté תפראת Tiphereth	Dieu fort אל-גבור El Gibora	Dieu אלוה Eloah
Victoire נצח Netsah	Immuable אראריתא Ararita	Des armées — צבאות — Tsebaoth Seigneur — יהוה — Jehovah
Louanges הוד Hod	La Science de Dieu יהוה Jehova	Des armées — צבאות — Tsebaoth Dieu — אלהים — Elohim
Etablissement יסוד Jesod	Des armées — צבאות — Tsebaoth Seigneur — יהוה — Jehovah	Tout-puissant שדי Schaddai
Royauté מלכות Malchouth	Des armées — צבאות — Tsebaoth Dieu — אלהים — Elohim	Seigneur אדני Adonaï
D'APRÈS LES HÉBREUX		Dieu מקום Makom
Saint-Esprit — הקדש ורוח — Hahkodesch Verouah Fils — בן — Ben Père — אב — Ab		Dieu Uni-Trinité אגלא Agla

Nous avons promis de finir notre exposé en donnant les plans des deux principaux traités qui ont été faits sur la question ; celui de *Kircher* et celui de *Lenain*. Le lecteur comprendra maintenant ces plans grâce à l'exposé qu'il vient de parcourir et il verra que nous avons fait tous nos efforts pour résumer au mieux cette partie de la kabbale hébraïque.

PLAN DE L'ÉTUDE DE KIRCHER

Ch. 1. Les noms divins. — Les divisions de la Kabbale.
— 2. Histoire et origines de la Kabbale.
— 3. Premier fondement de la Kabbale. — L'alphabet, ordre mystique de ses caractères.
— 4. Les noms et surnoms de Dieu.
— 5. Les tables Zruph ou des combinaisons de l'alphabet hébraïque.
— 6. Du nom divin de 72 lettres (יהוה) et de son usage.
— 7. Le nom divin tétragammatique dans l'antiquité païenne.
— 8. Très secrète théologie mystique des Hébreux. — Kabbale des dix Séphiroths ou numérations divines.
— 9. Des diverses représentations des Séphiroths, de leur influx et de leurs canaux.
— 10. De la Kabbale naturelle appelée Bereschit (1).

PLAN DE L'ÉTUDE DE LENAIN

Ch. 1. Du nom de Dieu et de ses attributs.
— 2. De l'origine des noms divins, leurs attributs et leur influence sur l'Univers (Alphabet et sens des lettres).
— 3. Explication des 72 attributs de Dieu et des 72 anges qui dominent sur l'Univers.
— 4. Les 72 noms.
— 5. Explication du calendrier sacré.
— 6. Les influences des 72 génies, leurs attributs et leurs mystères.
— 7. Les mystères (Kabbale pratique). Magie.

(1) Voy. pour le développement, p. 158, n. 179.

CHAPITRE V

LA PHILOSOPHIE DE LA KABBALE

L'âme d'après la Kabbale.

2°. — *La philosophie de la Kabbale.*

La partie systématique de la Kabbale se trouve exposée dans le paragraphe précédent. Il nous reste à parler de la partie philosophique.

Nous avons fait, lors de la réédition de l'excellent livre de M. Ad. Franck, une critique de cet ouvrage dans laquelle nous résumions de notre mieux les enseignements doctrinaux de la Kabbale, en rattachant ces enseignements à quelques points de science contemporaine, selon notre habitude.

Nous ne pouvons mieux faire que de reproduire ce travail en le faisant suivre de la lettre que M. Franck nous adresse à ce propos. Ensuite, pour bien indiquer la profondeur des données kabbalistiques en ce qui concerne l'homme et ses transformations et l'identité de ces données avec la tradition orientale, nous terminerons ce paragraphe par une étude d'un kabbaliste allemand contemporain, *Carl de Leiningen.*

1

ANALYSE DU LIVRE DE M. FRANCK

LA KABBALE

M. Franck a fait de la Kabbale une étude très sérieuse et très approfondie, mais au point de vue particulier des philosophes contemporains et de la critique universitaire. Il nous faudra donc résumer de notre mieux ses opinions à ce sujet ; mais en mettant à côté celles des kabbalistes contemporains connaissant plus ou moins l'Ésotérisme. Ces deux points de vue quelque peu différents ne peuvent qu'éclairer d'un jour tout nouveau une question si importante en Science Occulte.

Ces considérations indiquent par elles-mêmes le plan que nous suivrons dans cette étude. Nous résumerons successivement les opinions de M. Franck sur la Kabbale elle-même, sur son antiquité et sur ses enseignements en discutant chaque fois les conclusions de cet auteur comparativement à celles des occultistes contemporains.

Nous devrons toutefois nous borner aux questions les plus générales, vu le cadre restreint dans lequel doit se développer notre article.

*
* *

Voyons d'abord le plan sur lequel est construit le livre de M. Franck.

La méthode suivie dans sa disposition est remarquable par la clarté avec laquelle des sujets si difficiles se présentent au lecteur.

Trois parties, une introduction et un appendice forment la charpente de l'ouvrage.

L'introduction et la préface donnent une idée générale de la Kabbale et de son histoire.

La première partie traite de l'antiquité de la Kabbale d'après ses deux livres fondamentaux, le Sepher Jesirah et le Zohar dont l'authenticité est admirablement discutée.

La seconde partie, la plus importante sans contredit, analyse les doctrines contenues dans ces livres, base des études kabbalistiques.

Enfin la *troisième partie* étudie les rapprochements du système philosophique de la Kabbale avec les écoles diverses qui peuvent présenter avec elle quelque analogie.

L'appendice est consacré à deux sectes de Kabbalistes.

En résumé, toutes ces matières peuvent se renfermer dans les questions suivantes :

1° *Qu'est-ce que la Kabbale et quelle est son antiquité ?*

3° *Quels sont les enseignements de la Kabbale :*

Sur Dieu ;

Sur l'Homme ;

Sur l'Univers ?

3° *Quelle est l'influence de la Kabbale sur la philosophie à travers les âges ?*

Il nous faudrait un volume pour traiter comme il le mérite un tel sujet ; mais nous devons nous contenter de ce que nous avons et nous borner aux indications strictement nécessaires à cet effet.

I

QU'EST-CE QUE LA KABBALE ET QUELLE EST SON ANTIQUITÉ

Se plaçant sur le terrain strict des faits établis sur une solide érudition, M. Franck définit ainsi la Kabbale :

« Une doctrine qui a plus d'un point de ressemblance avec celles de Platon et de Spinosa ; qui, par sa forme, s'élève quelquefois jusqu'au ton majestueux de la poésie religieuse ; qui a pris naissance sur la même terre et à peu près dans le même temps que le christianisme ; qui, pendant une période de douze siècles, sans autre preuve que l'hypothèse d'une antique tradition, sans autre mobile apparent que le désir de pénétrer plus intimement dans le sens des livres saints, s'est developpée et propagée à l'ombre du plus profond mystère : voilà ce que l'on trouve, après qu'on les a épurés de tout alliage, dans les monuments originaux et dans les plus anciens débris de la Kabbale. »

Sur la première partie de cette définition tous les occultistes sont d'accord : la Kabbale constitue bien en effet *une doctrine traditionnelle*, ainsi que l'indique son nom même (1).

Mais nous différons entièrement d'avis avec M. Franck sur la question de *l'origine* de cette tradition.

(1) « Il paraît, au dire des plus fameux rabbins, que Moyse lui-même, prévoyant le sort que son livre devait subir et les fausses interprétations qu'on devait lui donner par la suite des temps, eut recours à une loi orale, qu'il donna de vive voix à des hommes sûrs dont il avait éprouvé la fidélité, et qu'il chargea de transmettre dans le secret du sanctuaire à d'autres hommes qui, la transmettant à leur tour d'âge en âge, la fissent ainsi parvenir à la postérité la plus reculée. Cette loi orale que les Juifs modernes se flattent encore de posséder se nomme Kabbale, d'un mot hébreu qui signifie ce qui est reçu, ce qui vient d'ailleurs, ce qui se passe de main en main. »

(Fabre d'Olivet, *Langue hébraïque restituée*, p. 29.)

La critique universitaire ne peut s'écarter dans ses travaux de certaines règles établies dont la principale consiste à n'appuyer l'origine des doctrines qu'il étudie que sur les documents bien authentiques pour lui, sans s'occuper des affirmations plus ou moins intéressées des partisans de la doctrine étudiée.

C'est la méthode suivie par M. Franck dans ses recherches historiques au sujet de la Kabbale. Il détermine au mieux l'origine des deux ouvrages fondamentaux de la doctrine : *le Sepher Jesirah* et le *Zohar* et infère de cette origine même celle de la Kabbale tout entière.

L'occultiste n'a pas à tenir compte de ces entraves. Un symbole antique est pour lui un monument aussi authentique et aussi précieux qu'un livre, et la tradition orale ne peut que transmettre des formules à forme dogmatique que la raison et la science doivent contrôler et vérifier ultérieurement.

Wronski définit les dogmes des *porismes*, c'est-à-dire des *problèmes à démontrer* (1) ; c'est pourquoi nous devons poser d'abord les dogmes traditionnels, mais sans jamais les admettre avant de les avoir scientifiquement vérifiés.

Or, nous allons voir ce que la tradition occulte nous enseigne au sujet de l'origine de l'Ésotérisme et par suite de la Kabbale elle-même, en posant comme *problème à démontrer* ce que la science n'a pu encore éclaircir, mais en indiquant par contre les points où elle vient confirmer les conclusions de la tradition orale ou écrite de la Science Occulte.

*
* *

Chaque continent a vu se générer progressivement une flore et une faune couronnées par une race humaine. Les continents sont nés successivement de telle sorte que celui qui contenait la race humaine qui devait succéder à celle existante, naissait au moment où cette dernière était en pleine civilisation. Plusieurs grandes civilisations se sont ainsi succédé sur notre planète dans l'ordre suivant :

1° La civilisation colossale de l'Atlantide, civilisation créée par la *Race Rouge*, évoluée d'un continent aujourd'hui disparu, qui s'étendait à la place de l'océan Atlantique ;

(1) Wronski, *Messianisme ou réforme absolue du Savoir humain*. t. II, introduction.

2° Au moment où la Race Rouge était en pleine civilisation, naissait un continent nouveau qui constitue l'*Afrique d'aujourd'hui*, générant, comme terme ultime d'évolution, la *Race noire*.

Quand le cataclysme qui engloutit l'Atlantide se produisit, cataclysme désigné par toutes les religions sous le nom de *Déluge universel*, la civilisation passa rapidement aux mains de la Race Noire, à qui les quelques survivants de la Race Rouge transmirent leurs principaux secrets.

3° Enfin, alors que les Noirs furent eux-mêmes arrivés à l'apogée de leur civilisation, naquit avec un nouveau continent (Europe-Asie) la *Race Blanche*, à qui devait passer ultérieurement la suprématie sur la planète.

*
* *

Les données que nous venons de résumer là ne sont pas nouvelles. Ceux qui savent lire ésotériquement le Sepher de Moïse en trouveront la clef dans les premiers mots du livre, ainsi que nous l'a montré Saint-Yves d'Alveydre ; mais sans aller si loin, Fabre d'Olivet, dès 1820, dévoilait cette doctrine dans l'*Histoire philosophique du Genre humain*. D'autre part, l'auteur de la *Mission des Juifs* nous fait voir l'application de cette doctrine dans le *Ramayana* lui-même.

La Géologie est venue prouver, de concert avec l'Archéologie et l'Anthropologie, la réalité de plusieurs points de cette tradition.

De plus, certains problèmes encore obscurs de la théorie de l'évolution, entre autres celui de la *diversité des couleurs* de la Race Humaine, trouvent là de précieuses données encore inconnues de nos jours de la Science officielle.

C'est donc de la Race Rouge que vient originairement la *tradition* et, si l'on veut bien se souvenir qu'*Adam* veut dire *terre rouge*, on comprendra pourquoi les Kabbalistes font venir leur science d'Adam lui-même.

Cette tradition eut donc comme sièges principaux de transmission : l'*Atlantide*, l'*Afrique*, l'*Asie* et enfin l'*Europe*.

L'Océanie et l'Amérique sont des vestiges de l'Atlantide, et d'un continent antérieur : la Lémurie.

Beaucoup de ces affirmations dogmatiques étant encore pour le savant contemporain des *porismes* (problèmes à démontrer), nous nous contentons de les poser, sans discussion, et nous allons maintenant partir du point où en est arrivée la science officielle comme origine de l'Humanité : l'*Asie*.

*
* *

Toutes les traditions, celles des *Bohémiens* (1), des *Francs-Maçons* (2), des *Égyptiens* et des *Kabbalistes* (3), corroborées par la Science officielle elle-même, sont d'accord pour considérer l'Inde comme l'origine de nos connaissances philosophiques et religieuses.

Le mythe d'*Abraham* indique, ainsi que l'a montré Saint-Yves d'Alveydre, le passage de la tradition indoue ou orientale en Occident; et comme la *Kabbale* que nous possédons aujourd'hui n'est autre chose que cette tradition adaptée à l'esprit occidental, on comprend pourquoi le plus vieux livre kabbalistique connu, le *Sepher Jesirah*, porte en tête la notice suivante :

LE LIVRE KABBALISTIQUE DE LA CRÉATION

EN HÉBREU, SEPHER JESIRAH

par ABRAHAM

Transmis successivement oralement à ses fils; puis, vu le mauvais état des affaires d'Israel, confié par les sages de Jérusalem à des arcanes et à des lettres du sens le plus caché (4).

Pour prouver la vérité de cette affirmation, il nous faudra donc montrer les principes fondamentaux de la Kabbale et particulièrement *les Sephiroths* dans l'ésotérisme indou. Ce point, qui a échappé à M. Franck, nous permettra de poser l'origine de la filiation bien au delà du premier siècle de notre ère. C'est ce que nous ferons tout à l'heure.

Pour le moment, contentons-nous de dire quelques mots de l'existence de cette tradition ésotérique dans l'antiquité, tradition qui existe réellement malgré l'avis de Littré (5), avis partagé en

(1) Voy. la *Kabbale des Bohémiens*, n° 2 de l'*Initiation.*
(2) Voy. RAGON, *Orthodoxie Maçonnique*
(3) Voy. SAINT-YVES D'ALVEYDRE, *Mission des Juifs.*
(4) PAPUS, le *Sepher Jesirah*, p. 5.
(5) Préface à la 3e édit de *Salverte* (Sciences occultes).

partie par un des auteurs du *Dictionnaire philosophique* de Ad. Franck (1).

Chaque réformateur religieux ou philosophique de l'antiquité divisait sa doctrine en deux parties : l'une voilée, à l'usage de la foule ou *exotérisme*, l'autre claire, à l'usage des initiés ou *ésotérisme*.

Sans vouloir parler des Orientaux, Bouddha, Confucius ou Zoroastre, l'histoire nous montre Orphée dévoilant l'ésotérisme aux initiés par la création des *mystères*, Moïse sélectant une tribu de prêtres ou initiés, celle de Lévi, parmi lesquels il choisit ceux à qui peut être confiée *la tradition*. Mais la transmission ésotérique de cette tradition devient indiscutable vers l'an 530 avant notre ère, avec Pythagore initié aux mêmes sources qu'Orphée et Moïse, en Égypte.

Pythagore avait un enseignement secret basé principalement sur les nombres, et les quelques bribes de cet enseignement que nous ont transmises les alchimistes (2), nous montrent son identité absolue avec la Kabbale dont il n'est qu'une traduction.

Cette tradition se perd d'autant moins parmi les disciples du grand philosophe qu'ils vont se retremper à sa source originelle, en Egypte, ou dans les mystères grecs. Tel est le cas de Socrate, de Platon et d'Aristote.

La lettre d'Alexandre le Grand adressée à son maître et l'accusant d'avoir dévoilé l'enseignement ésotérique, prouve que cet enseignement traditionnel et oral subsistait toujours à cette époque.

Nous en retrouverons encore mention dans Plutarque quand il dit que les serments scellent ses lèvres et qu'il ne peut parler ; enfin il est inutile d'allonger notre travail de toutes les citations que nous pourrions encore faire, ces détails sont assez connus des occultistes pour qu'il ne soit pas nécessaire d'insister davantage.

Signalons en dernier lieu l'existence de cette tradition orale dans le christianisme alors que Jésus dévoile à ses disciples seuls le véritable sens des paraboles dans le discours sur la montagne, et qu'il confie le secret total de la tradition ésotérique à son disciple favori, saint Jean.

L'*Apocalypse* est entièrement kabbalistique et représente le véritable ésotérisme chrétien.

L'antiquité de cette tradition ne peut donc faire aucun doute, et

(1) Article *Esotérisme*.
(2) Voy. Jean Dee, *Monas hieroglyphica in Theatrum Chemicum*.

la Kabbale est bien plus ancienne que l'époque que lui assigne M. Franck, du moins pour nous autres, occultistes occidentaux. En outre, elle a pris naissance sur une terre très éloignée de celle où est né le christianisme, ainsi que nous le montreront *les Séphiroths indous*.

Mais il est temps d'arrêter là le développement de notre première question et de dire quelques mots des *enseignements de la Kabbale*

II

ENSEIGNEMENT DE LA KABBALE

On peut faire à M. Franck quelques critiques au sujet de la manière dont il présente les enseignements de la Kabbale. En effet, si les données kabbalistiques sur chaque sujet particulier sont analysées avec une science merveilleuse, aucun renseignement n'est fourni sur l'ensemble du système considéré synthétiquement. Par exemple, après avoir lu le chapitre IV, intitulé : *Opinions des Kabbalistes sur le Monde*, le lecteur connaît certains points de la tradition concernant les Anges, l'Astrologie, l'unité de Dieu et de l'Univers ; mais il est impossible de se faire, d'après ces données, une idée générale de la constitution du Cosmos.

Nous allons nous efforcer de présenter à nos lecteurs un résumé aussi clair que possible de ces traditions kabbalistiques, si bien analysées d'ailleurs par notre auteur. Pour être compréhensible dans des sujets aussi ardus, nous partirons dans notre analyse de l'étude de l'Homme, plus facilement appréciable pour la généralité des intelligences, et nous n'aborderons qu'en dernier lieu les données métaphysiques sur Dieu.

1° *Enseignements de la Kabbale sur l'Homme.*

La Kabbale enseigne tout d'abord que l'homme représente exactement en lui la constitution de l'Univers tout entier. De là le nom de *Microcosme* ou *Petit Monde* donné à l'homme en opposition au nom *Macrocosme* ou *Grand Monde* donné à l'Univers.

Quand on dit que l'Homme est l'image de l'Univers, cela ne veut pas dire que l'Univers soit un animal vertébré. C'est des principes constitutifs, *analogues* et *non semblables*, qu'on veut parler.

Ainsi des cellules de formes et de constitution très variées se groupent chez l'Homme pour former *des organes*, comme l'estomac, le foie, le cœur, le cerveau, etc... Ces organes se groupent également entre eux pour former *des appareils* qui donnent naissance à *des fonctions* (groupement des poumons, du cœur, des artères et des veines pour former l'*appareil de la circulation*, groupement des lobes cérébraux, de la moelle, des nerfs sensitifs et des nerfs moteurs pour former l'*appareil de l'innervation*, etc.).

Eh bien ! d'après la méthode de la Science Occulte, l'analogie, les objets qui suivront *la même loi* dans l'Univers seront analogues aux organes et aux appareils dans l'Homme. La Nature nous montre des êtres, de formes et de constitution très variées (êtres minéraux, êtres végétaux, êtres animaux, etc.) se groupant pour former *des planètes*. Ces planètes se groupent entre elles pour former *des systèmes solaires*. *Le jeu des Planètes* et de leurs satellites donne naissance à *la Vie de l'Univers* comme *le jeu des organes* donne naissance à *la Vie de l'Homme*. L'organe et les Planètes sont donc deux êtres analogues, c'est-à-dire agissant d'après *la même loi;* cependant Dieu sait si le Cœur et le Soleil sont des formes différentes ! Ces exemples nous montrent l'application des données kabbalistiques à nos sciences exactes, ils font partie d'un travail d'ensemble en cours d'exécution depuis bientôt cinq ans et qui n'est pas près d'être terminé. Aussi bornons là ces développements sur l'analogie et revenons à la constitution Microcosme, maintenant que nous savons pourquoi l'Homme est appelé ainsi.

La Kabbale considère la Matière comme une adjonction créée postérieurement à tous les êtres, à cause de la chute adamique. Jacob-Boehm et Saint-Martin ont suffisamment développé cette idée parmi les philosophes contemporains pour qu'il soit inutile de s'y attarder trop longtemps. Cependant il fallait établir ce fait pour expliquer pourquoi dans la constitution de l'Homme aucun des trois principes énoncés ne représente *la matière* de notre corps.

L'Homme, d'après les Kabbalistes, est composé de trois éléments essentiels :

1° *Un élément inférieur*, qui n'est pas le corps matériel, puisque essentiellement la matière n'existait pas, mais qui est le principe déterminant la forme matérielle :

NEPHESCH

2° *Un élément supérieur*, étincelle divine, l'âme de tous les idéalistes, l'esprit des occultistes :

NESCHAMAH

Ces deux éléments sont entre eux comme l'huile et l'eau. Ils sont d'essence tellement différente qu'ils ne pourraient jamais entrer en rapports l'un avec l'autre, sans un *troisième terme*, participant de leurs deux natures et les unissant (1).

3e *Ce troisième elément*, médiateur entre les deux précédents, c'est la vie des savants, l'esprit des philosophes, l'âme des occultistes :

RUAH

Nephesch, Ruah et Neschamah sont les trois principes *essentiels*, les termes ultimes auxquels aboutit l'analyse, mais chacun de ces éléments est lui-même *composé de plusieurs parties*. Ils correspondent à peu près à ce que les savants modernes désignent par :

Le Corps, la Vie, la Volonté.

Ces trois éléments se synthétisent cependant dans *l'unité de l'être*, si bien qu'on peut représenter l'homme schématiquement par trois points (les trois éléments ci-dessus) enveloppés dans un cercle ainsi :

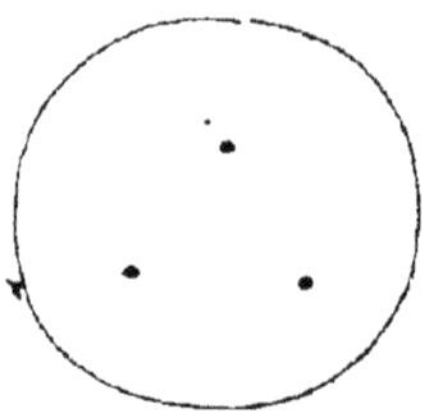

Maintenant que nous connaissons l'opinion des Kabbalistes sur la constitution de l'Homme, disons quelques mots de ce qu'ils pensent des deux points suivants : D'où vient-il ? Où va-t-il ?

M. Franck développe très bien ces deux points importants. L'Homme vient de Dieu et y retourne. Il nous faut donc considérer trois phases principales dans cette évolution :

1° Le point de Départ ;

2° Le point d'Arrivée ;

3° Ce qui se passe entre le Départ et l'Arrivée.

(1) Comme en chimie les carbonates alcalins unissent l'huile et l'eau par la saponification.

1° *Départ.* — La Kabbale enseigne toujours la doctrine de l'Emanation. L'Homme est donc *émané* primitivement de Dieu à l'état d'Esprit pur. A l'image de Dieu constitué en Force et Intelligence (Chocmah et Binah) c'est-à-dire en positif et négatif, il est constitué en mâle et femelle, Adam-Ève, formant à l'origine *un seul être.* Sous l'influence de la chute (1) deux phénomènes se produisent :

1° La division de l'être unique en une série d'êtres-androgynes Adams-Eves ;

2° La matérialisation et la subdivision de chacun de ces êtres androgynes en deux êtres matériels et de sexes séparés, un homme et une femme. C'est l'état terrestre.

Il faut cependant remarquer, ainsi que nous l'enseigne le Tarot, que chaque homme et chaque femme contiennent en eux une image de leur unité primitive. Le cerveau est Adam, le Cœur est Ève en chacun de nous.

2° *Transition du Départ à l'Arrivée.* — L'homme matérialisé et soumis a l'influence des passions doit *volontairement et librement* retrouver son état primitif ; il doit recréer son immortalité perdue. Pour cela il se *réincarnera* autant de fois qu'il le faudra jusqu'à ce qu'il ait su se racheter par la force universelle et toute-puissante entre toutes : l'Amour.

La Kabbale, à l'image des centres indous d'où nous vient le mouvement néo-bouddhiste, enseigne donc la *réincarnation* et par suite la *préexistence*, ainsi que le remarque M. Franck ; mais elle s'écarte totalement des conclusions théosophiques indoues sur le moyen du rachat, et nous ne pouvons ici que reproduire l'avis d'un des occultistes les plus instruits que possède la France, *F. Ch. Barlet* :

« S'il m'est permis de hasarder ici une opinion personnelle, je dirai que les doctrines hindoues me semblent plus vraies au point de vue *métaphysique*, abstrait, les doctrines chrétiennes au point de vue *moral*, sentimental, concret : le Christianisme, le Zohar, la Kabbale, dans leur admirable symbolisme, laissent plus d'incertitude, de vague dans l'intelligence philosophique (par exemple, quand ils représentent la *chute* comme source du *mal*, sans définir ni l'un ni l'autre, car cette définition donnerait un tout autre tour intellectuel à la question).

Mais ce Panthéisme indien, qu'il soit matérialiste comme dans l'école du Sud, ou idéaliste comme dans celle du Nord, arrive à

(1) Le cadre trop restreint de notre étude ne nous permet pas d'approfondir ces données métaphysiques et de les analyser scientifiquement. Voy. pour plus de détails, le *Caïn* de Fabre d'Olivet.

négliger, à méconnaître, à repousser même tout sentiment et spécialement l'*Amour* avec toute son immense portée mystique, occulte.

« L'un ne parle qu'à l'intelligence, l'autre ne parle qu'à l'âme.

« On ne peut donc posséder complètement la doctrine théosophique qu'en interprétant le symbolisme de l'un par la métaphysique de l'autre. Alors et alors seulement les deux pôles ainsi animés l'un par l'autre font resplendir, par les splendeurs du monde divin, l'incroyable richesse du langage symbolique, seul capable de rendre pour l'homme les palpitations de la Vie absolue ! »

3e *Arrivée*. — L'homme doit donc constituer d'abord son androgynat primitif pour réformer synthétiquement l'être premier provenant de la division du grand Adam-Ève.

Ces êtres androgynes reconstitués doivent, à leur tour, se synthétiser entre eux jusqu'à s'identifier à leur origine première : Dieu. La Kabbale enseigne donc, aussi bien que l'Inde, la théorie de l'involution et de l'évolution et le retour final au *Nirvâna*.

Malgré mon désir de ne pas allonger ce résumé par des citations, je ne puis résister ici au plaisir de citer d'après M. Franck (p. 189) un passage très explicatif :

« Parmi les différents degrés de l'existence (qu'on appelle aussi les sept tabernacles), il y en a un, désigné sous le titre de saint des saints, où toutes les âmes vont se réunir à l'âme suprême et se compléter les unes par les autres. Là tout rentre dans l'unité et dans la perfection, tout se confond dans une seule pensée qui s'étend sur l'univers et le remplit entièrement ; mais le fond de cette pensée, la lumière qui se cache en elle ne peut jamais être ni saisie, ni connue, on ne saisit que la pensée qui en émane. Enfin, dans cet état, la créature ne peut plus se distinguer du créateur ; la même pensée les éclaire, la même volonté les anime ; l'âme aussi bien que Dieu commande à l'Univers, et ce qu'elle ordonne, Dieu l'exécute. »

En résumé, toutes ces données métaphysiques sur la chute et la réhabilitation se réduisent exactement à des lois que nous voyons chaque jour en action expérimentalement, lois qui peuvent s'énoncer à trois termes :

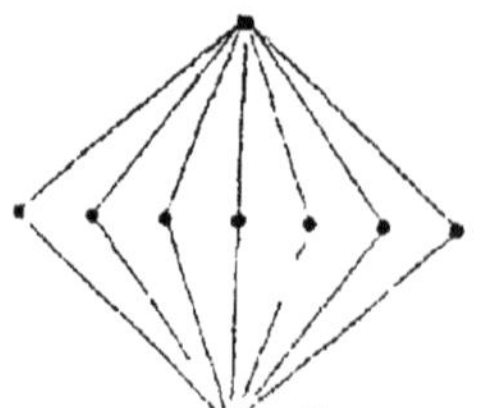

I Unité.
II. Départde l'Unité : Multiplicité.
III. Retour à l'Unité.

Edgar Poë dans son *Eureka* a fait une application de ces lois à l'Astronomie. Si nous avions la place nécessaire, nous pourrions les appliquer aussi bien à la Physique et à la Chimie expérimentale, mais notre étude est déjà fort longue, et il est grand temps d'en venir à l'opinion des Kabbalistes sur l'Univers.

2° *Enseignements de la Kabbale sur l'Univers.*

Nous avons vu que les Planètes formaient les organes de l'Univers et que de leur jeu résultait la vie de cet Univers.

Chez l'homme la vie s'entretient par le courant sanguin qui baigne tous les organes, répare leur perte et entraîne les éléments inutiles.

Dans l'Univers la vie s'entretient par les courants de lumière qui baignent toutes les planètes et y répandent à flots les principes de génération.

Mais, dans l'homme, chacun des globules sanguins, récepteur et transmetteur de la vie, est un être véritable, constitué *à l'image* de l'homme lui-même. Le courant vital humain contient donc des êtres en nombre infini.

Il en est de même des courants de lumière et telle est l'origine *des anges, des forces personnifiées* de la Kabbale et aussi de toute une partie de la tradition que M. Franck n'a pas abordée dans son livre : *la Kabbale pratique.*

La *Kabbale pratique* comprend l'étude de ces êtres invisibles, récepteurs et transmetteurs de la Vie de l'Univers, contenus dans les courants de lumière. Les Kabbalistes s'efforcent d'agir sur ces êtres et de connaître leurs pouvoirs respectifs ; de là toutes les données d'Astrologie, de Démonologie, de Magie contenues dans la Kabbale.

Mais dans l'Homme la force vitale transmise par le sang et ses canaux n'est pas la seule qui existe. Au-dessus de cette force et la dirigeant dans sa marche, il en existe une autre : c'est la force nerveuse.

Le fluide nerveux, qu'il agisse à l'insu de la conscience de l'individu dans le système de la Vie Organique (Grand-Sympathique, Corps Astral des Occultistes) ou qu'il agisse consciemment par la Volonté (cerveaux et nerfs rachidiens), domine toujours les phénomènes vitaux.

Ce fluide nerveux n'est pas porté, comme la Vie, par des êtres particuliers (globules sanguins). Il part d'un être situé dans une retraite mystérieuse (la cellule nerveuse) et aboutit à un centre de réception. Entre celui qui ordonne et celui qui reçoit il n'y a rien qu'un canal conducteur.

Dans l'Univers il en est de même d'après la Kabbale. Au-dessus ou plutôt au dedans de ces courants de lumière, il existe un fluide mystérieux indépendant des êtres créateurs de la Nature comme la force nerveuse est indépendante des globules sanguins. Ce fluide est directement émané de Dieu, bien plus, il est le corps même de Dieu. C'est l'*esprit de l'Univers.*

L'Univers nous apparaît donc constitué comme l'Homme :

1° D'*un Corps.* Les Astres et ce qu'ils contiennent ;

2° D'*une Vie.* Les courants de lumière baignant les astres et contenant les *Forces actives* de la Nature, les Anges ;

3° D'*une Volonté* directrice se transmettant partout au moyen du fluide invisible aux sens matériels, appelé par les Occultistes : Magnétisme Universel, et par les Kabbalistes *Aour* אור ; c'est l'*Or* des Alchimistes, la cause de l'Attraction universelle ou *Amour des Astres.*

Disons de plus que l'Univers, comme l'Homme, est soumis à une involution et à une évolution periodiques et qu'il doit finalement être réintégré dans son origine : Dieu, comme l'Homme.

Pour terminer ce résumé sur l'Univers, montrons comment *Barlet* arrive par d'autres voies aux conclusions de la Kabbale à ce sujet :

Nos sciences positives donnent pour dernière formule du monde sensible :

Pas de matière sans force ; *pas de force sans matière.*

Formule incontestable, mais incomplète, si l'on n'y ajoute le commentaire suivant :

1° La combinaison de ce que nous nommons *Force* et *Matière* se présente en toutes proportions depuis ce que l'on pourrait appeler la *Force* matérialisée (la roche, le minéral, le corps chimique simple) jusqu'à la *Matière subtilisée* ou *Matière Force* (le grain de pollen, le spermatozoïde, l'atome électrique) ; la *Matière* et la *Force* bien que nous ne puissions les isoler, s'offrent donc comme les limites mathématiques extrêmes et opposées (ou de signes contraires) d'une série dont nous ne voyons que quelques termes moyens ; limites abstraites, mais indubitables ;

2° Les termes de cette série, c'est-à-dire les individus de la nature, ne sont jamais stables ; la *Force,* dont la mobilité infinie est le caractère, entraîne comme à travers un courant continuel d'un pôle à l'autre la matière essentiellement inerte qui s'accuse par un contre-courant de retour. C'est ainsi, par exemple, qu'un atome de phosphore emprunté par le végétal aux phosphates minéraux deviendra l'élément d'une cellule cérébrale humaine (matière subtilisée) pour retomber par désintégration dans le règne minéral inerte.

3° Le mouvement, résultat de cet équilibre instable, n'est pas désordonné ; il offre une série d'harmonies enchaînées que nous appelons *Lois* et qui se synthétisent à nos yeux dans la loi suprême de l'*Evolution.*

La conclusion s'impose : Cette synthèse harmonieuse de phénomènes est la manifestation évidente de ce que nous nommons *une Volonté.*

Donc, d'après la science positive, le monde sensible est l'expression d'une volonté qui se manifeste par l'équilibre instable, mais progressif de la Force et de la Matière :

Il se traduit par ce quaternaire :

I. Volonté (source simple)
III. Force (Eléments de la Volonté polarisés) —
II. Matière. — IV. Le Monde Sensible
(Résultat de leur équilibre instable, dynamique) (1).

3° *Enseignement de la Kabbale sur Dieu.*

L'Homme est fait à l'image de l'Univers, mais l'Homme et l'Univers sont faits à l'image de Dieu.

Dieu en lui-même est inconnaissable pour l'Homme, c'est ce que proclament aussi bien les Kabbalistes par leurs *Ain-Soph* que les Indous par leur *Parabrahm.* Mais il est susceptible d'être compris dans ses manifestations.

La première manifestation Divine, celle par laquelle Dieu créant le principe de la Réalité crée par là même éternellement sa propre immortalité : c'est la Trinité (2).

Cette Trinité première, prototype de toutes les lois naturelles, formule scientifique absolue autant que principe religieux fondamental, se retrouve chez tous les peuples et dans tous les cultes plus ou moins altérée.

Que ce soit *le Soleil, la Lune et la Terre* ; *Brahma, Vichnou, Siva* ; *Osiris-Isis, Horus* ou *Osiris, Ammon, Phta* ; *Jupiter, Junon, Vulcain* ;

(1) F.-Ch. Barlet, *Initiation.*
(2) Voy. Wronski, *Apodictique Messianique;* ou Papus, *le Tarot* où le passage de Wronski est cité *in extenso.*

le Père, le Fils, le Saint-Esprit; toujours elle apparaît identiquement constituée.

La Kabbale la désigne par les trois noms suivants :

CHOCMAH, BINAH,

KETHER,

Ces trois noms forment la première trinité des Dix *Sephiroth* ou Numérations.

Ces dix Sephiroth expriment les attributs de Dieu. Nous allons voir leur constitution.

Si nous nous rappelons que l'Univers et l'Homme sont chacun composés essentiellement d'un Corps, d'une Ame ou Médiateur et d'un Esprit, nous serons amenés à rechercher la source de ces principes en Dieu même.

Or les trois éléments ci-dessus énoncés : *Kether, Chocmah* et *Binah* représentent bien Dieu ; mais comme la conscience représente à elle seule l'homme tout entier, en un mot ces trois principes constituent l'analyse de l'*esprit de Dieu*.

Quelle est donc la *Vie de Dieu ?*

La Vie de Dieu c'est le ternaire que nous avons étudié tout d'abord, le ternaire constituant l'Humanité, dans ses deux pôles, Adam et Eve.

Enfin le *Corps de Dieu* est constitué par cet Univers dans sa triple manifestation.

En somme, si nous réunissons tous ces éléments, nous obtiendrons la définition suivante de Dieu :

Dieu est *inconnaissable dans son essence*, mais il est *connaissable dans ses manifestations*.

L'Univers constitue SON CORPS, *Adam-Ève* constitue SON AME, et *Dieu lui-même* dans sa double polarisation constitue SON ESPRIT, ceci est indiqué par la figure suivante :

	—	∞	+	
Esprit de Dieu	*Binah*	KETHER	*Chocmah*	Monde Divin *Le Père,* BRAHMA
Ame de Dieu	*Eve*	ADAM – EVE *Humanité*	*Adam*	Monde Humain *Le Fils,* VICHNOU
Corps de Dieu	*La Nature Naturée*	L'UNIVERS (1)	*La Nature Naturante*	Monde Naturel *Le St-Esprit,* SIVA

Ces trois ternaires, tonalisés dans l'Unité, forment *les Dix Sephiroth.*

Ou plutôt ils sont l'image des Dix Sephiroth *qui représentent le développement des trois principes premiers de la Divinité dans tous ses attributs.*

Ainsi Dieu, l'Homme et l'Univers sont bien constitués en dernière analyse par *trois termes* ; mais dans le développement de tous leurs attributs ils sont composés chacun de *Dix termes* ou d'*Un ternaire* ayant acquis son développement dans le *Septénaire* (3 + 7 = 10).

Les Dix Sephiroth de la Kabbale peuvent donc être prises dans plusieurs acceptions :

1° Elles peuvent être considérées comme représentant Dieu, l'Homme et l'Univers, c'est-à-dire l'Esprit, l'Ame et le Corps de Dieu ;

2° Elles peuvent être considérées comme exprimant le développement de l'un quelconque de ces trois grands principes.

C'est de la confusion entre ces diverses acceptions que naissent les obscurités apparentes et les prétendues contradictions des Kabbalistes au sujet des Sephiroth. Un peu d'attention suffit pour discerner la vérité de l'erreur.

(1) Cette figure est tirée du *Tarot des Bohémiens*, par PAPUS, où l'on trouvera des explications complémentaires.

On trouvera des détails nombreux sur ces Sephiroth dans le livre de M. Franck (chap. III), mais surtout dans le remarquable travail kabbalistique publié par *Stanislas de Guaita* dans le n° 6 de l'*Initiation* (p. 210-217). Le manque de place nous oblige à renvoyer le lecteur à ces sources importantes.

Il ne faudrait pas croire cependant que cette conception d'un ternaire se développant dans un septénaire fût particulière à la Kabbale. Nous retrouvons la même idée dans l'Inde dès la plus haute antiquité, ce qui est une preuve importante de l'ancienneté de la tradition kabbalistique.

*
* *

Pour étudier ces *Sephiroth indous*, il ne faut pas s'en tenir uniquement aux enseignements transmis dans ces dernières années par la *Société Théosophique*. Ces enseignements manquent en effet presque toujours de méthode et, s'ils sont lumineux sur certains points de détail, ils sont en échange fort obscurs dès qu'il s'agit de présenter une synthèse bien assise dans toutes ses parties. Les auteurs qui ont essayé d'introduire de la méthode dans la doctrine théosophique, *Soubba-Rao*, *Sinnet* et le *Dr Harttmann*, n'ont pu aborder que des questions fort générales, quoique très intéressantes, et leurs œuvres, pas plus que celles de *Mme H.P. Blavatsky*, ne fournissent des éléments suffisants pour établir les rapports entre les Sephiroth de la Kabbale et les doctrines indoues.

Le meilleur travail, à notre avis, sur la Théogonie occulte de l'Inde a été fait en Allemagne vers 1840 (1) par le *Dr Jean Malfatti de Montereggio*. Cet auteur est parvenu à retrouver l'Organon mystique des anciens Indiens, et par là-même à tenir la clef du Pythagorisme et de la Kabbale elle-même. Il arrive ainsi à reconstituer une *synthèse véritable*, alliance de la Science et de la Foi, qu'il désigne sous le nom de MATHÈSE.

Or voici, d'après cet auteur, la constitution de la décade divine (p. 18) :

« Le premier acte (encore en soi) de révélation de Brahm fut celui de la *Trimurti*, trinité métaphysique des forces divines (procédant à l'acte créateur) de la création, de la conservation, et de la destruction (du changement) qui sous le nom de Brahma, Wishnou et Schiwa ont été personnifiées et regardées comme étant dans un

(1) La date de cet ouvrage indique l'orthographe des noms indous employés par l'auteur. Cette orthographe s'est modifiée aujourd'hui.

accouplement intérieur mystique (*e circulo triadicus Deus egreditur*).

« Cette première Trimurti divine passe alors dans une révélation extérieure, et dans celle des sept puissances précréatrices, ou dans celle du premier développement métaphysique septuple personnifié par les allégorie de *Maïa*, *Oum*, *Haranguerbehah*, *Porsh*, *Pradiapat*, *Prakrat* et *Pran*. »

Chacun de ces dix principes est analysé dans ses acceptions et dans ses rapports avec les nombres pythagoriciens. De plus, l'auteur examine et analyse dix statues symboliques indiennes qui représentent chacune un de ces principes. L'antiquité de ces symboles prouve assez l'antiquité de la tradition elle-même.

Nous ne pouvons que résumer pour aujourd'hui les rapports des Sephiroth indous et kabbalistiques avec les nombres. Peut-être ferons-nous bientôt une étude spéciale sur un sujet si important.

Un rapprochement bien intéressant peut encore être fait entre la trinité alphabétique du Sepher Jesirah EMeS אמש et la trinité alphabétique indoue AUM. Mais ces sujets demandent un trop grand développement pour être traités dans ce résumé.

SEPHIROTH KABBALISTIQUES	NOMBRES	SEPHIROTH INDOUS
Kether.	1	Brahma.
Chocmah	2	Vichnou.
Binah	3	Siva.
Chesed	4	Maia.
Geburah	5	Oum.
Tiphereth.	6	Haranguerbehah.
Hod.	7	Porsch.
Netzah	8	Pradiapat.
Iesod	9	Prakrat.
Malchut	10	Pran.

Une dernière considération qu'on peut faire est tirée de cette définition de Dieu donnée ci-dessus, définition corroborée par les enseignements du Tarot qui représente la Kabbale égyptienne.

La philosophie matérialiste étudie le *corps de Dieu* ou l'Univers et adore à son insu la manifestation inférieure de la divinité dans le Cosmos : le Destin.

C'est en effet *au Hasard* que le matérialisme attribue le groupement primitif des atomes, proclamant ainsi, quoique athée, un principe créateur.

La philosophie panthéiste étudie *la vie de Dieu* ou cet être collectif appelé par la Kabbale Adam-Eve (1) (יהוה). C'est l'humanité qui s'adore elle-même dans un de ses membres constituants.

Les Théistes et les Religions étudient surtout l'*Esprit de Dieu*. De là, leurs discussions subtiles sur les trois personnes et leurs manifestations.

Mais la Kabbale est au-dessus de chacune de ces croyances philosophiques ou religieuses. Elle synthétise le Matérialisme, le Panthéisme et le Théisme dans un même total dont elle analyse les parties sans cependant pouvoir définir cet ensemble autrement que par la formule mystérieuse de Wronski :

X.

III

INFLUENCE DE LA KABBALE SUR LA PHILOSOPHIE

Cette partie du livre de M. Franck est forcément très remarquable. La profonde érudition de l'auteur ne pouvait manquer de lui fournir de précieuses sources et des rapprochements instructifs et nombreux au sujet de l'influence de la Kabbale dans les systèmes philosophiques postérieurs.

La doctrine de Platon est d'abord envisagée à ce point de vue. Après quelques points de contact, M. Franck conclut à l'impossibilité de la création de la Kabbale par des disciples de Platon. Mais le contraire ne serait-il pas possible ?

Si, ainsi que nous l'avons dit à propos de l'antiquité de la tradition, la Kabbale n'est que la traduction hébraïque de ces vérités traditionnelles enseignées dans tous les temples et surtout en Egypte, qu'y a-t-il d'impossible à ce que Platon ne se soit fortement inspiré non pas de la Kabbale elle-même, telle que nous la connaissons aujourd'hui, mais de cette philosophie primordiale origine de la Kabbale ?

Qu'allaient donc faire tous ces philosophes grecs en Egypte et qu'apprenaient-ils dans l'Initiation aux mystères d'Isis ? C'est là un point que la critique universitaire devrait bien éclaircir.

Imbu de son idée de l'origine de la Kabbale au commencement

(1) Voy. à ce sujet le travail de Stanislas de Guaita dans le *Lotus* et Louis Lucas, *Chimie nouvelle*, introduction.

de l'ère chrétienne, M. Franck compare avec la tradition *la philosophie néo-platonicienne d'Alexandrie,* et conclut que ces doctrines sont sœurs et émanées d'une même origine.

L'étude *de la doctrine de Philon*, dans ses rapports avec la Kabbale, ne montre pas non plus l'origine de la tradition (chap. III).

Le Gnosticisme, analysé dans le chapitre suivant, présente de remarquables similitudes avec la Kabbale, mais n'en peut être non plus l'origine.

C'est *la religion des Perses* qui est pour M. Franck le *rara avis* tant cherché, le point de départ de la doctrine kabbalistique.

Or, il suffit de parcourir le chapitre IX d'un livre trop peu connu de nos savants : *la Mission des Juifs* de Saint-Yves d'Alveydre pour y trouver résumée au mieux l'application de la tradition ésotérique aux divers cultes antiques, y compris celui de Zoroastre. Mais ce sont là des points d'histoire qui ne seront universitairement connus que dans quelque vingt ans ; aussi attendons-nous avec patience cette époque.

Nous avons dit déjà l'opinion des occultistes contemporains sur l'origine de la Kabbale. Inutile donc d'y revenir.

Rappelons seulement l'influence de la tradition ésotérique sur Orphée, Pythagore, Platon, Aristote et toute la philosophie grecque d'une part, sur Moïse, Ezéchiel et les prophètes hébreux de l'autre, sans compter l'école d'Alexandrie, les sectes gnostiques et le christianisme ésotérique dévoilé dans *l'Apocalypse* de saint Jean ; rappelons tout cela, et disons rapidement quelques mots de l'influence qu'a pu exercer la tradition sur la philosophie moderne.

Les Alchimistes, les Rose-Croix et *les Templiers* sont trop connus comme kabbalistes pour en parler autrement. Il suffit à ce propos de signaler la grande réforme philosophique produite par *l'Ars Magna* de *Raymond Lulle.*

Spinosa a beaucoup étudié la Kabbale, et son système se ressent au plus haut point de cette étude, ainsi que du reste l'a fort bien vu M. Franck.

Un point d'histoire moins connu, c'est que *Leibnitz* a été initié aux traditions ésotériques par Mercure Van Helmont, le fils du célèbre occultiste, savant remarquable lui-même. L'auteur de la Monadologie a été aussi en rapports très suivis avec les Rose-Croix.

La philosophie allemande touche du reste par bien des points à la Science Occulte, c'est un fait connu de tous les critiques.

Signalons en dernier lieu la *Franç-Maçonnerie* qui possède encore de nombreuses données kabbalistiques.

*
* *

CONCLUSION

Nous avons voulu, tout en analysant l'œuvre remarquable et désormais indispensable de M. Franck, résumer chemin faisant l'opinion des Kabbalistes contemporains sur cette importante question.

Nous ne différons d'opinion avec M. Franck que sur l'origine de cette tradition. Les savants contemporains ont une tendance à placer au second siècle de notre être le point de départ de la Science Occulte dans toutes ses branches. C'est l'avis de notre auteur au sujet de la Kabbale, c'est aussi l'avis d'un autre savant éminent, *M. Berthelot*, au sujet de l'alchimie (1). Ces opinions viennent de la difficulté qu'éprouvent les critiques autorisés à consulter les sources véritables de l'Occultisme. Un symbole n'est pas considéré comme une preuve de la valeur d'un manuscrit ; mais prenons patience et l'une des plus intéressantes branches de la Science, l'Archéologie, fournira bientôt de précieuses indications dans cette voie aux chercheurs sérieux.

Quoi qu'on en dise, l'Occultisme a bien besoin d'être un peu étudié par nos savants ; ceux-ci apportent dans cette étude leurs préjugés, leurs convictions toutes faites ; mais ils apportent aussi des qualités bien rares et bien précieuses : leur érudition et leur amour de la méthode.

Il est désolant pour les chercheurs consciencieux de constater l'ignorance étrange que beaucoup de partisans de la Science Occulte ont de nos sciences exactes. Il faut cependant mettre hors de cause à ce sujet les Kabbalistes contemporains comme Stanislas de Guaita, Joséphin Péladan, Albert Jhouney. La Science Occulte ne forme que le degré synthétique, métaphysique de notre science positive et ne peut vivre sans son appui.

La réédition du livre de M. Franck constitue donc un véritable événement pour la révélation des doctrines qui nous sont chères à tous, et nous ne pouvons que remercier bien vivement l'auteur du courage et de la patience qu'il a déployés dans l'étude de si arides sujets, tout en conseillant fortement à tous nos lecteurs de réserver une place dans leur bibliothèque à *la Kabbale* d'Ad. Franck, qui est un des livres fondamentaux de la Science Occulte.

(1) BERTHELOT, *Des Origines de l'Alchimie*, 1886, in-8°.

LETTRE DE M. AD. FRANCK, DE L'INSTITUT

A Monsieur Papus, directeur de l'*Initiation*.

« Monsieur,

» Je vous suis très reconnaissant de la manière dont vous avez rendu compte de mon vieux livre de la *Kabbale*. J'ai été d'autant plus susceptible à vos éloges qu'ils attestent une connaissance approfondie et un grand amour du sujet.

» Mais ce qui m'a charmé dans votre article, ce n'est pas seulement la part personnelle que vous m'y faites, c'est la manière dont vous rattachez mon modeste volume à toute une science fondée sur le symbolisme et la méthode ésotérique. Je n'ai pu, en vous lisant, m'empêcher de penser à Louis XIV, conservant à Versailles le modeste rendez-vous de chasse de son père en l'encadrant dans un immense palais.

» Bien que mon esprit, que vous qualifiez d'universitaire, mais qui veut simplement rester fidèle aux règles de la critique, se refuse à vous suivre dans vos magnifiques développements, je vois avec plaisir qu'en face du positivisme et de l'évolutionisme de notre temps, il se forme, il s'est déjà formé une vaste gnose qui réunit dans son sein, avec les données de l'ésotérisme juif et chrétien, le bouddhisme, la philosophie d'Alexandrie et le panthéisme métaphysique de plusieurs écoles modernes.

» Ce réactif est nécessaire contre les déchéances et les dessèchements dont nous sommes les victimes et les témoins. La *Mission des Juifs*, que vous citez souvent dans votre *Revue*, est un des grands facteurs de ce mouvement.

» Je vous recommanderai seulement, dans ma vieille expérience, de ne pas aller trop loin. Les symboles et les traditions ne doivent pas être négligés comme ils le sont généralement par les philosophes ; mais le génie, la vie spontanée de la conscience et de la raison doivent aussi être comptés pour quelque chose, sans cela l'histoire de l'humanité n'est rien qu'une table d'enregistrement.

» Veuillez agréer, monsieur, l'assurance de mes sentiments les plus distingués.

« AD. FRANCK. »

∴

Nous venons d'exposer la doctrine kabbalistique sans entrer dans aucun détail.

Aussi donnons-nous *in extenso* l'étude suivante pour montrer qu'il existe encore en plein XIXe siècle d'éminents kabbalistes et que leurs travaux résument au mieux les données de la tradition ésotérique.

CHAPITRE VI

COMMUNICATION FAITE A LA SOCIÉTÉ PSYCHOLOGIQUE DE MUNICH A LA SÉANCE DU 5 MARS 1887, PAR C. DE LEININGEN

L'AME D'APRÈS LA QABALAH

(Voy. la Fig. p. 131)

1. — *L'âme pendant la vie*

Parmi toutes les questions dont s'occupe la philosophie en tant que science exacte, celle de notre propre essence, de l'immortalité et de la spiritualité de notre Moi interne, n'a jamais cessé de préoccuper l'humanité. Partout et en tout temps les systèmes et les doctrines sur ce sujet se sont succédé rapidement, variés et contradictoires, et le mot « Ame » a servi à désigner les formes d'existences ou les nuances d'êtres les plus variées. De toutes ces doctrines antagonistes, c'est, sans contredit, la plus ancienne — la philosophie transcendante des Juifs — la Qabalah (1) qui est aussi la plus rapprochée peut-être de la vérité. Transmise oralement — comme son nom l'indique — elle remonte jusqu'au berceau de l'espèce humaine, et, ainsi, elle est encore peut-être en partie le produit de cette intelligence non encore troublée, de cet esprit pénétrant pour la vérité que, selon l'antique tradition, l'homme possédait dans son état originaire.

Si nous admettons la nature humaine comme un tout complexe,

(1) Nous avons adopté cette orthographe comme la seule solution authentique de tous les doutes entre les formes vraiment fantaisistes proposées jusqu'ici pour ce mot, telles que *Cabbala*, *Cabala*, *Kabbala*, *Kabbalah*, etc... C'est un mot hébreu qui se compose des consonnes *q*, *b*, *l* et *h*. Or, la lettre qui dans les noms grecs correspond au *k* et dans les noms latins au *c*, paraît être véritablement dans ce mot hébreu la lettre *q*. Cette orthographe vient aussi d'être introduite récemment dans la littérature anglaise par *Mathers* dans sa *Kabbala denudata* parue il y a peu de temps chez George Redway, à Londres.

nous y trouvons, d'après la Qabalah, trois parties bien distinctes : le corps, l'âme et l'esprit. Elles se différencient entre elles comme le concret, le particulier et le général, de sorte que l'une est le reflet de l'autre, et que chacune d'elles offre aussi en soi-même cette triple distinction. Ensuite, une nouvelle analyse de ces trois parties fondamentales y distingue d'autres nuances qui s'élèvent successivement les unes sur les autres depuis les parties les plus profondes, les plus concrètes, les plus matérielles, le corps externe, jusqu'aux plus élevées, aux plus générales, aux plus spirituelles.

La première partie fondamentale, le corps, avec le principe vital, qui comprend les trois premières subdivisions, porte dans la Qabalah le nom de *Nephesch ;* la seconde, l'âme, siège de la volonté, qui constitue proprement la personnalité humaine, et renferme les trois subdivisions suivantes, se nomme *Ruach ;* la troisième, l'esprit avec ses trois puissances, reçoit dans la Qabalah le nom de *Neschamah.*

Ainsi que nous l'avons déjà remarqué, ces trois parties fondamentales de l'homme ne sont pas complètement distinctes et séparées, il faut au contraire se les représenter comme passant l'une dans l'autre peu à peu ainsi que les couleurs du spectre qui, bien que successives, ne peuvent se distinguer complètement étant comme fondues l'une dans l'autre. Depuis le corps, c'est-à-dire la puissance la plus infime de Nephesch, en montant à travers l'âme, — Ruach —jusqu'au plus haut degré de l'esprit — Neschamah — on trouve toutes les gradations, comme on passe de l'ombre à la lumière par la pénombre ; et réciproquement, depuis les parties les plus élevées de l'esprit jusqu'à celles physiques les plus matérielles, on parcourt toutes les nuances de radiation, comme on passe de la lumière à l'obscurité par le crépuscule. — Et, par-dessus tout, grâce à cette union intérieure, à cette fusion des parties l'une dans l'autre, le nombre Neuf se perd dans l'Unité pour produire l'homme, esprit corporel, qui unit en soi les deux mondes.

Si nous essayons maintenant de représenter cette doctrine par un schéma, nous obtenons la figure ci-jointe (Voir p. 131) :

Le cercle *a*, *a*, *a*, désigne Nephesch, et 1, 2, 3 sont ses subdivisions ; parmi celles-ci, 1, correspond au corps, comme à la partie la plus basse, la plus matérielle chez l'homme. — *b*, *b*, *b*, c'est Ruach (l'âme) et 4, 5, 6 sont ses puissances. — Enfin *c*, *c*, *c*, c'est Neschamah (l'esprit) avec les degrés de son essence, 7, 8, 9. Quant au cercle extérieur 10, il représente l'ensemble de l'être humain vivant.

Considérons maintenant de plus près ces différentes parties fondamentales, en commençant par celle du degré inférieur, NEPHESCH. C'est le principe de la vie, ou forme d'existence concrète, il constitue la partie externe de l'homme vivant ; ce qui y domine principalement c'est la sensibilité passive pour le monde extérieur ; par contre, l'activité idéale s'y trouve le moins. — Nephesch est directement en relation avec les êtres concrets qui lui sont extérieurs, et ce n'est que par leur influence qu'il produit une manifestation vitale. Mais en même temps, il travaille aussi au monde extérieur, grâce à sa puissance créatrice propre, faisant ressortir de son existence concrète, de nouvelles forces vitales, rendant ainsi sans cesse ce qu'il reçoit. — Ce degré concret constitue un tout parfait, complet en soi-même et dans lequel l'être humain trouve sa représentation extérieure exacte. — Regardée comme un tout parfait, en elle-même, cette vie concrète comprend également trois degrés, qui sont entre eux comme le concret, le particulier et le général ou comme la matière effectuée, la force effectuante et le principe, et qui en même temps sont les organes dans et par lesquels l'interne, le spirituel opère et se manifeste extérieurement. Ces trois degrés sont donc de plus en plus élevés et intérieurs, et chacun d'eux renferme en soi des nuances différentes. Les trois puissances de Nephesch en question sont disposées et agissent absolument de la façon qui va être exposée tout à l'heure pour les trois subdivisions de Ruach.

Ce second élément de l'être humain RUACH (l'âme) n'est pas aussi sensible que Nephesch aux influences du monde extérieur ; la passivité et l'activité s'y trouvent en proportions égales ; il consiste plutôt en un être interne, idéal, dans lequel tout ce que la vie corporelle concrète manifeste extérieurement comme quantitatif et matériel, se retrouve intérieurement à l'état virtuel. Ce second élément humain flotte donc entre l'activité et la passivité, ou l'intériorité et l'extériorité ; dans sa multiplicité objective, il n'apparaît clairement ni comme quelque chose de réel, passif et extérieur, ni comme quelque chose d'intérieur intellectuel et actif ; mais comme quelque chose de changeant, qui du dedans au dehors se manifeste comme actif bien que passif : ou comme donnant, bien que de nature réceptive. Ainsi l'intuition et la conception ne coïncident pas exactement dans l'âme, bien qu'elles n'y soient pas assez nettement séparées pour ne pas se fondre aisément l'une dans l'autre.

Le mode d'existence de chaque être dépend exclusivement du degré plus ou moins élevé de sa cohésion avec la nature, et de l'activité ou de la passivité plus ou moins grande qui en est la conséquence ; l'aperception de l'être est en proportion de son activité. Plus un être est actif, plus il est élevé, et plus il lui est possible d'examiner dans les profondeurs intimes de l'être.

Ce Ruach, composé des forces qui sont à la base de l'être matériel objectif, jouit encore de la propriété de se distinguer de toutes les autres parties comme un individu spécial, de disposer de soi-même et de se manifester au dehors par une action libre et volontaire. Cette « âme » qui représente également le trône et l'organe de l'esprit est encore l'image de l'homme entier, comme nous l'avons dit ; de même que Nephesch, elle se compose de trois degrés dynamiques qui sont, l'un par rapport à l'autre, comme le Concret, le Particulier et le Général, ou comme la matière actionnée, la force agissante et le principe : de sorte qu'une affinité existe non seulement entre le concret dans Ruach qui est son degré le plus bas et le plus extérieur (le cercle 4 du schéma), et le général dans Nephesch, qui forme sa plus haute sphère (cercle 3), mais aussi entre le général dans Ruach (cercle 6) et le concret dans l'esprit (cercle 7).

En même temps que Ruach, ainsi que Nephesch, renferme trois degrés dynamiques, ceux-ci ont leurs trois correspondants dans le monde extérieur, comme il apparaîtra plus clairement par la comparaison du Macrocosme et du Microcosme. Chaque forme d'existence particulière dans l'homme vit de sa vie propre dans la sphère du monde qui lui correspond, avec laquelle elle est en rapport d'échanges continuels, donnant et recevant, au moyen de ses sens et de ses organes internes spéciaux.

En outre, ce Ruach, en raison de sa partie concrète, a besoin de communiquer avec le concret qui est au-dessous de lui, de même que sa partie générale lui donne une tendance vers les parties générales qui lui sont supérieures. Nephesch ne pourrait pas se relier à Ruach s'il n'y avait pas ainsi quelque affinité entre eux, non plus que Ruach ne se relierait à Nephesch et à Neshamah s'il n'y avait pas entre eux quelque parenté.

Ainsi l'âme puise d'une part dans le concret qui la précède la plénitude de sa propre réalité objective, et d'autre part dans le général qui la domine l'intériorité pure, l'Idéalité qui se constitue elle-même dans son activité indépendante. Ruach est donc le lien entre le Général ou Spirituel, et le Concret ou Matériel, unissant en l'homme le monde interne intelligible avec le monde externe réel ; c'est à la fois le support et le siège de la personnalité humaine.

L'âme se trouve de cette façon en un double rapport avec ses trois objets, savoir : 1° avec le concret qui est au-dessous d'elle ; 2° avec le particulier qui répond à sa nature et est en dehors d'elle ; 3° avec le général qui est au-dessus d'elle. Il se fait en elle, en deux sens contraires, une circulation de trois courants entremêlés, car : 1° elle est excitée par Nephesch qui est au-dessous d'elle et à son tour elle agit sur lui en l'inspirant ; 2° elle se comporte de même activement et passivement avec l'extérieur correspondant à sa nature, c'est-à-dire le Particulier ; 3° et cette influence qu'elle transforme dans son sein après l'avoir reçue ou d'en bas ou du dehors, elle lui donne la puissance de s'élever assez pour aller stimuler Neschamah dans les régions supérieures. Par cette opération active, les facultés supérieures excitées produisent une influence vitale plus élevée, plus spirituelle, que l'âme, reprenant son rôle passif, reçoit pour la transmettre au dehors ou au-dessous d'elle.

Ainsi, bien que Ruach ait une forme d'existence particulière, soit un être d'une consistance propre, il n'en est pas moins vrai que la première impulsion de son activité vitale lui vient de l'excitation du corps concret qui lui est inférieur. Et de même que le corps, par un échange d'actions et de réactions avec l'âme, est, grâce à son impressionnabilité, pénétré par elle, tandis qu'elle-même devient comme participante du corps ; de même, l'âme, par son union avec l'Esprit, en est remplie et inspirée.

La troisième partie fondamentale de l'être humain, NESCHAMAH, peut être désignée par le mot Esprit, dans le sens où il est employé dans le Nouveau Testament. En elle, la sensibilité passive envers la nature du dehors ne se retrouve plus ; l'activité domine la réceptivité. L'esprit vit de sa vie propre, et seulement pour le Général ou pour le monde spirituel avec lequel il se trouve en rapport constant. Cependant, comme Ruach, Neschamah n'a pas seulement besoin, en raison de sa nature idéale, du Général absolu ou Infini divin ; il lui faut aussi, à cause de sa nature réelle, quelque relation avec le particulier et le concret qui sont au-dessous de lui, et il se sent attiré vers les deux.

L'Esprit aussi est en un double rapport avec son triple objet ; vers le bas, vers l'extérieur et vers le haut, il se fait donc encore en lui, en deux sens contraires, un triple courant entrelacé tout à fait semblable à celui décrit plus haut pour Ruach. — Neschamah est un être purement intérieur, mais aussi passif et actif à la fois, dont Nephesch, avec son principe vital et son corps, Ruach avec ses forces, représentent une image extérieure. Ce qu'il y a de quantitatif dans Nephesch et de qualitatif dans Ruach, vient de l'esprit — Neschamah — purement intérieur et idéal.

Maintenant de même que Nephesch et Ruach renferment trois degrés différents d'existence, ou potentialité de spiritualisation, de sorte que chacun est une image plus petite de l'être humain entier (voir le schéma), de même la Qabalah distingue encore trois degrés dans Neschamah.

C'est particulièrement à cet élément supérieur que s'applique ce qui a été dit au début, que les différentes formes d'existence de la constitution humaine ne sont pas des êtres distincts, isolés, séparés, mais qu'ils sont, au contraire, entremêlés les uns dans les autres ; car ici tout se spiritualise de plus en plus, tend de plus en plus vers l'unité.

Des trois formes supérieures d'existence de l'homme qui sont réunies, dans la plus large acception du mot Neschamah, la plus inférieure peut se désigner comme le Neschamah proprement dit Celle-là a encore au moins quelque parenté avec les éléments supérieurs de Ruach ; elle consiste en une connaissance intérieure et active du qualificatif et du quantitatif qui sont au-dessous d'elle. — La seconde puissance de Neschamah, qui est le huitième élément dans l'homme, est nommée par la Qabalah, *Chaijah*. Son essence consiste dans la connaissance de la force interne supérieure, intelligible, qui sert de base à l'être objectif manifesté et qui, par conséquent, ne peut être perçue ni par Ruach ni par Nephesch et ne pourrait être reconnue par Neschamah proprement dit. — La troisième puissance de Neschamah, le neuvième élément et le plus élevé dans l'homme, est *Jechidad* (c'est-à-dire l'Unité en soi-même), son essence propre consiste dans la connaissance de l'Unité fondamentale asbolue de toutes les variétés, de l'Un absolu originaire.

Maintenant, ce rapport signalé dès le début, de Concret, de Particulier et de Général qui relie Nephesch, Ruach et Neschamah de sorte que chacun offre l'image du tout, va se retrouver en résumant tout cet exposé : Premier degré de Nephesch, le corps — le concret dans le concret ; second degré, le particulier dans le concret ; troisième, le général dans le concret.

De même dans Ruach : première puissance, le concret dans le particulier ; deuxième, le particulier dans le particulier ; troisième, le général dans le particulier.

Enfin, dans Neschamah, premier degré, le concret dans le général ; second degré (Chaijah), le particulier dans le général ; troisième (Jechidad), le général dans le général.

C'est ainsi que se manifestent les diverses activités et les vertus de chacun de ces éléments de l'être.

L'âme (Ruach) a sans doute une existence propre, mais elle est cependant incapable d'un développement indépendant sans la participation de la vie corporelle (Nephesch), et il en est de même vis-à-vis de Neschamah. En outre Ruach est avec Nephesch dans un double rapport ; influencée par lui, elle est en même temps tournée au dehors pour exercer une libre réaction, de sorte que la vie corporelle concrète participe au développement de l'âme ; il en est de même de l'esprit par rapport à l'âme ou de Neschamah par rapport à Ruach ; par Ruach il est même en double rapport avec Nephesch. Toutefois, Neschamah a en outre dans sa propre constitution la source de son action, tandis que les actions de Ruach et de Nephesch ne sont que les émanations libres et vivantes de Neschamah.

De la même manière, Neschamah se trouve en une certaine mesure en ce même double rapport avec la Divinité, car l'activité vitale de Neschamah est déja en soi une excitation pour la divinité d'entretenir celui-ci, de lui procurer l'influence nécessaire à sa subsistance. Ainsi l'esprit ou Neschamah, et par son intermediaire Ruach et Nephesch, vont puiser tout à fait involontairement à la source divine éternelle, faisant rayonner perpétuellement l'œuvre de leur vie vers le haut ; tandis que la Divinité pénètre constamment en Neschamah et dans sa sphère pour lui donner la vie et la durée en même temps qu'à Ruach et à Nephesch.

Maintenant d'après la doctrine de la Qabalah, l'homme, au lieu de vivre dans la Divinité et de recevoir d'elle constamment la spiritualité dont il a besoin, s'est enfoncé de plus en plus dans l'amour de soi-même et dans le monde du péché, du moment où après « sa chute » (voir la Genèse, III, 6-20), il a quitté son centre éternel pour la périphérie. Cette chute et l'éloignement toujours plus grand de la divinité, qui en est résulté, ont eu pour conséquence une déchéance des pouvoirs dans la nature humaine, et dans l'humanité tout entière. L'étincelle divine s'est retirée de plus en plus de l'homme, et Neschamah a perdu l'union intime avec Dieu. De même Ruach s'est éloignée de Neschamah et Nephesch a perdu son union intime avec Ruach. Par cette déchéance générale et le relâchement partiel des liens entre les éléments, la partie inférieure de Nephesch, qui était originairement chez l'homme un corps lumineux éthéré, est devenue notre corps matériel ; par là l'homme a été assujetti à la dissolution dans les trois parties principales de sa constitution.

Ceci est traité dans la doctrine de la Qabalah sur l'âme *pendant et après la mort.*

2. — *L'âme dans la mort.*

La mort de l'homme, d'après la Qabalah, n'est que son passage à une forme nouvelle d'existence. L'homme est appelé à retourner finalement dans le sein de Dieu, mais cette réunion ne lui est pas possible dans son état actuel, en raison de la matérialité grossière de son corps ; cet état, comme aussi tout ce qu'il y a de spirituel dans l'homme, doit donc subir une épuration nécessaire pour l'obention du degré de spiritualité que requiert la vie nouvelle.

La Qabalah distingue deux causes qui peuvent amener la mort : la première consiste en ce que la Divinité diminue successivement ou supprime brusquement son influence continuelle sur Neschamah et Ruach de sorte que Nephesch perd la force par laquelle le corps matériel est animé, et celui-ci meurt. Dans le langage du Sohar, on pourrait appeler ce premier genre « la mort par en haut, ou du dedans au dehors ».

En opposition à celle-là, la seconde cause de la mort est celle que l'on pourrait nommer « la mort par en bas, ou du dehors au dedans ». Elle consiste en ce que le corps, forme d'existence inférieure et extérieure, se désorganisant sous l'influence de quelque trouble ou quelque lésion, perd la double propriété de recevoir d'en haut l'influence nécessaire et d'exciter Nephesch, Ruach et Neschamah afin de les faire descendre a lui.

D'ailleurs, comme chacun des trois degrés d'existence de l'homme a, dans le corps humain, son siège particulier et sa sphère d'activité correspondant au degré de sa spiritualité, et qu'ils se sont trouvés tous trois liés à ce corps à différentes périodes de la vie (1), c'est aussi à des moments différents, et d'après un ordre inverse, qu'ils abandonnent le cadavre. Il en résulte que le travail de la mort s'étend à une période de temps beaucoup plus longue qu'on ne le pense communément.

Neschamah, qui a son siège dans le cerveau et qui, en sa qualité de principe de vie spirituel, supérieur, s'est uni en dernier lieu au corps matériel — cette union commençant à l'âge de la puberté — Neschamah est le premier à quitter le corps ; ordinairement déjà

(1) Ce n'est pas ici le lieu d'expliquer comment les principes spirituels s'unissent à la matière par l'acte de la génération, sujet que la Qabalah traite très explicitement.

avant le moment que nous désignons du nom de « Mort ». Elle ne laisse dans sa *Merkahab* (1) qu'une illumination ; car la personnalité de l'homme peut, comme il est dit dans Esarah Maimoroth, subsister encore sans la présence effective de Neschamah.

Avant le moment qui nous apparaît comme celui de la mort, l'essence de l'homme est augmentée d'un Ruach plus élevé d'où il aperçoit ce qui, dans la vie, était caché à ses yeux ; souvent sa vue perce l'espace, et il peut distinguer ses amis et ses parents défunts. Aussitôt qu'arrive l'instant critique, Ruach se répand dans tous les membres du corps et prend congé d'eux ; de là résulte une secousse, l'*agonie*, souvent fort pénible. Puis toute l'essence spirituelle de l'homme se retire dans le cœur et là se met à l'abri des Masikim (ou mauvais esprits) qui se précipitent sur le cadavre, comme une colombe poursuivie se réfugie dans son nid.

La séparation de Ruach d'avec le corps est fort pénible parce que Ruach ou l'âme vivante flotte, comme dit l'Ez=ga=Chaiim, entre les hautes régions spirituelles, infinies (Neschamah) et celles inférieures corporelles, concrètes (Nephesch), penchant tantôt vers l'une, tantôt vers l'autre, elle qui, en tant qu'organe de la volonté, constitue la personnalité humaine. Son siège est dans le cœur ; celui-ci est donc comme la racine de la vie ; c'est le מלך (Melekh, Roi), le point central, le trait d'union entre le cerveau et le foie (2) ; et comme c'est dans cet organe que l'activité vitale se manifeste à l'origine, c'est aussi par lui qu'elle finit. Ainsi, au moment de la mort Ruach s'échappe, et d'après l'enseignement de Talmud, sort du cœur par la bouche, dans le dernier souffle.

Le Talmud distingue neuf cents espèces de morts différentes plus ou moins douloureuses. La plus douce de toutes est celle qu'on nomme le « baiser » ; la plus pénible est celle dans laquelle le mourant éprouve la sensation d'une épaisse corde de cheveux arrachée du gosier.

Une fois Ruach séparé, l'homme nous semble mort ; cependant Nephesch habite encore en lui. Celui-ci, vie corporelle du concret, est chez l'homme, l'âme de la vie élémentaire, et a son siège dans le foie. Nephesch, qui est la puissance spirituelle inférieure, pos-

(1) Merkabah signifie proprement *char* ; c'est donc l'organe, l'instrument, le véhicule par lequel Neschamah agit.

(2) La Qabalah dit : « Dans le mot מלך (Roi) le cœur « est comme le point central entre le cerveau et le foie ». Ce qu'il faut interpréter par le sens mystique des lettres ; le cerveau, מוח est représenté par la première lettre du mot מלך ; le foie, כבד par sa dernière lettre, et enfin le cœur, לב par le ל, qui est dans le milieu ; la lettre כ à la fin d'un mot fait ך).

sède encore une très grande affinité, et par suite beaucoup d'attraction pour le corps. C'est le principe qui s'en sépare le dernier, comme il a été aussi le premier uni à la chair. Cependant, aussitôt après le départ de Ruach, les Masikim prennent possession du cadavre (d'après Loriah, ils s'amoncellent jusqu'à une hauteur de quinze aunes au-dessus de lui) ; cette invasion jointe à la décomposition du corps oblige bientôt Nephesch à se retirer ; il reste pourtant longtemps encore auprès de sa dépouille, pour en pleurer la perte. Ordinairement, ce n'est que quand survient la putréfaction complète qu'il s'élève au-dessus de la sphère terrestre.

Cette désintégration de l'homme, consécutive à la mort, n'est cependant pas une séparation complète ; car ce qui a été une fois un seul tout ne peut pas se désunir absolument ; il reste toujours quelque rapport entre les parties constitutives. Ainsi une certaine liaison subsiste entre Nephesch et son corps même, déjà putréfié. Après que ce récipient matériel, extérieur, a disparu avec ses forces vitales physiques, il reste encore quelque chose du principe spirituel de Nephesch, quelque chose d'impérissable, qui descend jusque dans le tombeau, dans les ossements, comme dit le Sohar ; c'est ce que la Qabalah nomme *le souffle des ossements* ou l'*esprit des ossements*. Ce principe intime, impérissable, du corps matériel, qui en conserve complètement la forme et les allures, constitue le *Habal de Garmin*, que nous pouvons traduire à peu près par « le corps de la résurrection » (corps astral lumineux).

Après que les diverses parties constitutives de l'homme ont été séparées par la mort, chacune se rend dans la sphère vers laquelle l'attirent sa nature et sa constitution ; et elles y sont accompagnées des êtres qui lui sont semblables et qui entouraient déjà le lit de mort. Comme dans l'Univers entier tout est dans tout, naissant, vivant et périssant d'après une seule et même loi, comme le plus petit élément est la reproduction du plus grand, comme les mêmes principes régissent également toutes les créatures depuis la plus infime jusqu'aux êtres les plus spirituels, aux puissances les plus élevées, l'Univers entier, que la Qabalah nomme Aziluth et qui comprend tous les degrés depuis la matière la plus grossière jusqu'à la spiritualité — jusqu'à l'Un — l'Univers, se partage en trois mondes : Asiah, Jezirah et Briah, correspondant aux trois divisions fondamentales de l'homme : *Nephesch*, *Ruach* et *Neschamah*.

Asiah est le monde où nous nous mouvons ; toutefois, ce que nous percevons de ce monde par nos yeux corporels n'en est que la sphère la plus inférieure, la plus matérielle, de même que nous ne percevons par les organes de nos sens que les principes les plus inférieurs, les plus matériels de l'homme : son corps. — La figure donnée précédemment (1) est donc un schéma de l'Univers aussi bien que de l'homme, car d'après la doctrine de la Qabalah, le Microcosme est absolument analogue au Macrocosme ; l'homme est l'image de Dieu qui se manifeste dans l'Univers. Ainsi donc, le cercle *a*, *a*, *a* représente le monde *Asiah*, et 1, 2, 3 sont ses sphères correspondant à celles de Nephesch (Voy. p. 131).

b, *b*, *b* représente le monde *Jesirah* analogue à Ruach, et 4, 5, 6 en sont les puissances.

Enfin le cercle *c*, *c*, *c* figure le monde *Briah*, dont les sphères 7, 8, 9 atteignent, comme celles de Neschamah, la plus haute puissance de la vie spirituelle.

Le cercle enveloppant, 10, est l'image du Tout d'*Aziluth*, comme il représentait aussi l'ensemble de la nature humaine.

Les trois mondes qui correspondent, selon leur nature et le degré de leur spiritualité, aux trois principes constitutifs de l'homme représentent aussi les différents séjours de ces principes. Le corps, comme forme d'existence la plus matérielle de l'homme, reste dans les sphères inférieures du monde Asiah, dans la tombe ; l'esprit des ossements reste seul enseveli en lui, constituant, comme nous l'avons dit, le Habal de Garmin. Dans la tombe il est dans un état de léthargie obscure qui, pour le juste, est un doux sommeil ; plusieurs passages de Daniel, des Psaumes et d'Isaïe y font allusion. Et comme le Habal de Garmin conserve dans la tombe une sensation obscure, le repos de ceux qui dorment de ce dernier sommeil peut être troublé de toutes sortes de manières. C'est pourquoi il était défendu chez les Juifs d'enterrer l'une auprès de l'autre des personnes qui, pendant leur vie, avaient été ennemies, ou de placer un saint homme auprès d'un criminel. On prenait soin, au contraire, d'enterrer ensemble des personnes qui s'étaient aimées, parce que dans la mort, cet attachement se continuait encore. Le plus grand trouble pour ceux qui dorment dans la tombe est l'évocation ; car, alors même que Nephesch a quitté la sépulture, « l'esprit des ossements » reste encore attaché au cadavre, et peut être évoqué ; mais cette évocation atteint aussi Nephesch, Ruach et Neschamah. Sans doute, ils sont déjà dans des séjours distincts, mais ils n'en restent pas moins unis l'un à l'autre sous certains rapports, de sorte que l'un ressent ce que les autres éprouvent. Voilà pourquoi l'Ecriture Sainte (5, Moïse, 18, 11) défendait d'évoquer les morts (2).

(1) Voyez page 131.

(2) Et voilà pourquoi, entre autres raisons, la pratique du spiritisme est condamnable (*N. du Tr.*)

Comme nos sens matériels ne peuvent percevoir que le cercle le plus bas, la sphère la plus inférieure du monde Asiah, il n'y a que le corps de l'homme qui soit visible pour nos yeux matériels, celui qui, même après la mort, reste dans le domaine du monde sensible; les sphères supérieures d'Asiah ne sont plus perceptibles pour nous, et de la même manière, le Habal de Garmin échappe déjà à notre perception ; aussi le Sohar dit-il : « Si cela était permis à nos yeux, nous pourrions voir dans la nuit, quand vient le Schabbath, ou à la lune nouvelle ou aux jours de fêtes, les Diuknim (les spectres) se dresser dans les tombeaux pour louer et glorifier le Seigneur. »

Les sphères supérieures du monde Asiah servent de séjour à Nephesch. Le *Ez-ha-Chaïim* dépeint ce séjour comme le *Gan-Eden* inférieur (1), « qui, dans le monde Asiah, s'étend au sud du pays Saint, au-dessus de l'Equateur ».

Le second principe de l'homme, Ruach, trouve dans le monde Jesirah un séjour approprié à son degré de spiritualité. Et comme Ruach constituant la personnalité propre de l'homme, est le support et le siège de la Volonté, c'est en lui que réside la force productive et créatrice de l'homme ; aussi le monde Jesirah est-il, comme l'indique son nom hébreu, le *mundus formationis*, le monde de la formation.

Enfin Neschamah répond au monde Briah que le Sohar nomme « le monde du trône divin », et qui renferme le plus haut degré de la spiritualité.

De même que Nephesch, Ruach et Neschamah ne sont pas des formes d'existence complètement distinctes, mais qu'au contraire elles se déduisent progressivement l'une de l'autre en s'élevant en spiritualité, de même les sphères des différents mondes s'enchaînent l'une dans l'autre et s'élèvent depuis le cercle le plus profond, le plus matériel, du monde Asiah, qui est perceptible à nos sens, jusqu'aux puissances les plus élevées, les plus immatérielles du monde Briah. On voit par là clairement que, bien que Nephesch, Ruach et Neschamah trouvent chacun son séjour dans le monde qui lui convient, ils n'en restent pas moins unis en un seul tout. C'est spécialement par les *Zelem* que ces rapports intimes des parties séparées sont rendus possibles.

Sous le nom de « Zelem » la Qabalah entend la figure, le vête-

(1) Gan-Eden signifie jardin de volupté. Dans le Talmud et dans la Qabalah, d'après le *Cantique des Cantiques*, 4, 13, il est aussi nommé *Pardes*, ou jardin de plaisir ; d'où est venu le mot *Paradis*.

ment sous lequel les divers principes de l'homme subsistent, par lequel ils opèrent. Nephesch, Ruach et Neschamah, même après que la mort a détruit leur enveloppe corporelle extérieure, conservent encore une certaine forme qui répond à l'apparence corporelle de l'homme originaire. Cette forme, au moyen de laquelle chaque partie persiste et opère dans son monde, n'est possible que par le Zelem ; ainsi il est dit dans le psaume, 39, 7 : « Ils sont donc comme dans le Zelem (le fantôme) ».

D'après Loriah, le Zelem, par analogie avec toute la nature humaine, se partage en trois parties : une lumière intérieure spirituelle, et deux *Makifim* ou lumières enveloppantes. Chaque Zelem et ses Makifim répondent, dans leur nature, au caractère ou au degré de spiritualité de chacun des principes auxquels il appartient. C'est seulement par leurs Zelem qu'il est possible à Nephesch, à Ruach et à Neschamah de se manifester au dehors. C'est sur eux que repose toute l'existence corporelle de l'homme sur terre, car tout l'influx d'en haut sur les sentiments et les sens internes de l'homme se fait par l'intermédiaire de ces Zelem, susceptibles d'ailleurs d'être affaiblis ou renforcés.

Le processus de la mort se produit uniquement dans les divers Zelem, car Nephesch, Ruach et Neschamah ne sont pas modifiés par elle. Aussi la Qabalah dit-elle que trente jours avant la mort de l'homme, c'est d'abord dans Neschamah que les Makifim se retirent, pour disparaître ensuite, successivement, de Ruach et de Nephesch ; ce qu'il faut comprendre en ce sens qu'ils cessent alors d'opérer dans leur force : cependant, à l'instant même où Ruach s'enfuit, ils se raccrochent, comme dit la Mischnath Chasidim, au processus de la vie, « pour goûter le goût de la mort ». Toutefois, il faut regarder les Zelem comme des êtres purement magiques ; c'est pourquoi le Zelem de Nephesch même ne peut agir directement dans le monde de notre perception sensible externe.

Ce qui s'offre à nous dans l'apparition de personnes mortes c'est, soit leur Habal de Garmin, soit la subtile matière aérienne ou éthérée du monde Asiah, dont se revêt le Zelem de Nephesch, pour se rendre perceptible à nos sens corporels.

Cela s'applique à toute espèce d'apparition, que ce soit celle d'un ange ou de l'âme d'un mort, ou d'un esprit inférieur. Ce n'est pas alors le Zelem lui-même que nous pouvons voir et percevoir par nos yeux ; ce n'en est qu'une image, qui, construite avec la « vapeur » subtile de notre monde extérieur, prend une forme susceptible de se redissoudre immédiatement.

Autant la vie des hommes sur la terre offre de variétés, autant est varié aussi leur sort dans les autres mondes ; car, plus on a commis ici-bas d'infractions à la loi divine, plus il faut subir dans l'autre monde de châtiments et de purifications.

Le Sohar dit à ce sujet :

« La beauté du Zelem de l'homme pieux dépend des bonnes œuvres qu'il a accomplies ici-bas » ; et plus loin : « Le péché souille le Zelem de Nephesch. » — Loriah dit aussi : « Chez l'homme pieux, ces Zelem sont purs et clairs, chez le pécheur, ils sont troublés et sombres. » — C'est pourquoi chaque monde a, pour chacun des principes de l'homme, son *Gan-Eden* (Paradis), son *Nahar Dinur* (fleuve de feu pour la purification de l'âme) et son *Gei-Hinam* (1), lieu de torture pour le châtiment ; de là aussi la doctrine chrétienne du ciel, du purgatoire et de l'enfer.

Notre intention n'est pas d'exposer ici la théorie de la Qabalah sur l'état de l'âme après la mort, et notamment sur les châtiments qu'elle subit. On en trouvera une exposition très claire dans l'œuvre célèbre du Dante, *la Divine Comédie.*

(1) Gei-Hinam était proprement le nom d'un endroit situé près de Jérusalem où se faisaient autrefois les sacrifices d'enfants à Moloch ; la Qabalah entend par ce nom le lieu de damnation.

TROISIÈME PARTIE

LES TEXTES

Toutes les données scientifiques, philosophiques ou religieuses de la Kabbale sont tirées de deux livres fondamentaux, *le Zohar* et le *Sepher Jesirah*.

Le premier de ces livres est très volumineux. Il est traduit en latin dans la *Kabbala denudata* et en anglais dans la *Kabbala unveiled* de M. A. Mathers.

Nous donnons ci-joint la traduction du second de ces ouvrages telle que nous l'avons publiée en 1887 avec les commentaires et les notes. En plusieurs endroits on trouvera des répétitions de ce que nous avons développé dans les paragraphes précédents ; mais ces répétitions mêmes montreront quels sont les points sur lesquels le lecteur doit de préférence porter son attention.

Cette traduction du *Sepher Jesirah* est suivie de celle de deux ouvrages kabbalistiques très postérieurs comme composition : *les 32 voies de la sagesse* et *les 50 portes de l'intelligence*. Les remarques qui précèdent ces ouvrages indiquent leur caractère.

§ 1. — LE SEPHER JESIRAH

LES 50 PORTES DE L'INTELLIGENCE

LES 32 VOIES DE LA SAGESSE

Avant-propos.

A la base de toutes les religions et de toutes les philosophies, on retrouve une doctrine obscure, connue seulement de quelques-uns et dont l'origine, malgré les travaux des chercheurs, échappe à toute analyse sérieuse. Cette doctrine est désignée sous des noms différents suivant la religion qui en conserve les clefs; mais une étude même superficielle permet de la reconnaître partout la même quel que soit le nom qui la décore. Ici le critique montre avec joie l'origine de la doctrine dans l'Apocalypse, résumé de l'ésotérisme chrétien; mais bientôt il s'arrête, car derrière la Vision de saint Jean apparaît celle de Daniel et l'ésotérisme des deux religions, Juive et Chrétienne, se montre identique dans la Kabbale. Cette doctrine secrète tire son origine de la religion de Moïse, dit l'historien et, saluant son triomphe, il s'apprête à donner ses conclusions, quand les quatre animaux de la vision du Juif se fondent en un seul, et le Sphinx égyptien dresse silencieusement sa tête d'Homme au-dessus des disciples de Moïse. Moïse était un prêtre égyptien, c'est donc en Egypte que se trouve la source de l'ésotérisme symbolique, dans ces mystères où toute la philosophie grecque à la suite de Platon et de Pythagore vint puiser ses enseignements. Mais les quatre personnifications mystérieuses se séparent de nouveau et Adda Nari la déesse indoue se dresse et nous montre la tête d'ange équilibrant la lutte entre la Bête féroce et le Taureau paisible avant la naissance de l'Egypte et de ses mystères sacrés.

Poursuivez vos recherches, et sans cesse cette origine mystérieuse fuira devant vous : vous traverserez toutes ces civilisations antiques si péniblement reconstituées, et quand enfin, las de la course, vous reposerez votre esprit en pleine race rouge, sur la première civilisation qu'a produite le premier continent, vous entendrez le prophète inspiré chanter les habitants divins de l'orbe supérieur qui révélèrent à ceux-ci le secret symbolique du sanctuaire.

Laissons là ce Protée insaisissable qui s'appelle l'origine de l'Ésotérisme, et considérons la Kabbale dans laquelle, avec un peu de travail, nous pourrons retrouver le fonds commun, la Religion Unique dont tous les cultes sont des émanations. Pour savoir ce qu'est la Kabbale, écoutons un homme profondément instruit, aussi savant que modeste et qui ne parle jamais qu'une fois sûr de ce qu'il avance : Fabre d'Olivet.

« Il paraît, au dire des plus fameux rabbins, que Moïse lui-même, prévoyant le sort que son livre devait subir et les fausses interprétations qu'on devait lui donner par la suite des temps, eut recours à une loi orale, qu'il donna de vive voix à des hommes sûrs dont il avait éprouvé la fidélité, et qu'il chargea de transmettre dans le secret du sanctuaire à d'autres hommes qui, la transmettant à leur tour d'âge en âge, la fissent ainsi parvenir à la postérité la plus reculée. Cette loi orale que les Juifs modernes se flattent encore de posséder se nomme Kabbale, d'un mot hébreu qui signifie ce qui est reçu, ce qui vient d'ailleurs, ce qui se passe de main en main (1). »

Deux livres peuvent être considérés comme la base des études kabbalistiques : le Zohar et le Sepher Jesirah. Aucun d'eux n'a été, que je sache, complètement traduit en français ; je vais m'efforcer de combler une partie de cette lacune en traduisant le Sepher Jesirah le mieux qu'il me sera possible. Je prie le lecteur de pardonner d'avance les erreurs qui pourraient s'être glissées dans mon travail auquel je joins une bibliographie permettant au chercheur de consulter les originaux, et des remarques qui éclairent, autant que possible, les passages par trop obscurs du texte.

(1) Fabre d'Olivet, *La langue hébr. restituée*, p. 29.

LE SEPHER IETZIRAH

ESSAI DE RECONSTITUTION DU TEXTE

Par Papus

Le premier, en France, nous avons donné une traduction avec commentaire du *Sepher Ietzirah* ou livre kabbalistique de la création.

Cette traduction était basée sur les textes que nous possédions alors et qui étaient incomplets.

Plus tard, M. Mayer-Lambert, professeur au séminaire israélite, a donné une nouvelle traduction, établie d'après des manuscrits hébreux et arabes plus complets.

Mais un examen attentif des deux traductions permet de constater que toutes deux présentent des lacunes et des répétitions.

C'est grâce à ces répétitions que nous avons pu *approximativement* reconstituer le texte du *Sepher Ietzirah* d'après les remarques suivantes :

Les auteurs anciens composaient les traités du genre de celui qui nous intésesse en faisant d'abord un exposé résumé du sujet à développer ; puis en développant chacune des questions spéciales d'après la même méthode.

Ainsi le *Sepher Ietzirah* dévait débuter par un résumé des sujets à traiter qui sont : les Dix Numérations ou Sephiroth, les vingt-deux lettres et leur emploi par le Créateur pour la constitution de l'Univers dans ses trois plans : l'Univers, l'Année, l'Homme.

Ensuite chaque sujet devait être traité en répétant d'abord l'exposé général, puis en l'étendant à ses diverses adaptations. Enfin une série de répétitions nous ont conduit à déterminer que chaque fin de chapitre ou de section se terminait par l'exposé des combinaisons kabbalistiques des lettres ou des nombres deux à deux, trois à trois, etc.

C'est ainsi que nous proposons le texte nouveau du *Sepher Ietzirah* ainsi reconstitué :

1° Comme chapitre Ier, l'exposé général sur les Dix Numérations et les vingt-deux lettres divisées en trois mères, sept doubles et douze simples.

2° Comme chapitre II, le développement concernant les Dix Sephiroth avec leurs combinaisons, à la fin, d'après la permutation des lettres du tétragramme.

3° Comme chapitre III, un exposé général des vingt-deux lettres dans leurs grandes divisions.

4° Le chapitre IV est consacré au développement détaillé des correspondances analogiques des trois lettres mères et de la Trinité. Il se termine par un paragraphe sur leurs combinaisons.

Le chapitre V étudie en détail les sept doubles et les correspondances du septénaire. Il se termine également par une table des combinaisons : « Deux lettres construisent deux maisons, trois en bâtissent six, etc. »

Le chapitre VI termine enfin les développements par l'exposé des correspondances du duodénaire à propos des douze simples.

A partir de ce moment le développement cesse : nous sommes allés de l'unité vers le maximum de multiplicité, nous nous arrêtons et nous revenons, par résumés successifs, vers l'unité du point de départ.

Le chapitre VII se consacre tout entier à ce résumé progressif et nous le divisons en trois paragraphes : 1° tableau des correspondances : 2° dérivés des lettres ; 3° résumé general.

Ainsi constitué, le *Sepher Ietzirah* forme un tout homogène partant d'un point et y revenant, après avoir parcouru les échelons divers des correspondances du ternaire, du septénaire et du duodénaire dans l'Univers, dans l'Année et dans l'Homme.

L'auteur ou les interpolateurs peuvent avoir établi certaines de ces correspondances d'une manière originale. Ainsi les sept jours de la semaine se rapportent aux planètes d'après l'ordre de celles-ci dans le ciel astrologique (Saturne, Jupiter, Mars, le Soleil, Vénus, Mercure, la Lune) et nom d'après leur rapport exact tiré des lignes tirées entre elles.

Ainsi, si l'on dispose autour d'un cercle les planètes dans leur ordre avec le Soleil en haut, on remarquera que la correspondance donnée par le *Sepher Ietzirah*, pour les jours de la semaine, se contente de poser les jours en face des planètes en commençant par le jour du Sabbat, le samedi, attribué à Saturne. Aussi le dimanche tombe-t-il sur Jupiter, le lundi sur Mars, le mardi sur le Soleil, le mercredi sur Vénus, le jeudi sur Mercure et le vendredi sur la Lune.

L'auteur devait connaître la véritable clef des correspondances des jours avec les planètes, clef très simple et qui est obtenue, comme le montre la figure en tirant des lignes droites entre les planètes de manière à former l'étoile à sept pointes. Mais il a voulu exercer l'esprit de son lecteur pour justifier son expression si souvent répétée : « *Cherche, pense, combine, imagine et rétablis la créature à la place assignée par le Créateur.* »

Que les lecteurs attentifs n'oublient pas non plus que le fondement du système : les trois mères, A Me Sh, lues à la sanscrite se lisent SCHÉMA, Sh-eM-A, ce qui indique que, là encore, le savant kabbaliste auteur du *Sepher Ietzirah*, a posé le shéma et non la réalité des correspondances exactes dont le mot AZOTH donne seul la vraie clef, ainsi que le démontre l'admirable archéomètre de Saint-Yves d'Alveydre. Muni de ces quelques données primordiales, le lecteur peut maintenant aborder avec fruit la lecture et surtout la méditation du *Sepher Ietzirah*, résumé de la science vivante des Patriarches.

LE LIVRE KABBALISTIQUE DE LA CRÉATION, EN HÉBREU SEPHER IETZIRAH, PAR ABRAHAM

Transmis successivement oralement à ses fils ; puis, vu le mauvais état des affaires d'Israel, confié par les sages de Jerusalem à des arcanes et à des lettres du sens le plus caché.

CHAPITRE PREMIER

EXPOSÉ GÉNÉRAL

C'est avec les trente-deux voies de la Sagesse, voies admirables et cachées que IOAH (יהוה) DIEU d'Israël, DIEU VIVANT et Roi des Siècles, DIEU de miséricorde et de grâce, DIEU sublime et très élevé, DIEU séjournant dans l'Eternité, DIEU saint, grava son nom par trois numérations : SEPHER, SEPHAR et SIPUR, c'est-à-dire le NOMBRE, le NOMBRANT et le NOMBRÉ (1), contenus dans dix Sephiroth, c'est-à-dire dix propriétés, hormis l'ineffable, et vingt-deux lettres.

Les lettres sont constituées par trois mères, sept doubles et douze simples. Les dix Sephiroth, hormis l'ineffable, sont constituées par le nombre X, celui des doigts de la main et cinq contre cinq : mais au milieu d'elles est l'alliance de l'unité. Dans l'interpretation de la langue et de la circoncision on retrouve les dix Sephiroth hormis l'ineffable.

Dix et non neuf, dix et non onze, comprends dans ta sagesse et tu sauras dans ta compréhension. Exerce ton esprit sur elles, cherche, note, pense, imagine, rétablis les choses en place et fais asseoir le Créateur sur son trône.

Dix Sephiroth, hormis l'ineffable, dont les dix propriétés son infinies : l'infini du commencement, l'infini de la fin, l'infini du bien, l'infini du mal, l'infini en élévation, l'infini en profondeur, l'infini à l'Orient, l'infini à l'Occident, l'infini au Nord, l'infini au Midi et le Seigneur seul est au-dessus ; Roi fidèle, il les domine toutes du haut de son trône dans les siècles des siècles.

Vingt-deux lettres fondamentales, trois mères : *alef*, *mem*, *schin* ; elles correspondent au plateau du mérite, au plateau du démérite et à la balance de la loi qui met l'équilibre entre eux ; sept dou-

(1) Abendana traduit ces trois termes par l'Ecriture, les Nombres et la Parole.

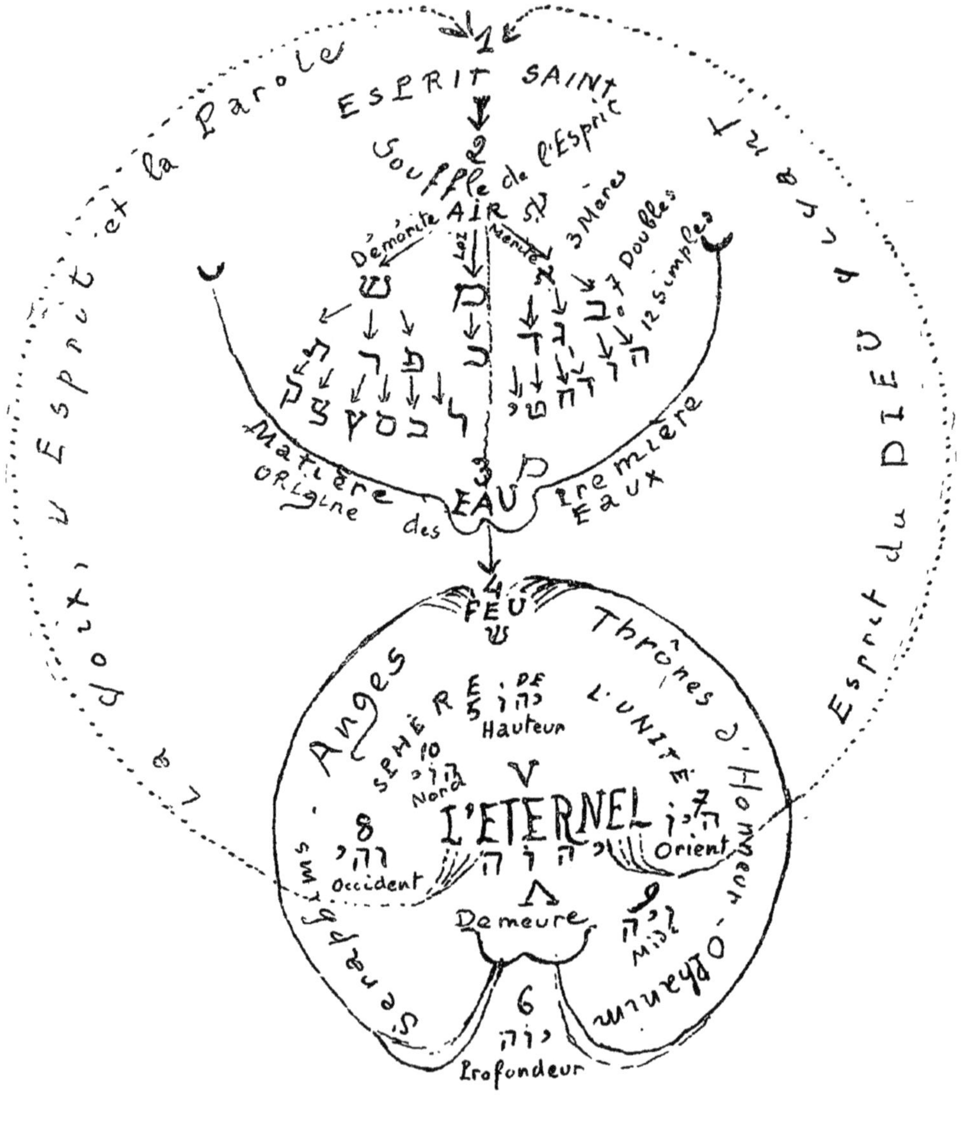

1
ESPRIT SAINT
2
Souffle de l'Esprit
AIR
Démonité
Loi
Mérite
3 Mères
7 Doubles
12 Simples
3
EAU
Matière Première
Origine des Eaux
4
FEU
Anges
Thrônes
SPHÈRE DE L'UNITÉ
5
Hauteur
10
Nord
V
L'ETERNEL
8
Occident
7
Orient
Δ
Demeure
9
Midi
6
Profondeur
Seraphims
Ophanim
Homme
Le doigt l'Esprit et la Parole
Esprit du DIEU vivant

bles, *bet*, *guimel*, *dalet*, *kaf*, *pé*, *resch*, *tav*, qui correspondent à la vie, la paix, la sagesse, la richesse, la postérité, la faveur, la domination ; douze simples, *hé*, *vav*, *zayin*, *het*, *tet*, *yod*, *lamed*, *nun*, *samek*, *ayin*, *sadé*, *qof*, qui correspondent à la vue, l'ouïe, l'odorat, la parole, la nutrition, la cohabitation, l'action, la marche, la colère, le rire, la pensée et le sommeil.

Par lequel Yah, Eternel Sebaot, Dieu d'Israël, Dieu tout vivant, Dieu tout-puissant élevé, sublime, habitant l'Eternité et dont le nom est saint, a tracé trois pères et leurs postérités (1), sept conquérants et leurs légions (2), douze arêtes du cube (3). La preuve de la chose est (donnée par) des témoins dignes de foi, le monde, l'année et l'homme, qui ont la règle des dix, trois, sept et douze; leurs préposés sont le dragon, la sphère et le cœur.

(1) L'air, l'eau, le feu et ce qui en dérive.
(2) Les planètes et les étoiles.
(3) Le mot אלכסני ne paraît pas signifier ici *diagonale*.

CHAPITRE II

LES SEPHIROTH OU LES DIX NUMÉRATIONS

Dix Sephiroth, hormis l'ineffable ; leur aspect est semblable à celui des flammes scintillantes, leur fin se perd dans l'infini. Le verbe de Dieu circule en elles ; sortant et rentrant sans cesse, semblables à un tourbillon, elles exécutent à l'instant la parole divine et s'inclinent devant le trône de l'Eternel.

Dix Sephiroth, hormis l'ineffable ; considère que leur fin est jointe au principe comme la flamme est unie au tison, car le Seigneur est seul au-dessus et n'a pas de second. Quel nombre peux-tu énoncer avant le nombre un ?

Dix Sephiroth, hormis l'ineffable. Ferme tes lèvres et arrête ta méditation, et, si ton cœur défaille, reviens au point de depart. C'est pourquoi il est écrit : Sortir et revenir, car c'est pour cela que l'alliance a été faite : Dix Sephiroth, hormis l'ineffable.

La première des Sephiroth, un, c'est l'Esprit du Dieu vivant, c'est le nom béni et rebéni du Dieu éternellement vivant. La voix, l'esprit et la parole, c'est l'Esprit-Saint.

Deux, c'est le souffle de l'Esprit, et avec lui sont gravées et sculptées les vingt-deux lettres, les trois mères, les sept doubles et les douze simples, et chacune d'elles est esprit.

Trois, c'est l'Eau qui vient du souffle, et avec eux il sculpta et grava la matière première inanimée et vide, il édifia TOHU, la ligne qui serpente autour du monde, et BOHU, les pierres occultes enfouies dans l'abîme et desquelles sortent les Eaux (1).

(1) Voici la variante de ce passage par M. Mayer-Lambert :
Troisièmement : Il a créé l'eau et l'air ; il a tracé et taillé avec elle le *tohu* et le *bohu*, le limon et l'argile ; il en a fait comme une sorte de parterre, il les a taillés en une sorte de mur, il les a couverts comme une sorte de toiture ; il a fait couler l'eau dessus, et cela est devenu la terre, comme il est écrit : *Car à la neige il dit : sois de la terre* (*Tohu*, c'est la ligne verte qui entoure le monde entier ; *bohu*, ce sont les pierres trouées et enfoncées dans

Quatre, c'est le Feu qui vient de l'Eau, et avec eux il sculpta le trône d'honneur, les Ophanim (roues célestes), les Séraphins, les Animaux saints et les Anges serviteurs, et de leur domination il fit sa demeure comme dit le texte : C'est lui qui fit ses anges et ses esprits ministrants en agitant le feu.

Cinq, c'est le sceau duquel il scella la hauteur quand il la contempla au-dessus de lui. Il la scella du nom IEV (יהו).

Six, c'est le sceau duquel il scella la profondeur quand il la contempla au-dessous de lui. Il la scella du nom IVE (יוה).

Sept, c'est le sceau duquel il scella l'Orient quand il le contempla devant lui. Il le scella du nom EIV (היו).

Huit, c'est le sceau duquel il scella l'Occident quand il le contempla derrière lui. Il le scella du nom VEI (והי).

Neuf, c'est le sceau duquel il scella le Midi quand il le contempla à sa droite. Il le scella du nom VIE (ויה).

Dix, c'est le sceau duquel il scella le Nord quand il le contempla à sa gauche. Il le scella du nom EVI (הוי).

Tels sont les dix Esprits ineffables du Dieu vivant : l'Esprit, le Souffle ou l'Air, l'Eau, le Feu, la Hauteur, la Profondeur, l'Orient, l'Occident, le Nord et le Midi.

l'Océan, d'où sort l'eau, comme il est dit : *Il tendra sur elle la ligne de tohu et les pierres de bohu.*)

Cette dernière explication est probablement une interpolation. L'auteur du Sepher Ietzirah paraît avoir expliqué תהו ובהו par רפש וטיט.

CHAPITRE III

LES VINGT-DEUX LETTRES

(Résumé général)

Les vingt-deux lettres sont constituées par trois mères, sept doubles et douze simples.

Les trois mères sont : E M e S (אמש), c'est-à-dire l'Air, l'Eau et le Feu. L'Eau M (מ) muette, le Feu S (ש) sifflant, l'Air A (א) intermédiaire entre les deux comme la balance de la loi OCH (חק) tient le milieu entre le mérite et la culpabilité. A ces vingt-deux lettres, il donna une forme, un poids, en les mêlant et les transformant de diverses manières, il créa l'âme de tout ce qui est à créer ou le sera.

Les vingt-deux lettres sont sculptées dans la voix, gravées dans l'Air, placées dans la prononciation en cinq endroits : dans le gosier, dans le palais, dans la langue, dans les dents et dans les lèvres (1).

Les vingt-deux lettres, les fondements, sont placées sur la sphère au nombre de 231. Le cercle qui les contient peut tourner directement, et alors il signifie bonheur, ou en rétrograde, et alors il signifie le contraire. C'est pourquoi il les rendit pesantes et les permuta, Aleph (א) avec toutes et toutes avec Aleph, Beth (ב) avec toutes et toutes avec Beth, etc.

C'est par ce moyen que naissent 231 portes, qu'on trouve que tous les idiomes et toutes les créatures dérivent de cette formation et que par suite toute création procède d'un nom unique. C'est ainsi qu'il fit (את), c'est-à-dire l'Alpha et l'Oméga, ce qui ne changera ni ne vieillira jamais (2).

(1) Variante de M. Mayer-Lambert : Les gutturales se prononcent avec la fin de la langue, les linguales vers le milieu de la langue, en se prononçant avec la voyelle, les sifflantes entre les dents et avec la langue inerte.

(2) L'auteur veut sans doute dire que, si les nombres sont infinis pour nous, ils ne le sont pas pour Dieu.

Le signe de tout cela, c'est vingt-deux totaux et un seul corps.

Vingt-deux lettres fondamentales : trois principales, sept doubles, douze simples. Trois principales, *alef*, *mem*, *schin* ; le feu, l'air et l'eau. L'origine du ciel est le feu, l'origine de l'atmosphère est l'air, l'origine de la terre est l'eau : le feu monte, l'eau descend et l'air est la règle qui met l'équilibre entre eux ; le *mem* est grave, le *schin* est aigu, l'*alef* est intermédiaire entre eux. *Alef-mem-schin* est scellé de six sceaux et enveloppé dans le mâle et la femelle (1). Sache, pense et imagine que le feu supporte l'eau.

Sept doubles : *b*, *g*, *d*, *k*, *p*, *r*, *t*, qui sont usitées avec deux prononciations : *bet*, *bhet* ; *guimel*, *ghimel*, *dalet*, *dhalet* ; *kaf*, *khaf* ; *pé*, *phé* ; *resch*, *rhesch* ; *tav* ; *thav* : l'une douce, l'autre dure, à l'instar du fort et du faible. Les doubles représentent des contraires. Le contraire de la vie, c'est la mort ; le contraire de la paix, c'est le malheur ; le contraire de la sagesse, c'est la sottise ; le contraire de la richesse, c'est la pauvreté ; le contraire de la culture, c'est le désert ; le contraire de la grâce, c'est la laideur ; le contraire du pouvoir, c'est la servitude.

Douze lettres simples : *hé*, *vav*, *zayin*, *het*, *tet*, *yod*, *lamed*, *nun*, *samekh*, *ayin*, *sadé*, *qof*. Il les a tracées, taillées, multipliées, pesées et permutées : comment les a-t-il multipliées ? Deux pierres bâtissent deux maisons, trois bâtissent six maisons, quatre bâtissent vingt-quatre maisons, cinq bâtissent cent vingt maisons, six bâtissent sept cent vingt maisons, sept bâtissent cinq mille quarante maisons. A partir de là, va et compte ce que ta bouche ne peut exprimer, ce que ton oreille ne peut entendre.

Par lesquelles Yah, l'Eternel Sebaot, le Dieu d'Israël, Dieu vivant, Seigneur tout-puissant, élevé et sublime, habitant l'éternité et dont le nom est saint, a tracé le monde. *YaH* se compose de deux lettres, *YHVH* de quatre lettres. *Sebaot* : il est comme un signe dans son armée. *Dieu d'Israël* (Israël) : est un prince devant Dieu. *Dieu vivant* : trois choses sont appelées vivantes : Dieu vivant, eau vive et arbre de la vie. *El* : fort. *Sadday* : jusque-là il suffit. *Élevé* : car il réside dans la hauteur du monde, et est au-dessus de tous les êtres élevés. *Sublime* : car il porte et soutient le haut et le bas ; tandis que les porteurs sont en bas et la charge en haut, LUI est en haut et il porte en bas ; il porte et soutient l'éternité. *Habitant l'Éternité* : car son règne est cruel et ininterrompu. *Son nom est saint* : car lui et ses serviteurs sont saints et ils lui disent chaque fois : saint, saint, saint.

(1) Parce qu'il y a six combinaisons, trois fortes et trois faibles.

La preuve de la chose (est fournie par) des témoins dignes de foi : le monde, l'année, l'âme. Les douze sont en bas, les sept sont au-dessus d'eux et les trois au-dessus des sept. Des trois il a formé son sanctuaire, et tous sont attachés à l'Un : Signe de l'Un qui n'a pas de second, Roi unique dans son monde, qui est un et dont le nom est un.

CHAPITRE IV

LES TROIS MÈRES

Trois mères E M e S (אמש) sont les fondements. Elles représentent le plateau du mérite, le plateau de la culpabilité et la balance de la loi OCH (חק) qui est au milieu.

Trois mères E M e S. Secret insigne, très admirable et très caché, gravé par six anneaux desquels sortent le feu, l'eau et l'air qui se divisent en mâles et femelles. Trois mères E M e S et d'elles trois pères ; avec ceux-ci toutes choses sont créées.

Trois mères E M e S dans le monde, l'Air, l'Eau, le Feu. Dans le principe, les Cieux furent créés du Feu, la Terre de l'Eau et l'Air de l'Esprit qui est au milieu.

Trois mères E M e S dans l'année, le Chaud, le Froid et le Tempéré. Le Chaud a été créé du Feu, le Froid de l'Eau et le Tempéré de l'Esprit, milieu entre eux.

Trois mères E M e S dans l'Homme, la Tête, le Ventre et la Poitrine. La tête a été créée du Feu, le Ventre de l'Eau et la Poitrine, milieu entre eux, de l'Esprit.

Trois mères E M e S. Il les sculpta, les grava, les composa et avec elles furent créées trois mères dans le monde, trois mères dans l'année, trois mères dans l'homme, mâles et femelles.

Il fit régner Aleph (א) sur l'Esprit, il les lia par un lien et les composa l'un avec l'autre, et avec eux il scella l'air dans le monde, le tempéré dans l'année et la poitrine dans l'homme, mâles et femelles. Mâles en E M e S (אמש), c'est-à-dire dans l'Air, l'Eau et le Feu, femelles en A S a M (1), c'est-à-dire dans l'Air, le Feu et l'Eau.

Il fit régner Mem (מ) sur l'Eau, il l'enchaina de telle façon et les combina l'un avec l'autre de telle sorte qu'il scella avec eux la terre

(1) Voir aux remarques pour l'explication de ce passage.

dans le monde, le froid dans l'année, le fruit du ventre dans l'homme, mâles et femelles.

Il fit régner le Schin (ש) sur le Feu et l'enchaîna et les combina l'un avec l'autre, de telle sorte qu'il scella avec eux les cieux dans le monde, le chaud dans l'année et la tête dans l'homme, mâles et femelles.

De quelle façon les a-t-il mêlés ? *Alef, mem, schin ; alef, schin, mem ; mem, schin, alef ; mem, alef, schin ; schin, alef, mem ; schin, mem, alef.* Le ciel est du feu, l'atmosphère est de l'air, la terre est de l'eau. La tête de l'homme est du feu, son cœur est de l'air, son ventre est de l'eau.

CHAPITRE V

LES SEPT DOUBLES

Sept doubles { T R PH CH D G B
{ ב ג ד כ פ ר ת

constituent les syllabes : Vie, Paix, Science, Richesse, Grâce, Semence, Domination.

Doubles parce qu'elles sont réduites, en leurs opposés, par la permutation ; à la place de la Vie est la Mort, de la Paix, la Guerre, de la Science, l'Ignorance, des Richesses, la Pauvreté, de la Grâce, l'Abomination, de la Semence, la Stérilité, et de la Domination, l'Esclavage. Les sept doubles sont opposées aux sept termes : l'Orient, l'Occident, la Hauteur, la Profondeur, le Nord, le Midi et le Saint Palais fixé au milieu qui soutient tout.

Ces sept doubles, il les sculpta, les grava, les combina et créa avec elles les Astres dans le Monde, les Jours dans l'Année, et les Ouvertures dans l'Homme, et avec elles il sculpta sept ciels, sept eléments, sept animalités vides depuis l'œuvre. Et c'est pourquoi il choisit le septénaire sous le ciel.

1. Sept lettres doubles, *b*, *g*, *d*, *k*, *p*, *r*, *t* ; il les a tracées, taillées, mélangées, équilibrées et permutées ; il a créé avec elles les planètes, les jours et les ouvertures. — 2. Il a fait régner le *bet* et il lui a attaché une couronne, et les a combinés l'un avec l'autre, et il a créé avec lui Saturne dans le monde, le Sabbat dans l'année, et la bouche dans la personne. — 3. Il a fait régner le *guimel*, il lui a attaché une couronne et les a mélanges l'un avec l'autre ; il a créé avec lui Jupiter dans le monde, dimanche dans l'année, l'œil droit dans la personne. —4. Il a fait régner le *dalet*, il lui a attaché une couronne, il les a mélangés l'un avec l'autre, et il a créé avec lui Mars dans le monde, le lundi dans l'année et l'œil gauche dans l'homme. — 5. Il a fait régner le *kaf*, il lui a attaché une cou-

ronne, et les a mêlés l'un avec l'autre, et a créé avec lui le Soleil dans le monde, le mardi dans l'année, la narine droite dans la personne. — 6. Il a fait régner le *pé* et il lui a attaché une couronne, il les a mêles l'un avec l'autre, et a crée avec lui Venus dans le monde, le mercredi dans l'année, la narine gauche dans la per-

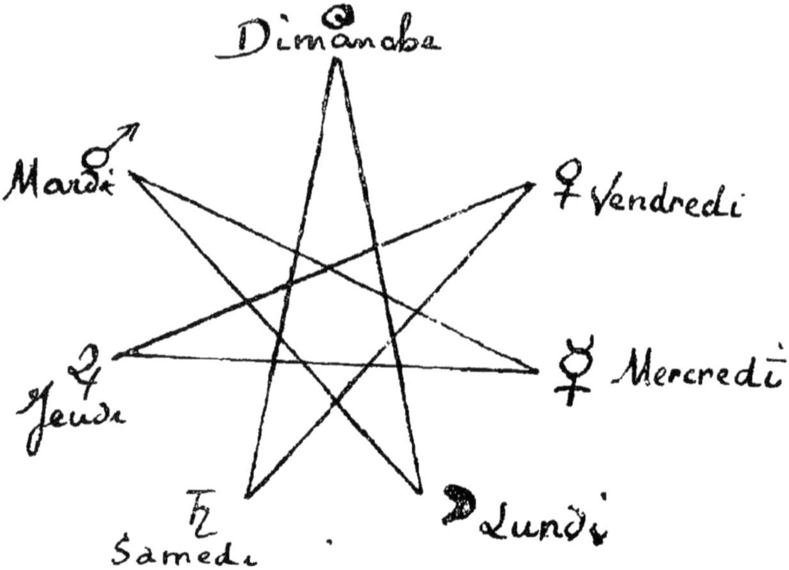

Sepher Ietzirah. — Jours de la semaine et correspondances planétaires.

sonne. — 7. Il a fait régner le *resch*, il lui a attaché une couronne et les a multipliés l'un avec l'autre, et a créé avec lui Mercure dans le monde, le jeudi dans l'année, l'oreille droite dans la personne. — 8. Il a fait régner le *tav*, il lui a attaché une couronne, il les a multipliés l'un avec l'autre, et a créé avec lui la Lune dans le monde, le vendredi dans l'année, l'oreille gauche dans la personne. — 9. Il a séparé les témoins et les a placés chacun à part, le monde à part, l'année à part et la personne à part.

Deux lettres construisent deux maisons, trois en bâtissent six ; quatre, vingt-quatre ; cinq, cent vingt ; six, sept cent vingt ; et de là, le nombre progresse dans l'inénarrable et l'inconcevable (1). Les astres dans le monde sont le Soleil, Vénus, Mercure, la Lune, Saturne, Jupiter et Mars. Les jours de l'année sont les sept jours de la création, et les sept portes de l'homme sont deux yeux, deux oreilles, deux narines et une bouche.

(1) V. aux remarques.

CHAPITRE VI

LES DOUZE SIMPLES

Douze simples { K Ts Gh. S N L I T H Z V E
ה ו ז ח ט י ל נ ס ע צ ק

Leur fondement est le suivant : la Vue, l'Ouïe, l'Odorat, la Parole, la Nutrition, le Coït, l'Action, la Locomotion, la Colère, le Rire, la Méditation, le Sommeil. Leur mesure est constituée par les douze termes du monde :

Le Nord-Est, le Sud-Est, l'Est-hauteur, l'Est-profondeur.

Le Nord-Ouest, le Sud-Ouest, l'Ouest-hauteur, l'Ouest-profondeur.

Le Sud-hauteur, le Sud-profondeur, le Nord-hauteur, le Nord-profondeur.

Les bornes se propagent et s'avancent dans les siècles des siècles et ce sont les bras de l'Univers.

Ces douze simples, il les sculpta, les grava, les assembla, les pesa et les transmua et il créa avec elles douze signes dans l'Univers, savoir : le Bélier, le Taureau, etc., etc.

Douze mois dans l'année.

Et ces lettres sont les douze directrices de l'homme, ainsi qu'il suit :

Main droite et main gauche, les deux pieds, les deux reins, le foie, le fiel, la rate, le côlon, la vessie, les artères.

Il a fait régner le *hé*, lui a attaché une couronne ; il les a mêlés l'un avec l'autre et il a créé avec lui le Bélier dans le monde, *nisan* (Mars) dans l'année et le foie dans l'homme.

Il a fait régner le *vau*, lui a attaché une couronne, les a mêlés l'un à l'autre et il a créé avec lui le Taureau dans le monde, *iyyar* (Avril) dans l'année, la bile dans le monde.

Il a fait régner le *zaïn*, lui a attaché une couronne, les a mêlés l'un à l'autre et a créé avec lui les Gémeaux dans le monde, *sivan* (Mai) dans l'année et la rate dans l'homme.

Il a fait régner le *heth*, lui a attaché une couronne, les a mêlés l'un à l'autre et a créé avec lui le Cancer dans le monde, *tammuz* (Juin) dans l'année et l'estomac dans l'homme.

Il a fait régner le *teth*, lui a attaché une couronne et les a multipliés l'un avec l'autre et il a créé avec lui le Lion dans le monde, *ab* (Juillet) dans l'année, le rein droit dans l'homme.

CHAPITRE VII

§ 1. — TABLEAU DES CORRESPONDANCES

1. Air, tempéré, poitrine. — Terre, froid, ventre. — Ciel, chaud, tête, et ce sont *alef*, *mem*, *schin*. — 2. Saturne, samedi, bouche. — Jupiter, dimanche, œil droit. — Mars, lundi, œil gauche. — Soleil, mardi, narine droite. — Vénus, mercredi, narine gauche. — Mercure, jeudi, oreille droite. — Lune, vendredi, oreille gauche; ce sont *bet*, *guimel*, *dalet*, *kaf*, *pé*, *resch*, *tav*. — 3. Bélier, *nisan*, foie. — Taureau, *iyyar*, bile. — Gémeaux, *sivan*, rate. — Cancer, *tammuz*, estomac. — Lion, *ab*, rein droit. — Vierge, *élul*, rein gauche. — Balance, *tischri*, intestin abstinent. — Scorpion, *marheschvan*, intestin aveugle. — Sagittaire, *kislev*, main droite. — Capricorne, *tébet*, main gauche. — Verseau, *schebat*, pied droit. — Poissons, *adar*, pied gauche; et ce sont *hé*, *vav*, *zayin*, *et*, *tet*, *yod*, *lamed*, *nun*, *samekh*, *ayin*, *sadé*, *qof*.

§ 2. — DÉRIVÉS DES LETTRES

Avec l'*alef* ont été formés: l'air, l'atmosphère, le tempéré, la poitrine et la règle de l'équilibre (fléau). Avec le *mem* ont été formés: l'eau, la terre, l'hiver, le ventre, le plateau du démérite, Avec le *schin* ont été formés: le feu, le ciel, l'été, la tête et le plateau du mérite. Avec le *bet* ont été formés: Saturne, le Sabbat, la bouche, la vie et la mort. Avec le *guimel* ont été formés: Jupiter, le dimanche, l'œil droit, la paix et le malheur. Avec le *dalet* ont été formés: Mars, le lundi, l'œil gauche, la sagesse et la sottise. Avec le *kaf* ont été formés: le soleil, le mardi, la narine droite, la richesse et la pauvreté. Avec le *pé* ont été formés: Vénus, le mercredi, la narine gauche, la culture et le désert. Avec le *resch* ont été formés: Mercure, le jeudi, l'oreille droite, la grâce et la laideur. Avec le *tav* ont été formés: la Lune, le vendredi, l'oreille gauche, la domination et la servitude. Avec le *bet* ont été formés: le Bélier, *nisan*, le foie, la vue et la cécité. Avec le *vav* ont été formés : le Taureau, *iyyar*, la bile, l'ouïe et la surdité. Avec le *zayin* ont été formés : les Gémeaux, *sivan*, la rate, l'odorat et l'absence d'odorat. Avec le *het* ont été formés : le Cancer, *tammuz*, l'estomac, la parole et le mutisme. Avec le *tet* ont été formés : le Lion, *ab*, le rein droit, la déglutition et la faim. Avec le *yod* ont été formés : la Vierge, *élul*, le rein gauche, le commerce sexuel et la castration. Avec le *lamed* ont été formés : la Balance, *tischri*, l'intestin abstinent, l'activité et l'impotence. Avec *nun* ont été formés : le Scorpion, *marheschvan*, l'intestin aveugle, la marche et la claudication. Avec *samekh* ont été formés : le Sagittaire, *kislev*, la main droite, la colère et l'enlèvement du foie. Avec *ayin* ont été formés : le Capricorne, *tébet*, la main gauche, le rire et l'enlèvement de la rate. Avec *sadé* ont été formés : le Verseau, *séhebat*, le pied droit, la pensée et l'enlèvement du cœur. Avec le *qof* ont été formés : les Poissons, *adar*, le pied gauche, le sommeil et la langueur. Et tous sont attachés au Dragon, à la sphère et au cœur.

Trois (1) choses sont au pouvoir de l'homme (les mains, les pieds, les lèvres), trois choses ne sont pas au pouvoir de l'homme (les yeux, les oreilles, les narines). Il y a trois choses pénibles à entendre : la malédiction, le blasphème et la mauvaise nouvelle ; il y a trois choses agréables à entendre : la bénédiction, la louange et la bonne nouvelle. Trois regards sont mauvais : le regard de l'adultère, le regard du voleur et le regard de l'avare ; trois choses sont agréables à voir : le regard de la pudeur, le regard de la franchise et le regard de la générosité. Trois odeurs sont mauvaises : l'odeur de l'air corrompu, l'odeur d'un vent lourd et l'odeur des poisons ; trois odeurs sont bonnes : l'odeur des épices, l'odeur des festins et l'odeur des aromates. Trois choses sont mauvaises pour la langue : le bavardage, l'année et l'œil gauche dans la personne ; trois choses sont bonnes pour la langue : le silence, la réserve et la sincérité.

§ 3. — RÉSUMÉ GÉNÉRAL

Trois mères, sept doubles et douze simples. Telles sont les vingt-deux lettres avec lesquelles est fait le tétragramme IEVE יהוה c'est-à-dire Notre Dieu Sabaoth, le Dieu sublime d'Israël, le Très-Haut siégeant dans les siècles ; et son saint nom créa trois pères et leurs

(1) Ajouté d'après Sabbataï Donolo.

descendants et sept ciels avec leurs cohortes célestes et douze bornes de l'Univers.

La preuve de tout cela, le témoignage fidèle, c'est l'univers, l'année et l'homme. Il les érigea en témoins et les sculpta par trois, sept et douze. Douze signes et chefs dans le Dragon céleste, le Zodiaque et le Cœur. Trois, le feu, l'eau et l'air. Le feu au-dessus, l'eau au-dessous et l'air au milieu. Cela signifie que l'air participe des deux.

Le Dragon céleste, c'est-à-dire l'Intelligence dans le monde, le Zodiaque dans l'année et le Cœur dans l'homme. Trois, le feu, l'eau et l'air. Le feu supérieur, l'eau inférieure, l'air au milieu, car il participe des deux.

Le Dragon céleste est dans l'univers semblable à un roi sur son trône, le Zodiaque dans l'année semblable à un roi dans sa cité, le Cœur dans l'homme ressemble à un roi à la guerre.

Et Dieu les fit opposés, Bien et Mal. Il fit le Bien du Bien et le Mal du Mal. Le Bien prouve le Mal et le Mal le Bien. Le Bien bouillonne dans les justes et le Mal dans les impies. Et chacun est constitué par le ternaire.

Sept parties sont constituées par deux ternaires au milieu desquels se tient l'unité.

Le duodénaire est constitué par des parties opposées : trois amies, trois ennemies, trois vivantes vivifient, trois tuent, et Dieu, roi fidèle, les domine toutes du seuil de sa sainteté.

L'unité domine sur le ternaire, le ternaire sur le septénaire, le septénaire sur le duodenaire, mais chaque partie est inséparable de toutes les autres lorsqu'Abraham notre père l'eut compris et qu'il considéra, examina, approfondit, comprit, sculpta, grava et composa tout cela, de ce fait il joignit la créature au créateur, Alors le maître de l'Univers se manifesta à lui, l'appela son ami et s'engagea par une alliance éternelle envers lui et sa postérité. comme il est écrit : IL crut en IOAH (יהוה) et cela lui fut compté comme une œuvre de Justice. IL contracta avec Abraham un pacte entre ses dix orteils, c'est le pacte de la circoncision, et un autre entre les dix doigts de ses mains, c'est le pacte de la langue. IL attacha les vingt-deux lettres à sa langue et lui découvrit leur mystère. IL les fit descendre dans l'eau, les fit monter dans le feu, les jeta dans l'air, les alluma dans les sept planètes et les effusa dans les douze signes célestes.

§ 4. — REMARQUES

Notre intention n'est pas, dans ces courtes observations, de faire un commentaire du Sepher Jesirah. Ce commentaire, pour avoir quelque valeur, ne peut être basé que sur le texte hébraïque dont la langue conservant encore sa triple signification (1) permet seule de rendre tout entière la pensée de l'auteur. Du reste les maîtres les plus éminents en occultisme, Guillaume Postel et l'Alchimiste Abraham, ont fait, en latin, des commentaires excellents auxquels nous renvoyons le lecteur désireux d'approfondir ces questions.

Nous voulons borner notre ambition à éclaircir de notre mieux les passages trop obscurs, par des notes et par la traduction de deux ouvrages kabbalisques trop peu connus : Les cinquante portes de l'Intelligence et Les trente-deux voies de la Sagesse.

D'une façon générale on pourrait appeler le Sepher Jesirah le livre de la création kabbalistique plutôt que le livre kabbalistique de la création. C'est en effet sur le nom mystérieux IOAH (יהוה) que le livre tout entier repose, et la création du monde par LUI-LES-DIEUX (2) se borne à la création toute kabbalistique des nombres et des lettres. Par là l'auteur du Sepher proclame, dès le début, la méthode caractéristique des Sciences Occultes : l'Analogie.

La forme que l'artiste donne à son œuvre exprime exactement la grandeur de l'idée productrice, il existe un rapport mathématique entre la forme visible et l'idée invisible qui lui a donné naissance, entre la réunion des lettres formant un mot et l'idée que ce mot représente ; aussi créer des mots c'est créer des idées et l'on comprend pourquoi le Sepher Jesirah se borne, pour raconter la création d'un monde, à développer la création des lettres hébraïques qui représente des idées et des lois.

« Le Sohar est une espèce de lumière, le Sepher Jesirah une échelle de vérités. Là s'expliquent les trente-deux signes absolus de la parole, les nombres et les lettres ; chaque lettre reproduit un

(1) « Moïse a suivi en cela la méthode des Prêtres égyptiens ; car je dois dire avant tout que ces Prêtres avaient trois manières d'exprimer leur pensée. La première était claire et simple, la seconde symbolique et figurée, la troisième sacrée ou hiéroglyphique... Le même mot prenait à leur gré le sens propre, figuré ou hiéroglyphique. Tel était le génie de leur langue. Héraclite a parfaitement exprimé cette différence en la désignant par les épithètes de *parlant*, de *signifiant* et de *cachant*. » (Fabre d'Olivet.)

(2) Traduction exacte du mot אלהים (Ælohim). Du reste, on peut voir au début du Sepher Jesirah Dieu désigné au pluriel.

nombre, une idée et une forme, en sorte que les mathématiques s'appliquent aux idées et aux formes non moins rigoureusement qu'aux nombres, par une proportion exacte et une correspondance parfaite.

« Par la science du Sepher Jesirah l'esprit humain est fixé dans la vérité et dans la raison et peut se rendre compte des progrès possibles de l'intelligence par les évolutions des nombres. Le Sohar représente donc la Vérité absolue et le Sepher Jesirah donne les moyens de la saisir, de se l'approprier et d'en faire usage. » (Eliphas Levi, *Histoire de la Magie.*)

La loi générale qui va donner naissance au monde une fois créée sous le nom de IOAH (1), nous allons la voir se développer dans l'Univers à travers les dix Sephiroth ou Numérations.

Qu'expriment donc ces dix Sephiroth ? Peu de termes ont donné naissance à plus de commentaires ; d'après les racines hébraïques de ce mot, je crois qu'on pourrait exprimer l'idée qu'il renferme, par la définition suivante : *point d'arrêt d'un mouvement cyclique.* Les dix Sephiroth ne seraient alors que dix conceptions à degrés différents d'une seule et même chose que les Kabbalistes désignent sous le nom d'En Soph, l'ineffable, qui représente l'essence divine dans sa plus grande abstraction et qui est désignée dans le nom (IEVE) par la première lettre droite I י (יהוה).

Le Sepher nous montre l'application de ces idées en se servant du même mot (EVE) (הוה) combiné de façons différentes pour nous indiquer les six derniers Sephiroth (chap. 1er).

M. Franck, interprétant les Kabbalistes, dit aussi : « Quoique tous également nécessaires, les attributs et les distinctions que les Sephiroth expriment ne peuvent pas nous faire comprendre la nature divine de la même hauteur ; mais ils nous la représentent sous

(1) Je crois rendre service aux lecteurs en publiant une partie du commentaire de Fabre d'Olivet sur ce nom mystérieux dont l'étude est, à dessein, à peine abordée par les écrivains en occulte :

« Ce nom offre d'abord le signe indicateur de la vie, doublé, et formant la racine essentiellement vivante EE (הה). Cette racine n'est jamais employée comme nom et c'est la seule qui jouisse de cette prérogative. Elle est, dès sa formation, non seulement un verbe, mais un verbe unique dont tous les autres ne sont que des dérivés : en un mot le verbe הוה (EVE) être-étant. Ici, comme on le voit, et comme j'ai eu soin de l'expliquer dans ma grammaire, le signe de la lumière intelligible ו (Vô) est au milieu de la racine de vie. Moïse, prenant ce verbe par excellence pour en former le nom propre de l'Être des Êtres, y ajoute le signe de la manifestation potentielle et de l'éternité י (I) et il obtient יהוה (IEVE) dans lequel le facultatif étant se trouve placé entre un passé sans origine et un futur sans terme. Ce nom admirable signifie donc exactement l'Etre-qui-est-qui-fut-et-qui-sera. »

divers aspects que dans le langage des Kabbalistes on appelle des visages ou des personnes (1). »

Mais c'est Kircher qui va nous éclairer tout à fait en nous montrant dans une seule phrase l'origine des travaux modernes sur l'unité de la force répandue dans l'Univers, travaux poursuivis avec tant de fruits par Louis Lucas (2) ; écoutons notre auteur :

C'est pourquoi toutes les Sephiroth ou Nombres sont une seule et même force modifiée différemment suivant les milieux qu'elle traverse (3). »

Bientôt la substance divine va, par de nouvelles modifications, donner naissance à des conceptions encore inconnues manifestées par les vingt-deux lettres. Ici les grandes lois qui régissent la nature vont apparaître une à une dans les applications analogiques qu'emploie l'auteur du Sepher en parlant de l'Univers, de l'année et de l'homme.

La première distinction apparaît dans la division ternaire des lettres qui se partagent en mères, doubles (exprimant deux sons, l'un positif, fort, et l'autre négatif, doux) et simples (n'exprimant qu'un son).

Cette idée de la Trinité se retrouve partout dans le Sepher. Elle est surtout bien développée dans le chapitre III où l'on montre sa constitution : un positif (ש) S le Feu ; un négatif, l'Eau (מ) M ; et enfin un neutre, l'Air A (א), intermédiaire entre les deux et résultant de leur action réciproque.

Considérons chaque Trinité comme une seule personne et nous allons voir apparaître une Trinité positive, une Trinité négative et l'Unité qui les accorde dans le Septénaire comme le dit le texte :

Sept parties sont constituées par deux Ternaires au milieu desquels se tient l'unité.

De même le duodénaire est formé de quatre ternaires opposés deux à deux.

Dans ces quelques chiffres sont cependant contenues toutes les lois que la Science occulte considère comme les lois primordiales, les *pourquoi* de la Nature.

(1) Franck, *La Kabbale*.
(2) Voyez l'*Occultisme contemporain*, par Papus (chez Carré).
(3) Kircher, *Œdipus Ægyptiacus* (*Cabala Hebræorum*, § 11).

Et cela est si vrai que l'auteur termine son livre en synthétisant dans une seule phrase les lois qu'il a analysées précédemment.

A côté de cette évolution, partie de la Divinité pour se répandre à travers la création, dont l'idée est, en somme, assez claire, apparaissent, de place en place, des passages obscurs dont le sens se rapporte aux pratiques divinatoires, et par suite occultes, du sanctuaire.

Quelques lettres de l'alphabet suffisent pour exprimer un nombre incalculable d'idées et cela par leur simple combinaison. Ainsi voici trois lettres l'N l'M et l'O qui vont exprimer une idée entièrement différente suivant qu'on les écrira NOM ou MON. C'est à ces combinaisons des lettres et par suite des nombres et des idées que se rapportent les deux cent trente et une portes de la fin du chapitre II et les maisons du chapitre IV.

Les deux cent trente et une portes se rattachent à la pratique d'une table appelée Ziruph en Kabbale et indiquant tous les mots que peuvent former les vingt-deux lettres, substituées les unes aux autres. Mais, dans le cas qui nous occupe, voici l'explication de Guillaume Postel :

Multipliez les vingt-deux lettres par les onze nombres (les dix Sephiroth + l'ineffable), vous obtiendrez deux cent quarante-deux desquels vous retrancherez les nombres pour n'avoir plus que les portes occultes, ce qui vous donnera 242 — 11 = 231 portes.

La table des substitutions sert à remplacer la première lettre de l'alphabet par la dernière, la deuxième par l'avant-dernière et ainsi de suite.

Prenons un exemple du français, l'alphabet :
A B C D E F G H I J K L M N O P Q R S T U V X Y Z deviendra :
Z Y X V U T S R Q P O N M L K J I H G F E D C B A,

si bien que pour écrire ART on écrira en lisant l'alphabet placé au-dessous ZHF. Cette méthode combinée avec la suivante est d'un grand secours pour l'usage pratique de la Rota de Guillaume Postel (1).

Le deuxième passage (fin du chapitre IV) se rapporte au nombre de combinaisons que peuvent former un certain nombre de

(1) Voyez Eliphas Levi, *Rituel de Haute Magie*, chapitre XXI.

lettres ; ainsi deux lettres ne peuvent former que deux combinaisons, trois peuvent en former six. Ex. :

1. A B C
2. A C B
3. B A C
4. B C A
5. C A B
6. C B A

et ainsi de suite d'après une loi mathématique. Comme on peut le voir, le Sepher Jesirah est déductif, il part de l'idée de Dieu pour descendre dans les phénomènes naturels. Les deux livres dont il me reste à parler sont établis l'un d'après le système du Sepher Jésirah, c'est celui intitulé : Les trente-deux voies de la Sagesse. L'autre est inductif, il part de la Nature pour remonter à l'idée de Dieu, et présente un système d'évolution remarquable en cela qu'il offre une analogie digne d'intérêt avec les idées modernes et les données de la Théosophie (1). Je veux parler des *cinquante portes de l'intelligence.*

D'après les Kabbalistes, chacun de ces deux systèmes procède d'une des premières Sephiroth. Les trente-deux voies de la Sagesse dérivent de Chochmah et les cinquante portes de l'Intelligence de Binah, comme l'enseigne Kircher :

« De même que les trente-deux voies de la Sagesse, émanées de la Sagesse, se répandent dans le cercle des choses créées, de même de Binah, c'est-à-dire de l'Intelligence que nous avons vu être l'Esprit saint, s'ouvrent cinquante portes qui conduisent aux dites voies ; leur but est de conduire à l'usage pratique des trente-deux voies de la Sagesse et de la Puissance.

« On les appelle Portes parce que personne ne peut, d'après les cabalistes, parvenir à une notion parfaite des voies susdites s'il n'est d'abord entré par ces Portes. »

(1) Voyez la seconde partie du *Traité élémentaire de Science occulte.*

§ 5. — LES 50 PORTES DE L'INTELLIGENCE

1re CLASSE

PRINCIPES DES ÉLÉMENTS

Porte 1 — (la plus infime) Matière première, Hyle, Chaos.
— 2 — Vide et inanimé : ce qui est sans forme.
— 3 — Attraction naturelle, l'abîme.
— 4 — Séparation et rudiments des Éléments.
— 5 — Élément Terre ne renfermant encore aucune semence.
— 6 — Élément Eau agissant sur la Terre.
— 7 — Élément de l'Air s'exhalant de l'abîme des eaux.
— 8 — Élément Feu échauffant et vivifiant.
— 9 — Figuration des Qualités.
— 10 — Leur attraction vers le mélange.

2e CLASSE

DÉCADE DES MIXTES

Porte 11 — Apparition des Minéraux par la disjonction de la terre.
— 12 — Fleurs et sucs ordonnés pour la génération des métaux.
— 13 — Mers, Lacs, Fleurs sécrétés entre les alvéoles (de la Terre).
— 14 — Production des Herbes, des Arbres, c'est-à-dire de la nature végétante.
— 15 — Forces et semences données à chacun d'eux.
— 16 — Production de la Nature sensible, c'est-à-dire
— 17 — Des Insectes et des Reptiles.
— 18 — Des Poissons } chacun avec ses propriétés
— 19 — Des Oiseaux } spéciales.
— 20 — Procréation des Quadrupèdes.

3e CLASSE

DÉCADE DE LA NATURE HUMAINE

Porte 21 — Production de l'homme.
— 22 — Limon de la Terre de Damas, Matière.
— 23 — Souffle de Vie, Ame ou
— 24 — Mystère d'Adam et d'Eve.
— 25 — Homme-Tout, Microcosme.
— 26 — Cinq puissances externes.
— 27 — Cinq puissances internes.
— 28 — Homme Ciel.
— 29 — Homme Ange.
— 30 — Homme image et similitude de Dieu.

4e CLASSE

ORDRES DES CIEUX, MONDE DES SPHÈRES

Porte 31	Ciel	De la Lune.
— 32		De Mercure.
— 33		De Vénus.
— 34		Du Soleil.
— 35		De Mars.
— 36		De Jupiter.
— 37		De Saturne.
— 38		Du Firmament.
— 39		Du premier Mobile,
— 40		Empyrée.

5e CLASSE

DES NEUF ORDRES D'ANGES, MONDE ANGÉLIQUE

Porte 41 — Animaux saints . . . . Séraphins.
— 42 — Ophanim, c'est-à-dire Roues . . . Chérubins.
— 43 — Anges grands et forts . . . . . . Trônes.

— 44 — Haschemalim c'est-à-dire . . . . Dominations.
— 45 — Seraphim c'est-à-dire . . . . . . Vertus.
— 46 — Malachim . . . . Puissances.
— 47 — Elohim . . . . Principautés.
— 48 — Ben Elohim . . . . Archanges.
— 49 — Chérubin . . . . Anges.

6e CLASSE

EN-SOPH, DIEU IMMENSE

MONDE SUPERMONDAIN ET ARCHÉTYPE

Porte 50 — Dieu, Souverain Bien, Celui que l'homme mortel n'a pas vu, ni qu'aucune recherche de l'esprit n'a pénétré. C'est là la 50e porte à laquelle Moïse ne parvint pas.

Et telles sont les cinquante portes par lesquelles le chemin est préparé de l'Intelligence ou l'Esprit Saint vers les 32 voies de la Sagesse au scrutateur soucieux et obéissant à la loi.

« Les 32 voies de la Sagesse sont les chemins lumineux par lesquels les saints hommes de Dieu peuvent, par un long usage, une longue expérience des choses divines et une longue méditation sur elles, parvenir aux centres cachés. »

KIRCHER.

§ 6. — LES 32 VOIES DE LA SAGESSE

La première voie est appelée Intelligence admirable, couronne suprême. C'est la lumière qui fait comprendre le principe sans principe et c'est la gloire première ; nulle créature ne peut atteindre son essence.

La seconde voie c'est l'Intelligence qui illumine ; c'est la couronne de la Création et la splendeur de l'Unité suprême dont elle se rapproche le plus. Elle est exaltée au-dessus de toute tête et appelée par les Kabbalistes : La Gloire seconde.

La troisième voie est appelée Intelligence sanctifiante et c'est la base de la Sagesse primordiale, appelée créatrice de la Foi. Ses racines sont אמן. Elle est parente de la foi qui en émane en effet.

La quatrième est appelée Intelligence d'arrêt ou réceptrice, parce qu'elle se dresse comme une borne pour recevoir les émanations des intelligences supérieures qui lui sont envoyées. C'est d'elle qu'émanent toutes les vertus spirituelles par la subtilité. Elle émane de la couronne suprême.

La cinquième voie est appelée Intelligence radiculaire, parce que, égale plus que tout autre à la suprême unité, elle émane des profondeurs de la Sagesse primordiale.

La sixième voie est appelée Intelligence de l'influence médiane, parce que c'est en elle que se multiplie le flux des émanations. Elle fait influer cette affluence même sur les hommes bénis qui s'y unissent.

La septième voie est appelée Intelligence cachée, parce qu'elle fait jaillir une splendeur éclatante sur toutes les vertus intellectuelles qui sont contemplées par les yeux de l'esprit et par l'extase de la foi.

La huitième voie est appelée Intelligence parfaite et absolue. C'est d'elle qu'émane la préparation des principes. Elle n'a pas de racines auxquelles elle adhère, si ce n'est dans les profondeurs de la Sphère Magnificence de la substance propre de laquelle elle émane.

La neuvième voie est appelée Intelligence mondée. Elle purifie les Numérations, empêche et arrête le bris de leurs images ; car elle fonde leur unité afin de les préserver par son union avec elle de la destruction et de la division.

La dixième voie est appelée Intelligence resplendissante, parce qu'elle est exaltée au-dessus de toute tête et a son siège dans BINAH ; elle illumine le feu de tous les luminaires et fait émaner la forme du principe des formes.

La onzième voie est appelée Intelligence du feu. Elle est le voile placé devant les dispositions et l'ordre des semences supérieures et inférieures. Celui qui possède cette voie jouit d'une grande dignité, c'est d'être devant la face de la cause des causes.

La douzième voie est appelée Intelligence de la lumière, parce qu'elle est l'image de la magnificence. On dit qu'elle est le lieu d'où vient la vision de ceux qui voient des apparitions.

La treizième voie est appelée Intelligence inductive de l'Unité. C'est la substance de la Gloire ; elle fait connaître la vérité à chacun des esprits.

La quatorzième voie est appelée Intelligence qui illumine, c'est l'institutrice des arcanes, le fondement de la Sainteté.

La quinzième voie est appelée Intelligence constitutive parce qu'elle constitue la création dans la chaleur du monde. Elle est elle-même, d'après les Philosophes, la chaleur dont l'Ecriture parle (Job. 38), la chaleur et son enveloppe.

La seizième voie est appelée Intelligence triomphante et éternelle, volupté de la Gloire, paradis de la volupté préparé pour les justes.

La dix-septième voie est appelée Intelligence dispositive. Elle dipose les pieux à la fidélité et par là les rend aptes à recevoir l'Esprit-Saint.

La dix-huitième voie est appelée Intelligence ou Maison de l'affluence. C'est d'elle qu'on tire les arcanes et les sens cachés qui sommeillent dans son ombre.

La dix-neuvième voie est appelée Intelligence du secret ou de toutes les activités spirituelles. L'affluence qu'elle reçoit vient de la Bénédiction très élevée et de la gloire suprême.

La vingtième voie est appelée Intelligence de la Volonté. Elle prépare toutes les créatures et chacune d'elles en particulier à la démonstration de l'existence de la Sagesse primordiale.

La vingt et unième voie est appelée Intelligence qui plaît à celui qui cherche ; elle reçoit l'influence divine et influe par sa bénédiction sur toutes les existences.

La vingt-deuxième voie est appelée Intelligence fidèle, parce qu'en elle sont déposées les vertus spirituelles qui y augmentent jusqu'à ce qu'elles aillent vers ceux qui habitent sous son ombre.

La vingt-troisième voie est appelée Intelligence stable. Elle est la cause de la consistance de toutes les numérations (Sephiroth).

La vingt-quatrième voie est appelée Intelligence imaginative. Elle donne la ressemblance à toutes les ressemblances des êtres qui d'après ses aspects sont créés à sa convenance.

La vingt-cinquième voie est appelée Intelligence de Tentation ou d'épreuve, parce que c'est la première tentation par laquelle Dieu éprouve les pieux.

La vingt-sixième voie est appelée Intelligence qui renouvelle parce que c'est par elle que DIEU (béni soit-il) renouvelle tout ce qui peut être renouvelé dans la création du monde.

La vingt-septième voie est appelée Intelligence qui agite. C'est en effet d'elle qu'est créé l'Esprit de toute créature de l'Orbe suprême et l'agitation, c'est-à-dire le mouvement auquel elles sont sujettes.

La vingt-huitième voie est appelée Intelligence naturelle. C'est par elle qu'est parachevée et rendue parfaite la nature de tout ce qui existe dans l'Orbe du Soleil.

La vingt-neuvième voie est appelée Intelligence corporelle. Elle forme tout corps qui est corporifié sous tous les orbes et son accroissement.

La trentième voie est appelée Intelligence collective parce que c'est d'elle que les Astrologues tirent, par le jugement des étoiles et des signes célestes, leurs spéculations et les perfectionnements de leur science d'après les mouvements des astres.

La trente et unième voie est appelée Intelligence perpétuelle. Pourquoi? Parce qu'elle règle le mouvement du Soleil et de la lune d'après leur constitution et les fait graviter l'un et l'autre dans son orbe respectif.

La trente-deuxième voie est appelée Intelligence adjuvante parce qu'elle dirige toutes les opérations des sept planètes et de leurs divisions et y concourt.

Voici l'usage pratiqué de ces 32 voies.

Les Cabalistes, quand ils veulent interroger Dieu par une voie quelconque des choses naturelles, s'y prennent ainsi :

D'abord ils consultent dans une préparation antérieure les 32 endroits du 1er chapitre de la Genèse, c'est-à-dire les voies des choses créées, et exercent sur elles leur étude (1).

Puis par le moyen de certaines oraisons tirées du nom ELOIM (אלהים) ils prient Dieu de leur accorder largement la lumière nécessaire à la voie cherchée et se persuadent, par des cérémonies convenables, qu'ils sont adeptes à la Lumière de la Sagesse, si bien qu'ils se tiennent, par leur foi inébranlable et leur ardente charité, dans le cœur du monde pour l'interroger. Pour que l'oraison ait dès lors une plus grande puissance, ils se servent du nom de 42 lettres (2) et par lui pensent qu'ils obtiendront ce qu'ils demandent.

*
* *

Les lecteurs curieux de nouveaux détails sur la Kabbale en trouveront dans les récits de tous les Kabbalistes contemporains Eliphas Lévi, Stanislas de Guaita, Joséphin Peladan, Alber Jhouney. Ceux qui désirent pénétrer au fond du système kabbalistique esquissé symboliquement dans *le Sepher Jesirah* trouveront des développements considérables dans mon étude sur le *Tarot des*

(1) Dans le 1er chapitre de la Genèse, le nom divin Elohim est mentionné 32 fois.

(2) Ce nom est tiré des combinaisons du Tétragramme ; voy. KIRCHER, *op. cit.*

Bohémiens, gros volume de près de 400 pages, basé sur le 3e nom divin.

§ 7. — LA DATE DU « SEPHER IETZIRAH »

« Cherche, pense, combine, imagine et rétablis la créature à la place assignée par le Créateur. »

(*Sepher Ietzirah.* — Traduct. PAPUS.)

Ce n'est pas sans une certaine appréhension que nous avons entrepris ce travail, peut-être bien présompteux pour l'humble étudiant que nous sommes. Mais cette appréhension doit-elle nous empêcher de révéler la parcelle de vérité que nous pensons détenir ? nous ne le croyons pas. « La lumière ne doit pas être mise sous le boisseau », a dit le maître, et la moindre lueur, dans l'obscurité, suffit souvent à déceler la route cachée que des flambeaux plus étincelants viendront illuminer plus tard. De plus, notre travail est la confirmation pratique de ce conseil donné par le *Sepher Ietzirah* lui-même à l'étudiant occulte et que nous avons pris pour épigraphe : « Cherche, pense, combine, imagine et rétablis la créature à la place assignée par le Créateur. »

Fixer une date à une œuvre telle que le *Sepher Ietzirah* n'est pas chose facile pour le critique rationaliste, et nous n'en voulons pour preuve que les divergences considérables d'opinion qui séparent les différents critiques. Presque tous partent de cette idée préconçue, que toute œuvre mystique ou kabbaliste n'est qu'un ramassis, plus ou moins hétérogène, de divagations puériles. D'autres, comme le Dr Karppe, tout en s'en défendant et de bonne foi, comme le prouve sa très savante et très consciencieuse *Étude sur les origines et la nature du Zohar*, finissent par arriver à la même conclusion ou presque.

C'est que tous, malgré leur science, malgré leur puissance de raisonnement, ne peuvent rien comprendre — et pour cause — à ces écrits, ni y découvrir ce que peut y distinguer clairement le moindre étudiant en Occultisme. Ils sont donc fatalement portés à voir dans toute œuvre mystique, ou la simple dérivation d'un système philosophique ou religieux enveloppé de nébulosités extravagantes et incompréhensibles, ou la volonté de faire cadrer, plus ou moins adroitement, la philosophie d'une école avec un système religieux donné.

Essayer de leur faire admettre que, sous ces voiles, peuvent se cacher, se cachent en réalité, les plus puissantes doctrines scientifiques et morales, et surtout que ces doctrines remontent à la plus haute antiquité, c'est vouloir n'obtenir d'eux que le sourire dédaigneusement indulgent de celui qui *croit* savoir, pour l'ignorant qui *veut* savoir.

Les preuves sur lesquelles ils appuient leurs jugements sont-elles donc si irréfutables, ne donnent-elles donc si peu de prise à la critique qu'il faille les accepter les yeux fermés? Non, certes, et nous nous efforcerons de le démontrer.

Ces preuves sont de deux sortes :

1° Preuves tirées des idées philosophiques générales contenues dans le livre étudié. Nous les appellerons preuves philosophiques ou morales.

2° Preuves tirées de la langue dans laquelle le livre a été écrit : Nous les nommerons : preuves grammaticales ou d'écriture.

Ces preuves, nous les trouvons magistralement appliquées dans l'ouvrage tout récent, dont nous avons déjà parlé, de S. Karppe. Voyons, comment l'auteur, en s'appuyant sur ces preuves, s'efforce d'assigner au *Sepher Ietzirah*, une origine relativement récente.

Après avoir longuement discuté les idées philosophiques du *Sepher Ietzirah*, — discussion dans laquelle nous ne le suivrons pas, puisque tel n'est pas notre but, — il conclut ainsi, tout en avertissant le lecteur que c'est une opinion personnelle, donnée sous toute réserve, sans fondement scientifique :

« Le *Sepher Ietzirah* n'est peut-être pas le point initial mais final d'une longue série d'idées, et il est possible qu'il soit l'œuvre d'un pédagogue préoccupé de quintessencier en un manuel très court, en une espèce de Mischnah, toutes les connaissances scientifiques élémentaires :

« Connaissances relatives à la lecture et à la grammaire : les vingt-deux lettres de l'alphabet avec toutes leurs combinaisons, telles qu'elles figurent sur des tableaux destinés à apprendre à lire aux enfants, telles que selon Sadyah il s'en trouvait alors dans les villes de Palestine et d'Egypte ; puis la division des lettres selon les organes qui les prononcent, la nature des lettres susceptibles d'une double prononciation, etc.

« Connaissances cosmologiques et physiques comme le nom et la nature des éléments, les rapports et les différences qui existent entre eux, leur densité, etc.

« Connaissances relatives à la division du temps, les jours de la semaine, les mois de l'année, et, s'y rattachant, les notions sur les planètes, les signes du Zodiaque.

« Connaissances relatives à l'espace, les points cardinaux, les directions de la rose des vents et y compris des notions de géométrie concernant le carré, le cube.

« Connaissances relatives à l'anatomie comme la division des organes, leurs noms, leurs fonctions, le rôle capital du cœur.

« Enfin des connaissances essentielles relatives à la doctrine juive, comme le monothéisme, la cosmogonie de la *Genèse*, la circoncision et aussi les conceptions touchant la Mercabah.

« De la sorte le *Sepher Ietzirah* ne serait rien moins qu'une œuvre mystique. Il ne serait autre chose qu'un « enchiridion » élémentaire se proposant de rattacher entre elles au moyen des nombres et des lettres toutes les notions qui sont l'objet d'enseignement du premier âge (1). »

Tel n'est pas notre avis, assuré qu'une doctrine beaucoup plus haute se voile sous la terminologie du *Sepher Ietzirah*. En tous cas, la fin de cette conclusion ne nous paraît pas soutenable. Quand des hommes de la valeur de notre critique avouent les difficultés qu'ils éprouvent devant une telle œuvre, qu'est-ce qu'un enfant y pourrait comprendre ? Puis, tout cela ne peut guère faire préjuger de l'époque à laquelle remonte le *Sepher Ietzirah*, l'origine de toutes les données éparses dans le livre et résumées si clairement par le critique se perdant dans la nuit des temps. Mais nous confondrons l'examen de ces premières preuves avec celui des preuves grammaticales ou d'écriture, beaucoup plus importantes et avec lesquelles elles s'enchaînent.

Pour ne pas prolonger outre mesure cette étude, nous ne citerons que les conclusions de la discussion à la suite de laquelle Karppe fixe la date, probable pour lui, du *Sepher Ietzirah*, renvoyant à son livre lui-même ceux de nos lecteurs désireux de suivre la discussion intégrale.

« Il (le *Sepher Ietzirah*) existe sûrement au moment où Agobard écrit sa lettre au roi Louis le Pieux : il y a fait en effet clairement allusion... La lettre d'Agobard nous reporte à l'an 829. — D'autre part, l'auteur du *Sepher Ietzirah* connaît les distinctions grammaticales concernant la double prononciation des lettres *b*,*g*,*d*,*k*,*p*,*r*,*t* ; il connaît la division des lettres par organes, mais il ignore les points-voyelles... Les points-voyelles sont l'œuvre des Massorètes ;

(1) S. Karppe, *Etude sur les origines et la nature du Zohar*, p. 163 et suiv.

si l'auteur les avait connus, il aurait été frappé de leur nombre 7 et il n'aurait pas manqué de leur donner une place dans son ouvrage. Toutes ces considérations nous conduisent à penser que l'apparition du *Sepher Ietzirah* se place au commencement de l'âge grammatical, c'est-à-dire entre le VIIIe et le IXe siècle (1). »

Les preuves que l'auteur apporte, pour si fortes qu'elles paraissent, n'ont pas, pensons-nous, toute la valeur qu'on pourrait leur attribuer avant examen approfondi. Nous lui accordons volontiers que la rédaction du document qu'il a traduit remonte à l'époque à laquelle il l'a placé ; ses remarques sur les connaissances grammaticales du rédacteur de ce document paraissant absolument fondées. Mais parce qu'un livre dont on ignore du reste, et le nom de l'auteur, et la date précise, semble appartenir à une époque donnée, peut-on nécessairement conclure que ce livre est original et de la même époque ? — Que les exemplaires hébraïques du *Sepher Ietzirah* disparaissent sans laisser de traces, pourra-t-on en conclure, dans quelques mille ans, sur une traduction française de notre époque, sauvée par hasard, que ce livre a été écrit par un mystique français du XXe siècle ? — Je sais bien qu'on m'objectera que les idées qu'il contient ne sont pas en rapport avec d'autres œuvres de la même époque ; mais quand les mystiques ont-ils écrit avec les idées *des gens raisonnables !*

Les remarques grammaticales ne prouvent donc qu'une chose, savoir : que le *Sephir Ietzirah* a été, pour la première fois, fixé par l'écriture, vers le VIIIe siècle. Elles ne prouvent nullement qu'il n'existait pas transmis oralement avant cette époque.

Le critique en fait un résumé des connaissances acquises à ce moment; or, la plupart de ces connaissances ne remontent-elles pas énormément plus haut ; d'autres, au contraire, ne lui paraissent-elles pas singulières pour l'époque ?

Il semble admettre, par exemple, que l'auteur du *Sepher Ietzirah* connaissait « le rôle capital du cœur » ; dans ce cas, ce n'est pas au IXe, mais au XVIIe siècle qu'il devrait appartenir. Comment, en effet, l'auteur du *Sepher Ietzirah* pouvait-il connaître, au VIIIe ou IXe siècle, le rôle capital du cœur ? Est-ce que cette vérité physiologique était admise dans la science officielle de son époque ? Non. Alors il faudrait donc logiquement conclure, ou que le *Sepher Ietzirah* est postérieur à Harvey, ou que le kabbaliste inconnu qui rédigea ce livre devançait de beaucoup la science de son temps.

La première conclusion est absurde ; la seconde serait soute-

(1) S. KARPPE, *Loc. cit.*, p. 167.

nable pour nous, étudiants de l'Occulte, qui savons que dans le *Sepher Ietzirah* comme dans le *Sepher Bereschit*, comme dans bien d'autres livres antiques se voilent la science et la vérité ; mais nous ne voulons pas insister sur cette remarque, le passage en question ne nous paraissant pas suffisamment explicite.

Quoi qu'il en soit, le *Sepher Ietzirah* existait avant l'époque fixée par le critique, il existait depuis de longs siècles, mais il n'était pas écrit. Simple tradition orale, il se transmettait secrètement d'initié à initié. C'est ce qui explique pourquoi les talmudistes antérieurs au IXe siècle n'en parlent jamais ; les talmudistes non kabbalistes l'ignorant et les talmudistes initiés n'ayant pas jugé bon de le traduire au grand jour.

C'est ce qui explique encore la parole « d'un kabbaliste du XIVe siècle, Isaac Delatès, qui, dans la préface de l'éditiou de Crémone du *Zohar*, se demande le premier qui a permis à R. Akiba d'écrire, en l'appelant Mischnah, le *Sepher Ietzirah*, puisque c'est un livre transmis oralement depuis Abraham (1) ? »

C'est ce qui explique enfin, croyons-nous, en partie, les divergences qui existent entre les différentes rédactions du *Sepher Ietzirah*, divergences notables surtout dans les correspondances des lettres, comme on peut le constater en comparant la traduction donnée par Papus à celle donnée par S. Karppe.

Si, jusqu'à présent, nous avons fait voir que la critique moderne n'avait nullement prouvé la non-antiquité du *Sepher Ietzirah*, nous n'avons pas non plus démontré l'antiquité de cet ouvrage. Or nous prétendons qu'il est antique, qu'il remonte au moins à l'époque patriarcale, sinon plus haut, et que s'il n'est pas l'œuvre d'Abraham lui-même, ainsi que le veut la tradition kabbaliste, il lui est plutôt antérieur que postérieur.

La preuve, preuve basée non pas sur la tradition occulte, sans valeur pour la critique rationaliste, mais sur une donnée scientifique pure, se trouve écrite en toutes lettres dans le texte même de l'œuvre.

Commençons par mettre en regard les deux traductions données par Papus et Karppe du passage du *Sepher Ietzirah* qui sert de point de départ à notre démonstration.

(1) S. KARPPE, *Loc. cit.*, p. 166.

PAPUS	S. KARPPE
—	—
CHAPITRE VII	CHAPITRE VI
—	—
§ 3 Trois mères, 7 doubles et 12 simples. Telles sont les 22 lettres avec lesquelles est fait le tétragramme IEVE יהוה, c'est-à-dire Notre Dieu Sabaoth, le Dieu Sublime d'Israël, le Très-Haut siégeant dans les siecles ; et son saint nom créa 3 pères et leurs descendants et 7 ciels avec leurs cohortes célestes et 12 bornes de l'Univers.	Voici les 3 mères : *Alef, mem, schin*, et d'elles sont issus 3 pères, *air, eau feu ;* des pères sont issues les générations, 7 constellations et leurs milices et 12 arêtes en diagonale. — La preuve de la chose, les témoins fidèles sont : le monde, l'année, la personne, et la loi est : 12, 7, 3 ; *il les a suspendus au Dragon*, à la sphère et au cœur. — Trois mères, *Alef, Mem, Schin* correspondant à *air, eau, feu*. Le feu en haut, l'eau en bas et l'air, souffle tenant le milieu entre les deux autres.
La preuve de tout cela, le témoignage fidèle, c'est l'univers, l'année et l'homme. Il les érigea en témoins et les sculpta par 3, 7 et 12. Douze signes et chefs dans le *Dragon céleste*, le zodiaque et le cœur. Trois, le feu, l'eau et l'air. Le feu au-dessus, l'eau au-dessous et l'air au milieu.	. . . .
. . . .	
Le Dragon céleste est dans l'univers semblable à un roi sur son trône, le zodiaque dans l'année semblable à un roi dans sa cité, le cœur dans l'homme ressemble à un roi à la guerre.	*Le Dragon dans l'univers est comme un roi sur son trône*, la sphère dans l'année est comme un roi dans sa ville, le cœur dans la personne est comme un roi dans ses provinces.

Nous pouvons tout d'abord constater que les deux textes, s'ils ne sont pas identiques, ont du moins une analogie frappante. Quant à la dernière phrase, elle est, à un mot près, semblable chez les deux traducteurs.

Or le passage que nous venons de citer a fortement embarrassé l'auteur de l'*Étude sur le Zohar*. Il sent qu'il y a là quelque chose d'important, un problème intéressant à résoudre, mais la solution claire ne lui est pas apparue.

Nous ne pouvons mieux faire que de le citer lui-même. A propos de ces mots : « il les a suspendus au Dragon », il écrit : « On a interprété ce mot très diversement. L'auteur entend évidemment que le Dragon est à l'univers, ce que la sphère est à l'année, ce que le cœur est à la personne, c'est-à-dire le centre ou la force impulsive du tout. Le Dragon pourrait donc être quelque chose comme la constellation du Serpent, points d'intersections où se coupent l'orbite du soleil et de l'équateur. Les deux points d'intersection seraient la tête et la queue du Dragon (1). » Et plus loin, à propos de la dernière phrase de sa traduction que nous avons citée plus haut, il écrit encore : « C'est-à-dire le Dragon ne quitte pas le palais, le ciel, la sphère demeure voisine du ciel, et le cœur est un centre purement terrestre. Les trois sont une manifestation de Dieu, mais l'une est plus éloignée de lui que l'autre, — ou bien le Dragon est un centre immobile, la sphère se meut sur elle-même sans changer son orbite, et le cœur est comme un roi dans la guerre, c'est-à-dire préside à l'ordre des organes multiples rangés comme en bataille autour de lui. Je donne ces explications sous toutes réserves, n'étant pas arrivé à la pleine clarté des vues de l'auteur (2). »

Nous le voyons, Karppe avoue franchement n'avoir pu élucider ce passage, et, s'il ne l'a pu, c'est, nous n'en doutons pas, parce qu'il était absolument et de bonne foi convaincu par ses travaux antérieurs que le *Sepher Ietzirah* ne pouvait remonter plus haut que le VIIIe siècle. Il est indubitable, en effet, qu'il a dû songer, avant de s'adresser en désespoir de cause à la constellation du Serpent qui n'a rien à voir dans l'affaire, à la constellation du Dragon désignée en toutes lettres dans le livre et qui, selon la saison à laquelle on l'observe, « parfois chasse dans le ciel d'une extrémité à l'autre... et parfois introduit sa queue dans sa bouche comme un serpent enroulé (3) ».

Nous voulons donc croire que, si le critique ne s'est pas arrêté au Dragon, c'est évidemment que cette constellation, pas plus au IXe siècle qu'aujourd'hui, n'était dans le ciel « comme un roi sur son trône », c'est-à-dire le point fixe autour duquel semble tourner tout l'univers, le pôle en un mot. Il avait cependant parfaitement compris que le *Sepher Ietzirah* désigne ainsi le centre du monde, et nous nous étonnons véritablement qu'il ait cherché à faire ce centre du point d'intersection de l'équateur et de l'écliptique.

Il nous est, il est vrai, impossible de passer sous silence la grave erreur astronomique que constitue le fait de placer les points d'in-

(1) S. KARPPE, *Loc. cit.*, p. 157, note 1.
(2) S. KARPPE, *Loc. cit.*, p. 157. Note 3.
(3) C'est la description qu'en donne le *Sepher Raziel*, cité par KARPPE, *Loc. cit.*, p. 157, note 1.

tersection de l'équateur et de l'écliptique dans la constellation du Serpent. Le point équinoxial de printemps est actuellement dans les Poissons ; le point équinoxial d'automne dans la Vierge, et dans les 25.000 ans que dure la révolution de ces points, ils ne peuvent jamais être dans le Serpent, qui n'est pas une constellation zodiacale.

De doute, il ne peut y en avoir, le roi sur son trône dans l'univers, le roi autour duquel gravite toute la cour des étoiles est l'étoile polaire. Encore de nos jours, malgré que nous sachions fort bien le contraire, nous continuons à prendre pratiquement l'étoile polaire comme centre de l'univers sidéral, et l'auteur du *Sepher Ietzirah* connût-il aussi bien que nous le système du monde, — et de cela nous sommes persuadés, — il ne pouvait en désigner autrement, ni plus clairement le centre. Donc, s'il indique le Dragon comme pôle, c'est qu'à l'époque où il formulait le *Sepher Ietzirah*, la Polaire faisait partie de cette constellation.

Si nous suivons sur une carte céleste le cercle décrit par le pôle dans la longue période de 25.000 ans, nous voyons que ce pôle, actuellement tout près de l'étoile *Alpha* de la petite Ourse, a gravité pendant toute l'époque qui s'étend de l'an 2.000 avant Notre-Seigneur Jésus-Christ jusque vers l'an 1000 de notre ère, dans un espace à peu près complètement privé d'étoiles brillantes. L'étoile dont il s'approcha le plus pendant ce temps, bien qu'en en restant toujours à une grande distance, fut *Bêta* de la Petite-Ourse. Mille ans environ avant l'ère chrétienne cette étoile devait marquer approximativement le pôle, qui s'en éloignait graduellement pour arriver vers l'an 850 dans le voisinage de la police actuelle.

En remontant encore plus loin, de 3.500 à 2.000 ans avant Jésus-Christ, nous constatons que le pôle, n'ayant pas encore atteint la constellation de la Petite-Ourse dans laquelle il est aujourd'hui, coupait obliquement celle du Dragon. C'est vers l'an 2.800 que le pôle fut le plus rapproché de la brillante *Alpha* du Dragon, — presque autant qu'il l'est maintenant d'*Alpha* de la Petite-Ourse ; — mais pendant toute la durée des quinze siècles qui séparent l'an 3.500 de l'an 2.000, ce fut certainement cette étoile qui indiqua le pôle, étant la brillante, la plus rapprochée de lui.

A ce moment, le Dragon était donc bien « le Roi sur son trône », le centre de l'Univers ; et si le *Sepher Ietzirah* lui donne ce titre, c'est qu'il est nécessairement lui-même de cette époque.

Il nous reste à examiner à quelle période de l'histoire se place l'existence du patriarche hébreu qui, selon la tradition kabbaliste, fut l'auteur du *Sepher Ietzirah*, et si cette période s'inscrit dans les quinze siècles pendant lesquels le Dragon fixa le pôle. Si nous ouvrons l'*Histoire ancienne des peuples de l'Orient*, de Maspéro, — un nom qui, certes, n'est pas suspect à la science moderne, — nous y lisons : « Un fragment de vieille chronique inséré au Livre sacré des Hébreux parle disertement d'un autre Elamite, qui guerroya de sa personne presque aux frontières de l'Egypte. C'est le Koutourlagamar qui soutint Rimsin contre Hammourabi, et qui ne put enrayer sa chute. Il régnait depuis treize ans déjà sur l'Orient, quand les villes de la mer Morte, Sodome, Gomorrhe, Adamah, Zéboïm et Bélâ, se révoltèrent contre lui : il convoqua soudain ses grands vassaux, Amraphel de Chaldée, Ariôk d'Elassar, Tideâl le Gouti, et il partit avec eux aux confins de son domaine... Cependant les rois des cinq villes avaient réuni leurs troupes et l'attendaient de pied ferme dans la plaine de Siddîm. Ils furent vaincus, une partie des fuyards s'engouffra et périt dans les puits de bitume qui perçaient le sol, le reste s'échappa non sans peine vers la montagne. Koutourlagamar saccagea Sodome et Gomorrhe et rétablit partout son hégémonie, puis il s'en retourna chargé de butin : la tradition hébraïque ajoute qu'il fut surpris vers les sources du Jourdain par le patriarche Abraham (1). »

Nous voilà donc fixés, par la critique historique elle-même, sur l'époque où vivait Abraham. Il fut le contemporain et l'adversaire de Koutourlagamar, le Chodorlahomor de la Bible, qui soutint sans succès son vassal Rimsin contre Hammourabi. Or, Hammourabi est le sixième roi de la première dynastie babylonienne qui commença à régner en Chaldée vers la fin du XXVe siècle avant notre ère. Bien que les assyriologues soient loin d'être d'accord sur la date précise du règne de ce prince, — Oppert, par exemple, le faisant régner de 2.394 à 2.339, et Carl Niebuhr de 2.081 à 2.026, — aucun d'eux, cependant, ne le place postérieurement à l'an 2.000. Les listes données par G. Smith et Pinches tiennent le milieu entre ces dates extrêmes, nous nous y arrêterons et placerons, avec eux, le règne d'Hammourabi de 2.287 à 2.232.

D'autre part, la Bible nous apprend qu'Abraham était âgé de quatre-vingt-six ans à la naissance d'Ismaël, survenue probablement quelques années après son raid contre Koutourlagamar. Le patriarche ayant quatre-vingts ans environ au moment de la guerre de Rimsin contre Hammourabi doit donc être considéré comme ayant vécu entre 2.300 et 2.200 avant notre ère. Rien ne s'oppose donc, historiquement et astronomiquement parlant, à ce qu'il soit

(1) Maspéro, *Histoire ancienne des peuples de l'Orient classique*, t. II, p. 47 et seq.

l'auteur du *Sepher Ietzirah*, ainsi que le veut la tradition, puisqu'à son époque le pôle était dans le Dragon.

Et, si l'on nous objectait que nous prenons nos désirs pour des réalités, et qu'il ne s'agit en tout cela que de simples coïncidences, ne serions-nous pas en droit de répondre : c'est donc aussi sur une pure coïncidence que l'on a fixé le règne de Hoang-Ti à 2.700, d'après une observation inscrite aux annales de son règne, de la même étoile Alpha du Dragon ? C'est encore une coïncidence que l'orientation des galeries des pyramides de Giseh, ouvertes à 27° de déclinaison, face à la polaire de l'époque : Alpha du Dragon ? Coïncidences toujours, toutes les autres dates attribuées aux œuvres antiques d'après les concordances astronomiques qu'on y a découvertes.

Résumons-nous et concluons. Le *Sepher Ietzirah* est antique. Il ne peut appartenir au VIIIe siècle de notre ère, pas plus qu'il n'appartient aux Esséniens, qui en auraient été les auteurs d'après Jellinek cité par Karppe, qui se refuse, du reste, à lui accorder une telle antiquité. Il se place parfaitement à l'époque où vivait Abraham, et s'il ne peut guère lui être postérieur, le pôle ayant abandonné le Dragon quelques siècles plus tard, rien ne s'oppose, au contraire, à ce qu'il lui soit même antérieur puisque douze siècles séparent le temps probable où vivait le patriarche de celui où le pôle pénétra dans la constellation du Dragon.

Si le kabbaliste qui plus tard fixa par l'écriture le *Sepher Ietzirah*, laissa le Dragon dans l'Univers comme le roi sur son trône, ne modifiant en rien la tradition orale qu'il avait reçue, c'est qu'il n'avait pas à le faire. Il épaississait simplement le voile qui depuis tant de siècles couvrait l'œuvre occulte et que seul peut soulever celui qui cherche, pense, combine, imagine et rétablit la créature à la place assignée par le Créateur.

Dr Saïr A. C.

§ 8. — EXTRAITS DU ZOHAR

Notes sur l'Origine de la Kabbale

שלשלתהקבלה

R. Gedalyah ibn Yachnir ben Don Yosef d'Imola (1523-1588) *dit dans le Schelscheleth ha quabalah, Ravenne* 1549.

A la fin année 5050 de la création (1290 A.D) il y avait plusieurs personnes qui déclaraient que toutes les parties du Sohar écrites dans le dialecte de Jérusalem (dial. Talmudique) sont composées de R· S. B. I et que toutes les parties en langue sacrée (hébreu gur) ne doivent pas lui être attribuées.

D'autres affirment que R. Moses Ben Nachman avait découvert ce livre en terre sainte, l'envoya en Catalogne, d'où il passa en Aragon et tomba R. M. de L.

D'autres enfin disent que R. M. de L. était un h. savant il trouva ts c. comm. dans son imagination et pour en tirer profit à l'égard des savants et il publia (a), de R.S.B.I. Il fit cela parce que très pauvre il était obligé de faire face à de grandes dépenses.

Pour moi je tiens que toutes ces opinions n'ont aucun fondement mais que R.S.B.I et sa société sainte ont réellement composé cet ouvrage et bien d'autres: mais ils n'avaient pas jugé le temps idoine à réunir ces œuvres qui restèrent en plus copiées et furent plus tard réunies en ordre. Cela n'a pas lieu de nous surprendre: car c'est ainsi que le maître Ichuda le St a rédigé la Mischnah en se servant de différents mss. répandus sur les 4 p. D.S. et c'est aussi ainsi que fit R. Ashi pour les Gemarah.

Ce passage absolument classique de Kabbale a été le point de départ d'une longue discussion sur l'antiquité du Zohar. David Luriah l'un des défenseurs les plus remarquables a résumé ses conclusions en les 5 articles suivants (Kadmooth ha Zohar).

1. R. M. D. L. n'a pas compilé le Zohar.

2. Les gaonim (657-1036) furent des citations du Zohar sous le nom de Midrash Yerashalim. En particulier Shérira Gaon (969-1038) se servait de l'expression הכבית הקבלה. Grœtz l'adversaire de l'antiquité du Sohar reconnait lui-même que les gaonim connaissaient le livre Nistaroth ha R.S.B.I qui était le Sohar. Enfin Saadya Gaon dont il reste à Oxford un mss. Comment du Sefer Ietzirah cite la Midrash de R.S.B.I. (900).

3. Le Zohar a été fini avant le Talmud.

4. Une grande partie du Sohar a été composée au temps de R.S.B.I. et de ses disciples.

5. Le dialecte araméen du Sohar est une preuve de son origine contemporaine des midraschim de la période talmudique.

Joignons à cela le témoignage de St Agobard (800) qui cite les livres mystérieux des hébreux. Les mots épars dans Philon, dans Sirach et le livre de la Sagesse œuvre contemporaine de la naissance de J.C., les témoignages de Menahyen de Recanati (1280) de R. Jose ben Abr. Eba Wakkar de Tolède (1290) qui citent comme ouvrage de philosophie mystique plusieurs midraschim dont le Zohar commença à être publié en copies en 1200.

1re édition { 1558, in-f°, Crémone. Vincenzeo Conti. 400 p. (Zohar ha Gadol).
1558, in-4°, Mantone. J. Winkel, 3 vol. 700 p. environ (Zohar ha Keton).

depuis un grand nombre : orientaux et occidentaux.

Comme œuvres antérieures au Zohar. cf. Molitor, pp. 36,37, je n'ai rien trouvé de mieux : tout ce qui se trouve dans Molitor est conforme aux traditions sauf p. 38, les deux traités Haminchad et Higgereth Trasodoth qui sont rejetés comme beaucoup plus récents.

L'IDRA SUTA OU LE GRAND SYNODE

Commentaire du Siphra Dzeniûta par Schiméon Ben-Jochaï.

I

Jérusalem venait d'être détruite par les Romains. Il était défendu aux Juifs, sous peine de mort, de revenir pleurer sur les ruines de leur patrie. La nation entière était dispersée, et les traditions saintes étaient perdues. La véritable Kabbale avait fait place à des subtilités puériles et superstitieuses. Ceux qui prétendaient conserver encore l'héritage de la doctrine cachée n'étaient plus que des devins et des sorciers justement proscrits par les lois des nations. C'est alors qu'un rabbin vénérable, nommé Schiméon Ben-Jochaï, rassembla autour de lui les derniers initiés à la science primitive, et résolut de leur expliquer le livre de la haute théogonie, nommé le livre du Mystère. Tous, ils en savaient le texte par cœur, mais le rabbin Schiméon connaissait seul le sens profond de ce livre que jusqu'alors on s'était transmis de bouche en bouche et de mémoire en mémoire, sans jamais l'expliquer ni même l'écrire.

Pour les réunir autour de lui, voici les paroles qu'il leur envoya :

« Pourquoi, dans ces jours de grandes tourmentes, resterions-nous comme une maison qui s'appuie sur une seule colonne, ou comme un homme qui se tient sur un seul pied ? Il est temps d'agir pour le Seigneur, car les hommes ont perdu le vrai sens de la loi.

« Nos jours s'abrègent, le maître nous appelle ; la moisson est délaissée, et les vendangeurs égarés ne savent même plus où est la vigne.

« Rassemblez-vous dans cette campagne où fut une aire aujourd'hui abandonnée. Venez, comme pour un combat, armés de conseil, de sagesse, d'intelligence, de science et d'attention ; que vos pieds soient libres comme vos mains.

« Reconnaissez pour unique maître Celui qui dispose de la vie et de la mort, et nous proférerons ensemble les paroles de vérité que les saints du ciel aiment à entendre, et ils viendront autour de nous pour nous écouter. »

Au jour dit, les rabbins se réunissent au milieu des champs, dans un espace circulaire entouré d'une muraille.

Ils arrivèrent en silence. Rabbi Schiméon s'assit au milieu d'eux, et les voyant tous réunis, il pleura.

— Malheur à moi, s'écria-t-il, si je révèle les grands mystères ! Malheur à moi, si je les laisse dans l'oubli !

Les rabbins restèrent silencieux.

Enfin, l'un d'eux, nommé Rabbi Abba, prit la parole et dit :

— Avec la permission du maître. — N'est-il pas écrit : Les secrets du Seigneur appartiennent à ceux qui le craignent ? Et nous tous qui sommes ici, ne craignons-nous pas le Seigneur, et ne sommes-nous pas initiés déjà aux entretiens secrets du Temple ?

Or, voici les noms de ceux qui étaient présents : Rabbi Eléazar, fils de Rabbi Schiméon ; Rabbi Abba, Rabbi Jéhuda, Rabbi José, fils de Jacob, Rabbi Isaac, Rabbi Thiskia, fils de Raf, Rabbi José et Rabbi Jésa.

Tous, pour s'engager au secret, mirent leur main dans celle de Rabbi Schiméon, et levèrent avec lui le doigt vers le ciel.

Puis ils vinrent s'asseoir dans l'aire, où ils étaient cachés et ombragés par de grands arbres.

Rabbi Schiméon se leva et fit sa prière ; puis il s'assit de nouveau et leur dit : « Venez et posez tous votre main droite sur ma poitrine. »

Ils le firent : et lui, prenant toutes ces mains dans les siennes, il dit avec solennité : « Maudit soit celui qui se fait une idole et qui la cache ! Malheur à celui qui couvre le mensonge des voiles du mystère ! »

Les huit rabbins répondirent : Amen.

Rabbi Schiméon reprit :

« Il n'y a qu'un vrai Dieu, devant lequel les dieux ne sont pas, et il n'y a aussi qu'un seul vrai peuple, c'est celui qui adore le vrai Dieu. »

Puis il appela son fils Eléazar, et le fit asseoir devant lui. De l'autre côté, il plaça Rabbi Abba, et dit : « Nous formons le triangle, qui est le type primordial de tout ce qui existe ; nous figurons la porte du temple et ses deux colonnes. »

Rabbi Schiméon ne parlait plus, et ses disciples se taisaient.

Alors on entendit une voix confuse comme celle d'une grande assemblée.

C'étaient les esprits du ciel qui étaient descendus pour entendre.

Les disciples tressaillirent ; mais Rabbi Schiméon leur dit : Ne craignez rien et réjouissez-vous. Il est écrit : Seigneur, j'ai entendu le bruit de ta présence, et j'ai tremblé.

Dieu a régné sur les hommes d'autrefois par la crainte, mais à présent il nous gouverne par l'amour.

N'est-il pas dit : Tu aimeras ton Dieu ? Et n'a-t-il pas dit lui-même : Je vous ai aimés ?

Puis il ajouta : La doctrine secrète est pour les âmes recueillies ; les âmes agitées et sans équilibre ne peuvent la comprendre. Peut-on assurer un clou dans une muraille mobile, prête à s'écrouler au moindre choc ?

Le monde entier est fondé sur le mystère, et s'il faut de la discrétion lorsqu'il s'agit des affaires terrestres, combien plus devons-nous être réservés quand il s'agit de ces dogmes mystérieux que Dieu ne révèle pas même aux plus élevés de ses anges ?

Le ciel s'incline pour nous écouter, mais je ne lui parlerai pas sans voiles. La terre s'émeut pour nous entendre, mais je ne lui dirai rien sans emblèmes.

Nous sommes en ce moment la porte et les colonnes de l'univers.

Enfin Rabbi Schiméon parla, et une tradition conservée dans l'arcane des arcanes nous assure que, lorsqu'il ouvrit la bouche, la terre trembla sous ses pieds, et que ses disciples en ressentirent la commotion.

II

Il parla d'abord des rois qui ont régné sur Edom avant la venue du roi Israël, images des puissances mal équilibrées qui se manifestèrent au commencement dans l'univers, avant le triomphe de l'harmonie.

— Dieu, dit-il, lorsqu'il voulut créer, jeta un voile sur sa gloire, et dans les plis de ce voile il projeta son ombre.

De cette ombre se détachèrent les géants qui dirent : Nous sommes des rois, et qui n'étaient que des fantômes.

Ils apparurent parce que Dieu s'était caché en faisant la nuit dans les chaos, et disparurent quand se dressa vers l'orient la tête lumineuse, la tête que l'humanité se donne en proclamant Dieu, le soleil régulateur de nos aspirations et de nos pensées.

Les dieux sont des mirages de l'ombre, et Dieu est la synthèse des splendeurs. Les usurpateurs tombent quand le roi monte sur son trône, et quand Dieu paraît, les dieux s'en vont.

III

Après donc qu'il eut permis à la nuit d'exister, afin de laisser paraître les étoiles, Dieu se tourna vers l'ombre qu'il avait faite, et il la regarda pour lui donner une figure.

Il imprima une image sur le voile dont il avait couvert sa gloire, et cette image lui sourit, et il voulut que cette image fut la sienne, afin de créer l'homme à la ressemblance de cette image.

Il essaya en quelque sorte la prison qu'il voulait donner aux esprits créés. Il regardait cette figure qui devait être un jour celle de l'homme, et son cœur s'attendrissait, car il lui semblait entendre déjà les plaintes de sa créature.

Toi qui veux me soumettre à la loi, disait-elle, prouve-moi que cette loi est la justice en t'y soumettant toi-même.

Et Dieu se faisait homme pour être aimé et compris des hommes.

Or, nous ne connaissons de lui que cette image empreinte sur le voile qui nous cache la splendeur. Cette image est la nôtre, et il veut que pour nous elle soit la sienne.

Ainsi nous le connaissons sans le connaître ; il nous montre une forme et n'en a pas. Nous nous le représentons comme un vieillard, lui qui n'a point d'âge.

Il est assis sur un trône d'où s'échappent éternellement des millions d'étincelles, et il leur dit de devenir des mondes.

Sa chevelure rayonne et secoue des étoiles.

Les univers gravitent autour de sa tête, et les soleils viennent se baigner dans sa lumière.

IV

L'image divine est double. Il y a la tête de lumière et la tête d'ombre, l'idéal blanc et l'idéal noir, la tête supérieure et la tête inférieure. L'une est le rêve de l'Homme-Dieu, l'autre est la supposition du Dieu-Homme. L'une figure le Dieu du sage, et l'autre l'idole du vulgaire.

Toute lumière en effet suppose une ombre, et ne devient clarté que par l'opposition de cette ombre.

La tête lumineuse verse sur la tête noire une rosée de splendeur. « Ouvre-moi, ma bien-aimée, dit Dieu à l'intelligence, parce que ma tête est pleine de rosée, et sur les boucles de mes cheveux roulent les larmes de la nuit. »

Cette rosée est la manne dont se nourrissent les âmes des justes. Les élus en ont faim et la ramassent à pleines mains dans les campagnes du ciel.

Les gouttes sont des perles rondes, brillantes comme le diamant et limpides comme le cristal.

Elles sont blanches et brillent de toutes les couleurs, car la simple et unique vérité est la splendeur de toutes choses.

V

L'image divine a treize rayons : quatre de chaque côté du triangle où nous la renfermons, et un à la pointe supérieure du triangle.

Dessinez-la dans le ciel avec votre pensée, tracez-en les lignes en allant d'étoile en étoile, elle renfermera trois cent soixante myriades de mondes.

Car le vieillard supérieur appelé le Macroprosope ou la grande hypothèse créatrice s'appelle aussi Arich-Anphin, c'est-à-dire le visage immense, L'autre, le dieu humain, la figure d'ombre, le Microprosope, c'est-à-dire l'hypothèse restreinte, s'appelle Seir-Anphin, ou le visage rétréci.

Quand ce visage regarde la face de lumière, il s'agrandit et devient harmonieux. Tout rentre alors dans l'ordre; mais cela ne peut durer toujours, car les pensées de l'homme sont variables comme lui.

Mais toujours un fil de lumière rattache l'ombre à la clarté. Ce fil traverse les conceptions innombrables de la pensée humaine, et les rattache toutes à la splendeur divine.

La tête de lumière épanche sa blancheur sur toutes les têtes pensantes, quand elles sont soumises à la loi et à la reison.

VI

La tête du vieillard suprême est un réceptacle fermé, où la sagesse infinie se repose comme un vin délicieux qui n'agite jamais sa lie.

Cette sagesse est impénétrable, elle se possède en silence et jouit de son éternité inaccessible aux vicissitudes du temps.

Lui est la lumière, mais c'est la tête noire qui est la lampe. L'huile d'intelligence lui est mesurée, et sa clarté se manifeste par trente-deux voies.

Le Dieu révélé, c'est le Dieu voilé. Cette ombre humaine de Dieu est comme le mystérieux Eden d'où sortait une source qui se partageait en quatre fleuves.

Rien ne jaillit de Dieu lui-même. Sa substance ne s'épanche point. Rien ne sort de lui et rien n'y rentre, car il est impénétrable et immuable. Tout ce qui commence, tout ce qui apparaît, tout ce qui se partage, tout ce qui s'écoule et passe, commence, apparaît, se partage, coule et passe dans son ombre. Pour lui, il est immuable dans sa lumière, et il demeure calme comme un vin vieux qui ne s'agite jamais et qui se repose sur sa lie.

VII

Ne cherchez pas à pénétrer les pensées de la tête mystérieuse. Ses pensées intimes sont cachées, mais ses pensées extérieures et créatrices rayonnent comme une chevelure.

Chevelure blanche et sans ombre dont les cheveux ne se mêlent point les uns avec les autres.

Chaque cheveu est un fil de lumière qui se rattache à des millions de mondes. Les cheveux sont partagés sur son front et descendent des deux côtés ; mais chaque côté est le côté droit. Car dans l'image divine qui constitue la tête blanche, il n'y a point de côté gauche.

Le côté gauche de la tête blanche, c'est la tête noire, car, dans le symbolisme traditionnel, le bas équivaut à la gauche, et la gauche est comme le bas.

Or, entre le haut et le bas de l'image de Dieu, il ne doit pas plus y avoir d'antagonisme qu'entre la main gauche et la main droite de l'homme, puisque l'harmonie résulte de l'analogie des contraires.

Israël dans le désert se décourage et dit : Dieu est-il avec nous, ou n'y est-il pas ?

Or ils parlaient de Celui qu'on connaît, et qu'on ne connaît pas.

Ils séparaient ainsi la tête blanche de la tête noire.

Le dieu d'ombre devenait alors un fantôme exterminateur.

Ils étaient punis parce qu'ils avaient douté par manque de confiance et d'amour.

On ne comprend pas Dieu, mais on l'aime ; et c'est l'amour qui produit la foi.

Dieu se cache à l'esprit de l'homme, mais il se révèle à son cœur.

Quand l'homme dit : Je ne crois pas en Dieu, c'est comme s'il disait : Je n'aime pas.

Et la voix d'ombre lui répond : Tu mourras parce que ton cœur abjure la vie.

Le Microprosope est la grande nuit de la foi, et c'est en elle que vivent et que soupirent tous les justes. Ils étendent leurs mains et se prennent aux cheveux du père, et de ces cheveux splendides, des gouttes de lumière tombent et viennent éclairer leur nuit.

Entre les deux côtés de la chevelure suprême est le sentier de la haute initiation, le sentier du milieu, le sentier de l'harmonie des contraires.

Là, tout se comprend et se concilie. Là, le bien seul triomphe et le mal n'existe plus.

Ce sentier est celui du suprême équilibre, et il s'appelle le dernier jugement de Dieu.

Les cheveux de la tête blanche se répandent également dans un bel ordre de tous côtés, mais ils ne couvrent point les oreilles.

Car les oreilles du Seigneur sont toujours ouvertes pour écouter la prière.

Et rien ne saurait les empêcher d'entendre le cri de l'orphelin et la plainte de l'opprimé.

LES CLASSIQUES DE LA KABBALE. — LES TALMUDISTES ET LE TALMUD

L'importance du Talmud, niée avec dérision par l'ignorance des chrétiens, et aveuglément soutenue par la superstition du vulgaire des juifs, repose tout entière sur les grandes et immuables vérités de la sainte Kabbale.

Le Talmud, dont le nom se compose de Thau sacré, et d'un mot hébreu qui signifie enseignement, contient sept parties distinctes, que la science doit bien se garder de confondre : la MISCHNA ou le Talmud de Jérusalem, les deux CHEMARA ou le Talmud de Babylone, les THOSPHATA ou additions, les BERICHTA ou appendices, les MARASCHIN ou commentaires allégoriques, et les HAGGADA ou récits traditionnels.

Les Talmudistes, rédacteurs de cette œuvre mélangée, appartenaient à trois classes de rabbins dont l'autorité successive a conservé, interprété et commenté les textes primitifs. C'étaient les Ténaimes ou initiés, les Amoraimes ou disciples vulgaires des Ténaimes ; puis sont venus les Massorètes et les Chachamines, conservateurs aveugles des textes, calculateurs systématiques des signes dont ils ne savaient pas la valeur absolue, docteurs qui ne voyaient plus la Kabbale que dans quelques jeux mathématiques d'une GEMATRIE mal entendue, et d'une insuffisante TEMURAH.

Chez les juifs comme chez les chrétiens, les tendances de l'Eglise officielle ou de la synagogue ont toujours été dirigées vers la matérialisation des signes pour substituer la hiérarchie d'influence temporelle à la hiérarchie de science et de vertu. C'est ainsi qu'avant la venue du Christ, la prophétie, représentant l'initiation et le progrès, avait toujours été en lutte ouverte ou en hostilité sourde, avec le sacerdoce : c'est ainsi que le pharisaïsme du temps de Jésus persécuta la nouvelle école esséniennne, dont il était le fondateur, et s'opposa plus tard aux larges enseignements des disciples de Hillel et de Chamai. Plus tard, les Kohanines furent encore hostiles aux Israélites initiés de l'école d'Alexandrie, et la synagogue des Chachamines et des Massorètes ne laissa en paix les Koanimes, ou excellents maîtres, que grâce à un occultisme qui fut sans doute une des racines secrètes des institutions maçonniques, pendant les ombres du Moyen Age. Ce n'est donc pas à la synagogue officielle qu'il faut demander les clefs de la haute kabbale et le sens caché du Talmud ; les représentants actuels de l'ancienne théologie biblique vous diront que les Maimonides, cette grande lumière d'Israël, non seulement n'était pas kabbaliste, mais regardait comme inutile et dangereuse l'étude de la Kabbalah. Maimonides, cependant, vénérait le Talmud, et ressemblait ainsi à ces utopistes en mysticité, qui rejettent le christianisme, tout en adorant l'Evangile. Jamais, en aucun temps, les inconséquences n'ont fait peur à l'esprit humain.

Si le Talmud n'était pas originairement la grande clef kabbalistique du judaïsme, on ne comprendrait ni son existence ni la vénération traditionnelle dont il est l'objet. En effet, nous avons cité le texte du catéchisme israélite qui doit faire considérer par tous les croyants juifs, le Talmud comme le recueil classique et authentique des lois secrètes de Jéovah, réservées par la sagesse de Moïse, à l'enseignement traditionnel de la tribu sacerdotale. Nous savons d'ailleurs que le corps de cette théologie occulte est positivement ce que tous les initiés sérieux ont considéré comme l'ensemble de la Kabbalah. Aussi la clef de cette science, qui ouvre seule toutes les portes secrètes et fait pénétrer dans toutes les profondeurs de la Bible, doit-elle s'adapter également à tous les mystères du Talmud, autre bible de convention, imaginée seulement pour l'épreuve des clefs bibliques. C'est pour cela que les talmudistes, désireux de faire comprendre aux sages le sens allégorique de certains passages évidemment absurdes des livres sacrés, enchérissent sur cette absurdité même, et donnent pour explication, à un texte improbable, un commentaire parfaitement impossible. Voici un exemple de cette méthode :

L'auteur du livre allégorique de Job représente la force brutale, sous l'emblème de deux monstres, l'un terrestre et l'autre marin, qu'il nomme l'un Béhémoth, et l'autre Léviathan. Ce n'est pas sans intention kabbalistique, sans doute, qu'il emploie le nombre deux ou binaire, car la force brutale se fait toujours concurrence à elle-même, par les lois fatales ou providentielles de l'équilibre, et de même que dans la génération éternelle des choses, l'harmonie résulte de l'analogie des contraires, ainsi dans les excès titaniens de la force, l'harmonie se conserve ou se rétablit par l'antagonisme des égaux. Voilà ce qu'a voulu dire l'auteur du livre de Job, voici maintenant comment les talmudistes enchérissent sur cette fiction.

« Eloïm avait permis à la mer de se donner un maître visible, et à la terre de se donner un roi. »

— Ceci nous rappelle la fable des grenouilles et de la grue.

« La mer enfanta Léviathan, et la terre fit sortir Béhémoth de ses entrailles bouleversées.

» Léviathan était le grand serpent de la mer.

» Béhémoth était le chérub aux cornes immenses. »

— De là est venu notre diable.

« Mais bientôt Léviathan remplit tellement la mer, que les eaux crièrent vers Eloïm, ne sachant où se réfugier.

» La terre, de son côté, se lamentait, broyée sous les pieds de Béhémoth et dépouillée, par lui, de toute verdure.

» Eloïm eut pitié, et il enleva Léviathan de la mer, et Béhémoth de la terre.

» Et il les sala, pour les conserver jusqu'au banquet du dernier jour.

» Alors les élus mangeront de la chair du Léviathan et du Béhémoth, et ils la trouveront délicieuse, parce que c'est le Seigneur qui la conserve et qui la prépare. »

— Où est Voltaire, pour rire de cette monstrueuse salaison, de ce Dieu cuisinier, et de banquet consommateur d'affreuses momies ! Nous conviendrons d'abord avec lui, que les allégories rabbiniques choquent souvent ce bon goût français et cette fine fleur de politesse littéraire, qu'ils ne pouvaient ni connaître ni deviner. Mais que diront les rieurs, si dans la fable du Léviathan et du Béhémoth, on leur fait comprendre la solution de l'énigme du mal ? Qu'auraient-ils à répondre, si on leur disait par exemple : Le diable du christianisme représente les excès aveugles de la force vitale, mais la nature conserve et maintient l'équilibre, les monstruosités même ont leur raison d'être, et serviront tôt ou tard à l'alimentation de l'harmonie universelle. Ne craignez donc pas les fantômes. Tout ce qui est au-dessus de l'homme doit être plus beau et meilleur que l'homme; au-dessous, il y a la bête, et la bête, quelque démesurée qu'elle soit, doit être l'auxiliaire ou la pâture de l'homme ! Enfants poltrons, ne craignez donc plus que le diable ne vous mange ! soyez des hommes, et c'est vous qui mangerez le diable, puisque le diable, c'est-à-dire l'esprit d'absurdité et d'inintelligence, ne peut s'élever plus haut que la bête. Voilà ce qu'il faut comprendre par e festin final ;et kabbalistique du Béhémoth et du Léviathan !

Représentez-vous maintenant un commentateur, Kohamime ou Massorète, prenant à la lettre l'allégorie talmudique des faits, discutant sérieusement la réalite littérale, prouvant l'existence réelle du Léviathan et du Béhémoth, établissant par exemple que la lune est le saloir du Père Eternel, qu'il a pu y transporter le Léviathan et le Behémoth, après l'avoir creusée et remplie de sel, etc., etc., et vous aurez une idée de toute la rédaction du Talmud, et de ses lumières voilées, et de ses naïves erreurs.

Le premier Talmud, le seul véritablement kabbalistique, la Mischna, fut rédigé pendant le siècle de l'ère chrétienne, par le dernier chef des Tenaimes, Rabbj-Jehuda-Hakadosch-Hanassi, c'est-à-dire Juda le très saint et le prince. Les noms de Kadosch et de prince étaient donnés aux grands initiés de la kabbale, et se sont conservés parmi les adeptes de la maçonnerie occulte et de la rose-croix. Rabbi Jehuda composa son livre suivant toutes les règles de la haute initiation, l'écrivit par dedans et par dehors, comme disaient Ezéchiel et saint Jean, et en indique le sens transcendantal par les lettres sacrées et les nombres correspondant au Bereschit des six premières Séphiroth. La Mischna se compose de six livres nommés *Sédérin*, dont l'ordre et le sujet correspondent aux signes absolus de la philosophie kabbalistique, comme nous allons l'expliquer.

Nous avons déjà dit que les kabbalistes ne définissent pas Dieu, mais l'adorent dans ses manifestations, qui sont l'idée et la forme, l'intelligence et l'amour ; ils supposent un pouvoir suprême appuye sur deux lois, qui sont la sagesse fixe et l'intelligence active, en d'autres termes, nécessité et liberté. C'est ainsi qu'ils forment un premier triangle ainsi conçu :

KETHER la couronne

BINAH l'intelligençe — CHOCMAH la sagesse

Puis, comme un mirage de cette conception suprême dans notre idéal, ils établissent un second triangle en sens inverse. La justice absolue, correspondant à la sagesse suprême ou à la nécessité, l'amour absolu correspondant à l'intelligence active ou à la liberté, et la beauté suprême qui résulte des harmonies de la justice et de l'amour, correspondant au pouvoir divin.

GEDULAH l'amour GEBURAH la justice

TIPHERETH la beauté

En réunissant ces deux triangles et en les entrelaçant, on en forme ce qu'on appelle l'étoile flamboyante ou le sceau de Salomon, c'est-à-dire l'expression complète de la philosophie théologique de Béreschit ou de la genèse universelle.

C'est sur cette base que Rabbi Jéhuda établit les divisions de son ouvrage. Le premier livre, ou Sédérim, correspondant à la notion de Kether, a pour titre ZERAIM, les semences, parce que dans l'idée de la couronne suprême, est contenue la notion de principe fécondant et de production universelle.

Le second livre correspond à la Séphire de Chochmah ; il s'intitule MOED, et traite des choses sacrées auxquelles il ne faut rien changer, parce qu'elles représentent l'ordre éternel.

Le troisième livre, relatif à Binah, la liberté ou la puissance créatrice traite des femmes, de la famille, et porte le nom de NASCHIM.

Le quatrième livre, inspiré par l'idée de Géburah ou de justice, traite des iniquités et de leur peine. Son titre est NAZCHIM.

Le cinquième livre correspondant à Gédulah, c'est-à-dire la miséricorde et l'amour, a pour titre KADOSCHIM, et traite des croyances consolantes et des choses saintes.

Enfin le sixième livre, analogue à la Séphire de Tiphéreth, contient les secrets les plus cachés de la vie et de la morale qui la concerne ; il traite de la purification, c'est-à-dire de la médecine des âmes, et porte le nom mystérieux de THAROTH ou TAROT, exprimant à lui seul tout le sens caché des roues symboliques d'Ezéchiel, et du nom de Thorah, donné encore de nos jours par les rabbins à l'écriture tout entière.

En tête de la Mischna, Rabbi Jehuda-Hakadosch-Hanassi a placé la tradition des sages du judaïsme. Ce sont les proverbes et les sentences des successeurs de Salomon, dans l'étendue de la souveraine sagesse :

Par trois choses, disait Simon le Juste, subsiste le monde :

« Par l'enseignement de la loi,

» Les devoirs du culte,

» Et les œuvres de charité. »

Ainsi voilà encore le triangle kabbalistique, la loi stable, le culte progressif et la charité, qui est la vie et la raison commune du culte et de la loi.

Antigonus a dit : « Ne soyez pas comme le valet qui obéit pour le salaire. Que votre récompense soit dans votre obéissance même, et que le respect des choses supérieures soit inhérent à vous. »

Ceci n'a rien de superstitieux, et devrait être médité par un grand nombre de catholiques.

« La journée est courte, disait Rabbj Tarphon, la besogne est grande, et les ouvriers sont paresseux ; ils n'en gagneront pas moins, largement, le prix de leur journée, car le maître répond pour eux et supplée par son activité, à leur indolence. »

« Promesse du salut de tous ; négation hardie du péché et du mal, responsabilité de la providence, qui exclut l'idée du châtiment dans la nécessité temporaire de la souffrance, considérée seulement comme l'aiguillon de la nonchalance des hommes. »

Akabiah disait : — « Sache bien trois choses, et tu ne pécheras jamais :

» D'où tu viens,

» Où tu vas,

» Et à qui tu dois rendre compte. »

— Voilà trois choses qu'il faut savoir, pour ne plus faire de mal de propos délibéré.

Celui qui sait bien ces trois choses ne veut plus pécher, autrement il serait fou.

Celui qui ne les sait pas encore ne peut pas encore pécher : comment, en effet, manquer à des devoirs qu'on ignore ?

Telles sont les maximes recueillies par maître Judas le saint et le prince, en tête du livre des semences, ou des principes universels. Il va ensuite du figuré au positif, et traite de l'agriculture. Ici Volney et Dupuis retrouveraient le calendrier dans les plus hauts mystères de la religion judaïque. Et pourquoi, en effet, le calendrier n'y serait-il pas ? La couronne de Kether ne correspond-elle pas à la couronne de l'année, et les fêtes religieuses ne sont-elles pas les fleurons visibles de ce diadème des hautes croyances ? Mais la philosophie transcendantale du Talmud laisse bien loin toutes les superstitions des croyances matérialisées. « Celui qui dit : Je veux pécher, et le jour du pardon viendra pour m'absoudre, celui-là rend inutile le jour du pardon, et ne sera point absous de ses iniquités volontaires. »

« Les péchés, disent encore les talmudistes, lorsqu'ils sont entre l'homme et Dieu, Dieu peut les absoudre au jour du pardon ; mais lorsqu'ils sont entre l'homme et l'homme, c'est-à-dire lorsqu'ils intéressent la justice entre les frères, l'homme peut seul les remettre, en déclarant devant la loi que le dommage est réparé. »

Ceci est magnifique et n'a pas besoin de commentaires.

Telle est la sagesse qui préside aux fêtes d'Israël, décrites dans le second livre du Talmud de Jérusalem, si étroitement lié au premier, puisque l'un traite de la culture des champs et des âmes, l'autre du culte de Dieu et du calendrier symbolique.

Le troisième livre, ou *Sédérim*, est consacré plus spécialement aux femmes et au culte de la famille. La jurisprudence talmudique ne sépare pas la femme de l'homme, et ne cherche pas, par des questions irritantes d'égalité ou de supériorité respectives, à établir l'antagonisme dans l'amour, ce qui serait nier et détruire l'amour ; pour les kabbalistes, la femme n'est ni l'égale, ni la servante, ni la maîtresse, ni l'associée de l'homme, elle est l'homme même, conçu du côté affectueux et maternel ; la femme possède tous les droits de l'homme dans l'homme, et l'homme se respecte dans la femme.

« Que la folie humaine ne sépare donc jamais ce que la sagesse divine se plaît à unir ! et malheur à ceux qui vivent seuls !!! »

Les questions d'émancipation de la femme et d'égalité civile sont en effet des rêves de femmes célibataires, et, devant la loi naturelle, le célibat est une monstruosité.

« O âme de mon âme, cœur de mon cœur, et chair de ma chair, dirait, avec son emphase orientale, un initié aux mystères de la Mischna, tu parles de devenir mon égale ? Tu veux donc devenir autre chose que moi-même ! Tu veux arracher ton cœur de mon cœur, tu veux faire deux de ce qui était un ; et de même que Dieu t'avait formée de la chair même et des os de ma poitrine, tu veux tirer de toi sans moi quelque chose de monstrueux pour te compléter et me remplacer dans ton être ! Mais quand tu te seras faite ma rivale en amours, pourras-tu jamais être mon égale en désolation et en regret ? »

« L'autel pleure, disait un rabbin talmudiste, quand un époux se sépare de son épouse. »

Le quatrième livre de la Mischna, sur les injustices et les dommages, est un recueil de lois civiles bien supérieures à tous les codes du Moyen Age, et c'est à la source de cette législation secrète qu'il faut rapporter la conservation d'Israël, à travers tant de persécutions, et sa délivrance par l'industrie qui est le dernier terme matériel de la civilisation et la sauvegarde de tous les droits politiques si péniblement et si complètement reconquis de nos jours, par les enfants réhabilités des anciens parias d'Israël.

Les livres intitulés *Kadoschime* et *Tharoth* complètent, par leur détail, l'ensemble des hautes traditions juives, et ferment magnifiquement le cycle des révélations de Rabbj-Jéhuda. Il y a loin de ce bel ouvrage initiatique aux commentaires des deux Ghémara, et à l'exégèse aristotélicienne de Mosé Maimonides.

Ce Maimonides, pourtant, était un savant docteur et même un grand homme ; mais il fut prévenu contre les clefs kabbalistiques du Talmud, par l'horreur de la superstition et la réaction contre le mysticisme. Dans son *Noré Newouchine* (le guide des égarés) et dans ses huit chapitres, il ramène les traditions du Talmud aux lois vulgaires de la nature et de la raison, puis dans le *Jad Hacksaka* (la Main forte) il réunit les croyances juives en un symbole de treize articles, qui est un chef-d'œuvre de simplicité et de raison, mais qui, à l'insu de Maimonides lui-même, se rapporte tellement aux principes de la plus pure kabbale, que les premières clefs du Tarot, cette grande roue kabbalistique, correspondent précisément par leurs signes hiéroglyphiques, aux treize articles fondamentaux du symbole de Maimonides.

(Extrait de *La Clef des Grands Mystères*, par Eliphas Levi,)

---

§ 9. — LA KABBALE PRATIQUE

Les 72 génies correspondant aux 72 noms d'après LENAIN.

PREMIER GÉNIE

Nom : Vehuiah והויה.

Attribut : Dieu élevé et exalté au-dessus de toutes choses.

Nom Divin qui lui correspond : Jehova יהוה.

Habite : Région du feu.

Signe : Bélier ♈.

Pour être illuminé de l'esprit de Dieu.

Verset-suite. 5e v. du ps. 3.

Et tu Domine susceptor meus et gloria mea et exultans caput meum.

Esprit subtil. Doué de grande sagacité, passionné pour les sciences et les arts, capable d'entreprendre et d'exécuter les choses les plus difficiles. Remarque : *Energie.*

Mauvais génie : Homme turbulent. Colère.

2e génie | יליאל | (Jéliel)

Dieu secourable

ND | *Aydy*

Pour apaiser les séditions populaires. Pour obtenir la victoire contre ceux qui vous attaquent injustement.

20e v., ps. 21.

Tu autem Domine ne elongareris auxilium tuum a me ad defensionem meam conspice.

• Esprit enjoué, manières agréables et galantes, passionné pour le sexe.

Génie contraire : Tout ce qui est nuisible aux êtres animés.

3e génie סיטאל (Sitaël)

Dieu, l'espérance de toutes les créatures

11e au 15e degré de la Sphère.

Contre les adversités.

Avec les noms divins et (2e vers. du ps. 90).

Dixit Domino susceptor meus es tu et refugium meum : Deus meus sperabo in eum.

Protège contre les armes et les bêtes féroces.

* Aime la vérité, tiendra sa parole, obligera ceux qui auront besoin de ses services.

Génie contraire : Hypocrisie, ingratitude, parjure.

4e génie עלמיה (Elémiah)

Dieu caché

Alla

16e à 20e degré

Contre les tourments d'esprit et pour connaître les traîtres.

4e v., ps. 6.

Convertere Domine et eripe animam meam : salvum me fac propter misericordiam tuam.

Domine voyages, expéditions maritimes.

* Industrieux, heureux dans ses entreprises, passionné pour les voyages.

Génie contraire : Mauvaise éducation, découvertes dangereuses, fait entrave à toutes les entreprises.

5e génie מחשיה (Mahasiah)

Dieu sauveur

Toth, *Teut*, *Theuth*

21e au 25e.

Pour vivre en paix avec tout le monde.

Prononcer les noms divins et le 4e vers., ps. 33.

Exquisivi Dominum et exaudivit me et ex omnibus tribulationibus meis eripuit me.

Domine : Haute Science, Phie occulte, Théologie, Arts libéraux.

* Apprend facilement, passionné pour plaisirs honnêtes.

Génie contraire : Ignorance, libertinage, mauvaises qualités du corps et de l esprit.

6e génie לְלַהאֵל (Lelahel)

Dieu louable

Abgd

26e au 30e.

Pour acquérir des lumières et guérir les maladies.

11e vers., ps. 9.

Psalite Domino qui habitat in Sion : annuntiata inter gentes studia ejus.

Amour, Renommée, Science, Arts et Fortune.

* Remarque : Ambition, Célébrité.

Génie contraire : Mauvaise ambition, Fortune par moyens illicites

7e génie אכאיה (Achaiah)

Dieu bon et patient

31 à 35e

8e vers., ps. 102.

Miserator et Misericors Dominus, longanimis et multum misericors.

Patience, Secrets de la nature.

* Aime à s'instruire, glorieux d'exécuter les travaux les plus. difficiles.

Génie contraire : Ennemi des lumières.

8e génie כהתאל (Cahetel)

Dieu adorable

Moti

36 à 40e

6e vers., ps. 94.

Venite adoremus et procidamus et ploremus ante Dominum qui fecit nos.

Pour obtenir bénédiction de Dieu et chasser les mauvais esprits.

D. Production agricole, Inspire à l'homme de s'élever vers Dieu.

* Aime travail, agriculture, campagne, chasse.

Mauvais génie : Tout ce qui est nuisible aux productions de la terre, Blasphème contre Dieu.

9e génie הזיאל (Aziel)

Dieu de miséricordie

Agzi

41 à 45°

6e vers., ps. 24.

Reminiscere miserationum tuarum, Domine, et misericordiarum tuarum quæ a sæculo sunt.

Misericorde de Dieu, amitié et faveur des grands, exécution d'une promesse faite.

D. Bonne foi et réconciliation.

* Sincères dans les promesses, pardonneront facilement.

Génie contraire : Haine, hypocrisie.

10e génie אלדיה (Aladiah)

Dieu propice

Sire et Eıpi

41 à 50°

22e vers., ps. 32.

Fiat misericordia tua, Domine super nos, quemadmodum speravimus in te.

Bon pour ceux qui ont des crimes cachés et craignent d'être découverts.

D. Rage et peste, guérison de maladie.

* Bonne santé, heureux dans ses entreprises.

Génie contraire : Mauvaise santé, mauvaises affaires.

11e génie לאויה (Lauviah)

Dieu loué et exalté

Deus

51 à 55°

50e vers. ps. 17.

Vivit Dominus et benedictus Deus meus et exsultatur Deus salutis meæ.

Contre la foudre et pour obtenir la victoire.
D. Renommée.
* Grand personnage, savant, célèbre par les talents personnels.
Génie contraire : Orgueil, jalousie, calomnie.

12e génie ההעיה (Hahaiah)

Θηος

Dieu refuge.

56 à 60°

Contre les adversités.
22e vers. ps. 9.
Ut quid Domine recessisti longe despicis in opportunitatibus in tribulatione.
D. Songes. Mystères cachés aux mortels.
* Mœurs douces, spirituelles, discrètes.
Génie contraire : Indiscrétion, mensonge, abus de confiance.

13e génie יזלאל (Iezalel)

Dieu glorifié sur toutes choses

Boog

61 à 65°

6e vers. ps. 97.
Jubilate Deo omnis terra, cantate et exultate et psallite.
D. Amitié — réconciliation, fidélité conjugale.
* Apprend avec facilité. Beaucoup d'adresse.
Génie contraire : Ignorance, mensonge, erreur.

14e génie מבהאל (Mebahel)

Dieu conservateur

Dios

66 à 70°

Contre ceux qui cherchent à usurper la fortune d'autrui.
9e vers. ps. 9.
Et factus est Dominus refugium pauperis : adjutor in opportunitatibus in tribulatione.

D. Justice, Vérité, Liberté, Délivre opprimés et protège prisonniers.

* Aime jurisprudence, se distingue dans le barreau.

Génie contraire : Calomnie, faux témoignagne, procédures.

15e génie | הריאל | (Hariel)

Dieu créateur

Idio

71 à 75°

Contre impies de la religion.

On prononce leurs noms avec les noms divins.

22e vers. ps. 93.

Et factus est mihi Dominus in refugium et Deus meus in adjutorium spei meæ.

D. Sciences et Arts.

* A sentiments religieux, purs de Mœurs.

Génie contraire : Schismes, Guerres de religions, impies, sectes religieuses.

16e génie | הקמיה | (Hakamiah)

Dieu qui érige l'Univers

Dieu

76 à 80°

Contre les traitres pour obtenir la victoire et pour être délivrés de ceux qui veulent nous opprimer.

Prononcer leur nom avec ce qui suit :

O Dieu tout puissant des armées, toi qui ériges l'Univers et qui protèges la nation française, je t'invoque moi, un tel, par le nom d'Hakamiah afin que tu délivres la France de ses ennemis.

1er vers. ps. 87.

Domine Deus salutis meæ in die clamavi et nocte coram te.

D. Têtes couronnées, grand capitaine. Donne la victoire.

* Caractère franc, loyal, brave, susceptible sur le point d'honneur, passion pour Vénus.

Génie contraire : Traitre.

17e génie לאויה (Lauviah)

Dieu admirable

Goth

81 à 85°

Invocation *à jeun.*

1er vers. ps. 8.

Domine Dominus noster quam admirabile est nomen in universa terra.

Contre les tourments d'esprit, la tristesse.

D. Hautes-Sciences. Découvertes merveilleuses. Donne révélations en songe.

* Aime musique, poésie, littérature et philosophie.

Génie contraire : Athéisme.

18e génie כליאל (Caliel)

Dieu prompt a exaucer

Boog

86 à 90°

Pour obtenir un prompt secours.

9° vers. ps. 7.

Judica me Domine secundum justitiam meam et secundum innocentiam meam super me.

Fait connaître vérité dans les procédures, fait triompher l'innocence.

* Juste, intègre, aime vérité, magistrature.

Génie contraire : Procès scandaleux, hommes vils.

19e génie לוויה (Leuviah)

Dieu qui exauce les pécheurs

Bogy

91 à 95°

Invoquer vers le midi.

1er vers. ps. 39.

Expectans, expectavi Dominum et intendit mihi.

Pour obtenir la grâce de Dieu.
D. Mémoire, intelligence des hommes.
* Aimable, enjoué, modeste, supporte adversités avec résignation.
Génie contraire : Pertes, débauche, désespoir.

20e génie פהליה (Pahaliah)

Dieu rédempteur

Tios

95 à 100e

2e vers. ps. 119.
Domine libera animan meam a labiis iniquis et a linguâ dolosâ.
Contre les ennemis de la religion pour convertir les peuples au christianisme.
D. Religion, théologie, morale, chasteté, piété.
* Vocation pour état ecclésiastique.
Génie contraire : Irréligieux. apostats, libertins, renégats.

21e génie נלכאל (Nelébaël)

Dieu seul et unique

Bueg

101 à 105e

18e vers., ps. 30.
Ego autem in te speravi, Domine, dixi deus Meus es tu, in manibus tuis sortes meæ.
Contre les calomniateurs, les charmes et pour détruire les mauvais esprits.
D. Astronomie, Mathématiques, Géographie et toutes les sciences abstraites.
* Aime poésie, littérature, passionné pour l'étude.
Génie contraire : Ignorance, erreurs, préjugés.

22e génie ייאל (Ieiaiel)

La Droite de Dieu

Good

106 à 110e.

5e vers, ps., 120.
Dominus custodit te : Dominus protectio tua super manum dexterâm tuam.

D. Fortune, renommée, diplomatie, commerce, *influe sur* voyages, découvertes, protège contre tempêtes et naufrages.

* Aime commerce, industrieux, idées libérales et philanthropiques.

Génie contraire : Pirates, esclaves.

23e génie מלהאל (Melahèl)

Dieu qui délivre des maux

Dieh

111 à 115°

8e vers., ps. 120.

Dominus custodiat introïtum tuum et exitum tuum et ex hoc nunc et in sæculum.

Contre les armes et pour voyage en sûreté.

D. Eau production de la terre et principalement plantes nécessaires à la guérison des maladies.

* D'un naturel hardi, fait des actions honorables.

Génie contraire : Tout ce qui est nuisible à la végétation cause maladies et peste.

24e génie חהויה (Hahuiah)

Dieu bon par lui-même

116 à 120°

Nom divin au 18e vers., ps. 32.

Ecce oculi Domini super metuentes eum et in eis qui sperant in misericordia ejus.

Pour obtenir la grâce et la miséricorde de Dieu.

D. Exilés, prisonniers fugitifs, condamnés contumax.

Protège contre animaux nuisibles.

Préserve des voleurs et des assassins.

* Aime la vérité, les sciences exactes, sincère en paroles et en actions.

Génie contraire : Domine êtres nuisibles.

25e génie נתהיה (Nith-Haiah)

Dieu qui donne la Sagesse

Orsy

121 à 125°

Nom divin au 1er vers., ps. 9.

Confitebor tibi Domine in toto corde meo : narrabo omnia mirabilia tua.

Sert pour avoir la sagesse et pour découvrir la vérité des mystères cachés.

D. Sciences occultes. Donne révélation en songe particulièrement à ceux qui sont nés le jour où il préside.

Influe sur ceux qui pratiquent la magie des sages.

Génie contraire : Magie noire.

26e génie האאיה (Haaiah)

Dieu caché

Agdy et Abdi

126 à 130°

Nom divin : 145e vers. ps. 118.

Clamavi in toto corde meo exaudi me Domine : justificationes tuas requiram.

Pour gagner son procès.

* Protège ceux qui cherchent la vérité. Influe sur politique. Diplomates, agents et expéditions secrètes.

Génie contraire : Traîtres. conspirateurs.

27e génie ירתאל (Jerathel)

Dieu qui punit les méchants

Teos

131 à 135°

Nom divin : 1er vers., ps. 139.

Eripe me Domine ab homine malo ; a viro iniquo eripe me.

Sert pour confondre méchants et calomniateurs et pour être délivré des ennemis.

D. Propagation de lumière, civilisation.

* Aime paix, justice, siences et arts, se distinguera dans la littérature.

Génie contraire : Ignorance, esclavage, intolérance.

28e génie שאהיה (Séeiah)

Dieu qui guérissez les malades

Adad

136 à 140°

Nom divin : 15e vers. ps., 70.

Deus ne elongeris a me : Deus meus in auxilium meum respice.

Contre les infirmités et tonnerre, protège contre incendies, ruines de bâtiments, chutes, *maladies*.

D. Santé, simplicité.

* A beaucoup de jugement.

Génie contraire : Catastrophes, cause apoplexies.

29e génie רייאל (Réiiel)

Dieu prompt à secourir

Zimi

141 à 145° inclus.

Nom divin demande le 4e vers., ps. 53.

Ecce enim Deus adjuvat me et Dominus susceptor est animæ meæ.

Contre les impies et ennemis de la religion ; pour être délivré de tous ses ennemis tant visibles qu'invisibles.

* Vertu et zèle pour propager la vérité, fera tous ses efforts pour détruire l'impiété.

Génie contraire : Fanatisme, hypocrisie.

30e génie ורביאאל (Ornaël)

Dieu patient

Tura

146 à 150°

Nom divin : 6e vers., ps. 70.

Quoniam tu es patientia mea Domine ; Domine spes mea a juventute mea.

Contre le chagrin, le désespoir et pour avoir de la patience.
D. Règne animal, surveille génération des êtres.
Chimistes, médecins, chirurgiens.
* Se distinguera dans l'anatomie et la médecine.
Génie contraire : Phénomènes monstrueux.

31e génie | לכבאל | (Lecabel)

Dieu qui inspire

Teldi

151 à 155°

Pour avoir des lumières.
Demande nom divin : 16e vers., ps. 70.
Quoniam non cognovi litteraturam ; introïbo in potentias Domini ; Domine memorabor justitiæ tuæ solius.
Domine végétation et agriculture.
* Aime astronomie, mathématiques et géométrie
Génie contraire : Avarice, usure.

32e génie | ושריה | (Vasariah)

Dieu juste

Anot

156 à 160°

Contre ceux qui nous attaquent en justice.
Nommer personne qui nous attaque, citer le motif.
Prononcer noms divins au 4e vers., ps. 32.
Quia rectum est verbum Domini et opera ejus in fide.
D. Justice.
* Mémoire heureuse, parler facilement.
Génie contraire : Mauvaises qualités du corps et de l'âme.

33e génie | יהויה | (Iehuiah)

Dieu qui connaît toutes choses

Agad

161 à 165°

11e vers., ps. 33.
Dominus scit cogitationes hominum quoniam vanæ sunt.

Sert pour connaître les traîtres.
Génie contraire : Encourage révoltes.

34e génie לההיה (Lehahiah)

Dieu clément

Aneb

166 à 170°

5e vers. ps. 130.
Speret Israel in Domino ex hoc nunc et usque in sæculum.
Sert contre la colère.
* Célèbre par ses talents et ses actions, confiance et ferveur des prières.
Génie contraire : Discorde, guerre, trahison.

35e génie כוקיה (Chevakiah)

Dieu qui donne la joie

Anup

171 à 175°

Pour rentrer en grâce avec ceux que l'on a offensés.
Prononcer la demande, les noms divins et citer la personne.
1er vers., ps. 114.
Dilexi quoniam exaudiet Dominus vocem orationis meæ.
Réciter tous les jours jusqu'à réconciliation.
D. Testaments, successions et tous partages à l'amiable.
* Aime à vivre en paix avec tout le monde. Aime à récompenser la fidélité de ceux qui sont à son service.

36e génie מנדאל (Menadel)

Dieu adorable

Alla

176 à 180°

Pour se maintenir dans son emploi et pour conserver les moyens d'existence que l'on possède.
Demande noms divins et 8e vers., ps. 25.
Domine dilexi decorem domus tuæ et locum habitationis gloriæ tuæ.
Sert contre les calomnies et pour délivrer les prisonniers.

Génie contraire : Protège ceux qui cherchent à fuir pour échapper à la justice.

37e génie אניאל (Aniel)

Dieu des vertus

Abda

181 à 185°

Noms divins et 8e vers., ps. 79.

Deus virtutem converte nos et ostende faciem tuam et salvi erimus.

Pour avoir la victoire et faire lever le siège d'une ville.

D. Sciences et arts. Révèle les secrets de la nature, inspire philosophes, sages.

* Savant distingué.

Génie contraire : Esprit pervers, charlatans.

38e génie העמיה (Haamiah)

Dieu l'espérance de tous les enfants de la terre

אגלא *Agla* (Dieu triun et un)

186 à 190°

Pour acquérir tous les trésors du ciel et de la terre.

9e vers., ps., 90.

Quoniam tu es Domine spes mea altissimum posuisti refugium tuum.

Contre les fraudes, les armes, les animaux féroces et les esprits infernaux.

Domine sur tout ce qui se rapporte à Dieu.

Génie contraire : Mensonge.

39e génie רהעאל (Rehael)

Dieu qui reçoit les pécheurs

Goot

191 à 195°

13e vers., ps. 29.

Audivit Dominus et misertus est mei : Dominus factus est meus adjutor.

Pour la guérison des maladies.

D. Santé et longévité.

Influe sur amour paternel et filial.
Génie contraire : Terre morte ou terre damnée.
Le plus cruel qui soit connu : infanticides et parricides.

40e génie ייזאל (Ieiazel)

Dieu qui réjouit

Goed

196 à 200°

Noms divins et 15e vers., ps. 87.
Ut quid Domine repellis orationem meam avertis faciem tuam a me.
Ce psaume a des propriétés merveilleuses.
Sert pour délivrer les prisonniers, pour avoir des consolations et pour être délivré de ses ennemis.
D. Imprimerie et librairie.
* Hommes de lettres et artistes.
Mauvais génie : Influence sur les esprits sombres et ceux qui fuient la société.

41e génie ההחאל (Hahahel)

Dieu en trois personnes

Gudi

201 à 205°

2e vers., ps. 119.
Domine libera animam meam a labiis iniquis et a lingua dolosa.
Contre impies, calomniateurs.
Domine sur christianisme.
* Grandeur d'âme, énergie. Se consacrer au service de Dieu.
Génie contraire : Apostat, rénégat.

42e génie מיכאל (Mikael)

Vertu de Dieu, Maison de Dieu, Semblable à Dieu

Biud

206 à 210°

Demande nom divin : 7e vers., ps. 120.
Dominus custodit te ab omni malo : custodiat animam tuam Dominus.

Sert pour voyager en sûreté.
Découvre les conspirations.
* S'occuper des affaires politiques, cerveau très diplomate.
Génie contraire : Traîtrises, fausses nouvelles, malveillance.

43e génie ווליה (Veuahiah)

Roi dominateur

Solu

211 à 215°

14e vers., ps. 87.
Et ego ad te Domine clamavi et mane oratio mea præveniet te.
Pour détruire l'ennemi et être délivré de l'esclavage.
* Aime gloire et état militaire.
Mauvais génie : Discorde entre les princes.

44e génie ילהיה (Ielahiah)

Dieu éternel

Bosa

216 à 220°

Réussite d'une entreprise utile.
Demande noms divins et 108e vers., ps. 118.
Voluntaria oris mei bene placita fac Domine et judicia tua doce me.
Protection de magistrats. Procès.
Protège contre les armes, donne la victoire.
* Aime voyages, pour s'instruire, toutes ses entreprises lui réussiront, se distinguera par ses talents militaires et sa bravoure et son nom deviendra célèbre dans les fastes de la gloire.
Génie contraire : Guerres.

45e génie סאליה (Sealiah)

Moteur de toutes choses

Hobo

221 à 225°

18e vers., ps. 93.
Si dicebam motus est pes meus misericordia tua Domine adjuvebat me.

Sert pour confondre méchants et orgueilleux, relève ceux qui sont humiliés et déchus.

D. Végétation.

* Aime à s'instruire, beaucoup de facilité.

Génie contraire : Domine sur l'atmosphère.

46e génie עראל (Ariel)

Dieu révélateur

Pino

226 à 231°

Pour avoir des révélations.

Prononcer demande aux noms divins du 9e vers., ps. 144.

Suavit Dominus universus et miserationes ejus super omnia opera ejus.

Pour remercier Dieu des biens qu'il nous envoie.

Découvre trésors cachés, révèle les plus grands secrets de la nature, fait voir en songe les objets que l'on désire.

* Esprit fort, subtil, idées neuves et pensées sublimes, discrète, circonspection.

Génie contraire : Tribulation d'esprit.

47e génie עשליה (Asaliah)

Dieu, juste qui indique la vérité

Hana

231 à 235°

25e vers., ps. 103.

Quam magnificata sunt opera tua Domine ! omnia in sapientia fecisti impleta est terra possessione tua.

Pour louer Dieu et s'élever vers lui lorsqu'il nous envoie des lumières.

Domine sur la justice, fait connaître vérité dans la procédure.

* Caractère agréable, passionné pour acquérir des lumières secrètes.

Génie contraire : Actions immorales et scandaleuses.

48e génie מיהאל (Michael)

Dieu, père secourable

Zaca

236 à 240°

3e vers., ps. 97.

Notum fecit Dominus salutare suum in conspectu gentium revelavit justitiam suam.

Pour conserver la paix et l'union entre les époux.

Protège ceux qui ont recours à lui, donne des pressentiments et inspirations secrètes sur tout ce qui leur arrivera.

D. Génération d'êtres.

* Passionné pour l'amour, aime la promenade et les plaisirs en général.

Génies contraires : Luxe, stérilité, inconstance.

49e génie והואל (Vehuel)

Dieu grand et élevé

Mara

241 à 245e

Nom divin : 3e vers., ps. 144.

Magnus Dominus et laudabilis nimis et magnitudinis ejus non est finis.

Chagrin, esprit contrarié,

Sert pour s'exalter en Dieu pour le bénir et le glorifier.

* Ame sensible et généreuse. Littérature, jurisprudence, diplomatie.

Génies contraires : Egoïsme, haine, hypocrisie.

50e génie דניאל (Daniel)

Le Signe des Miséricordes. L'Ange des confessions

Pola

246 à 250

8e vers., ps. 102.

Miserator et misericors Dominus, longanimis et misericors.

Pour obtenir la miséricorde de Dieu et pour avoir des consolations.

D. Justice, avocats, avoués.

Donne des conclusions à ceux qui hésitent.

* Industrieux et actif dans les affaires, aimera littérature et se distinguera par son éloquence.

Génie contraire : Chevalier d'industrie.

51e génie | החשיה | (Hahasiah)

Dieu caché

Bila

251 à 255°

32e vers., ps. 103.

Sit gloria Domini in sæculum lætabitur Dominus in operibus suis.

Elever son âme, découvrir mystères de la sagesse.

D. Chimie et physique.

Revèle pierre philosophale et médecine universelle.

* Aimera science abstraite.

S'attachera à connaître propriétés et vertus attachées aux animaux, végétaux et aux minéraux.

Se distinguera dans la médecine.

Génie contraire : Charlatan.

52e génie | עממיה | (Imamiah)

Dieu élevé au-dessus de toutes choses

Abag

256 à 260°

18e vers., ps. 7.

Confitebor, Domine secundum justitiam ejus et psallam nomini Domini altissimi.

Détruit puissance des ennemis et les humilie.

D. Sur tous les voyages en général, protège les prisonniers qui ont recours à lui et leur inspire le moyen d'obtenir leur liberté.

* Tempérament fort et vigoureux, supportera adversité avec patience et courage, aimera le travail.

Génie contraire : Orgueif, blasphème, méchanceté.

53e génie | ננאאל | (Nanael)

Dieu qui abaisse les orgueilleux

Obra

261 à 265°

Nom divin et 75e vers., ps. 118.

Cognovi Domine quia æquitas judicia tua et in virtute tua humiliasti me.

(Ce psaume est divisé en 22 parties égales correspondant aux 22 lettres hébraïques et aux 22 noms sacrés de Dieu qui correspondent à chacune de ces lettres. Les cabalistes prétendent que la Sainte Vierge les récitait tous les jours).

D. Les hautes sciences.

* Humeur mélancolique, aime à fuir repos, méditations, très versé dans les sciences abstraites.

Génie contraire : Ignorance.

54e génie | ניתאל | (Nithael)

Roi des cieux

Bora

266 à 270°

19e vers., ps. 102.

Dominus in cœlo paravit sedem suam : et regnum ipsius omnibus dominabitur.

Pour obtenir miséricorde de Dieu et vivre longtemps.

Empereur, roi et prince.

* Célèbre par ses écrits et son éloquence, beaucoup de réputation parmi les savants.

Génie contraire : Ruine des empires.

55e génie | מבהיה | (Mebaiah)

Dieu éternel

Alay

271 à 275°

Demande au nom divin et

13e vers. ps. 101.

Tu autem Domine in æternum permanes et memoriale tuum in generationem.

Bon pour avoir des consolation et pour ceux qui désirent avoir des enfants.

D. Morale et religion.

* Se distinguera par ses bienfaits, sa piété.

Génie contraire : Ennemis de la vertu.

56e génie פויאל (Poiel)

Dieu qui soutient l'Univers

Illi

276 à 280°

15e vers. p. 144.

Allevat Dominus omnes qui corruunt et erigit omnes elisos.

Pour obtenir ce que l'on demande.

D. Renommée, fortune et philosophie.

* Estimé de tout le monde pour sa modestie et son humeur agréable.

Génie contraire : Ambition, orgueil.

57e génie נממיה (Nemmamiah)

Dieu louable

Popa

281 à 285°

19e vers. ps. 113.

Qui timent Dominum speraverunt in Domino ; adjutor eorum et protector eorum est.

Pour prospérer en toutes choses et délivrer les prisonniers.

D. Grand capitaine.

* Aimera l'état militaire, se distinguera par son activité et supportera la fatigue avec beaucoup de courage.

Génie contraire : Trahison.

58e génie יילאל (Ieialel)

Dieu qui exauce les générations

Para

286 à 290°

Nom divin et 3e vers. ps. 6.

Et anima turbata est valde ; sed tu Domine esque quo ?

Sert contre les chagrins et guérit les maladies, principalement le mal des yeux.

Influe sur le *fer* et ceux qui en font le commerce.

* Brave, franche, passionnée pour Vénus.

Génie contraire : Colère, méchant, homicide.

59e génie | הרהאל | (Harahel)

Dieu qui connait toutes choses

Ella

291 à 295°

Prononcer le nom du génie avec ses attributs et le 3e vers. du ps. 112.

A solis ortu usque ad occasum, laudabile nomen Domini.

Contre la stérilité des femmes et pour rendre les enfants soumis envers leurs parents.

D. Trésor et Banque. Imprimerie, librairie.

* Aimera à s'instruire, fera des affaires (surtout de Bourse).

Génie contraire : Faillite frauduleuse. Ruine.

60e génie | מיצראל | (Mizrael)

Dieu qui soulage les opprimés

Gena

296 à 300°

18e vers. ps. 144.

Justus Dominus in omnibus viis suis, et sanctus in omnibus operibus suis.

Pour guérir la maladie d'esprit et pour être délivré de ceux qui nous persécutent.

* Vertueuse, longévité.

Génie contraire : Etres insubordonnés.

61e génie | ומבאל | (Umabel

Dieu au-dessus de toutes choses

Sila

301 à 305°

Nom divin et 2e vers. du ps. 112.

Sit nomen Domini benedictum ex hoc nunc et usque in sæculum.

Pour obtenir l'amitié d'une personne.

* Aime voyages et plaisirs honnêtes, cœur sensible.

Génie contraire : Libertins, vices contre nature.

62e Génie יההאל (Iah-hel)

Etre suprême

Suna

306 à 310°

159e vers. ps. 118.
Vide quoniam mandata tua delexi domine, in misericordia tua vevifica me.
Pour acquérir la sagesse.
D. Philosophes, illuminés.
* Aime tranquillité et solitude, modeste, vertueux.
Génie contraire : Scandale, luxe, inconstance, divorce.

63e Génie ענואל (Anianuel)

Dieu infiniment bon

Miri

311 à 315°

Nom divin et 11e vers. ps. 2.
Servite Domino in timore ; et exaltate ei cum tremore.
Pour convertir les nations au christianisme. Génie protège contre les accidents, guérit les malades.
D. Commerce, banquier.
* Esprit subtil et ingénieux, industrieuse et active.
Génie contraire : Folie, prodigalité.

64e Génie מהיאל (Méhiel)

Dieu qui vivifie toutes choses

Alli

316 à 320°

Nom divin et 18e vers. du ps. 32.
Ecce oculi Domini super metuentes eum ; et in eis qui sperant super misericordia ejus.
Ps. Bon contre les adversités.
Génie. Protège contre la rage et les animaux féroces.
D. Savants, professeurs, orateurs et autres.
* Se distinguera dans la littérature.
Génie contraire : Faux Savants. Critiques.

65e Génie דמביה (Damabiah

Dieu fontaine de sagesse

Tara

321 à 325°

15e vers. ps. 89.

Convertere Domine et usque qua ? et deprecibilis esto super servos tuos.

Contre les sortilèges pour obtenir la sagesse et entreprendre des réussites utiles.

D. Mers, fleuves, sources. Marins.

* Marin. Amasse fortune considérable.

Génie contraire : Tempête. Naufrages.

66e Génie מנקאה (Manakel)

Dieu qui seconde et entretient toutes choses

Pora

326 à 330°

22e vers. ps. 37.

Ne derelinquas me Domine, Deus meus ; ne discesseris a me.

Il sert pour apaiser la colère de Dieu et guérit le mal caduc.

D. Végétation, animaux aquatiques. Influence, songes.

* Douceur de caractère.

Génie contraire : Mauvaises qualités physiques et morales.

67e Génie איעאל (Etaiel)

Dieu, délice des enfants des hommes

Bogo

331 à 335°

Demande nom divin et 4e vers. ps. 36.

Delectare in Domino et dabit tibi petitiones cordis tui.

Pour avoir des consolations dans les adversités et pour acquerir la sagesse.

Influe sur la Science occulte.

Fait connaître *la vérité* à ceux qui ont recours à lui dans leurs travaux.

* Demandes illuminées de l'esprit de Dieu, aimera la solitude, se distinguera dans la Haute Science.

Génie contraire : Erreur, préjugé.

68e Génie הבויה (Xabuiah)

Dieu qui donne avec libéralité

Depos

339 à 340°

1er vers. ps. 105.

Confitemini Domino quoniam bonus quoniam in sæculum misericordia ejus.

Pour conserver la santé et guérir les maladies.

D. Agriculture et Fécondité,

* Aime campagne, chasse, jardin et tout ce qui a rapport à l'agriculture.

Génie contraire : Stérilité, famine, peste, insectes nuisibles.

69e Genie ראהאל (Rochel)

Dieu qui voit tout

Deos

341 à 345°

5e vers. ps. 15.

Dominus pars hæreditatis meæ et calicis mei ; tu es qui restitues hæreditatem meam mihi.

Pour retrouver les objets perdus ou dérobés et connaître la personne qui les a soustraits.

* Distingué dans le barreau, les mœurs et les usages de tous les peuples.

Génie contraire : Droit, testament, legs.

70e Génie יבמיה (Jabamiah)

Verbe qui produit toutes choses

Aris

346 à 350°

Demande nom divin et 1er verset de la Genèse. Au commencement Dieu créa le Ciel et la Terre.

D. Génération des êtres et phénomènes de la nature.

Protège ceux qui veulent se régénérer.

* Se distinguera par son génie. Une des grandes lumières de la philosophie.

Génie contraire : Athéisme.

71e Génie הייאל (Haiel)

Dieu maître de l'Univers

Zeut

351 à 355°

29e vers. ps. 108.

Confitebor Domino nimis in ore meo et in medio multorum laudabo eum.

Sert pour confondre le méchant et se délivrer de ceux qui veulent nous opprimer.

Génie protège ceux qui ont recours à lui.

Influe sur le fer.

* Brave.

Génie contraire : Discorde, traîtres, célébrité criminelle.

72e Génie מומיה (Mumiah)

Ω

356 à 360°

Prononcer les noms divins savoir α alpha et Ω omega avec le nom et les attributs du génie ainsi que la demande et le 7e vers. du ps. 114.

Convertere anima mea in requiem tuam : quia Dominus benefecit tibi.

L'on doit avec le talisman *divin* avoir celui de génie écrit sur l'autre côté lequel doit être préparé sous des influences favorables.

Protège dans les opérations mystérieuses, fait réussir toutes choses.

D. Chimie, physique et médecine. Influence de santé et longévité.

* Docteur et médecin.

Génie contraire : Désespoir et suicide.

Les évocation des génies doivent se faire dans la saison qui correspond à leur élément ou surtout sur les parties du monde où ils président.

Feu	Orient	Printemps
Eau	Ouest	Automne

Dimanche

Jour	1	☉	4	☾	7	♂	10	☿
	2	♀	5	♄	8	☉	11	☾
	3	☿	6	♃	9	♀	12	♄
Nuit	1	♃	4	♀	7	♄	10	☉
	2	♂	5	☿	8	♃	11	♀
	3	☉	6	☾	9	♂	12	☿

Lundi

Jour	1	☾	4	♂	7	☿	10	♃
	2	♄	5	☉	8	☽	11	♂
	3	♃	6	♀	9	♄	12	☉
Nuit	1	♀	4	♄	7	☉	10	☽
	2	☿	5	♃	8	♀	11	♄
	3	☾	6	♂	9	☿	12	♃

Mardi

Jour	1	♂	4	☿	7	♃	10	♀
	2	☉	5	☽	8	♂	11	☿
	3	♀	6	♄	9	☉	12	☾
Nuit	1	♄	4	☉	7	☽	10	♂
	2	♃	5	♀	8	♄	11	☉
	3	♂	6	☿	9	♃	12	♀

Mercredi

Jour	1	☿	4	♃	7	♀	10	♄
	2	☽	5	♂	8	☿	11	♃
	3	♄	6	☉	9	☽	12	♂
Nuit	1	☉	4	☾	7	♂	10	☿
	2	♀	5	♄	8	☉	11	☾
	3	☿	6	♃	9	♀	12	♄

Jeudi

Jour	1	♃	4	♀	7	♄	10	☉
	2	♂	5	☿	8	♃	11	♀
	3	☉	6	☾	9	♂	12	☿
Nuit	1	☾	4	♂	7	☿	10	♃
	2	♄	5	☉	8	☾	11	♂
	3	♃	6	♀	9	♄	12	☉

Vendredi

Jour	1	♀	4	♄	7	☉	10	☽
	2	☿	5	♃	8	♀	11	♄
	3	☽	6	♂	9	☿	12	♃
Nuit	1	♂	4	☿	7	♃	10	♀
	2	☉	5	☽	8	♂	11	☿
	3	♀	6	♄	9	☉	12	☽

Samedi

Jour	1	♄	4	☉	7	☾	10	♂
	2	♃	5	♀	8	♄	11	☉
	3	♂	6	☿	9	♃	12	♀
Nuit	1	☿	4	♃	7	♀	10	♄
	2	☽	5	♂	8	☿	11	♃
	3	♄	6	☉	9	☽	12	♂

PLANÈTES

Bonnes	♃	♀
Mauvaises	♄	♂
Indifférent	☉	☽

☿ bon avec le bon, mauvais avec le mauvais.

ZODIAQUE

Jour	♈	minuit à 1 heure
	♉	1 h. à
	♊	2 h. à
	♋	3 h. à
	♌	4 h. à
	♍	5 h. à
	♎	6 h. à
	♏	7 h. à
	♐	8 h. à
	♑	9 h. à
	♒	10 h. à
	♓	11 h. à 12

ZODIAQUE

Nuit Même que le jour.

Pour l'étude spéciale des Génies, et la construction des tableaux voir l'esquisse hermétique du Tout Universel d'après la Théosophie chrétienne, par Jacob (un vol. in-18, 1902 Paris, Chacornac éditeur).

QUATRIÈME PARTIE

Bibliographie résumée de la Kabbale

CHAPITRE PREMIER

INTRODUCTION A LA BIBLIOGRAPHIE DE LA KABBALE

INTRODUCTION A LA BIBLIOGRAPHIE DE LA KABBALE

§ 1. — PRÉFACE

Il n'existe pas, à notre connaissance du moins, de bibliographie spéciale de la Kabbale en langue française. On trouve bien dans les manuels courants des listes d'ouvrages classés sous cette rubrique ; mais ces listes sont faites sans ordre et sans méthode et sont très incomplètes. Mêmes remarques à faire pour les articles des dictionnaires consacrés à la Kabbale et les quelques volumes auxquels on renvoie, sauf pour l'étude consacrée à cette question dans le *Dictionnaire des Sciences philosophiques*.

Il y avait donc là une lacune très préjudiciable aux chercheurs sérieux, lacune que nous avons essayé de combler dans la faible mesure de nos moyens. Notre but est donc moins de présenter une interminable liste d'ouvrages cueillis à droite et à gauche (ce qui aurait déjà quelque utilité), que d'établir certaines divisions dans cette liste, et par suite d'éviter de longues recherches aux philosophes et aux historiens qui, à la suite des travaux d'A. Franck sur la Kabbale et d'autres éminents critiques sur l'Ecole d'Alexandrie et les doctrines néoplatoniciennes, cherchent de plus en plus à approfondir ces questions.

Il nous faudra d'abord passer en revue les principales bibliographies faites à l'étranger ou dans les derniers siècles sur la Kabbale. Nous aurons à établir le caractère spécial de chacun de ces travaux, leur utilité ou leurs défauts.

A ce propos, nous indiquerons les sources diverses auxquelles nous avons puisé, car le premier devoir de l'écrivain est de « rendre à César ce qui appartient à César », quitte à perdre un peu de prestige et à gagner beaucoup de satisfaction morale.

C'est alors que nous pourrons aborder avec quelque fruit la bibliographie proprement dite, divisant les livres d'après les idiomes dans lesquels ils sont écrits, puis d'après les sujets traités, enfin condensant en une courte liste les ouvrages les plus indispensables à connaître. Nous prendrons également soin d'établir dans ces grandes divisions d'autres séparations plus accessoires, comme la distinction entre les ouvrages d'études purement scientifiques sur la Kabbale, d'avec les œuvres produites par les kabbalistes mystiques et inspirées par la Kabbale. Nous espérons ainsi atteindre au mieux notre but, qui est, avant tout, d'être utile, et de faciliter la tâche à ceux qui, plus compétents que nous-même, voudront bien mettre nos efforts à contribution.

§ 2. — PRINCIPALES BIBLIOGRAPHIES KABBALISTIQUES

Une étude détaillée sur chacun des écrivains qui se sont occupés de la bibliographie de la Kabbale demanderait, à elle seule, un volume. On ne peut donc attendre de nous une analyse complète de chacun de ces ouvrages. Nous nous contenterons d'indiquer rapidement le caractère général des principales de ces bibliographies, renvoyant le lecteur curieux de détails plus amples à la Bibliothèque Nationale, dont nous donnons les numéros du catalogue, ce qui facilitera et abrégera beaucoup les recherches.

Jean Buxtorf

Jean Buxtorf est le chef d'une famille qui, pendant deux siècles, s'est rendue célèbre dans la littérature hébraïque (1). Il naquit le

(1) *Biographie universelle*, t. VI.

25 décembre 1564, à Camon en Westphalie et mourut à Bâle le 13 septembre 1629. Il professa pendant trente-huit ans l'hébreu dans cette ville.

JOHAN BUXTORFI. — *De Abreviationis hebraicis liber novus et copiosus cui assesserunt operis talmudici brevis recencio, cum ejusdem librorum et capitum Indici item « Bibliotheca rabbinica » novo ordine alphabetico disposita Basilea, typis Conradi Waldkirchi irpensis Ludovici Konig*, 1613, in-8°. (Bib. Nat. A. 7505).

Ce petit volume de 335 pages, quoique incomplet, a une très grande valeur, car c'est le premier travail aussi sérieusement établi. Il fut complété par les travaux ultérieurs de l'auteur et de son fils.

Il est imprimé de droite à gauche à l'inverse de nos ouvrages ordinaires. Le travail suivant est cependant bien plus complet.

BARTOLOCCI

Sinon par ordre de date du moins par ordre d'importance, la première grande bibliographie se rapportant à la Kabbale est celle de Bartolocci.

Bartolocci (Jules) était un religieux italien de l'ordre de saint Bernard. Il passa la plus grande partie de sa vie à professer la langue hébraïque au collège de la Sapience à Rome. Il naquit en 1613 à Celano, dans l'Abruzze, et mourut d'apoplexie le 1er novembre 1687.

BIBLIOTHECA MAGNA RABBINICA. — *De scriptoribus et scriptis rabbinicis, ordine alphabitico hebraice et latine digestis, auctore D. Iulio Bartoloccio de Celleno, Congreg. S. Bernardi Reform. Ord. Cistere et S. Sebastiani ad Catacumbes Abbato*, 4 vol., Rome, 1678-92. (Bib. Nat. A. 764).

Cette bibliographie est établie sur le plan alphabétique. Les quatre volumes in-folio qui la constituent sont imprimés en deux colonnes ; le commencement du volume est à droite en ouvrant l'ouvrage comme pour les livres en langue hébraïque, de plus tous les passages hébreux cités sont traduits en latin et de nombreuses tables, minutieusement établies, permettent de se retrouver très facilement dans cette immense quantité de sujets traités.

On trouve à propos de chaque sujet une bibliographie, non seulement des ouvrages hébraïques, mais encore de tous les traités sur la question. Ainsi, par exemple, on voit à la page 166 du tome 1er une étude sur *les Points* suivie de renvois bibliographiques de vingt-trois ouvrages hébraïques et de sept ouvrages latins.

Chacun de ces renvois est établi, le plus souvent, par chapitre et par page, c'est dire toute la conscience qui a présidé à l'édification de cet admirable traité (1).

L'ouvrage de Bartolocci a été continué et complété par le suivant.

IMBONATUS. — *Bibliotheca latina-hebraica sive de scriptoribus latinis qui ex diversis nationibus, contra Judæos, vel de re hebraica utcumque scripsere : additis observationibus criticis, et philologico-historicis, quibus quæ circa patriam, ætatem, vitæ institutum, mortemque ; auctorum consideranda veniunt, exponuntur, auctore et vindice* P. CAROLO IOSEPH IMBONATO MEDIOLANCASI, *Cong. S. Bernardi Ord. Cistere Monacho*, Rome, 1694, in-folio (Bib. Nat.A . 765).

On y retrouve les mêmes qualités que dans la *Bibliothèque Rabbinique*.

*
* *

Nous trouvons maintenant, toujours par ordre de date :

BASNAGE. — *Histoire des Juifs depuis Jésus-Christ jusqu'à présent*, Roterdam, 1707, in-12°, 5 vol. (Bib. nat., H. 6947 52).

Ce traité contient une table des auteurs cités d'où l'on peut tirer de sérieux renseignements bibliographiques.

*
* *

Nous arrivons enfin à l'un de ceux qui ont le plus contribué à la diffusion de ces études :

WOLF

Wolf (Jean-Christophe) est né le 21 février 1683 à Wernigerode dans la Haute-Saxe. Il mourut le 25 juillet 1739 à cinquante-six ans.

O. CHRISTOPH. WOLF. — *Bibliotheca hebræa, sive notitia tum auctorum hebraicorum cujuscumque ætatis, tum scriptorum, quæ vel hebraice primum exarata, vel ab aliis conversa sunt, ad nostram ætatem deducta*, Hambourg et Leipsig, 1715, 4 vol., in-4°, Bib. Nat. (Invent. A. 2067).

(1) Il y a environ 4000 ouvrages écrits en langue hébraïque, cités dans le cours de cet important travail.

Le tome Ier contient la notice des auteurs hébreux au nombre de 2231 ; le second, l'indication bibliographique de tous les ouvrages imprimés ou manuscrits relatifs à l'Ancien Testament, à la Mashore, au Talmud et à la grammaire hebraïque, la bibliothèque judaïque et antijudaïque ; la notice des paraphrases chaldaïques, des livres sur la cabale, et enfin des écrits anonymes des Juifs. Les deux derniers volumes renferment les corrections et les suppléments (1).

L'ouvrage de Wolf est imprimé sans colonnes de gauche à droite. Il contient aussi le traité de *Gaffarel* sur les manuscrits dont s'est servi Pic de la Mirandole : *accedit in calce* Jacobi Gaffarelli *index codicum cabbalistic, mss, quibus Jo. Picus Mirandulanus comes, usus est.*

Les quatre volumes de Wolf, abrégés du travail de Bartolocci avec de nombreuses additions d'ouvrages plus récents que la *Magna Bibliotheca rabbinica*, formeraient un ensemble presque parfait sans une singulière manie qui déprécie beaucoup d'ouvrages de l'auteur. Cette manie consiste à retraduire en latin les titres d'ouvrages et les noms d'auteurs quels qu'ils soient, sauf toutefois pour les auteurs allemands dont le nom est bien traduit en latin, mais dont les ouvrages sont mentionnés dans la langue originale. Il résulte de là une confusion regrettable dans l'esprit du chercheur et des difficultés qu'on aurait dû éviter dans un recueil bibliographique. Aussi conseillons-nous de recourir toujours de préférence à l'ouvrage de Bartolocci, sauf pour les auteurs modernes. Pour donner au lecteur un exemple du genre de Wolf, il lui suffit de se reporter aux listes que nous donnons d'après lui.

*
* *

Citons, pour terminer, comme beaucoup plus modernes les deux ouvrages suivants dont le dernier ne nous est malheureusement connu que de nom.

Furst. — *Bibliotheca Judaïca : Bibliographisches Handbruch umfassend die « Druckwerke der Judischen Literatur » einschliesslich der über juden und judenthum veroffentlichten Schriften nach alfabetischer ordnung der verfasser bearbeitet. Mit einer Geschichte der Judischen Bibliographie Sowie mit indices versehen und Herausgegeben*, von D. Julius Furst, *leherer an*

(1) Weiss, *Biograph. univ.*, t. XLV.

der universitat zu Leipzig. Leipzig, Verlag von Wilhelm Engelmann, 1863 (Bib. Nat., Q. 5139, 5140, 5141).

Rien de bien particulier à signaler dans ce travail que le dictionnaire hébraïque, placé à la fin du troisième volume et qui est imprimé comme un de nos dictionnaires, c'est-à-dire de gauche à droite.

Catalogue of hebraica and judaica in the library of the corporation of the City of London, Londres 1891, gr, in-8° de 231 pages.

§ 3. — NOS SOURCES

Outre les ouvrages précédents, nous avons consulté les listes placées à la fin des études sur la Kabbale dans la plupart des encyclopédies.

C'est ainsi que nous citerons spécialement la *Grande Encyclopédie* (article de M. Isidore Loëb), l'*Encyclopédie des Sciences religieuses* de Lichtenberger (article « Kabbale » de M. Nicolas), le *Dictionnaire de la conversation*, le *Dictionnaire encyclopédique* de Larousse, l'*Encyclopédie* de Diderot (article « Cabbale » de l'abbé Pestré suivi d'une note de d'Alembert, cet article est un des meilleurs qui aient été publiés sur la question), la *Biographie universelle* de Michaud (article de M. Tabaraud).

Et parmi les étrangers l'*Englisch cyclopédia*, l'*Encyclopédia Britannica* et la *Bibliotheca britannica* de Watt, bibliographie très remarquable à différents points de vue.

*
* *

Parmi les ouvrages qui nous ont été d'une très grande utilité pour l'établissement de notre bibliographie, nous citerons en première ligne celui de M. Ad. Franck sur *la Kabbale* qui constitue le seul recueil français dans lequel on trouve une bonne bibliographie du sujet.

Nous ne parlerons pas de *Basnage, Bartolocci, Buddeus, Buxtorf, Imbonatus, Isid. Loëb. Molitor, Wolf* et *Watt* auxquels nous avons emprunté quelque peu.

Les *collections de la Bibliothèque Nationale* sur la Kabbale nous ont également fourni quelques numéros de notre liste.

Enfin nous ne saurions terminer sans signaler de quelle utilité nous a été la *bibliothèque particulière* de notre ami *Stanislas de*

Guaita, le kabbaliste justement estimé, pour le catalogue des ouvrages mystiques sur la question.

PLAN DE NOTRE BIBLIOGRAPHIE

1° *Ordre.*

Nous avons classé les ouvrages d'une part par idiomes, d'autre part par matières traitées.

La classification par idiomes a été faite d'après l'ordre même de nos recherches.

La classification par matières a été faite d'après l'ordre adopté par les catalogues de la Bibliothèque Nationale. Nous y avons ajouté quelques rubriques tirées de notre classification générale des ouvrages se rapportant à la tradition hébraïque.

2° *Sources. — Caractère de chaque ouvrage.*

Chacun des ouvrages cités est précédé d'un numéro d'ordre.

Entre le nom de l'auteur et le titre de l'ouvrage ou avant ce titre quand l'ouvrage est anonyme, on trouve une lettre qui indique *la source* d'où nous avons tiré l'indication dudit ouvrage.

A la fin des indications bibliographiques on trouve des indications particulières :

(**SCT**). Si le caractère de l'ouvrage est surtout purement *scientifique*, s'il s'agit d'une étude didactique ou bibliographique.

(**MYS**). Si l'ouvrage est d'origine ou de tendances *occultistes* ou *mystiques*.

(**PHIL**). Si l'ouvrage est surtout *philosophique*.

3° *Tables alphabétiques.*

Enfin, pour permettre au chercheur la plus grande facilité possible, nous avons ajouté à notre bibliographie deux tables alphabétiques, l'une par noms d'auteurs, l'autre par titres d'ouvrages.

On voit par tous ces détails que nous avons cherché avant tout à faire œuvre utile, à épargner, aux autres, les tâtonnements que nous avons personnellement éprouvés dans ces recherches ; notre plus vif désir est maintenant d'être pillé le plus souvent possible au plus grand profit de l'étude. Nous voudrions surtout voir cette bibliographie incomplète et résumée, reprise et agrandie par un auteur plus compétent que nous-même. La France aurait ainsi un ouvrage à peine indiqué par cet essai, ouvrage que nos trop nombreuses occupations nous interdisent pour l'instant d'entreprendre. Nous avons défriché le terrain ; qui voudra bien maintenant le faire prospérer ?

CATALOGUE DES SOURCES DE NOTRE BIBLIOGRAPHIE.

(B). Basnage.
(BC). Bartolocci.
(BD). Buddeus.
(BN). Bibliothèque Nationale
(BX). Buxtorf.
(DV). (*Divers auteurs*).
(F). Ad. Franck.
(G). Bibliothèque de Guaita.
(I) Imbonatus.
(L). Isidore Loëb.
(M). Molitor.
(P). Papus.
(W). Wolf.
(Wt). Watt.

CARACTÈRE DE CHAQUE OUVRAGE.

(SCT). *Scientifique* (Bibliographies, études didactiques, etc.).
(MYS) *Mystique* (Inspiré par la Science Occulte ou à tendances mystiques).
(PHIL) *Philosophique* (Intermédiaire entre les caractères précédents).

CHAPITRE II

CLASSIFICATION PAR IDIOMES

§ 1. — OUVRAGES EN LANGUE FRANÇAISE

1. AD. FRANCK (**P**), *La Kabbale*, Paris, 1843, in-8° (**SCT**).

2. RICHARD SIMON (**F**). *Histoire critique du Vieux Testament* (**SCT**).

3. BURNET (**F**), *Archéologie philosophique*, chap. IV (**SCT**).

4. HOTTINGER (**F**), *Théorie philosophique* (**SCT**).

5. BASNAGE (**F**), *Histoire des Juifs* (**SCT**).

6. E. AMELINEAU (**F**), *Essai sur le gnosticisme égyptien, ses développements et son origine égyptienne*, 1 vol. in-4°, paru en 1887 (Bib. nat. 0³ A 690) (**SCT**).

7. PAUL ADAM (**P**), *Etre*, roman (**MYS**).

8. AMARAVELLA (**P**), *La Constitution du microcosme* (revue *le Lotus*) (**MYS**).

9. F. CH. BARLET (**P**), *Essai sur l'évolution de l'Idée*, 1891, in-18° (**SCT** et **PHIL**).

10. BERTHELOT (**P**), *Des origines de l'Alchimie*, Paris, 1887, in-8° (**SCT**).

11. DE BRIÈRE (**P**), *Essai sur le symbolisme antique des peuples de l'Orient*, Paris, 1854, in-8° (**SCT**).

12. RENÉ CAILLIÉ (**P**), *L'Étoile*, *la Revue des Hautes Etudes* (articles divers). Avignon, 1889-92 (**MYS**).

13. AUGUSTIN CHABOSEAU (**P**), *Essai sur la philosophie bouddhique*, p. 156 et 157, Paris, 1891, in-8° (**PHIL**).

14. P. CHRISTIAN (**P**), *L'Homme rouge des Tuileries*, Paris, 1854, in-8° (**MYS**).

15. (DIVERS) (**P**), *Congrès spirite de 1889*, 1 vol. in-8°, p. 70, 89 et suivantes (**MYS**).

16. [illegible]URT DE GÉBELIN (**P**), Œuvres (**PHIL**).

17. Henry Delaage (**P**), *La Science du vrai*, Paris, 1884, in-18° (**PHIL**).

18. Louis Figuier (**P**), *L'Alchimie* (**PHIL** et **SCT**).

19. Paul Gibier (**P**), *Analyse des choses* (**MYS**).

20. Eliphas Levi (**P**), *Dogme et rituel de la haute Magie*, Paris, 1854, in-8° ; *La clef des grands mystères* ; *Histoire de la Magie* ; *Fables et symboles* (**MYS** et **SCT**).

21. Fabre d'Olivet (**P**), *La langue hébraïque restituée*, Paris, 1825, 2 vol, in-4° (**PHIL** et **SCT**).

22. S. de Guaita (**P**), *Au Seuil du Mystère*, Paris, 1890, in-8° (**SCT** et **MYS**) ; *Le Temple de Satan*, Paris, 1891, in-8° (**MYS**).

23. Albert Jhouney (**P**), *Le Royaume de Dieu*, Paris, 1888, in-8° (**MYS**).

24. H. C. Agrippa (**P**), *Philosophie occulte*, 2 vol., La Haye, 1727, in-8° (**SCT** et **MYS**).

25. Lacour (**P**), *Les Æloim ou dieux de Moïse*, Bordeaux, 1839, in-8° (**MYS**).

26. Lacuria (**P**), *Harmonies de l'Être exprimées par les nombres*, Paris, 1853, in-8° (**MYS**).

27. Léonce de Larmandie (**P**), *Eoraka*, roman, Paris, 1891, in-8° (**MYS**).

28. Julien Lejay (**P**), *La Science secrète*, Paris, 1890, in-8° (**MYS** et **PHIL**).

29. Lenain (**P**), *La Science cabalistique*, Amiens, 1823, in-8° (**MYS**).

30. Jules Lermina (**P**), *A Brûler*, nouvelle, Paris, 1889, in-8° (**MYS**).

31. Emile Michelet (**P**), *L'Esotérisme dans l'art*, Paris, 1891, in-18° (**MYS**).

32. Molitor (**P**), *La Philosophie de la Tradition*, Paris, 1834, in-8° (**MYS**).

33. George Montière (**P**). *La chute d'Adam*, Paris, 1890 (revue l'*Initiation*) (**MYS**).

34. Papus (**P**), *Traité élémentaire de Science occulte*, Paris, 1887, in-8° (**MYS**) ; *le Tarot des Bohémiens*, Paris, 1889, gr. in-8° (**MYS** et **PHIL**) ; *Traité méthodique de Science occulte*, Paris, 1891, gr. in-8° (**PHIL** et **SCT**).

35. Joséphin Peladan (**P**), *La Décadence latine*, 11 vol., Paris, 1884-91, in-18° (**MYS**).

36. Albert Poisson (**P**), *Théories et symboles des Alchimistes*, Paris, 1891, in-8° (**PHIL**).

37. DUCHESSE DE POMAR (**P**), *Théosophie sémitique*, Paris, 1887, in-8° (**MYS**).

38. ABBÉ ROCA (**P**), *Nouveaux Cieux, nouvelle Terre*, Paris, 1889, in-8° (**MYS**).

39. R. P. ESPRIT SABATHIER (**P**), *Ombre idéale de la sagesse universelle*, 1679 (**MYS** et **PHIL**).

40. L.-C. DE SAINT-MARTIN (**P**), *Le Crocodile*, Paris, an II, in-8° (Bib. nat. Ye 10.272) (**MYS**).

41. ED. SCHURÉ (**P**), *Les Grands Initiés*, Paris, 1889, in-8° (**MYS** et **PHIL**).

42. SAINT-YVES D'ALVEYDRE (**P**), *Mission des Juifs*, Paris, 1884, gr. in-8° (**SCT** et **PHIL**).

43. J.-A. VAILLANT (**P**), *Les Rômes, histoire vraie des vrais Bohémiens*, Paris, 1854 (**MYS**).

44. G. VITOUX (**P**), *L'Occultisme scientifique*, Paris, 1891, in-8° (**MYS** et **PHIL**).

45. WRONSKI (HOENÉ) (**P**), *Messianisme ou réforme absolue du savoir humain*, Paris, 1854, in-folio (**PHIL**).

46. (**P**), *De la Magie transcendante et des méthodes de guérison dans le Talmud* (**MYS**).

47. (**P**), *La Verge de Jacob*, Lyon, 1693, in-12 (**MYS**).

48. LAGNEAU (**P**), *Harmonie mystique*, p. 1636, in-8° (**MYS**).

49. ABRAHAM LE JUIF (**G**), *La Sagesse divine*, dédié à son fils Lamech, manuscrit fin du XVIIIe siècle, 2 vol. pet. in-8° (Traduction d'un manuscrit allemand) (**MYS**).

50. GAFFAREL (**G**), *Curiosités inouïes* (**MYS**).

51. JÉROME CARDAN (**G**), *De la subtilité* (**MYS**).

52. SIEUR DE SALERNE (**G**), *La Géomancie et nomancie des anciens, la nomancie cabalistique*, in-16, 1669 (**MYS**).

53. D'ECKHARTHAUSEN (**G**), *La Nuée sur le Sanctuaire ou quelque chose dont la philosophie orgueilleuse de notre siècle ne se doute pas* (**MYS**).

54. M. P. R. Q. D. G. (**G**), *La Physique de l'Ecriture*, in-8° (**MYS**).

55. KELEPH BEN NATHAN (**G**), *La philosophie divine, appliquée aux lumières naturelle, magique, astrale, surnaturelle, céleste et divine, ou immuables vérites que Dieu a révélées de Lui-même et de ses œuvres dans le triple miroir analogique de l'Univers, de l'Homme et de la Révéation écrite*, 1793, in-8° (**MYS**).

56. QUANTIUS AUCLERC (**G**), *La Threicie, ou la seule voie des sciences divines et humaines du culte vrai et de la morale*, Paris, an VII (**MYS**).

57. L. Grassot (d. m. m.) (**G**), *La Philosophie celeste*, Bordeaux, an IX (1803), pet. in-8° (**MYS**).

58. F. Vidal Comnèm (**G**), *L'Harmonie du monde où il est traité de Dieu et de la Nature-Essence*, Paris, 1671, in-12 (**MYS**).

59. Pierre Fournié (clerc tensuré) (**G**), *Ce que nous avons été, ce que nous sommes et ce que nous deviendrons*, Londres, 1861, in-8° (**MYS**).

60. Drach (**G**), Le Chevalier Drach), ancien rabbin, *De l'harmonie de l'Eglise et de la Synagogue*, Paris, 1844, 2 vol. gr. in-8° (**MYS**).

61. Adolphe Bertet (**G**) (cabaliste pur, disciple direct d'Eliphas Lévi), docteur en droit civil et en droit canon, avocat près la cour de Chambéry, *Apocalypse du Bienheureux Jean dévoilée* (Kabbale et Tarot, à toutes les pages), Paris, Arnauld de Vresse. 1861, in-8° (**MYS**).

62. Goulianof (**G**) (le chevalier de), *Essai sur les hiéroglyphes d'Horapollon et quelques mots sur la CABALE*, Paris, 1827, in-4° (**MYS**).

63. Anonyme (**G**), *Cabala Magica tripartita*, c'est-à-dire trois tables cabalistiques..., avec leur explication et leur usage, etc., S. L., 1747, in-8° (allemand et traduction française) (**PHIL** et **MYS**).

64. Isaac Orobio (**G**), *Israël vengé*, ou *Exposition naturelle des prophéties hébraïques que les chrétiens attribuent à Jésus, leur prétendu messie*, Londres, 1770, pet. in-8° (**PHIL** et **MYS**).

65. Alexandre Weill (**G**), חוקיו ונסתרות אהבה (*Lois et mystères de l'Amour*), d'après les rabbins et la Kabbale, traduit d'un missel hébreu, Paris, Dentu, 1880, pet. in-8° (**PHIL** et **MYS**).

66. Lodoik (comte de Divonne, S.·. I.·.) (**G**), *La Voie de la Science divine* (traduction de l'anglais de Law, disciple de Böhme), précédé de la *Voix qui crie dans le désert*, Paris, 1805, in-8° (**MYS**).

67. Lopoukine (mystique cabaliste russe) (**G**), *Quelques traits de l'Eglise intérieure*, Moscou 1801 (avec figures), in-8° (**MYS**).

68. Munck (**L**), *Mélanges de Philosophie juive et arabe*, Paris, 1859, p. 275 et 490 (**SCT**) ; (**L**) *La Palestine*, p. 520 et 521 (**SCT**).

69 Herzog (**DV**), *Encyclopédie*. t. VII, p. 203, 205 et 206 (**SCT**).

70. Marquis Le Gendre (**WT**), *Traité de l'Opinion*, ch. VII (**SCT**).

70. *bis*. Malfatti de Montereggio (D.) (**P**), *La Mathèse*, traduit par Ostrowski, Paris, 1839, in-8° (**MYS**) (1).

70. *ter*. S. Karpe *Le Zohar* Paris, Alcan, 1900 in-8°.

(1) Au moment de mettre sous presse, nous recevons un nouvel ouvrage d'Eugène Nus, *A la recherche des destinées*, où tout un chapitre est consacré à la Kabbale, 1 vol. in-18, Paris, 1897. — 70 *ter*.

§ 2. — OUVRAGES EN LANGUE LATINE

71. Raymond Lulle (**F**), *Œuvres*, 10 vol. in-folio, Mayence, 1721 (**PHIL**).

72. Pic de la Mirandole (**F**), *Conclusiones cabalisticæ*, Rome, 1486 (**PHIL**).

73. Reuchlin (**F**), *De Arte cabbalistica* (**PHIL**).

74. *De Verbo Mirifico* (**PHIL**).

75. H.-C. Agrippa (**F**), *De occulta philosophia* (**SCT** et **MYS**).

76. Postel (**F**), *Absconditorum a constitutione mundi clavis*, Bâle, 1547, in 4°, et Amsterdam, 1646, in-12° (**MYS**).

77. Pistorius (**F**), *Artis cabalisticæ scriptores*, Bâle, 1587, in-folio (**PHIL** et **MYS**).

78. Kircher (**F**), *Œdipus Ægyptiacus*, Rome, 1623, in-folio (**SCT** et **PHIL**).

79. Knorr de Rosenroth (**F**), *Kabbala denudata* (**SCT** et **PHIL**).

80. Ricci (**F**), *De celesti agricultura* (**MYS** et **PHIL**).

81. Joseph Voysin (**F**), *Disputatio cabalistica* (**MYS**).

82. Georges Wachter (**F**), *Concordia rationis et fidei, sive Harmonia philosophiæ moralis et religionis christianæ*, Amsterdam, 1692, in-8° (**MYS**).

83. *Elucidarius cabalisticus*, Rome, 1706, in-8° (**PHIL**).

84. Tholuk (**F**), *De Ortu Cabbalæ*, Hambourg, 1837 (**MYS**).

85. Brucker (Jean-Jacques) (**F**). *Institutiones philosophiæ*, Leipzick, 1747, in-8°, édition refaite et annotée par Fred. Born, Leipzick, 1790 (**SCT** et **MYS**).

86. Paracelsus (**F**), *Opera*.

87. Henry Morus (**F**), *Psycho-Zoïa* ou *la Vie de l'Ame*, 1640-1647, in-8°, traduction latine, 3 vol. in-folio, 1679 (**MYS**).

88. Robert Fludd (**F**), Œuvres, 5 vol. in-folio (**MYS**).

89. Van Helmont père (J.-B). (**F**), *Ortus medicinæ*, Amsterdam, 1648-52, in-4°, Venise, 1651, in-folio (**PHIL**).

90. Mercure Van Helmont (**F**), *Alphabete vere naturalis hebraice brevissima delineatio*, Sulgbach, 1607, in-12 (**PHIL**).

91. Jacob Boehm (**F**), *Aurora*, 1612 (**MYS**).

92. *De tribus principiis*, 1619 (**MYS**).

93. Bartolocci (**F**), *Magna bibliotheca rabbinica*, 4 vol. in-folio (**SCT**).

94. Buddeus (**F**), *Introductio ad Historiam philosophiæ Hebræorum*, 1702 et 1721, in-8° (**SCT**).

95, ARIAS MONTANUS (**B**), *Antiquitatum Judaïcarum* (**PHIL**).

96. BARTENOVÆ (**B**), *Commentarii in Misnam* (**SCT**).

97. BOECIUS (**B**), *De testid. templo Rabbinorum*, t. I, in-folio' Amsterdam (**MYS**).

98. CAPZOVII (**B**), *Introductio ad Theologiam Judaïcam* (**PHIL**).

99. CHAIIM (**B**), *Comment. in Siphra Zeunitha et Synodos Cabb. denudatæ*, in-4° (**SCT**).

100. COCH (**B**), ou COCCEIUS (Johanne), *Duo tituli Thalmudici*, Sanhedrim et Maccoth (**SCT**).

101. DRUSII (**B**), *Questiones Hebraïcæ* (**PHIL**).

102. FREY (Ludor) (**B**), *Excepta Aharonis Plrush al Attorah explicationis Pentateuchum*, in-4°, Amsterdam, 1705 (**PHIL**).

103. HOOGT (**B**), *Prefatio in Biblia hebraïca*, in-8°, 2 vol., Amsterdam, 1705 (**SCT**).

104. LEUSDEN (**B**), *Prefatio ad Bibliothecam hebraticam* in-8°, 2 vol., Amsterdam, 1680 (**SCT**).

105. LORIÆ (Isaaci) (**B**), *Cabbala recentior* (**SCT** et **PHIL**).

106. MAIMONIDES (**B**), *Commentarii in Misnam*, Amsterdam, 1760, in-folio (**SCT**).

107. MISNAH (**B**), *sive totius Hebreorum Juris Rituum, Antiquitatum systema cum Maimonides et Bartenovæ Commentariis integris, quibus accedunt variorum Auctorum Notæ ac Versiones Latine donavit et notis illustravit* GILLEMUS SURENHUSIUS, in-folio, 6 vol., Amsterdam, 1700 (**SCT**).

108. MORI (Henrici) (**B**), *Fundamenta cabbalæ Actopædomelissæ* (**PHIL**).

109. MOSIS NACHMANIDIS (**B**), *Disputatio apud Wageniseli Tela ignea Satanæ* (**MYS**).

110. NAPHTALI HIRTZ (**B**), *Introductio pro meliori intellectu libri Zohar* (*Kabbala denudata*, p. 3) (**PHIL**).

111. OTHONIS (Johan Henrici) (**B**), *Historia doctorum misnicorum* (**PHIL**).

112. PERINGERI (**B**), *Præfatio ad Tract. Arodah Zarah in Misnæ*, t. V (**PHIL**).

113. RELANDI (Hade) (**B**), *Analecta Rabbinica*, in-8°, Ultraj, 1702 (**SCT**).

114. URSINI (Gorgio) (**B**). *Antiquitates hebraicæ Scholasticæ Academiæ*, in-4°, Hasnia, 1702 (**SCT**).

115. WAGENSEILII (**B**), *Tela ingea Satanæ*, 2 vol., 1681, in-4°, in Misna, p. 911, editionis Amstel (**MYS**).

116. PARACELSUS (**BD**), *Isagoge* (**PHIL**).

117. PETI GASSENDUM (**BD**), MARC MERSENNUM, *Œuvres* (**PHIL**).

118. Khunrathi (**BD**), *Amphitheatrum Sapientiæ Æternæ* (**MYS**).

119. Gaffarel (**BD**), *Codicum Kabbalisticorum manuscriptorum* (**MYS**).

120. Chentophori Stebii (**BD**), *Cœlum Sephiroticum Ebreorum per portas intelligentiæ Moysi Revelatum*, 1679, in-folio (**MYS**).

121. Iul. Sperberus (**BD**), *Isagogue in veram Dei naturæque cognitionem* (**PHIL**).

122. Michaelis Ritthaleri (**BD**), *Hermathena philosophica theologia*, 1684 (**PHIL** et **MYS**).

123. Franciscus Mercurius Helmontis (**BD**), *Seder olam* (**PHIL**).

124. Jac. Bohmius (**BD**), *Opera* (**MYS**).

125. Ioachimus Hopperus (**BD**), *Seduardus sive de vera jurisprudentia*, 1656 (**PHIL**).

126. Ionas Conradus Schrammius (**BD**), *Introductio ad dialecticam Kabbalorum*, 1703 (**PHIL**).

127. Jordano Bruno (**P**), *De Specierum scrutneo ; de lampade combinatoria lulliana ; de progressu et lampade venatoria logicorum* (**PHIL** et **MYS**).

128. Valerius de Valeriis (**G**), *Aureum opus in arborem scientiarum et in artem generalem* (**MYS**).

129. Burgonovo (Archangelus de) (**G**), I. — *Apologia pro defensione doctrinæ Kabbalæ* (**PHIL**) ; II. — *Conclusiones Cabalisticæ, n° 71, secundum Mirandulam* (**PHIL**) (ces conclusions sont différentes de celles qui sont dans Pistorius, quoique du même auteur et sous le même titre. — St. de Guaita), 1 vol. in-16 carré. Bononiæ, 1564.

130. Galatini (**G**), *De Arcanis catholicæ veritatis*, livre XII, 1 vol. in-fol.. 1612 (**MYS**).

131. Joannes Frankius (**G**), *Systema ethices divinæ* et plusieurs autres traités du même Brandeburgi-Mecklinburgi, 1724, petit in-4° (**MYS**).

132. Vuolfgangus Sidelius (**G**), *De Templo Salomonis Mystico*, prope Maguntiam, 1548, in-12 (**MYS**).

133. Trithème (**G**), *De Septem secundeis*, Coloniæ, 1567, in-12 (**MYS**).

134. (**G**), *Veterum Sophorum Sigilla et Imagines Magicæ, cui accessit catalogus Rariorum magico-cabbalisticorum* (**MYS** et **SCT**).

135. (Anonyme) (**G**), *Trinuum magicum, sive secretorum magicorum opus* (**MYS**).

136. Christophorus Wagenseilius (**G**), *Tela ignea Satanæ*, contenant les ouvrages hébreux suivants avec traduction latine et commentaires (**MYS** et **PHIL**).

[137. Lipmann, *Carmen memoriale.*

(Anonyme), *Liber nizzachon vetus.*

138. Rabbi Jechiel, *Acta disputationis cum quodam Nicolao.*

139. Rabbi Moses Nachmanides, *Acta disputationis cum fratre Paulo Christiani et fratre Raymundi Martini.*

140. Rabbi Isaacci, *Sepher Chissuck Emuna (Munimen fidei).*

141. (Anonyme), *Sepher Toladoth Jeschua (Liber Generationum Jesu).*]

142. Relandi (Hadrian) (G), *Antiquitates sacræ veterum hebreorum breviter delineatæ*, trajecti ad Rhenum, 1741, in-4° (**SCT**).

143. Heinius (J. Philip.) (G), *Dissertationum sacrorum libri duo*, Amsterdam, 1736, in-4° (**PHIL**).

144. F. Burnetii (G). — I. *Telluris Theoria sacra.* — II. *Doctrina Archeologiæ philosophicæ* (tout un grand chapitre sur la Kabbale). Amstelodami, apud Ioannem Wolters, 1699, in-4° (Frontispice et figures) (**MYS**).

145. Robert Fludd (**DV**). — 1° *Utriusque cosmi metaphysica, physica atque technica historia*, Oppenheim, 1617, in-folio.

146. — 2° *De supernaturali, naturali, præternaturali et contranaturali microcosmi historia*, Oppenheim, 1619, 1621.

147 — 3° *De natura sinia seu technica macrocosmi historia*, Francfort, 1624.

148. — 4° *Veritatis procenium seu demonstratio analytica*, Francfort, 1621.

149. — 5° *Monochordan mundi symphoniacum*, Francfort, 1622, in-4°, 1623, in-folio (ces deux derniers traités en réponse à Kepler).

150. — 6° *Anatomia theatrum, triplici et effigiæ designatum*, Francfort, 1623, in-folio.

151. — 7° *Medicina catholica, seu mysticum artis medicandi sacrarium*, Francfort, 1629.

152. — 8° *Integrum morborum mysterium*, Fraucfort, 1631.

153. — 9° *Pulsus, seu nova et acarnas pulsurum historia.*

154. — 10° *Philosophia sacra et vere christiana, seu meteorologia cosmica*, Francfort, 1629.

155. — 11° *Sophiæ cum Moria certamen*, 1629.

156. — 12° *Summum bonum, quod est verum magiæ, cabalæ et alchymiæ veræ ac fratrum Roseæ-Crucis subjectum*, 1629.

157. — 13° *Clavis philosophiæ et alchymiæ Fluddanæ*, Francfort, 1633.

158. — 14° *Philosophia Mosaïca, in qua sapientia et scientia creaturarum explicantur*, Gonda, 1638; Amsterdam, 1940, in-folio; traduit en anglais, Londres, 1659, in-folio.

159. — 15° *De unguento armario* (discours dans le) *Theatrum sapientiæ*, 1662, in-4°.

160. — 16° *Responsum ad Hoplocrismaspongum Forsteri*, Londres, 1631, in-4°.

161. — 17° *Pathologia dæmoniaca*, Gonda, 1640, in-folio.

162. — 18° *Apologia compendiaria, fraternitatem de Rosea-Cruce suspicionis et infamiæ maculis aspersam abluens*, Leyde, 1616, in-8°.

163. — 19° *Tractatus apologeticus integritatem societatis de Rosea-Cruce defendens*, Leyde, 1647 ; traduit en allemand, Leipzick, 1782.

164. — 20° *Tractatus theologo-philosophicus de vita, morte et resurrectione, fratribus Rosea-Crucis dicatus*, Oppenheim, 1617, in-4°.

165. Buxtorf (DV) (*Œuvres*), *Manuale hebraicum et chaldaicum*, Bâle, 1658, in-12.

166. — *Synagoga Judaica*, Bâle, 1603 (allemand) ; Hanau, 1604 et 1622, in-8° (latin) ; Amsterdam, 1650, in-8° (flamand) ; Bâle, 1641, latin (revue par son fils) ; Bâle, 1682, latin (revue et corrigée par Jacques Buxtorf, petit-neveu de l'auteur).

Cet ouvrage roule sur les dogmes et les cérémonies des Juifs.

167. *Institutio epistolaris hebraica cum epistolarum hebraicarum centuria*, Bâle, 1603, 1616, 1629, in-8°.

L'auteur y donne des règles et des modèles pour une correspondance littéraire en hébreu.

168. *Epitome grammaticæ hebreæ*, Leyde, 1673, 1701, 1707, in-12.

169. *Epitome radicum hebraicæ et chaldaicæ*, Bâle 1607, in-8°.

170. *Thesaurus grammaticus linguæ hebreæ*, Bâle, 1609, 1663, et 1615, in-8°.

171. *Lexicon hebraicum et chaldaicum cum brevi lexico Rabbinico*, Bâle, 1607, in 8°, et 1678, in-8°.

172. *Grammaticæ chaldaicæ et syriacæ libri tres*, Bâle, 1615, in-8°.

173. *Bibliotheca hebræa Rabbinica*, Bâle, 1618-19, 4 vol. in-folio.

174. *Tiberias*, Bâle, 1620, in-4°.

Traité historique et critique sur la massore où l'auteur attribue l'invention des points voyelles à Esdras. Il y donne aussi l'histoire des Accadémies des Juifs après leur dispersion.

175. *Concordantiæ Bibliorum hebraicæ*, publiée par ses fils avec les concordances chaldaïques, Bâle, 1632. in-folio ; réimprimée en 1636, Bâle, et dont on a un abrégé par Chrétien Ravius à Franc-

fort-sur-l'Oder, 1676 ; Berlin, 1677, in-8°, sous le titre de *Fons Sion* ; c'est un des meilleurs ouvrages de Buxtorf.

176. *Lexicon chaldaicum thalmudicum et rabbinicum*, Bâle, 1639, in-folio.

Cet ouvrage qu'il avait laissé imparfait après vingt-ans de travail, coûta encore dix années à son fils pour le mettre en état de paraître.

177. *Disputatio Judæi cum Christiano*, Hanau, 1604, 1622, in-8°.

178. *Epistolarum hebraic, decas* (hebreu et latin), Bâle, 1603, in-8°.

179. Kircher (P), *Plan complet de son étude sur la Kabbale des Hébreux dans l'Edipus Egyptiacus* :

La Cabale des Hébreux

Savoir : De la sagesse allégorique des anciens Hébreux, parallèle avec la cabale égyptienne et hiéroglyphique qui montre de nouvelles sources pour l'exposition de la doctrine hiéroglyphique et indique les origines de cette doctrine superstitieuse et sa réfutation.

Chap. I. — *Définition et division de la Kabbale.*

§ 1. Exemple de la Gématrie.
§ 2. Exemple de Notaria.
§ 3. Exemple de Themura (ou Ziruph).

Chap. II. — *De l'origine de la Kabbale au dire des Kabbalistes.*

Chap. III. — *Du premier fondement de la Kabbale : l'alphabet et de l'ordre mystique de ses caractères.*

Chap. IV. — *Des noms et surnoms de Dieu.*

§ 1. Nom divin tétragrammatique יהוה ou de 4 lettres.
§ 2. Mystères du Nom יהוה.
§ 3. Du Nom divin de 12 lettres ou duodécagrammatique.
§ 4. Du nom divin de 22 lettres, avec lequel les prêtres avaient autrefois coutume de bénir le peuple, au dire des Rabbins.
§ 5. Du nom divin de 42 lettres.

CHAP. V. — *De la Table Ziruph ou des combinaisons de l'alphabet hébraique.*

§ 1. Comment le nom divin de 42 lettres est tiré de la table Ziruph.

§ 2. Noms des 42 anges, qui dérivent du nom divin de 42 lettres avec les interprétations.

CHAP. VI. — *Du nom divin de 72 lettres et de son usage.*

Les 72 versets extraits de divers Psaumes dans lesquels sont contenus les paroles de Dieu et les noms des anges, colligés d'après diverses œuvres rabbiniques.

CHAP. VII. — *Le nom divin de 4 lettres ne fut pas inconnu aux anciens païens. Le nom* IESU *contient en lui tout ce qui a été dit du nom de ces lettres.*

CHAP. VIII. — *De la très secrète théologie mystique des Hébreux : la Kabbale des dix Sephiroth.*

§ 1. *Ensoph*, essence infinie, cachée, éternelle.

§ 2. *Kether*, la couronne suprême, premier Sephiroth et des autres Sephiroth.

CHAP. IX. — *Des diverses représentations des* 10 *noms divins de Sephiroth, de leur influx et de leurs canaux au dire des Rabbins.*

§ 1. Représentation des 10 Sephiroth par l'image de figure humaine.

§ 2. Des systèmes de canaux et influx des Sephiroth, au dire des Kabbalistes.

§ 3. Dérivation des canaux (voir la figure).

§ 4. Des 32 voies de la Sagesse et de leur interprétation.

§ 5. Des 32 passages du chapitre 1er de la Genèse où le nom divin ELOIM est cité. Liste des 32 voies de la Sagesse.

§ 6. Des 50 portes de l'Intelligence.

§ 7. Des 30 puissances émanant de la droite en Gedulah et des 30 autres émanant de la gauche en Geburah. Du nom de 72 lettres et de 32 voies de la Sagesse.

§ 8. Des préceptes négatifs et affirmatifs qui sont annexés aux canaux sephirothiques de Gedulah et Geburah à Netzah et Hod, au dire des Rabbins.

§ 9. Interprétation des chemins sephirothiques.

§ 10. Du ternaire, septénaire et duodénaire des 22 lettres constituant les canaux sephirothiques, et leurs mystères, de l'avis des Hébreux.

CHAP. X. — *De la Kabbale naturelle appelée « Bereschit ».*

§ 1. En quoi consiste cette Kabbale.

§ 2. Kabbale astrologique.

§ 3. De la Kabbale Bereschit, ou de la Nature, c'est-à-dire de la connaissance des caractères des choses de la Nature par la vraie et légitime Kabbale.

§ 4. De la Magie kabbalistique, égyptienne, pythagoricienne et de leur comparaison.

§ 3. — OUVRAGES EN LANGUE ALLEMANDE

180. EPSTEIN (E), *Mikad minot haychondin, Beiträge zur jüdischen, Alterthumskunde*, Vienne, 1887 (**SCT**).

181. KLEUKER (F), *De la nature et de l'origine de la doctrine de l'incarnation chez les kabbalistes*, Riga, 1786, in-8° (*allemand*) (**PHIL**).

182. FREYSTAD (F), *Kabbalismus und Pantheismus*, Kœnigsberg, 1832, in-8° (**PHIL**).

183. WACHTER (F), *Le Spinozisme dans le judaisme*, Amsterdam, 1699, in-8° (*allemand*) (**PHIL**).

184. ZUNZ (L), *Gottesdienstliche Vortræge*, Berlin, 1832, ch. IX et XX (**SCT**).

185. LANDAUER (L), *Literaturblatt* de l'Orient de Furst, 1845, t. VI, p. 178 (**SCT**).

186. GRAETZ (L), *Geschichte der Juden*, t. V, p. 201-208, t. VII, mot *Kabbala* (**SCT**).

187. J. HAMBURGER (L), *Real-Encyclopœdie f. Bibel u. Talmud*, 2e partie, 1874-83, articles *Geheimlehre*, *Kabbala*, *Mystik*, *Religionsphilosophie*, et dans le supplément, aux articles *Kleinere Midraschim* et *Sohar* (**SCT**).

188. STEINSCHENEIDER (L), *Judische Literatur* dans l'Encyclopédie Ersch et Grüber (**SCT**).

189. H. Joel (**L**), *Die Religions philosophie des Sohar*, Leipzig, 1849 (**PHIL**).

190. Ad. Jellinck (**L**), *Moses ben Schemtob de Leon und sein Verhæltniss zum Sohar*, Leipzig, 1851 (**PHIL**).

191. Id. (**L**), *Beitræge zur Geschichte der Kabbala*, Leipzig, 1852 (**SCT**).

192. Graetz (**L**), *Gnosticismus und Judenthum*, Krotoschin, 1846 (**PHIL**).

193. M. Joel (**L**), *Blicke in die Religionsgeschichte*, Breslau, 1880, 1er vol., p. 103-170 (**SCT**).

194. Gudemann (**L**), *Geschichte des Erziehungswesens der Juden*, Leipzig, 1800, t. 1er, p. 153 (mysticisme allemand), p. 67 (mysticisme en France au XIIIe siècle) (**SCT**).

195. D. Kaufmann (**L**), dans *Jubelschrift zum 90 ten Geburtstag des Drs L. Zung*, Berlin, 1884, p. 143 (**SCT**).

196. Carl du Prel (**P**), *Philosophie der Mystik*, Leipzig, 1887, (**PHIL** et **MYS**).

197. (**G**), *Cabala, Spiegel der Kunst in Kupperstück* (**MYS**).

§ 4. — PRINCIPAUX TRAITÉS EN LANGUE HEBRAIQUE

Massore.

198. Majer Halein (**M**), *M'sorah siag l'Thorah* (La Massore, un frein à la loi), XIIIe siècle.

Mischna et Gemurah.

199. (**M**), *M'sachta sophrim* (on voit), description de la forme extérieure de la Bible.

200. Nasi Juda Hakadosh (**M**), *Mischnah*.

201. Maimonides (**M**), *La puissante main*.

202. Joseph Karo (**M**), *Table couverte*, 4 vol., 1550.

Le compendium le plus complet de la doctrine hébraïque.

Kabbale.

203. Abraham Akibah (?) (**M**), *Sepher Ietzirah* (Livre de la création), Mantoue, 1552.

204. Moise (?) (**M**), *M'eine Hachochinh* (Les Sources de la Sagesse) ; *Raja M'chimnah* (Le Fidèle Pasteur).

205. Rab Juda ben Betheira (**M**), *Sepher Habethachun* (Le livre de la confiance).

206. Rab. N'chuniah (**M**), 40 av. J.-C. Le livre *Ha-Bahir* (la lumière dans les ténèbres), Amsterdam, 1651, — Berlin, 1706.

207. — (**M**), *Hamiuchad* (Le mystère du nom de Dieu).

208. — (M), *Iggered Hasovoth* (La Lettre sur les Mystères) (premiers siècles de J.-C.).

209. RAB. SAMUEL, fils d'Elisée (M), *Sepher Kanah* (Les fragment du temple).

210. Paraphraste ONKOLOS (M), différents *Midraschim Mei haschiluach* (les eaux coulant lentement) (120 ap. J.-C.).

211. RAB. SIMON, fils de Jochai, disciple d'Akibah (M), *Sohar* (La splendeur de la lumière).

Fragments du Sohar.

212. — *Sithrei Thorah* (Les mystères de la Thorah).

213. — *T'muka* (L'enfant).

214. — *P'Kuda* (L'explication mystique de la loi).

215. — *Midrasch Hanelam* (La mystérieuse recherche).

216. — *Maimer tha chasi* (Viens et vois).

217. — *Idra Rabba* (La grande assemblée).

218. — *Idra Suta* (La petite assemblée).

219. — *Siphra D'zeniutha* (Le livre des secrets).

Editions du *Sohar* : Mantoue, 1560, in-4°. — Dublin, 1623, in-folio. — Constantinople, 1736. — Amsterdam, 1714 et 1805. La meilleure est celle de 1714.

Principales publications depuis le Sohar jusqu'au XIIe *siècle.*

220. — RAB. IUDA HANASI, 215 ap. J.-C. (M) : 1° Le livre des doux fruits,

221. — 2° Le livre des Points.

222. — 3° Un diamant dans Urim et Thumim.

223. — 4° Le livre de l'Ornement.

224. — 5° Le livre du Paradis.

225. — 6° Le livre de la Rédemption.

226. — 7° Le livre de l'Unité.

227. — 8° L'alliance du Repos.

228. — 9° Le livre de la Recherche.

229. — 10° La voix du Seigneur dans sa puissance.

230. — 11° Le livre de l'Agrégation avec différentes explications sur les nombres 42 et 72, la loi et la morale, etc.

231. — 12° La Magnificence.

232. — 13° Le livre de la Récréation.

233. — 14° Le livre de la Vie future.

234. — 15° Le mystère de la Thorah.

235. — 16° Le livre sur les Saints Noms.

236. — 17° Le trésor de la Vie.

237. — 18° L'Eden du jardin de Dieu,
238. — 19° Le livre de la Rédemption.

Principales publications depuis 1240 jusqu'au XVI*e* *siècle.*

239. — 20° (**M**), L'ordre de la Divinité.
240. — 21° Le vin aromatisé.
241. — 22° Le livre des âmes.
242. — 23° Le mystère de l'esprit.
243. — 24° Le livre des Anges.
244. — 25° Le livre du Rapport des formes.
245. — 26° Le livre des Couronnes.
246. — 27° Le livre des Saintes Voix.
247. — 28° Le livre des Mystères de l'Unité et de la Foi.
248. — 29° Le livre des portes du divin Entendement.
249. — 30° Le Mystère de l'obscurité.
250. — 31° Le livre de l'Unité de la Divinité.
251. — 32° Le Jardin intérieur.
252. — 33° Le Saint des Saints.
253. — 34° Le Trésor de la Gloire.
254. — 35° La Porte des Mystères.
255. — 36° Le livre de la Foi.
256. — 37° La Fontaine d'eau vive.
257. — 38° La Maison du Seigneur.
258. — 39° Urim et Thumim.
259. — 40° La Demeure de la Paix.
260. — 41° Les Ailes de la Colombe.
261. — 42° La Source du jardin.
262. — 43° Le Suc de la grenade.
263. — 44° Ce qui illumine les yeux.
264. — 45° Le Tabernacle.
265. — 46° Le livre de la Foi.
266. — 47° Le livre des Dix.
267. — 48° Le livre de l'Intuition.
268. — 49° Le livre des mystères du Seigneur.
269. — 50° Le sens du Commandement.
270. — 51° Traité sur les dix Sephiroth.
271. — 52° Explication de la Thorah.
272. — 53° La poudre d'aromate.
273. — 54° La lumière de Dieu.
274. — 55° L'Autel d'Or.
275. — 56° Le Tabernacle.

276. — 57° Le livre de la Mesure.
277. — 58° La lumière de la Raison.
278. — 59° Le mystère de la Thorah.
279. — 60° Le livre de l'Angoisse.
280. — 61° La Porte de la lumière.
281. — 62° L'Arbre de Vie.
282. — 63° Le Rameau de l'Arbre de Vie.
283. — 64° — La Voie pour arriver à l'Arbre de Vie.
284. — 65° Les Tresors de la Vie.
285. — 66° Le livre de la Piété.

§ 5. — OUVRAGES EN LANGUE ANGLAISE

286. H.-P. Blavatsky (**P**), *Isis Unveiled*, New-York, 1875, 3 vol. in-8° (**MYS**).

Indigeste compilation des écrivains français, pour tout ce qui a rapport a la Kabbale. — Aucune méthode.

287. (**P**), *The secret Doctrine*, London, 1889, 2 vol. gr. in-8° (**MYS**).

Même remarque que pour le précédent.

288. Dr C. du Prel (**P**), *Philosophy of Mysticism*, transl. p. C.-C. Massey (**PHIL** et **MYS**).

289. A.-Edw. Waite (**P**), *Lives of Alchemystical Philosophers* (**MYS**).

290. S. Liddell Macgregor Mathers (**P**), *The key of Salomon the King* (clavicula Salomonis).

291. — *The Kabbalah, Unveiled* (**SCT**).

292. Franz Hartmann (**P**), *Magic, White and Black* (**MYS**).

293. *The Literature of Occultism and Archaeology* (**MYS**).

294. A.-E. Waite (**P**), *The Mysteries of Magic* (**MYS**).

295. (**DV**), *Supernatural, religion a inquiry into the reality of divine revelation*, 3 vol., London, 1875 (**PHIL**).

296. Henry Morus (**WT**), *A conjectural essay of interpreting the mind of Moses, according to a threefold Cabala*, London, in-8°, 1654, (**PHIL** et **MYS**).

297. Smith (**DV**), *Dictionary of Christian Biography* (Article Cabbalah) (**PHIL**).

298. Ginsburg (**DV**), *The Kabbalah, its Doctrines Developement and Litterature* (**PHIL**).

299. Azariel (**DV**), *Commentary on the Doctrine of the Sephiroth*, Varsau, 1798; Berlin 1850 (**PHIL**).

300. — (**DV**), *Commentary on the Song of Songs*, Altonn., 1763 (**MYS**).

301. MACKAY (**P**), *Memory of extraordinary populars delusions*, London, 1842, in-8° (Portraits de J. Dée, de Paracelse et de Cagliostro) (**PHIL**).

302. BARRETT (**P**), *Magus a celestial intelligence*, Londres, 1801, in-4°, fig. (**MYS**).

303. AINSWORTH (Henry) (**B**), *Annotations upon the five books of Moses*, in-folio, London, 1639 (**PHIL**).

304. CUDWORTH (**B**), *The true intellectual system of the Universe*, in-folio, London, 1678 (**MYS**).

304 *bis*. — ANNA KINSFORT (**D**), *The perfect Way*, Londres, in-8°, 1887.

§ 6. — OUVRAGES EN LANGUE ESPAGNOLE

305. CASTILLO (**P**), *Historia y magia natural*, Madrid, 1692, in-4° (**MYS**).

306. ABENDANA (**P**), *Cuzari, libro de grande sciencia y mucha doctrina*, traducido por Abendana, Amsterdam, 5423 (Bib. Nat. A 2954) (**PHIL** et **MYS**).

307. CARDOSO (**B**), *Las Excellencias de los Hebreos, y las Calonias de los hebreos*, in-4°, Amsterdam, 1679 (**PHIL**).

308. Dr JOSÉ A. ALVAREZ DE PERALTA (**P**), *Iconografia Simbolica de los Alfabetos Fenicio y hebraico*, Madrid, Baillère, 1898 (**PHIL**).

CHAPITRE III

CLASSIFICATION PAR ORDRE DES MATIÈRES

§ 1. — TRAITÉS CONCERNANT LA MISCHNA

(Bibliothèque nationale)

310. R. MOSES MAIMONIDES, et R. ORADIA BARTENOVÆ, *Mischnat, traditiones*, Sabionetx, 1563, 2 vol., in-4° (A. 828).

R. JUDÆ SANCTI. Venitiis, 1606, in-folio (A. 829).

Voir aussi nos 830 à 834. — Tous ces ouvrages sont en hébreu.

311. GUILLIEMUS SURENHUSIUS, *Mischna, sive totius hebrœorum juris, rituum antiquitatum ac legum oratium systema, cum Rabbinorum* MAIMONIDIS ET BARTENOVÆ *commentariis integris ; quibus accedunt variorum auctorum notæ ac versiones in eos quos ediderunt codices : omnia a Guilielmo Surenhusio latinitate donata, digesta et notis illustrata Hebraicè et latinè*, Amstelodami, Girard et Jacobus Borstius, 1698, 6 vol. in-folio (A. 834).

Voir de plus nos 835 à 840.

Mischna (meilleurs commentaires).

312. MOISE MAIMONIDES ET OBADIA BARTENOVE, *Bib. nat.* A 673, fol. Imprimé à Naples, 1490-92, texte latin, publié par SURENHUSIUS 6 vol., Amsterdam, 1698-1703 (A 674).

313. MISCHNA *en espagnol*, Venise, 1606.

314. — *en allemand*, par Rabe, Onolzbach, 1761.

315. — *en hébreu*, Berlin, 1834.

§ 2. — TRAITÉS CONCERNANT LE TARGUM

(Bibliothèque nationale.)

316. PAULUS FAGIUS et ONKELUS, *Thargum*, 1546, in-fol. (A 824).

317. UZIEL, *Targum*, Bâle, 1607, in-fol. (A 825).

318. Uziel ou lend. de Franciscus Taylerus, Londres, 1649, in-4° (A 826).

319. R. Jacob, F. Bunam, Bâle, in-4° (A 827).

320. Voir de plus nos A 435, A 786, A 2-332.

TRAITÉS CONCERNANT LA MASSORE

(*Bibliothèque nationale.*)

321. Buxtorf, *Tiberias* (A 822, 823.)

§ 3. — TRAITÉS CONCERNANT LE TALMUD

(*Bibliothèque nationale.*)

322. 1° *Talmud de Jérusalem*, R. Jochanan, *Talmud Hierosoly, mitanum, divisum in quatuor ordines.* Venetiis, Daniel Bomberg-in-fol. s. date (A 840) ; autre édition, Cracovie, Isaac, Aron, 1607-1609, in-folio ; 2° *Talmud de Babylone.*

323. Rab. Asche, *Talmud Babylonicum integrum, ex sapientum scriptis et responsis compositum a Rab. Asche, centum circiter annis post confectum Talmud Hierosolymitanum, additis commentariis, R. Salomonis Jarchi, et R. Mosis Maimonidis*, Venetiis, Daniel Bomberger, 1520, 1521, 1522, 1523; 15 vol. in-fol. (A. 842).

Voir de plus n° A 843 à 857.

324. Pour les abrégés du *Talmud*, nos 857 à 879.

325. Pour les commentaires du *Talmud*, nos 879 à 914.

326. Pour les traités sur le *Talmud*, nos 915 à 917.

En résumé, la Bibliothèque nationale possède, dans son catalogue ancien, cent vingt-quatre ouvrages sur le *Talmud*, la plupart très considérables.

§ 4. — TRAITÉS CONCERNANT LA KABBALE EN GÉNÉRAL

(*Bibliothèque nationale, Wolf.*)

1° *Introduction à la Kabbale.*

327. R. Joseph Cornitolis, *Schaace Hedek portæ perlicia* (hébreu), Ruca, 1461, in-4° (A 964).

328. — R. Joseph Gecatilia, *Gan egiz, hortus lucis, sive introductio in artem cabalisticam* (hébreu), Hanovriæ, 1615, in-fol. (A 965).

2° *Traités généraux sur la Kabbale.*

329. R. Akiba, *Sepher Jesirah* (hébreu), Mantoue, 1562, in-4° (A 966).

330. Rittangelius, *Sepher Jesirah* (hebreu), Amstelodami, 1642, in-4° (hébreu et latin) (A 957).

331. R. Schabtai Schephtel Horwitz, *Schepha Tal* sur *Sephantal* (hébreu), Hanovre, 1612, in-fol. (A 968).

332. Knorr de Rosenroth, *Kabbala denudata* (A 969) (latin).

333. Pistorius, *Artis cabalisticæ scriptores* (latin), Basileæ, 1587, in-folio (A 970).

334. Voir de plus les traités en langue hébraïque, nos 970 à 978.

335. Joseph de Voysin. Trad. de l'hébreu en latin.

R. Israel filii R. Mosis, *Disputatio cabalistica de anima, et opus rhythmicum* R. Abraham Abben Ezræ, *De modis quibus Hebræi legem solent interpretari, adjectis commentariis ex Zohar, aliisque rabbinorum libris, cum iis quæ ex doctrina Platonis convenere*, Parisiis, Tussanus du Bray, 1658, in-8° (A 978).

336. Agrippa (Hen.-Com.) *Phil. Occulta*, (liv. III); *De Vanitate Scientiarum* (ch. lxvii).

337. Alberti (Frid.-Christian), *Œuvres.*

338. Altingius (Jacob), *In Dissertat. de Cabbale Scripturaria.*

339. Andreæ (Samuel), *In Examine generali Cabballæ philosophicæ*, Henri Mari, Herborn, 1670, in-4°.

340. Bartoloccius (Julius), *rabbinica Bibliotheca (passim)*, 1694, 5 vol.; Rome, 1675-93, 4 vol. in-folio.

341. Bashnysen (Hen.-Jac. Van), *Disputationes II de Cabbala vera et falsa*, Hanov., 1710.

342. Basnage (Jacob), *Historia Judaica*, lib. III, cap. x et suiv.

343. Berger (Paul.), *In Cabbalismo Judaïco Christiano*, Vitemberg, 1707, in-4°.

344. Buscherus (Frédéric-Christianus), *In Mensibus Pietisticis* (mense IV).

345. Buddeus (Jo. Franc), *In observationibus Halensibus salutis*, t. I, observat. 1 et 16 et *in Introductio in philosop. Hæbreorum.*

346 De Burgonovo (Archangelus), *Ordinis minorum*, *Pro defensione doctrinæ Cabbalæ*, Basil., 1600, in-8° (p. 53 et 54).

347. Ejusdem, *Cabbalistarum selectiora obscurioraque dogmata illustrata*, Ventiis, 1569, in-8°; Basil. 1587, in-folio.

348. Carpyiorius (Joh.-Benedictus), *Introductio in Theologiam Judaicam*, c. vi.

349. Colberg (Ehregott. Daniel), *In Christianismo Hermetica Platonica.*

350. Collangel (Gabriel), *In Dissert. de Cabbala, cum ejusdem polygraphia Galliæ edita*, Paris, 1561.

351. Dickinson (Edmond), *In physica vetere et vera*, cap. iv et xix.

353. Disenbach (Martinus), *In Judæo convertendo*, p. 94, *et converso*, p. 145 sqq.

354. — Duretus (Claudius), *Dans l'histoire de l'origine des langues*, c. vii.

355. Flurd (Robertus), *in Philosophia mosaica, et alibi, passim.*

356. Gaffarellus (Jac.), *Abdita divinæ Cabbalæ mysteria contra Sophistarum Logomachiam defensa*, Paris, 1623, *4 teste Leone Allatio de Apibut Urbanis. Ejusdem tractatum de Cabbala, et in eum Mersenni notes M. S. S. in Biblioth. Peirescii memora, Colomesius in Galia Orientali*, p. 154. *Promisit et Cribrum Cabbalisticum.*

357. Galatinus (Pet.), lib. I, *De Arcanis Cathol. Veritat.*, c. vi.

358. Garzia (Pet.), *Vide supra Archangelus Burgonosensis.*

359. Gastaldus (Thom.) *In libris de Angelica potestate passim de Cabbala Judaica egit, eamque confutavit, teste Kirchero in Edipo Egyptiaco*, t. II, part I, *qui passim ad eum provocat.*

360. Gerson (Christian), *In Compendio Talmudis*, part. I, c. xxxi.

361. Glassius (Salomon), *In Philologia Sacra*, lib. II, part. I, p. 302.

362. Hackspanius (Theodoricus), *In Brevi Expositione Cabbalæ Judaicæ, Miscellaneis ejus Sacris subjuncta*, p. 282 sqq, *qui speciatim*, p. 341 sqq. *fuse de usu Cabbalæ in Theologio differit.*

363. Hebenstreitius (Jo.-Bat), *In dissertat. de Cabbala Log. Arithmo-Geometro-Mantica spargi nuper cœpta*, Ulm, 1619, in-4°.

364. Henningius (Jo.) *In Cabbalologia sive Brevi Institutione de Cabbala cum veterum Rabbinorum Judaica, tum Poetarum Paragrammatica*, Lipsi, 1683, in-8°.

365. Hoornbeckius (Jo.), *In libris* VIII *pro convincendis et convertendis Judæis*, lib. I, c. ii., p. 89 sqq.

366. Hottingerus (Jo. Hen.), *In Thesauro Philolog.*, lib. I, c. iii, sect. V.

367. Hottingerus (Jo. Henres.), Nepos, *In notis ad discursum Gemaricum de Incestu Creatione et opere Currus*, p. 41 sqq.

368. Kircherus (Alhanas), *In Ædipo Ægyptiaco*, t. II, p. 1.

369. Knorr (Christianus), A. Rosenroth, *in Cabbala denudata*, t. I, Solisbac, 1677 et 1678; t. II, Francof. ad Moen, 1684, in-4°. *Vide Buddei Introduct.*, p. 281 sqq.

370. Langius (Joach.), *In Medicina Medicina Mentis*, p. 151, sqq.

371. Langius (Jo. Mich.), *In Dissert. de Charactere primævo Bibliorum Hebr. et in Comment. de Genealogiis Judaicis.*

372. Lensdenius (Jo.), *In Philolog. Hebr. Dissert. XXVI.*

373. Loeschar (Valent. Ernestus), *In Prænotionibus Theologicis*, p. 288, sqq.

374. Lobkovitz (Jo. Caramuel a), *Cabbalæ Theologicæ Excidium, qua stante in tota S. Scriptura ne unum quidem verbum esset de Deo, Vide Imbonati Biblioth. Lat. Heb.*, p. 96.

375. Ejusdem, *Specimen Cabbalæ Grammaticæ*, Bruxellis, 1642, in-12.

376. Mirandulanus (*Vid. Picus*).

377. Morestellis (Pet.), *Academia Artis Cabbalist.*, Paris, 1621, in-8°, *edita prorsus huc non pertinet, quippe quæ tantum de Arte Lulliana exponit.*

378. Morus (Henr.), *In scriptis variis, de quibus diligenter exponit Rev. Jo. Franc. Buddeus in Introduct. in Philos Hebræorum.*

379. Mullerus (Jo.), *In Judaismo Prolegom. VI.*

380. Neander (Michael), *In calce Erotematum L. Hebr.*, p. 514, sqq.

381. Pastritius (Jo.), *Cujus tractatum M. S. de Cabbala ejusque divisione et auctoritate laudat Imbonatus in Biblioth. Hebræo, Latina*, p. 126.

382. Picus (Jo.) Mirandulanus, LXXII, *Conclusiones Cabbalisticæ et alia in Operibus ejus legenda. Conclusiones illæ integræ exstant in Rev. Budder Introduct.*, p. 230 sqq. Conf. Archangelus Burgonov.

383. Pistorius (Jo.), *Nidanus*, in tomo I. *Scriptorum Artis kabbalist.*, Basile, 1587, in-folio, *quo continentur Pauli Ricii, lib. IV, de cœlesti Agricultura, et opuscula nonnulla ejus alia: R. Josephi Castiliensis Porta lucis, Leonis Ebrai de amore Dei dialogi tres : Jo. Reuchlini lib. III de Arte kabbalistica ; item lib. III de verbo mirifico : Archangeli Burgonoviensis Interpretationes in selectiora obscurioraque Cabbalistarum dogmata ; et Abrahami liber Jezira. Lege de hac collectione Buddeum in Introduct. ad Histor. Philos. Hebr.*, p. 221. *Rich Samaneni in Bibliotheca Selecta*, t. I, p. 322, sqq. et Pet. *Bælium in Dictionario edit. recentiss.*, t. III, p. 2315, sqq.

384. Reimmannus (Jac. Frider.), *In Conata introduct. in Historiam Theolog. Judaicæ*, lib. I, c. xv.

385. Reuchlinus (Jo.), *In libris* III *de Arte Cabbalist.* Hagenoæ, 1517, in-4°. Basile, 1550, *et cum Galatino.* Francof., 1672, in-folio, *item in Pistoris Scriptoribus Cabbalist.*, Basil., 1587.

386. Riccius (Paulus), *In libris* IV *de cœlesti Agricultura et alias ; vide* part. I, n° 1817. Conf. Pistorius.

387. Rittangelius (Jo. Steph.), *In notis ad lib. Jezira*, *et libro de « Veritate Religionis Christianæ »*.

388. Rosenroth (V. Christianus Knorr).

389. Scherzer (J. Adamus), *In Trifolio Orientali*, p. 109, sqq.

389 *bis*. Schickardus (Guilielmus), *In Bechinath Happeruschim*, Diss. IV.

390. Schottus (Casp.), *In Technica Curiosa*, lib. XII, *de Mirabilibus Cabbalæ*.

391. Schudt (Jo. Jac.), *In Memorabilibus Judaicis*, part. II, lib. VI, cap. xxxi, p. 188, sqq.

392. Sennertus (Andr.), *Dissert. peculiari de Cabbala*, Vitembe., 1655, in-4°, *quæ recusa est in Heptade II. Exercitatt. Pilolog. num III.*

393. Sperberus (Julius), *Isagoge in veram triunius Dei et naturæ cognitionem, concinnata an.* 1608, *nunc vero primum publici juris facta, in qua multa quoque præclara de materia lapidis Philosophici ejusque mirabilissimo continentur*, Hamburgi 1674. *Hunc puto esse tractatum, in quo probasse sibi videtur, artem kabbalisticam omnium artium esse nobilissimam. Vide præfationem ejus ad Preces Cabbalisticas.*

393 *bis*. Ejusdem, *Kabbalisticæ Precationes*, Latine, Amstelod., 1675 in-8°, *et German eodem anno Amstelod., et Francofurti*. Conf. *Godefredi Arnoldi Histor. Hæresiologic.*, part. III, p 16, sq.

394. Voisinius (Jos.), *In notis ad prœm, in Raym Martini Pugionem Fidei, et ad R. Israël, fil. Mosis, Disputat, Cabbalist.*

395. Wachter (Jo. Georg.), *In Spinosismo Judaismi*, Amstelod., 1799, in-8°, *et Elucidario Cabbalistico*, Rostoch., 1706, in-8°.

396. Walther (Jo.), *in Officina Biblica*, p. 523, sqq.

397. Waltonus (Brianus), *In Prolegom. VII ad Biblia Poliglotta*, § 30, 38.

398. Zieroldus (Joh. Wilhelmus), *In Introduct. ad Histor. Ecclesiast.* cap. III. *Ex Judæis, qui historice de Cabbala præceperunt, potiores sunt Elias Levita in Tisbi voce, R. Moses Corduero in R. Nephthali in præfat. et Menasse ben Israël in Conciliatione super Exodum*, quæst CXXV, p. 249, sqq., *edit Hispanicæ*.

§ 5. — TRAITÉS CONCERNANT LES SÉPHIROTH

(*Wolf.*)

399. Ævolus (César) (*le Napolitain*), dans le livre des *Dix Sephiroth*, Venise, 1589, in-4°.

400. Aquinas (Philippe), *l'Interprétation de l'arbre kabbalistique*, avec la figure de cet arbre, Paris, 1625, in-8°, français (Bib. nat. A 7.730), suivi des *Codices manuscripti cab.* Gaffarel.

401. Basnage (Jacob), *Histoire juive*, liv. II, ch. xiv.

402. Buddeus (Jean-Francisque), *Introduction à l'Histoire de la Philosophie hébraïque*, p. 277 et suiv., 356 et suiv., dernière édition.

403. Burneus (Thomas), *Archéologie philosophique*, liv. Ier, ch. vii.

404. Carpzovius (Jean-Bened.), *Introduction à la théologie juive* (int., p. 82, *et Dissertatio de Vacca Rusa.* part II., p. 56 et suiv., 1706, p. 161 et suiv., 170-177.

405. Gundlingius (Nicolas Hieron.), *Histoire de la philosophie morale*, Ire partie, ch. vii, p. 95.

406. Heumannus (Christophe-Auguste), *Acta philosophica*, t. II, n° 2.

407. Hinckelmannus (Abraham), *Detectio fundamenti Bœhmiani*, p. 20 et suiv.

408. Kircherus (Athanas), *Œdipus Ægyptiacus*, t. II, Ire partie, p. 214 et suiv., 290 et suiv.

409. Losius (Jean-Juste), *Bega dissertationum Gressæ*, 1706, in-4°.

410. Meyerus (Johan), *Dissert. theologica de mysterio SS. Trinitatis ex foliis V. T. libris demonstrato*, Harderonii, 1712, in-4°.

411. Morus (Henricus), *In operibus philosophiæ*, p. 429 et suiv.

412. Olearius (Gottfrid), *In observationibus sacris super Matth.*, VI, p. 221 et suiv.

413. Pfeifer (August), *In Critica sacra*, p. 214 et suiv.

414. Rittangelius (Jean-Stephanus), *In notis ab lib. Iezirah et in lib. de Veritate religionis christianæ.*

415. De Rosenroth (Christianus Knorr), *In Cabbala denudata*, passim.

416. Stendnerus, *De mysterio Dei triunius*, p. 294 et suiv.

417. Vitringa (Campegnis), *Liber I observat. sacrarum*, cap. x et xi.

418. Voisinius (Joseph), *In notis ad præmium Pugunis fidei*, p. 71 et suiv.

419. Wachterus (Jean-Georges), *In Elucidario cabbalistico*, cap. iii.

§ 6. — TRAITÉS CONCERNANT LE SEPHER JESIRAH

(*Bibliothèque nationale.*)

422. *Sepher Jesirah* (en hébreu), Mantoue, 1562, in-4° (A 996).
423. *Artis cabalisticæ scriptores ex biblioth. Pistorii*, 1587, in-folio (A 970).
424. *Abrahami patriarchæ liber Jesirah ex hebræo versus et commentariis illustratus a Guillemo Postello* (1552) (A. Réserve, 6590).
425. *Cuzari, libro de grande ciencia y mucha doctrina, traducido por Abendana*, Amsterdam, 5423 (A 1100).
426. *Liber Jesirah qui Abrahamo patriarchæ adscribitur, una cum commentario Rabbi Abraham*, Amstelodami, 1662 (A 967).
427. Mayer Lambert, *Commentaire sur le Sefer Jesira* Paris, 1891, in-8°.

§ 7. — TRAITÉS CONCERNANT LA KABBALE PRATIQUE

(*Bibliothèque nationale.*)

428. Schemamphoras, Mss. 14-785, 14.786, 14-787.
429. Sceau de Salomon, Mss. 25-314.
430. Clavicule de Salomon, Mss. 24.244-24.245.

APPENDICE

PERIODIQUES

s'occupant généralement ou s'étant occupés de la Kabbale.

FRANCE (*langue française*).

L'Initiation, directeur Papus, revue mensuelle de 100 pages, paraissant régulièrement depuis le 15 octobre 1888, Paris, 5, rue de Savoie.

Rosa Alchemica, 43, Quai des Grands Augustins, Paris.

Bulletin de la Société d'Etudes Psychiques à Nancy, 25, Faubourg Saint-Jean, Nancy.

Bulletin du Centre d'Etudes Psychiques de Marseille, 41, rue de Rome, Marseille.

La Résurrection, à Saint-Raphaël (Var).

LANGUE ANGLAISE

Light, 110, Saint-Martin, S. Lane, W. C. London.

Star of the Magi, 617, La Salle avenue, Chicago (U. S. A.).

Psychic et Occult Views et Reviews, 239, Supérior Street, Toledo, Ohia.

The Progressive Thinker, Chicago, 111 (U. S. A.).

LANGUE ALLEMANDE

Psychische Studien, Lidenstrasse, 4, Leipzig.

Die Uebersinnliche Welt, Ebersivalder, str., 16, Berlin.

Langue espagnole

Revista International de Ciencias hiperfisicas plaza de Santa Domingo, 12, 2, Madrid.

Langue hollandaise

Het Tœkomstig Leven, Utrech, Hollande.

TABLE ALPHABÉTIQUE

DES

AUTEURS CITÉS DANS LA BIBLIOGRAPHIE

(Les chiffres renvoient aux numéros d'ordre placés devant chaque ouvrage.)

TABLE ALPHABÉTIQUE

DES

OUVRAGES CITÉS DANS LA BIBLIOGRAPHIE

(Les chiffres renvoient aux numéros d'ordre placés devant chaque ouvrage.)

BIBLIOGRAPHIE

Des ouvrages concernant la Kabbale.

PAR LE Dr MARC HAVEN

PRÉFACE

La bibliographie que nous offrons ici aux étudiants et aux chercheurs a besoin d'être précédée d'une courte note explicative. Qui veut étudier la Kabbale avec fruit doit apprendre d'abord l'hébreu, connaître les usages, les mœurs, la religion du peuple juif, son histoire et celles des sectes religieuses qui se sont succédé chez ce peuple de théologiens, de prêtres et de philosophes. Trop de livres ont été écrits sur ces matières en toutes langues et à toutes époques, pour que nous puissions matériellement les indiquer ici, et, d'ailleurs, nous considérons ces études comme des études préliminaires. Une bibliographie de Kabbale ne nous semble pas devoir s'étendre à la nomenclature des ouvrages relatifs à ces questions, nous avons donc volontairement omis dans notre répertoire tout ce qui a rapport à la linguistique (*grammaires, dictionnaires...*), à l'histoire, à l'ethnographie, au droit, à la religion exotérique juive (*rituels et commentaires*) et même à tout le flot de la littérature talmudique où surnagent parfois de lumineux enseignements ; nous n'avons indiqué que des ouvrages pouvant initier le lecteur aux théories mêmes de la Kabbale.

On pourra nous reprocher de n'avoir pas classé les livres cités par ordre de date, ou de ne pas les avoir réunis d'après la langue dans laquelle ils ont été écrits ou d'après le sujet qu'ils traitent, mais notre but n'étant que d'indiquer à ceux qui cherchent à s'instruire des titres d'ouvrages qu'ils pourront se procurer avec un peu de patience et de travail, et dont ils pourront surveiller le passage dans les différents catalogues, nous avons établi notre classement, selon la plus commune habitude des libraires, par ordre alphabétique d'après les noms d'auteurs.

Pour chaque livre nous n'avons indiqué qu'une édition, la première venue. Si quelques bibliophiles désirent des renseignements plus complets (*edit. princeps*) ou même des appréciations sur la valeur commerciale habituelle de tel ou tel ouvrage, nous nous tenons à leur disposition pour leur donner, — autant que nous le pourrons, — ces détails complémentaires. Les notes bibliographiques dont nous avons extrait ces quelques pages sont assez complètes pour nous permettre de le faire le plus souvent. De même pour certains ouvrages rares que nous avons nous-même demandés à la Bibliothèque nationale à Paris, nous pouvons indiquer les lettres et numéros de référence ; nous engageons les chercheurs qui auront l'occasion de travailler à la Nationale de faire de même et de garder avec soin les numéros et indices des livres de Kabbale qu'ils pourront obtenir : ce sera faire, pour ceux qui les suivront, un travail utile et qui pourrait se généraliser.

Un dernier mot sur les manuscrits : les nombreux manuscrits hébraïques, rouleaux ou livres, les manuscrits rares de Kabbale dont les exemplaires uniques se trouvent isolés dans les bibliothèques publiques ou dans quelques rares bibliothèques privées, comme la merveilleuse collection de notre frère Stanislas de Guaïta, n'avaient pas à être indiqués dans une bibliographie destinée à des étudiants qui ne pouvaient ni se les procurer ni souvent même les parcourir. Nous n'en avons donc pas parlé.

Dr M. H.

BIBLIOGRAPHIE

Archangelus de Burgonovo. — Apologia pro defensione Cabalæ. — Bosson, Al. Benaceius, 1564, in-16.
— Dechiaratione sopra il nome di Giesu secundo gli hebrei cabalisti. — Ferrara, Rossi, 1557, in-8.
— Cabalistarum selectiora Dogmata. — Venet, 1569, in-8.
Agrippa H.-C. — De Incertitudine et Vanitate scientiarum. — Antw., 1530, in-4 (trad. franç., par Jean Durand, Genève, 1582, in-8).
— De Occulta Philosophia. — Libri tres, Lugd., Bernigos, 2 vol. in-8 (trad. franç. et trad. angl.)
— De la Noblesse et Précellence du sexe féminin. — Trad. franç. de Gueudeville, Leiden, 1726, in-12.
J.-H. Alsted. — Physica harmonica. — Herbornæ, Nassor, 1616, in-12.
Azariel. — Commentary on the doctrine of Sephiroth. — Varsch, 1798.
— Commentary on the Song of Songs. — Altona, 1763. Andreas S. — Examen generale Caballæ Henrici Mori. — Herbonn, 1670, 1 vol., in-4.
Evolus Cæsar. — De decem Sephirotis. — Venise, 1589, in-4.
Abraham Akibah. — Sepher Ietzirah. — Mantua, 1552, 1 vol. in-4.
Ph. d'Aquin. — Interprétation de l'arbre de la Cabale. — Paris, 1625, in-8.
— Explanatio verborum primi psalmi.
Isaac Abrabanel — Rosch Emana. — Constant., 1505, in-4.
— Mirhcbet Mamischne. — Sabbionella, 1551, in-fol.
— Pirusch na torah. — Venise, 1579, in-fol.
— Zerah Pesach. — Constant., 1505, in-4.
— Pirusch al nebüm. — S. L., 1641 et 1646, in-fol.
Asulai Ch. — Schem Hagadolim. — Wien, 1852.
Alcazar (R. P. L.) — Vestigatio arcani sensus Apocalypsis. — Lugd. 1618, in-fol.
Ahron de Karitene. — Comment cabalistique de Simon Ostropoli. — Amst., 1765, in 4.
Ange Pechmeja. — L'Œuf de Kneph. — Bukarest, 1804, in 8.
Amelineau. — Essai sur le Gnosticisme égyptien. — 1887, in-4.
Abraham Aben Daoud. — Sepher hakabalah. — Amst., 1697, in-12.
Akiba Beer. — Maasse haschem. — Amst. in-4.
Ahron ben Elia. — Kether Thora. — Goslow, 1867, 5 vol. in-8.
Jacob Abendana. — Leket Schoch. — Amst., 1685, in-fol.
Ad. Bertet. — Apocalypse du bienheureux Jean dévoilée. — P. 1861, in-8.

Buxtorf, J. — Dissertationes philologuo-theologicæ. — Basil, 1662, in-4.
— Synagoga judaica. — Bâle, 1603.
— Exercitationes ad historiam arcæ Fœderis. — Basil, 1659, in-4.
Buddens. — Introductio ad historiam philosophiæ Ebræorum. — Halle, 1702.
Beer P. — Geschichte aller Sekten der Juden und der Cabbalah. — Brunn, 1822, in-8.
Bachimius. — Pansophia enchiretica. — Norib. 1682, in-16.
Berger. — Cabbalismus judaico-christianus. — Witemb., 1707, in-4.
Bashuysen. — Disputationes II de Cabbala. — Hanov., 1710.
Bechoû ben Asher. — Sepher Semlhan arba. — Venise, 1546, in-fol.
S.-J. Baird. — The Elohim revealed in the Creation. — Philad., 1860, in 8.
Bungus. — Numerorum mysteria. — Berg., 1585, in-4.
Beroaldus. — Symbola Pythagore. — Bonon, 1502, in-4.
Jord. Bruni. — Opera omnia. — Fiorentino, Napoli, 1879 sqq.
Campanella. — De Sensu rerum et magia. — 1620, in-4.
— De Monarchia Messiæ. — Aesu, 1633.
— Prodromus philosophiæ instaurandæ. — Francf., 1617, in-4.
— Atheismus triomphatus. — Romæ, 1631, in-4.
Cudworth. — The true intellectual System of the Universe. — Lond., 1678, in-fol.
G. de Collanges. — Clavicule sur les 5 livres de Polygraphie. — in-4, 1561.
Jo. Craig. — Theologiæ mysticæ principia mathematica. — Lond., 1699, in-4.
Ciacconius. — De Vi trium verborum : Mane, Thecel, Phares. — Medial, 1814, in-8.
Moïse de Cordoue. — Or Neherav. — Venezia, 1554, in-4.
Chauun N. Ch. — Dibre Nechemja. — Berlin, 1713, in-4.
Chiquivilla J. — Schaare Tsedek. — Koretz, 1785, in-4.
Drach (Chevalier). — De l'harmonie de l'Eglise et de la Synagogue. — Paris, 1844, 2 vol. in-8.
— Lettres d'un rabbin converti aux Israélites ses frères — P. 1825, in-8.
— La Cabale des Hébreux. — Rome, 1846, in-12.
— Le livre Yaschar. — Paris, 1858.
— L'Inscription hébraique de la sainte croix. — Rome, 1831, in-8.
Didymi. — De Pronunciatione divini nominis quatuor litterarum. — Parmæ, 1799, in-4.
A. Dillmann. — Das Buch Henoch. — Leipzig, 1853.
Eisenmenger. — Entdecktes Judenthum. — S. l. 1700, in-4.
Elias (Pandochæus). — Cf. O. Postel.
Eleutherii Aug. — De Arbore mali et boni. — Mathusii, 1561, in-8.
Eleasar ben Jehnda. — Sepher Rasiel. — Amst., 1701, in-4.
Emden Jacob. — Migdal Os. — Warschau, 1886.
Freystadt. — Philosophia cabalistica. — Regim., 1832, in-8.
Marsile Ficin. — Opera Bas. H. Petri, 1561, in-fol.
R. Fludd. — (De Fluctibus) (Toutes ses œuvres.) En particulier :
— Tractatus theologico-philosophicus. — Oppenh., 1607, in-16.
— Summum Bonum. — Francf., 1629, in-fol.
— Philosophia moysaica. — Goudæ, 1638, in-fol.

Franck. — Etudes orientales. — Paris, 1861, in-8.
— La Kabbale. — Paris, 1843, in-8.
Foucher de Careil. — Leibnitz et la Kabbale. — Paris, 1861, in-8.
Rabbi Gedaliah. — Schol seheleth haquabalah. — Amst., in-16.
Rabbi Jose Gekatiliah. — Schaare aoura. — (Trad. dans la coll. de Pistorius.)
— Ganoth Egoz. — Hanau, 1615, in-fol.
— Schaare Tsedek. — 1461, in 4.
Rabbi Oriel Goronensis. — Sepher Sodoth.
De Goulianof. — Essai sur les hiéroglyphes d'Horapollon et quelques mots sur la Cabale. — Paris, 1827, in-8.
Gaffarel J — Abdita divinæ cabalæ mysteria. — Chez Jérôme Blageart. — Paris, 1625, in-4, 77 pp.
— Curiosités inouïes sur la sculpture talismanique. — S. l., 1650, in-12.
— Codicum kabbalisticorum manuscriptorum. — Chez Jérôme Blageart. — Paris, 1602, 50 pp.
Galatinus. — De Arcanis catholicæ veritatis contra Judeos (avec lè De Cabala de Reuchlin). — Francf., 1612, in-fol.
L. Grassot. — La Philosophie céleste. — Bordeaux, an IV, in-16.
Georgius Venetus. — De Harmonia mundi. — Venet, B. de Vitalibus, 1525, in-fol.
Ginsburg. — The Kabbalah.
Gastaldus. — De Angelica Potestate.
Geiger Abr. — Etudes biographiques sur quelques rabbins kabbalistes. — Breslau, 1856 à 1864.
Rabbi Gersonides (Levi ben Gerson). — Milchemot haschem. — Rio di Trento, 1561, in-fol.
Grœtz. — Gnosticismus und Judenthum. — Berlin, 1846. — Frank und die Frankisten. — Breslau, 1868.
Gaffarel J. — Tom Adonoi. — De fine mundi de R. Elcha ben Daoud. — Paris, 1629, in-16 de 39 + 24 pp.
— Mariales Gemitus. — Paris, 1638, in-4.
— Nihil, fere nihil, minus nihilo. — Venet., 1634, in-8.
— Les Tristes Pensées de la fille de Sion. — Paris, 1624, in-12.
Gerondi Jona ha Hassid. — Schaare Teschubah. — Fano, Soncino (circa 1505), in-4.
Meir ibn Gabbaï. — Tolaat Jacob. — Cracovie, 1616, in-4.
— Awodat Nakodesch. — Cracovie, 1578, in-fol.
Gerson ben Salomo. — Schaare haschamaim. — Venise, 1547, in-4.
Ghazzati Nath. — Chemdath Hajamim. — 4 vol. in-4, Venise, 1763.
Stanislas de Guaita. — Au seuil du Mystère. — In-8, Paris, Carré, 1890.
— Le Temple de Satan. — In-8, Chamuel, 1891.
— La Clef de la magie noire. — In 8, Chamuel. 1897.
Habermann J. — Magia und Weissheit der seehsten Buch Mosis. — S. l., 1460, in-16.
Hackespan. — Exercitatio de Cabala judaica. — Altdorf, 1660.
F. M. Van Helmont. — Seder Olam. — 1693, s. l., in-16. 108 pp.
— Alphabeti hebraici delineatio — Salzb., 1667, in-12.
Hebenstreitius J.-B. — De Cabala. — Ulm, 1619, in-4.
Henningius. — Caballologia. — Lipsi, 1683, in-8.

Hottingerus. — Discursus gemaricus de Incestu creationis et opere currus. — 1660, in-4.
Sam. Hirsch. — Religions-philosophie d. Juden. — Lpz., 1842.
Abr. Herrera. — Schaare haschamaim. — Beth. Elohim. — In-4, Amst., 1665.
H. Hoschke. — Jalkut Reubein. — In-fol., Amst., 1780.
Horowitz S. — Megilath Sedarim. — Prag., 1793, in-8.
H. Joël. — Religions philosophie des Sohar. — Lpz. 1849
Jellnick. — Beitrage zur Geschichte der Kabbalah. — Lpz., 1852.
— Moses ben Schemtob de Léon. — Lpz., 1851.
— Moses ben Norchman. — Lpz., 1853.
R. Isaac Luriah. — Etz Chaim. — 1572, in-4.
Jamblichus. — De Mysteriis. — Oxon, 1678, in-fol.
— De Vita pythagorica. — Lpz., 1815, in-8.
Jacob ben Ascher. — Hoschen hamischpath, 1559, in-fol.
Joseph de Tvani. — Tsaphenoth phaneah. — Venise, 1648, in-fol.
Isaac Israeli. — Iesod Olam — Berl., 1848, in-4.
Iedaja ben Abraham. — Bechinat Olam. — Soncino, 1484, in-8.
Iehudah ha Levi. — Kuzari. — Trad. hébr. par Juda ben Tibbon. — Fano-Soncino, 1506, in-4.
— Nomb. trad. allemandes, latines, françaises, espagnoles.
Isaac bar Elia. — Meah Schaarim. — Venise, Soncino, 1539, in-4.
De Ianduno. — Questiones de physico auditu Helie Hebrei Cretensis. — Venet, 1501, 1 vol. in-fol.
R. Issachar Baer. — Commentaire au Schir haschirim (in Sepher mequor Hochmah). — Prague, 1610. — Trad. dans la Bibliothèque rosicrucienne, Paris, 1897.
Jaquelot. — Dissertation sur le Messie. — La Haye, 1699, in-8.
Joseph ben Chalefta. — Seder Olam rabba vezuta. — Bâle, 1578, in-4.
R. Iachjia ibn Gedaliah. — Schelscheleth hakabbalah. — Amst., 1697, in-4.
Israël Iafé. — Aor Israël. — Frif., 1702, in-fol.
Iungendres. — Specimen... theologiæ mythicæ Judeorum. — 1728, in-4.
Alber Jhouney. — Le royaume de Dieu. — Gr. in-8. Paris, comptoir d'édition.
H. Khunrath. — Amphitheatrum sapientiæ veræ. — Hanau, 1609, in-fol.
— De igne magorum. — 1783, in-16, 109 pp.
— Wahraftiger Bericht von philosophis. en Athanor. — Leipz., 1783, 58 pp.
Kurtz — Das mosaische opfer. — Mitau, 1842, in-8.
Kircher. — Œuvres. — En particulier :
— Œdipus ægyptiacus. — 3 vol. in-fol., Rome, 1652-54.
— Arithmologia seu de abditis numerorum mysteriis. — Rome, 1665, in-4.
Knorr de Rosenroth. — Kaballa denudata. — 3 vol., Salzb. et Francf., in-4, 1677 et 1684
Is Karo. — Commentarium in Pentateuchum. — Riva di Trento, 1558, in 4, 118 pp.
Kleuker. — De la Nature et de l'Origine de l'incarnation chez les Cabalistes. — Riga, 1786 (en allemand).

Moïse Kimchi. — Maalach Schebilé Hadaath. — Venise, Bornberg, 1546, in-8.
A. Kohut. — Ueber die judische angelologie und Demonologie. — Leipz., 1866.
Lévi ben Gerson. — Milchamoth haschem. — Rive de Trente, 1560, in-fol., 75 pp.
— Commentaire sur Job. — Ferrare, 1477, in-4, 119 pp.
Isodore Loeb. — Article Cabale in Grande Encyclopédie.
— Le taxo de l'Assomption de Moïse. — Paris, 1879, in-8.
Raymundi Lulli. — Arbor scientiæ. — In-4, 1636.
— De Auditu kabalistico. — Venet. Paul de Vitalibu, 1518, in-12.
Lacour. — Ælohim ou les Dieux de Moïse. — Bordeaux, 1839, 2 vol. in-8
Léon l'Hébreu (Aharbanel). — Dialoghi de amore. — Rome, 1535, in-4.
— Trad. française du Sieur du Parc. — Paris, 1556, in-16.
Lopackine. — Quélques traits de l'église intérieure. — Moscou, 1801, in-8.
Lodoïk (Comte de Divonne). — La Voie de la science divine. — Paris, 1805, in-8.
Lacuria. — Harmonies de l'être exprimées par les nombres. — Paris, 1853, 2 vol. in-8.
Lenain. — La Science cabalistique. — 1 vol. in-8, Amiens. 1823.
Eliphas Lévy. — *Œuvres.*
Lobkowitz. — Specimen Caballæ grammaticæ. — Bruxelles, 1642, in-16.
Le Feure. — Le Secret et mystère des Juifs jusques à présent caché. — Paris, in-8, 1562.
Phil a Limborch. — De Veritate religionis christianæ amica collatio cum erudito Judeo. — Gondæ, 1627, in-4.
Liharzik Fr. — Das Quadrat, in der Natur, 57 Tafeln der Tetragramme. — 1 vol. in-4, Wien, 1865.
Leon. — Rabbinische Legenden. — Wien, 1821.
Leusden. — Questiones hebraicæ. — Basil, 1739, in-4.
Lornei Michel Angelo. — La sacra scrittura illustrata. — Roma, 2 vol. in-4, 1827.
D. Luria. — Kadmoth sepher hazoar. — Warsch, 1884.
M. Ch. Luzzatto. — Chokar ve Mikubal. — Leipzig, in-16, 1840.
— 138 Regeln über die Kabbala. — Krakau, 1880.
Landauer. — Jehovah und Elohim. — Stuttg., 1866.
Latif. Is. — Zurat ha Olam. — Wien, 1860.
— Kebuzat Chachamin. — (Dict. des mots difficiles à interpréter dans le Sohar), Wien, 1860.
Levinsohn. — Schorsche Lebanon. — (Le supplément a trait au Sohar.) Wilna, 1841.
Is. Loeb. — La chaîne de la tradition dans le Pirke Aboth. — Paris, 1889.
— La vie des métaphores dans la Bible. — Paris, 1891, *Œuvres* en particulier.
R. Moses ben Maimon. — More Nevouchim. — Trad. latine Buxtorf. Bâle, 1629. in-4. — Trad. franç. Munk. P. 1856-66, 3 vol.
Porta Mosis. — Ed. Pockok. — Oxoniæ, 1655, in-4.
R. Moses de Cordoue. — Pardes Rimonim, et Thamar Deborah. — Mantoue, 1623, in-fol.

R. Moses ben Nachman. — Pirusch al hathorah. — Pesaro Soncico, 1513. in-4 (Avel le Zeror hamor).
— Ozar Nechmad. — Pressburg, 1837, in 4.
— Wiknach Ramban. — (Edit Steinschneider.) Berlin, 1860.
H. Mordatham. — Aureum speculum redivivum. — In-fol., 1785.
Henri Morus. — Psychozoia. — In-8, 1640-47 (Cf. opera varia in Knou de Rosenroth.)
— A conjectural essay. — London, 1654, in-8.
Molitor. — Philosophie de la tradition. — Trad. française. Paris, 1834, in-8.
Siméon de Muis. — In psalmum XIX, trium rabbinorum commentarii. — Paris, Lébert, 1620, in-8.
Malfatti de Montengio. — La Mathèse. — Paris, 1839, in-8.
S. Munk. — Mélanges de philosophie juive et arabe, 1859, in-8.
Montecuccoli. — De Cabala. — Mutinæ, 1612, in-4.
Meïr ben Gabaï. — Meoroth Ehohim. — Venise, Juan Grifo, 1567, in-fol.
Menasseh ben Israël. — Mekoè Israël. — Amst., 1697, in-32.
— Mishaioth. — Amst., 1633. pet. in-8.
— De Creatione problemata XXX. — De Resurrectione mortuorum. — Amst., 1635 et 1636, in-16.
— Nischmath Chaijm. — Amst., 1652. in-4.
A. Margaritha. — Der ganz Judische glaub... Leipz., 1531, in-4.
Misurachi. — Della Venuta del Messia. — Modana, Cassiani, 1826, 1 vol. in-4.
J.-Fr. Meyer. — Edition, commentaire et glossaire du Sepher Jezira (en allemand). — Leipzig, 1830, in-4.
Michel Spacherus St. — Cabala speculum artis naturæ in alchymia Augustæ. — Schmidt, 1667, in-4.
— Voarchadumia. — Venetiis, avril 1530, in-4.
J. O. Müller. — Des Juden Philo Buch von der Weltschopfung. — Berlin, Reimer, 1841, 1 vol. in-8.
Mises Fab. — Kabbala und Chassidismus. — Breslau, 1866.
Molcho Sal. — Sepher Hamphoar. — Amst., 1709, in-4.
Mordechoü ben Lœw. — Eschel Abraham. — Fürth, 1701, in-fol.
R. N'Chuniah. — Sepher Habahir. — Amst., 1651, in-4.
— Soa haschem. — Amst.
— Lettre sur les mystères. Traduite en latin par Paul Heredia.
Nieremberg (J. E.). — Curiosa y occulta philosophia. — Madrid, 1643, in-4.
Otto T C. — Vali Razia. — Stettin, 1613, in-4.
Le P. Olivier. — Alphabet de Cadmus. — Paris, 1755, gr. in-4.
Pistorius. — Artis cabalisticæ... Scriptorum tomus unus. — Basil. 1587, in-fol. chez Henricus Petrus, 26 ff., 979 pp.
Pfeiffer. — Antiquitates ebraicæ — Leipz., 1685, in-12.
— Critica sacra. — Leipz., 1688, in-16.
Picus Mirandula J. Fr. — Œuvres, et en particulier :
— Cabalistarum selectiora dogmata... — Venise, 1569, in-4.
— Conclusiones 900. — S. L. 1532, in-8.
Guill. Postel. — Œuvres, et en particulier :
— Clavis absconditorum... — Bâle, 1547, in-4.
— De rationibus Spiritus Sancti, ll. II. — Paris, 1543, in-8.

— Liber de nativitate mediatoris ultima. — (Vers 1547, sans lieu d'origine), in-4.
— Liber Jesirah seu de formatione. — Paris, 1552, in-16.
Papus. — Œuvres, et en particulier :
— Le Tarot. — Paris, 1 vol, in-4, 1893, carré.
Patricius. — Magia philosophica. — 1 vol. in-16, 1640 ?
Philo Judæus. — Opera. — Ed. grecque, Turnebus, 1552, in-fol. (nombr. traductions).
Reuchlin. — De Arte cabalistica ll. III. — Hagen, 1517, in-fol.
— De Verbo mirifico ll. III. — Cœln-1632, in-12.
(*Se trouvent dans la collection de Pistorius*).
P. Riccius. — Isagoge in-Cabalistarum eruditionem 1515, in-4.
— Philosophica, prophetica ac talmudica disputatio. — 1514, in-fol.
— Compendium... apostolicæ veritatis... — Papiæ, 1507, in-8.
— Sol fœderis contra Judæos. — Papiæ, 1507, in-4.
P. Riccuis. — De cœlesti Agricultura, ll, III. — Augustæ. Staymer, 1541, in-fol.
— De mosaicis Edictis.
— De tertrino doctrinarum ordine. — 1510, in-4.
(*Ces trois ouvrages se trouvent seuls dans la collection de Pistorius.*)
Riederer. — Die Bedenkliche und geheimnin-reiche Zahl Drey in Theologicis, Historicis und Politicis. — Francf., 1732.
Roccha (Ant della). — Libro della pace e armonia. — Venetia, 1536.
Relandi. — Analecta rabbinica. — Ultraj., in-8, 1702.
— Antiquitates sacræ. — Traj. Bat., 1708, in-8.
Reggio J.-I. — Bechinath hakabbala. — Breslau, 1856.
— Torat Eloim. — Wien, 1818.
R. Schabtai Scheptel. — Schepha-Tal. — Hanau, 1612, 1 vol., in-fol.
R. Simeon ben Jochai — Le Zohar (attribué), contenant : Midrach Hanelam ; — Maimer tha Chasi ; — Idra Rabba et Idra Suta ; — Siphra Dzinoutha ; — Sithrei Thorah ; — I'Mukah ; — P'Kudah.
Salomon ben Melek. — Michlof Tofi. — Amst., 1685, in-fol
Salwigt. — Opus magokabalisticum. — Francf , 1719.
R.-P. Esprit Sabathier. — Ombre idéale de la sagesse universelle. — In-16, 1679 (Une réédition dans la Bibliothèque Rosicrucienne, Paris, 1897).
Steebus J.-Chr. — Cœlum sephiroticum. — Mogunt, 1679, in-fol.
Jul. Sperberus. — Isagoge in veram Dei naturæque cognitionem. — Hamb., 1674.
— Kabbalisticæ precationes. — Amst., 1675, in-8.
J.-C. Schrammius. — Introductio ad dialecticam Kabbalorum. — 1703.
W. Sidelius. — De templo Salomonis mystico — Moguntiæ, 1548, in-12.
Smith. — Article *Caballah*, in Dict. of Christian Biography.
Scherzer. — Trifolium orientale. — Leipz., 1663, in-4.
Schott. — Technica curiosa. — 1 vol. in-4, Herbip., 1659.
Sennertus. — Dissertatio de Caballa. — Vitemb., 1655, in-4.
Schickardus. — Mischpath hamelek. — In 4. Tub., 1628.
— Bechinath hapiruschim. — In-4.
R. Samuel ben Abraham. — Keli hemda. — Venise, 1594-96, in-fol.
Strozæ. — De dogmatibus Chaldæorum. — Rome, 1617, in-4.
Sonnenburg. — Arithmonomia naturalis. — Dresde, 1838.

Schultetus. — Imago tetrametallos Danielitica. — Witteb., 1670, in-4.
Saadia Gaon. — Comm. au Sepher Ietzirah. — Warsch., 1873 (Traduct. franç., par M. Lambert, Paris, 1893.)
R. Salomon ibn Gebirol. — Mibchar hapeninim. — Soncino, 1484, in-4.
R. Salomon b. Abraham b. Adred. — Arasba Teschuvoth. — S. A., in-4 (Rome).
R. Samuelis. — Epistola de adventu Messiæ. — Nurimb., 1498, in-4.
R. Salomon Pariel. — Or Animi. — Soncino, 1516-1518, in-8.
Sommer. — Specimen theologiæ Soharicæ. — Gotha, in-4, 1734.
Sohar. — 3 vol. in-4, Lublin 1883. — Amst., 1805 (ben Jochaï) cf. Siméon.
Steudner J. — Jüdische ABC Schul von Geheimniss des dreien Gottes. Spruch Rabi Botril über d. Buch Jesirah. — Augspurg, 1665.
Trithemius J. — Œuvres, et en particulier : De septem secundeis. — Cologne, 1567, in-12. — Trad. française dans la collection rosicrucienne. Paris, 1897.
— Quæstiones VIII ad Maximilianum. — Oppenhenn, 1515, in-4.
Tholuck. — De Ortu Cabalæ. — Hamb., 1837, in-8.
— Peufismus seu Theosophia Persarum. — Berlin, 1821, in-12.
— Die speculative Trinitätslehre des spateren Orients. — Berlin, in-8, 1826.
Thubjana Abr. — Eschel Abraham. — Livourne, in-fol., 1683.
Vanim J.-C. — Amphitheatrum æternæ providentiæ. — Lugd., 1615, in-8.
— De admirandis naturæ... Arcanis. — Lutet, 1616, in-8.
Vincent P.-E. — Rapport des notions anthropologiques basar, rouach, nephesch, sebh, dans l'ancien testament. — Paris, 1884.
Joseph Voisin. — Disputatio cabalistica. — Paris, 1658, in-8.
Veneti Fr.-Gr. — De Harmonia mundi totius cantica tria. — Venet., 1525, in-fol.
R. David-Vidal. — Kether Thorah. — Constantin. Soncino, 1536, in-4.
Vital Ch. — Hagilgulim. — Wilna, 1886, in-8.
— Hagoralot. — Edit. J. Sapir, Jérusalem, 1863.
Virgulti (L.-Ph.). — La vera idea del Messia. — Rome, 1730, in-8.
Valverdii (Barch). — In Salomonis Alphabetum mysticæ et spiritualis expositiones. — Rome, 1589, in-4.
Wagenseil. — Tela ignea Satanæ. — Altdorf, 1681, in-4.
Wachter G. — Concordia rationis et fidei. — Amst., 1692, in-8.
— Le Spinozisme dans le Judaïsme. — Amst., 1699, in-8.
Elnudarium cabalisticum. — Rostoch, 1706, in-8.
Witsii. — Ægyptiaca... — Amst., 1683, in-4.
O. Weil. — Lois et mystères de l'amour. — Paris, 1880, in-16.
Zeller. — Vacca rufa. — Amst., in-18.
Anonyme. — Somnia Salomonis regis filii David. — Venise, chez J.-B. Sessa, 1501, in-4.

Dr Marc Haven.

LA CABALE DES HÉBREUX

Par le Chevalier DRACH

LETTRE

DU R. P. PERRONE A L'AUTEUR

« SIG. CAVALIÈRE

» E stato per me di vera soddisfazione il leggere i preziosi fogli che a Lei piacque comunicarmi. Non solo in essi vi ho trovato una piena confutazione dell' impugnatore delle sane dottrine sotto il velo della recondita *Cabbala*, non ben conosciuta dal volgo de' lettori, ma inoltre una feconda e non comune erudizione in pruova della verità. Gliene faccio, Sig. Cavaliere, le mie più sincere congratulazioni, e mi auguro il piacere di poter altra volta godere di un simile favore. Mi dico con sincera stima,

» di V. S.

» Collegio Romano 30 Gen. 1864.

» Umo devmo affmo

» G. PERRONE d. C. d. G.

TRADUCTION

« M. LE CHEVALIER,

» C'est avec une vraie satisfaction que j'ai lu les précieuses feuilles que vous avez bien voulu me communiquer. J'y ai trouvé non seulement une pleine réfutation de l'auteur qui attaque les saines doctrines sous le voile de la secrète Cabale, peu connue du vulgaire des lecteurs, mais aussi la vérité prouvée par une féconde et rare érudition. Je vous en fais, monsieur le Chevalier, mes plus sincères compliments, et j'espère avoir encore plus d'une fois le plaisir de jouir d'une semblable faveur. Je suis avec une sincère estime,

» de Votre Seigneurie,

» Collège Romain, 30 janvier 1864.

» le très humble, très dévoué, très affectionné

» J. Perrone de la C. de J.

A SON EXCELLENCE RÉVÉRENDISSIME

MONSEIGNEUR PIERRE LACROIX

PROTONOTAIRE APOSTOLIQUE

CAMÉRIER SECRET DE N. T. S. P. PIE IX.

CLERC NATIONAL DE FRANCE PRÈS LE S. SIÈGE

CHEVALIER DE LA LÉGION D'HONNEUR

MEMBRE DE PLUSIEURS ACADÉMIES ET SOCIÉTÉS SAVANTES.

HOMMAGE

AUX VERTUS SACERDOTALES ET CIVILES

A LA SCIENCE VARIÉE ET MODESTE

OFFERT PAR

Son obligé et très reconnaissant serviteur

L'AUTEUR

CE QUE LES HÉBREUX ENSEIGNENT AU SUJET DE LEUR CABALE ET DE SON ANTIQUITÉ. PRINCIPAUX DOCTEURS DE CETTE SCIENCE ÉSOTÉRIQUE. LA CABALE, QUI SE TRANSMETTAIT D'ABORD ORALEMENT, MISE PAR ÉCRIT DANS DES TEMPS POSTÉRIEURS. LIVRES QUI NOUS RESTENT DE CETTE RÉDACTION. LES INCRÉDULES ONT CHERCHÉ A EN DÉNATURER LE SENS.

§ 1. — LA LOI ÉCRITE ET LES DEUX LOIS ORALES, L'UNE LÉGALE, L'AUTRE MYSTIQUE OU CABALISTIQUE.

Le terme *cabale* qui en hébreu veut dire, *tradition reçue*, קבלה du verbe קבל, indique par son nom même que cette science est regardée par les rabbins comme un enseignement traditionnel. Elle consiste selon ces docteurs en traditions qui remontent aux temps les plus anciens; et pour le fond jusqu'à Moïse, et même jusqu'à Adam. Le législateur du peuple hébreu, disent-ils, a reçu de Dieu, non seulement la loi écrite, mais aussi la loi orale; c'est-à-dire, son interprétation, tant *legale* ou talmudique, que *mystique* ou cabalistique. En effet, il n'a jamais été permis aux Hébreux d'expliquer la parole de Dieu autrement que d'après la tradition enseignée par les anciens, et en dernier ressort, dans les cas douteux, d'après la décision du suprême pontife de chaque époque. Voyez Deutéronome XVII, 8 et suiv.

Ces deux parties de la loi orale ne se composent donc que de traditions, et de déductions logiques auxquelles elles ont donné lieu pour en déterminer le sens. Sans doute, il s'y est glissé, pour ainsi dire, beaucoup de ces traditions apocryphes, ou dénaturées, par lesquelles les pharisiens faussaient le sens de la loi sainte, et que Notre-Seigneur a condamnées dans les termes les plus sévères. Mais c'est ici le lieu de rappeler la règle que j'ai donnée dans plusieurs endroits de mes ouvrages. La voici : toute tradition qui porte le cachet de la vraie religion laquelle, ainsi que l'exprime si bien saint Augustin, remonte au berceau du genre humain (1), est indubitablement authentique. Certes, elles ne sont pas de l'invention des rabbins les traditions qui représentent dans la Divinité *trois splendeurs* (2) *suprêmes*, distinctes et cependant unies inséparablement dans une essence unique de l'unité la plus absolue ; celles qui établissent que le Rédempteur d'Israel devait être à la fois vrai Dieu et vrai homme (3) ; celles qui enseignent que le Messie s'était offert à *prendre sur lui* l'expiation de tous les péchés des hommes (4) ; celle qui nous apprend que le *Schîlo*, שילה, promis par le patriarche Jacob, est réellement le Messie (5) : toutes choses que les docteurs

(1) Res ipsa quæ nunc christiana religio nuncupatur ; erat et apud antiquos, nec defuit ab initio generis humani quousque ipse Christus veniret in carne. Unde vera religio, quæ jam erat, cœpit appellari christiana. Retract. I. XIII, 3.

(2) On traduit *séphira*, ספירה par *numération* et *par splendeur*. Les extraits que je donne plus loin prouvent que ce dernier sens est le seul véritable.

Voyez les extraits qui suivront plus bas. Je rappelle ici que dans mon Harmonie je cite des autorités d'après lesquelles ce grand mystère de la Trinité devait rester le secret de seulement quelques personnages privilégiés, ליחידי סגולה, et ne se divulguer qu'à l'avènement du Messie.

(3) Voyez mon Harmonie, tome I, pages 70 à 107 ; tome II, pages 387 à 485.

(4) Zohar, 2e partie, colonnes 379, 380 : « Le Messie se présente, et crie : » Que toutes les souffrances, toutes les maladies (spirituelles) d'Israel viennent » sur moi ! Alors toutes viennent sur lui. Et s'il n'en avait pas déchargé Israel » pour les prendre sur lui-même, il n'y aurait eu aucun homme capable de » supporter les peines que méritait Israel pour la transgression de la loi sainte. » C'est ce que dit le prophète (Isaie LIII, 4) : *Il s'est véritablement chargé de* » *nos maladies, et il a porté nos douleurs.* »

Nouvelle preuve contre les rabbins que ce chapitre traite du Messie.

Le Médrasch-Yalkut sur le chap. LX d'Isaie, n° 359, transcrit un long passage du livre ancien *Péciqta-Rabba* qui raconte l'entretien du Messie avec Dieu le Père. Le Messie accepte *avec un cœur joyeux* l'expiation des péchés de *tous les enfants d'Adam*, passés, présents et à naître ; et cela malgré le tableau effrayant que Dieu lui présente de cette douloureuse expiation. Ce n'est pas là le Messie attendu par les Juifs. Il doit les rassembler de leur dispersion, leur rendre Jérusalem et y relever le temple, après leur avoir soumis le reste des nations de la terre. Je dis, *le reste ;* car elles seront exterminées en grande partie. Il y a maintenant bien des Juifs qui n'ont pas grande foi dans l'avènement du fils de David, et le cas échéant, ne se soucieraient pas de le suivre en Palestine. Me trouvant à la campagne magnifique d'un richard de cette nation, je dis à mon hôte : Si le Messie arrivait vous quitteriez avec regret cette belle propriété. Quand il viendra, me répondit-il, nous le prierons d'emmener à la terre sainte les *goyim* (les chrétiens), et de nous laisser tranquilles en France, où nous nous trouvons parfaitement bien.

(5) Zohar, 1re partie, col. 501 : « Le nom *schilo*, tel qu'il est orthographié ici, שילה, *Genese* XLIX, 10, indique que le nom saint suprême de la Divinité sera en lui. Tel est le mystère annoncé ici. »

Rabbi Salomon Yarhhi explique également ce nom par *Messie*, conformément aux trois paraphrases chaldaïques, d'Onkelos, de Jonathan-ben-Uziel et de Jérusalem

Talmud traité Sanhédrim fol. 98 verso : « *Schilo* c'est le nom du Messie car il est ainsi appelé dans la prophétie de Jacob. »

de la Synagogue moderne nient obstinément. Ce n'est pas un rabbin moderne qui se serait avisé de prêter au Zohar l'explication suivante, confirmative de celle de l'Evangile, Matth. XXI, 4, 5 : Le *pauvre* (1) *monté sur un âne*, prédit par le prophète Zacharie, IX, 9, c'est le Messie fils de David (2).

§ 2. — PRINCIPAUX DOCTEURS DE LA CABALE. LE ZOHAR.

Celui qui a enseigné la cabale avec le plus d'éclat, et qui a formé un grand nombre de disciples distingués, c'est le fameux Siméon-ben-Yohhaï, rabbin du commencement du second siècle de notre ère. Le dialecte dans lequel il s'exprimait est bien celui des Juifs de cette époque, le syro-jérusalémite, auquel venaient déjà se mêler des termes grecs et latins. Il enseignait, ainsi qu'il l'annonce lui-même, la tradition et la doctrine de maîtres plus anciens que lui, et il attribue un grand nombre d'entr'elles au prophète Elie, à Moïse, appelé dans le Zohar *le pasteur fidèle*, רעיא מהימנא, et à l'ange Métatron. Ses disciples et les disciples de ceux-ci s'occupèrent plus tard à mettre par écrit ses leçons, et à en former un seul corps qui reçut le nom de *Zohar* זהר, c'est-à-dire *clarté*. Cette rédaction a évidemment duré plusieurs siècles, au moins elle reçut pendant un grand laps de temps de nouvelles additions, puisqu'on y trouve mentionnées les deux parties du talmud, la mischna et la ghemara, de beaucoup postérieures (3), et que même il y est parlé

(1) L'hébreu et la vulgate de Zacharie portent *pauper*, et non *mansuetus*. Saint Justin cite ce verset, sans doute de mémoire, comme si on y lisait les deux : καὶ πραΰς καὶ πτωχός.

(2) Le Zohar, 1re partie, col. 505 ; 2e partie, col. 171, et le *Talmud*, traité Sanhédrim, fol. 98 recto, citent ce verset de Zacharie comme désignant le Messie.

(3) L'auteur de la *Kabbala denudata*, Knorr Baron de Rosenroth, dit au tome II, page 5 de la préface : « Quod nec *gemara*, nec ullius libri talmudici, ullibi faciat (c'est-à-dire le Zohar) mentionem. » Ceci est une erreur manifeste. Le Zohar mentionne le *Talmud* et ses diverses divisions en plusieurs endroits. Voyez, entre autres, 1re partie, col. 347 ; 2e partie, col. 357 ; 3e partie, col. 45, 49, 290, 540, 541. Knorr lui-même avait donné dans son tome I la version latine du livre כתרי תורה de Rabbi Joseph Ghicatilia, qui rapporte un passage du Zohar où il est parlé des trois traités du *Talmud* intitulés, *Baba-qamma*, *Baba-metzia*, *Baba-batra*. Voyez *Kabbala denudata*, tome I, p. 184 de la 1re partie.

Plus loin, p. 7, Knorr écrit : « Adde quod etiam contra Christum in *toto libro* (c'est-à-dire du Zohar) ne minimum quidem effutiatur, prout in recentioribus Judæorum scriptis plerumque fieri solet. Autre erreur. Dans le Zohar, 3e partie, col. 546, *Jésus* nommé en toutes lettres, est qualifié de la manière la plus blasphématoire. J'ai donné ce passage d'après une édition d'Amsterdam dans mon Harmonie, tome II, p. 27 de la *Notice sur la cabale des Hébreux*.

du faux prophète Mahomet (1). Les historiens-Juifs assurent qu'il ne nous est parvenu qu'une faible partie de ce recueil. Rabbi Ghedalia, dans sa chronique intitulée שלשלת הקבלה, *chaine de la tradition*, fol. mihi 23 recto, édition de Solkwo, écrit : « J'ai appris par une tradition orale que cette composition est tellement volumineuse que si l'on en retrouvait la totalité, elle formerait la charge d'un chameau. »

§ 3. — TRAITÉS ET LIVRES COMPLÉMENTAIRES DU ZOHAR.

Le texte du Zohar, tel que nous l'avons maintenant, renferme plusieurs traités qui y ont eté insérés successivement à de différentes époques. Parmi ces traités on distingue le ספר הבהיר, *le livre illustre*. Il date d'avant la naissance de R. Siméon-ben-Yohhai, puisqu'il a pour auteur. R. Nehhunia-ben-Haqqané qui florissait trente à quarante ans avant l'Incarnation du Verbe. On a ensuite édité séparément, pour compléter le recueil cabalistique, 1° les תקוני הזהר, *les compléments du Zohar* ; 2° le זהר חדש, *le Zohar nouveau*, 3° le Zohar du Cantique des cantiques, celui de Ruth, celui des Lamentations. Parmi les livres cabalistiques il ne faut pas oublier de mentionner le ספר יצירה, *le livre de la création*, et plusieurs autres livres anciens, dont une partie ne se trouve plus, ou se cache parmi les manuscrits de quelques bibliothèques. Le commentaire cabalistique du Pentateuque ילקוט ראובני donne des extraits de beaucoup de ces livres maintenant perdus. On met encore au nombre des principaux livres cabalistiques le ספר רזיאל, *le livre Raziel* ; mais c'est plutôt un traité de théurgie.

Dans quelques éditions, surtout dans celles soumises à la censure chrétienne, la place de ce passage est laissée en blanc, ou marquée d'une étoile, pour avertir qu'il y a des mots à suppleer.

M. Franck qui paraît n'avoir étudié le Zohar que dans la version, fort sujette à caution, de Rosenroth, répète cette erreur tout en laissant croire qu'il s'était assuré du fait. Il dit pages 106 et 107 de sa *Kabbale* : « et l'on n'y (dans le Zohar) rencontre pas *une seule fois* le nom du christianisme ou de son fondateur »

Comme l'ouvrage du Baron allemand, *Kabbala denudata*, est le grand réservoir où vont puiser tous ceux qui ne peuvent pas lire le texte même des rabbins, je trouve nécessaire d'en signaler les défauts. 1° Dans les deux volumes les textes en caractères hébreux sont étrangement défigurés par de nombreuses fautes typographiques. 2° La version latine de ces textes est souvent inexacte. 3° Les renvois au Zohar sont la plupart du temps mal indiqués. 4° Il n'est pas rare d'y rencontrer le sens des textes allégués interrompu par des alinéas qui semblent commencer une nouvelle phrase, tandis qu'ils ne sont que la continuation de celle commencée à l'alinéa précédent.

(1) Zohar, 3e partie, col. 546.

§ 4. — RÈGLE POUR CITER LE ZOHAR.

Avant d'aller plus loin je pense qu'il est à propos de consigner ici une règle concernant la manière de citer le Zohar. Ce livre se divise dans toutes les éditions en trois parties à peu près égales. La première, sur la Genèse ; la seconde, sur l'Exode ; la troisième, sur le Lévitique et les deux livres suivants du Pentateuque. On le distingue ensuite, selon les diverses éditions, en *grand Zohar*, זהר הגדול, et en *petit Zohar*, זהר הקטון. L'édition de Crémone qui est in-folio, sert de modèle au grand Zohar pour la pagination. Elle est marquée par numéros des feuillets et des colonnes dont deux par page. L'édition de Lublin la suit exactement. Le petit Zohar a pour modèle l'édition de Mantoue in-4°. On en indique simplement les feuillets, parce que les pages n'en sont pas partagées en colonnes. Les trois réimpressions d'Amsterdam in-8° sont conformes pour la pagination à cette dernière édition. Ainsi, le renvoi aux colonnes, qui facilite singulièrement les recherches, se rapporte toujours au grand Zohar. L'édition de Sultzbach porte en marge l'indication des feuillets et des colonnes du grand et du petit Zohar.

IDÉE VRAIE DE LA CABALE. SON USAGE DANS LA SYNAGOGUE

Je vais exposer ce qu'est réellement la cabale juive et je soumets sans crainte mes preuves à l'appréciation de tout homme de bonne foi et de bonne judiciaire. On verra que d'après la doctrine fondamentale de la cabale l'univers est une création *ex nihilo* de la puissance infinie de Dieu.

Au fait, toute science doit avoir un but pratique. Or, quel est celui de le cabale? Le Zohar. principal code de la cabale, partie 2e, col. 362, et après lui tous les cabalistes, répondent que son but est d'enseigner comment on doit diriger ses intentions en priant Dieu ; à quelle *splendeur* et à quel *attribut* de Dieu on doit recourir principalement dans telle ou telle nécessité (1) ; quels anges on peut invoquer pour obtenir leur intercession dans certaines circonstances ; par quels moyens on se prémunit contre la méchanceté des esprits malfaisants, dont l'air est rempli. C'est précisément pour indiquer avec exactitude ces intentions, ces prières et ces formules que le rabbin Isaïe Hurwitz, un des plus savants cabalistes du XVIIe siècle, a composé un volumineux commentaire cabalistique des prières usuelles de la synagogue, sous le titre, שער השמים *la porte du ciel.* La conséquence en découle naturellement. La cabale enseigne un Dieu personnel à qui nous devons adresser des prières, tandis que les panthéistes se font Dieu eux-mêmes. Ils disent avec un philosophe couronné d'Egypte : *Meus est fluvius meus, et ego feci memetipsum* (Ezech. XXIX, 3).

(1) C'est ainsi que suivant l'objet de nos prières nous autres chrétiens les adressons plus particulièrement à l'une des adorables Personnes de la T. S. Trinité.

J'ai vu des rabbins qui entendant pour la première fois qu'on prétendait que la cabale contenait les principes de l'athéisme, restèrent tout ébahis. Il arrive quelquefois qu'attaqués à l'improviste par une proposition étrange, saugrenue, nous en sommes interdits. Une foule de réponses se présentent en confusion, chacune en quelque sorte tellement pressée de se produire la première, qu'on ne sait par où commencer. Ces rabbins ne pouvaient que s'exclamer : Mais ce n'est pas possible ! C'est un non-sens, une folie. Comment ! nos pieux cabalistes de tous les siècles niant l'existence de Dieu ! כופרים בעיקר ! »

Les docteurs de la synagogue moderne appréhendent de la diffusion de la science cabalistique un danger d'une nature tout opposée. Plusieurs d'entre eux disent anathème à ceux qui publient des livres de cabale. Rabbi Jéhuda Ariè, connu sous le nom de *Léon de Modène*, écrit dans un de ses ouvrages intitulé, הרי נהם, *le lion rugissant* : « Et je doute que Dieu pardonne jamais à ceux qui ont fait imprimer de pareils livres. » En effet, des Israélites, distingués autant par leur science que par leur position sociale, ont été amenés à embrasser la foi catholique par la seule lecture des livres de la cabale. J'en ai nommé plusieurs dans mon *Harmonie*, tome 2me, pages XXXII-XXXV. Un disciple du même Rabbi Ariè, *Samuel ben Nahhmias*, d'une riche famille juive de Venise, reçut le baptême dans sa ville natale le 22 novembre 1649, sous le nom de Jules Morosini. Ce Morosini est auteur d'un volumineux et savant ouvrage en italien, dont le titre est : *Chemin de la Foi montré aux Hébreux*. Rome, imprimerie de la Propagande 1683, 2. vol. in-4°.

§ 1. — L'ÉMANATION DE LA CABALE, ET LES DIX SÉPHIROTH OU SPLENDEURS. LES TROIS SPLENDEURS SUPRÊMES.

Les fauteurs du panthéisme ont imaginé d'appeler à leur aide la cabale parce qu'il y est fréquemment parlé d'*émanation*. Abusant de cette expression ils ont fait des dupes d'un grand nombre de personnes incapables de vérifier les pièces du procès. Eh ! bien, c'est précisément cette doctrine d'émanation qui donne à la cabale le caractère éminemment chrétien que nul homme de bonne foi ne peut refuser d'y reconnaître. Rien de plus facile que de le montrer.

La cabale distingue *tout ce qui est* en quatre mondes, subordonnés l'un à l'autre. 1° Le monde *atziluthique* (émanatif). 2° Le monde *briatique* (créatif). 3° Le monde *ietziratique* (formatif). 4° Le monde *aciatique* (factice, factivus). Les trois derniers, à partir du monde créatif, sont, ainsi que l'annonce déjà la dénomination de celui-ci, des créations *ex nihilo* de la puissance divine, et nullement des émanations de l'Essence de Dieu. Les textes que je rapporte plus loin sont formels à cet égard.

L'émanation s'arrête donc au premier monde qui seul est *incréé* ; elle y demeure concentrée. Il importe de décrire d'après la cabale, ce premier monde. Le monde atzilutique comprend dix *séphiroth* (ספירות), c'est-à-dire, *splendeurs*. La première est la *couronne suprême* (כתרעליון), appelée aussi, l'*Infini* (אין כוף). De celle-ci émane la deuxième splendeur appelée, la *Sagesse* (הכמה). Elle est *Adam primitif* (אדם קדמון), dénommé ainsi pour le distinguer du *premier homme.* Faisons remarquer de suite que saint Paul appelle cette splendeur incarnée, *novissimus Adam*, 1. Cor. XV, 45. De celle-ci, avec le concours de la splendeur suprême dont la coopération est obligée, émane la troisième splendeur appelée l'*Intelligence* (בינה).

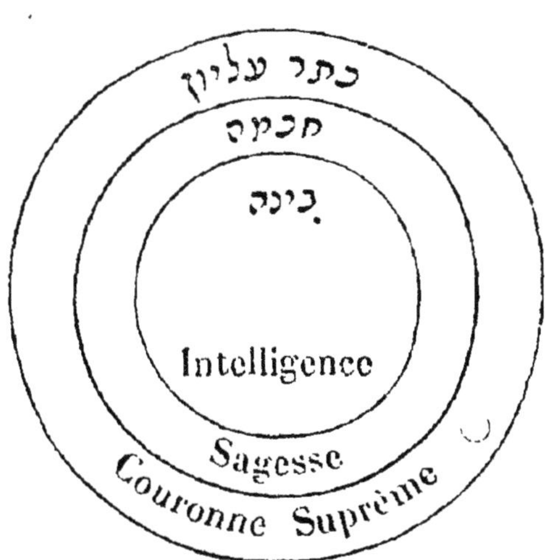

Telles sont, enseignent les cabalistes, les trois Splendeurs supérieures, ou mieux *suprêmes* (עילאין), seules appelées *Splendeurs intellectuelles* (ספירות שכליות). Bien que distinctes, elles ne sont qu'*une couronne unique* (אחת עטרה) ; elles sont *un, un absolu, unum absolutum* (יחיד המיוחד). Voilà pourquoi on les représente par ces trois cercles *concentriques :*

et que l'on figure Dieu *saint*, *saint*, *saint* (קדש קדש קדש) par trois *yods* disposés en triangle équilatéral, et enfermés dans un cercle.

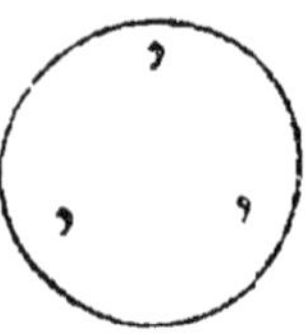

Voyez mon *Harmonie* tome 1er, page 309.

Il faut être bien aveugle pour ne pas s'apercevoir, ou bien obstiné pour ne pas avouer, que ces trois splendeurs sont la très-sainte et indivisible Trinité de Personnes dans l'Essence Divine, *une de l'unité la plus absolue.* La cabale énonce cette vérité dans des termes identiques avec ceux de la théologie catholique (1), ainsi qu'on le verra dans les extraits que je donne plus loin. Mais je rapporterai ici un texte curieux. Je ne le titre pas d'un cabaliste juif, mais du traité *De natura Deorum* de Cicéron, liv. I, § 21 (n° 28 dans l'édition de Leipsic, in-4°.) : « Parménide s'est imaginé quelque chose qui a la figure d'une *couronne.* Il appelle *stéphané* (στεφάνη, Couronne) un cercle continu, brillant de lumière, qui renferme le *ciel;* il appelle ainsi Dieu (2). » Ne voilà-t-il pas les trois splendeurs suprêmes ne formant qu'une seule *couronne ?* Et, remarquons-le, la première splendeur enferme le tout dans son cercle continu sans solution. Cicéron ne comprenant rien à la sublime leçon que le métaphysicien d'Elée répétait, probablement d'après une tradition, ajoute avec la suffisance bien digne d'un philosophe : « Il ne saurait venir à la pensée de personne qu'un cercle soit la figure de la Divinité, ni qu'il ait du sentiment (3). » Cicéron ne devait pourtant pas ignorer que les Egyptiens et d'autres peuples anciens renommés par leur sagesse représentaient par un serpent *roulé en cercle,* la queue dans la gueule, le Dieu suprême, éternel, infini ; en terme de cabale, אין סוף, *absque fine.*

Les sept autres splendeurs, émanées chacune de tout ce qui la précède, sont :

La quatrième, la *Grandeur* (גדולה), appelée aussi, *Benignité* (חסד).

(1) J'ai eu occasion plusieurs fois dans mes écrits de faire remarquer que lorsque la synagogue s'accorde avec l'Eglise c'est toujours dans le sens catholique. Nous voyons ici le *Filioque* contre le chisme Photien.

(2) *Stephanen* appellat continentem ardore lucis orbem, qui cingit *cœlum,* quem appellat Deum.

(3) In quo (c'est-à-dire orbe) neque figuram divinam neque sensum quisque suspicari potest.

La cinquième, la *Force* (גבורה), appelée aussi, *Rigueur*, *stricte justice* (כידת הדין).

La sixième, la *Beauté* (תפארת).

La septième, la *Victoire*, ou *l'Eternité* (נצח).

La huitième, la *Gloire* (הוד).

La neuvième, le *Fondement*, ou la *Base* (יסוד).

La dixième, la *Royauté* (כילכות).

Ces sept splendeurs forment une classe à part sous la dénomination générique de *Connaissance* (דעת). La *Connaissance*, dit R. Joseph Ghicatilia, dans son traité שערי הורה (les portes de la lumière), est la manière d'être des représentations divines qui viennent après la בינה (la Splendeur *Intelligence*), sans toutefois former par elle-même une *splendeur*, ספירה, à part.

§ 2. — LES SEPT SPLENDEURS COMPRISES SOUS LA DÉNOMINATION CONNAISSANCE, OU LES ATTRIBUTS DIVINS

Il est évident pour tout esprit droit que si les trois premières *Splendeurs*, כפירות, sont Dieu en trois personnes dans l'ordre de procession que nous enseigne la foi catholique, les sept Splendeurs qui suivent sont, ainsi que le déclarent expressément les cabalistes: les *attributs* de Dieu (1), et plus exactement, Dieu *dans ses attri-*

(1) On distingue les attributs divins en *relatifs* et en *absolus*. Les premiers sont les relations des Divines Personnes entre elles par l'action immanente de la génération et de la procession. La qualification *relatifs* ne caractérise pas suffisamment les attributs *non absolus*. Les théologiens catholiques y comprennent ce qu'ils appellent les *propriétés* (proprietates), les *relations* (relationes) et les *notions* (notiones) ; savoir, l'innascibilité, la paternité, la filiation, la spiration (spiratio) active et la spiration passive. Il y a donc quatre *propriétés*, l'innascibilité, la paternité, la filiation et la procession. Les trois dernières sont des propriétés personnelles (personales). Si vous ajoutez à celles-ci la spiration active, vous avez les *relations* au nombre de quatre.

Il serait superflu de montrer ici comment ces formalités (formalitates), et jusqu'aux termes que les expriment dans la théologie chrétienne, se retrouvent dans la cabale et les autres livres des rabbins. Les extraits qui vont suivre en font foi. On y reconnaîtra le *Pater ingenitus* sous la qualification de *première splendeur*, l'*Infini* (חין כוף, absque fine), sous le sens de *n'aboutissant à aucune origine*, la *causa procatarchica* sous la qualification de *cause de toutes les causes* עלה כל העלות, etc.

On comprend sous la dénomination *attributs absolus* toutes les perfections qui sont le propre de la Divinité. Celles que les théologiens distinguent en *positives négatives* (en apparence), *quiescentes* ou *immanentes operatives* ou *transitives*, *primitives*, *dérivées*, *métaphysiques*, *morales*, *communicables*, *incommunicables*, *propres*, *métaphoriques*, etc.

Les sept dernières *splendeurs* comprennent tous ces attributs absolus : on les y retrouve tous, de même qu'on reconnaît clairement dans les trois splendeurs suprêmes les *attributs relatifs*, ou mieux les *cinq notions*.

buts. En effet, elles comprennent toutes les perfections divines. Ces Splendeurs sont également des *émanations*, car les attributs divins sont inséparables de la Divinité, et constituent une *unité parfaite* entre elles et en Dieu.

Que les dix Splendeurs, en hébreu *Séphiroth*, ne soient que l'ensemble, s'il est permis d'employer cette expression, de l'Etre Suprême, c'est ce que prouve encore le nom divin attribué à chacune d'elles ; savoir :

La première est appelée אהיה, *je suis celui qui est.*

La seconde יה (abrégé du nom Jéhovah).

La troisième יהוה, ponctué des voyelles du nom divin *Elohim*, אלהים.

La quatrième, אלוה, et selon d'autres, אל, Dieu.

La cinquième, אלהים, Dieu.

La sixième, יהוה, Jéhova.

La septième, יהוה צבאות, Jéhova des puissances.

La huitième, אלהים צבאות, Dieu les puissances.

La neuvième, אל חי, Dieu vivant.

La dixième, אדני, Adonaï.

J'ai dit que les attributs divins sont *inhérents* à Dieu, c'est ce qu'enseignent la philosophie et la théologie chrétienne. Voici d'abord comment s'exprime le coryphée des théologiens modernes, le R. P. Peronné : « Admitti nequit ulla realis distinctio inter Deum ejusque attributa, sive absoluta sive relativa, neque inter attributa absoluta ipsa. Si enim ejusmodi daretur distinctio, admitti in Deo deberet realis compositio atqui hæc compositio in Deum cadere non potest, qui est omnino simplex ; excludi igitur a Deo debet omnis realis distinctio, sive inter Divinitatem eiusque attributa absoluta ac relativa, sive inter attributa absoluta ipsa. » Prælect. theol, De Dei simplicitate Prop. IV.

Et pour qu'on ne dise pas que cette philosophie d'un Religieux se traîne dans l'ornière de la théologie, je citerai celle d'un philosophe nullement suspect de trop de zèle pour les idées chrétiennes. « Hoc primum tene, dit Bayle, nihil esse in Deo quod non sit Deus atque adeo attributa divina non esse qualitates seu perfectiones ab Essentia divina distinctas, nisi secundum nostrum concipiendi modum. » Systema totius philosophiæ. Metaphysicæ specialis, cap. III, art. 3.

A l'Evangeliste il ne faut qu'un mot pour exprimer cette vérité, savoir, que les attributs de Dieu sont essentiellement en Dieu. *Deus charitas est*, dit-il, Joan. I, Ep. IV, 16.

§ 3. — LES SEPT ESPRITS DE L'APOCALYPSE I, 4.

Le disciple bien-aimé, qui a été assez heureux pour reposer sa tête sur le sacré cœur de Jésus, recumbens in sinu Jesu, a puisé à cette source divine la connaissance des mystères les plus profonds et les plus redoutables. Je ne crains pas d'affirmer que je vois les dix *splendeurs* clairement énoncées dans le célèbre verset de son Apocalypse, I, 4. Gratia vobis et pax ab eo qui est et qui erat et qui venturus est, et *a septem Spiritus qui in conspectu throni ejus sunt.* Je ne répéterai pas que ces trois temps du verbe *être*, car *venturus est* ἐρχόμενος, équivaut selon l'hébreu à *erit*, sont, si j'ose m'exprimer ainsi, la monnaie du nom Divin *Jéhova*, יהוה, qui par ses éléments dénote admirablement le mystère de la T. S. Trinité. De graves commentateurs ont déjà démontré que le saint Apôtre désigne par ces trois temps du verbe par excellence les trois adorables Personnes du Dieu *un* ; et moi-même j'ai développé longuement dans mon *Harmonie* cette signification du Tétragrammaton. Voilà d'abord les trois *Splendeurs suprêmes.* Mais ce que je veux surtout établir ici, c'est que les *septem Spiritus* de ce verset sont réellement les sept dernières splendeurs, c'est-à-dire, Dieu dans ses attributs absolus.

L'opinion de ceux qui prennent ces sept esprits pour des anges paraît à plusieurs inadmissible. Car Dieu seul, à l'exclusion de toute créature, quelque élevée qu'elle soit, même dans la hiérarchie céleste, a le droit et le pouvoir d'accorder cet état de grâce spirituelle, appelé *gratia et pax*, traduction verbale de l'hébreu חן ושלום. Ces deux termes bibliques expriment avec netteté l'heureuse union de l'âme avec Dieu, la grâce, vase précieux qui, hélas ! est si fragile dans la main des faibles humains.

Le chapitre cinquième distingue les *sept esprits* d'avec les *anges* de telle sorte qu'on ne saurait les confondre. Voyez les versets 6 et 11. Nulle part dans l'Apocalypse on ne voit les anges appelés *esprits.* Cette salutation *gratia et pax*, saint Paul aime à la répéter en tête de presque toutes ses épîtres (1), trésor de la théologie chrétienne. Or, le grand Apôtre n'attribue, comme de raison, ce don céleste qu'à Dieu : Gratia et pax a *Deo Patre nostro et Domino nostro Jesu Christo.* Il faut donc conclure que dans notre verset de l'Apocalypse, saint Jean souhaite aux sept églises d'Asie *la grâce et la paix de l'âme* de la part de tout ce qui est en Dieu, ses hypostases et ses attributs.

(1) Il n'y a d'excepté que l'Epître aux Hébreux.

La préposition *et*, καὶ, devant *a septem Spiritus* ne distingue pas ces esprits d'avec ce qui précède. Grotius avec son coup d'œil si juste a déjà remarqué qu'il y a ici la figure, si commune chez les Hébreux et les Grecs, appelée ἓν διὰ δυοῖν, mot à mot une même chose exprimée en deux manières. Il explique dans son commentaire que les *sept esprits* sont la Providence Divine qui se manifeste en diverses façons appelées plus loin, chap. v, 6, *les yeux de Dieu* : « Et *oculos* septem, qui sunt *septem spiritus Dei*, missi in omnem terram », dit saint Jean. Grotius ajoute : Et sic erit ἓν διὰ δυοῖν ; optatur enim pax *a Deo et septem Spiritibus*, id est, a Deo per hos septem modos operante. L'Apôtre du Verbe (In principio erat Verbum) déclare en même temps dans son Apocalypse que le Verbe est Dieu, et que par conséquent les sept esprits lui sont inhérents tout aussi bien qu'à son père. Il s'exprime en ce sens dans la cinquième lettre qu'il écrit par ordre de N.-S. J.-C. : « Hæc dicit qui habet septem spiritus Dei. »

Un savant Jésuite, le Père Alcaçar, auteur d'un volumineux commentaire de l'Apocalypse (1), a parfaitement reconnu que ces sept esprits ne sont autre chose, même dans le sens littéral, que les attributs divins absolus. Voici comment Cornelius a Lapide résume son exposition : « Alcaçar per hosce septem spiritus accepit septem Dei virtutes, sive *attributa* in quibus consistit integra Providentiæ perfectio. Porro hæc dotes sunt *in Deo*, suntque reipsa *ipse Deus* : unde *ab iis* pacem et gratiam suis precatur Johannes. Hæc ergo virtutes in Deo sunt immensæ, nec ullum habent finem, nec limitem ; ideoque vocantur *spiritus* cum angelos Johannes in Apocalypsi *angelos* vocet, non *spiritus*. »

§ 4. — LES SEPT LUMIÈRES ÉCLATANTES DANS L'APOCALYPSE IV, 5, ET LES SEPT YEUX DE JÉHOVA, DANS ZACHARIE, IV, 10.

Maintenant, que ces sept esprits soient précisément les sept dernières *splendeurs* des cabalistes, c'est ce que rend incontestable le texte du chap. IV, verset 5. Il y est dit positivement que les sept esprits sont des *lumières éclatantes* et retentissantes des *foyers* qui *resplendissent* devant le trône céleste. Et de throno procedebant fulgura et voces et tonitrua, et septem lampades ardentes, ante thronum, qui sunt septem spiritus Dei. Tout ce verset traite d'une seule et même chose, ainsi que cela a été dit ci-devant.

(1) C'est de ce commentaire que Bossuet a tiré presque toute son exposition du livre de l'Apocalypse.

Ces *lumières*, *attributs*, *modes*, de la Providence de Dieu sont appelés dans Zacharie, IV, 10, *les sept yeux de Jéhova*, *qui se promènent par toute la terre*. Septem isti oculi sunt Domini (Hébreu, *Jéhovae*, du Dieu *trin*), qui discurrunt in universam terram. L'Apôtre saint Jean déclare à son tour que ces *yeux* sont les *esprits* de Dieu. Et oculos septem (scil. Agni tamquam occisi), qui sunt *septem spiritus* Dei, missi in omnem terram. Les cabalistes ne manquent pas de dire d'après le texte cité de Zacharie, que les sept splendeurs étaient figurées par les sept luminaires du chandelier d'or du temple ; que ces luminaires représentaient au même titre les sept planètes, par l'influence desquelles, selon la croyance des rabbins, la divine Providence se manifeste dans ce bas monde (עולם התחתון). Enfin, ce qui achève de confirmer que tel est le sens des sept esprits de saint Jean, c'est que l'Apôtre, au chapitre v de l'Apocalypse, après les avoir attribués à l'Agneau, pour nous répéter le *Deus erat Verbum* de son Evangile, il fait au verset 12 l'exacte énumération des sept splendeurs. 1 Virtus. 2 Divinitas. 3 Sapientia. 4 Fortitudo. 5 Honor. 6 Gloria. 7 Benedictio.

On voit par ce qui précède que des commentateurs d'une grande autorité ont presque touché au but puisqu'ils ont reconnu dans ces esprits les attributs divins. Eichhorn qui dans le XVIIIe siècle s'est illustré par ses grands travaux sur la Bible, a franchi le dernier pas dans son *Introduction au N. T.* Au tome premier, page 347, il n'hésite pas à déclarer que les sept esprits de l'Apocalypse appartiennent au système *séphirotique* (c'est-à-dire, des *séphiroth*, *splendeurs*) de la cabale. « Cabbalistisch sind, dit-il, die sieben Geister Gottes. »

Tel est donc le monde atziluthique des cabalistes, le seul monde *incréé*, c'est-à-dire Dieu avec ses attributs relatifs (en tant que trois Personnes) et ses attributs absolus (ses perfections, en tant que Dieu *un*). Ces premières dix séphiroth sont par conséquent un tout indivisible. « Mystère des mystères de l'Ancien des jours, dit le « Zohar, qui n'a pas été livré même aux anges d'en haut. » (Zohar, partie 3e, col. 243). C'est le *Deum nemo vidit unquam* de saint Jean, chap. I, verset 18. Pas même les anges, disent les Pères de l'Eglise ; car il s'agit ici de ce que les théologiens appellent *la vision compréhensive*.

§ 5. — L'ARBRE CABALISTIQUE, ET NOLITO TANGERE

La figure la plus ordinaire sous laquelle on représente les dix Sephiroth est celle-ci, connue sous le nom d'*arbre cabalistique*.

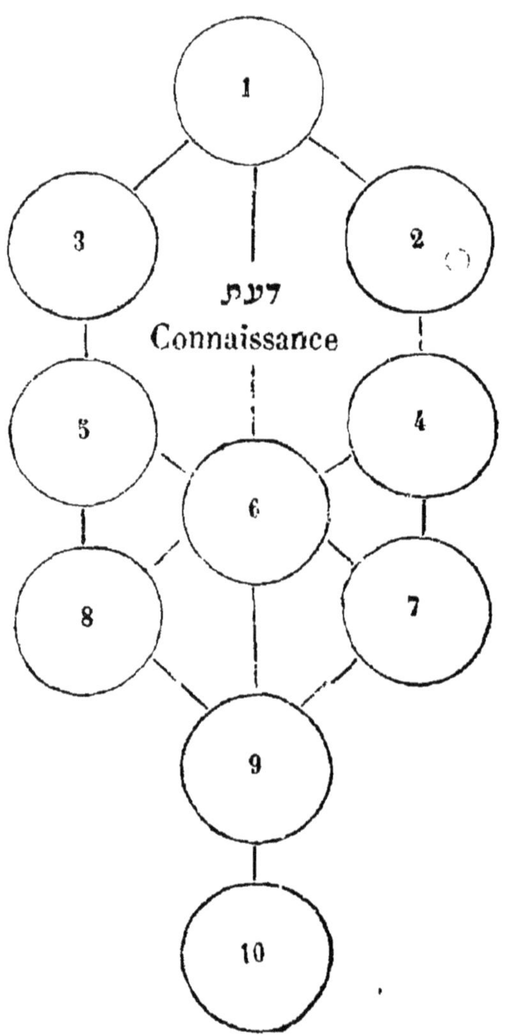

Les mondes divers, les hiérarchies d'anges, tant bons que mauvais, ceux-ci appelés *écorces*, קליפות, sont également distingués en dix *Séphiroth*. Chaque *Séphira*, à son tour, a pareillement ses dix séphiroth. Il en résulte un nombre illimité d'arbres cabalistiqesu.

C'est ce qui s'appelle le *verger*, פרדס. Voilà pourquoi les cabalistes enseignent que celui qui s'enhardit à tirer de ce système des doctrines erronées *détruit les plantes*, קוצץ בנטיעות ; et que vouloir scruter ces sublimes mystères c'est *s'introduire dans le verger* נכנס לפרדס.

Le talmud, traité Ihaghiga fol. 14 verso, nomme quatre individus qui ont osé *s'introduire dans le verger*. Le premier fut frappé de mort subite ; le second, d'aliénation mentale ; le troisième *détruisit les plantes*, et, malgré sa grande science dans la sainte doctrine, devint impie et mourut impénitent ; le quatrième se retira à temps, et n'éprouva point d'accident.

Je place ici volontiers ces paroles de l'admirable livre de l'Imitation : « Si non intelligis, nec capis, quæ infra te sunt, quomodo comprehendes quæ supra te sunt ? »

Les rabbins cabalistes du Moyen Age ne reculaient pas toujours devant ces exemples de châtiment. Il leur arrivait d'agiter des questions aussi curieuses que dangereuses. Ils demandent entre autres choses : Puisque Dieu remplit tout espace, en quel lieu la Couronne suprême, cause des causes, a-t-elle pu faire émaner d'elle quelque autre séphira, par exemple la première ? C'est comme si l'on demandait, quelle place l'immensité, l'ubiquité du Père a-t-elle pu donner au Verbe engendré ? Ils répondent que *l'Infini* a opéré sur lui-même une sorte de contraction, צמצום ; s'est retiré en lui-même, sans que toutefois l'espace fût privé de sa lumière. Il faut convenir que c'est bien là *s'introduire dans le verger* de la façon la plus téméraire, et qu'en agitant de pareilles questions on est bien près de *détruire les plantes*. Au reste, ces cabalistes étaient trop *rabbins* pour comprendre que dans l'Essence Divine atziluthique l'existence de la *cause des causes* et la génération ou procession des *causes*, causatorum, sont coéternelles, sans commencement comme sans fin ; *nihil prius aut posterius*.

« Gloria sanctissimæ et individuæ Trinitati, Patri et Filio et Spiriritui Sancto ; sicut erat in principio et nunc et semper, et in sæcula sæculorum. Amen ».

§ 6. — EXTRAITS DES LIVRES CABALISTIQUES

Avis au Lecteur.

Je ne tire ces extraits que des livres qui jouissent d'une autorité incontestée. J'aurais pu en multiplier le nombre au point d'en former un gros volume ; mais ceux auxquels je me borne suffisent pour prouver mon thème. Les textes des cabalistes du Moyen Age renferment quelquefois des obscurités auxquelles je n'ai pas toujours réussi à remédier dans ma traduction, que j'ai voulue d'une scrupuleuse exactitude. Dans certains endroits, cependant, je me suis permis d'y ajouter un ou deux mots qui éclaircissent le sens. Les mêmes rabbins s'énoncent aussi par-ci par-là d'une manière qui paraîtra malsonnante aux théologiens catholiques : il faut se rappeler que si le fond appartient à la tradition verbale le style appartient aux rabbins qui l'ont mis par écrit.

Le tome premier de mon *Harmonie* contient un grand nombre de textes qui ont rapport à notre sujet. Comme cet ouvrage est, grâce à Dieu, assez répandu, je me contente d'y renvoyer.

I. Zohar, partie 3e, colonne 307 : « Il y a *deux* auxquels s'unit *un*, et ils sont *trois* ; et étant *trois* ils ne sont qu'*un*. Ces *deux* sont ler deux *Jéhova* du verset, *Ecoute, ô Israël*, etc. (Deuté., VI, 4). *Eohênu* (*notre Dieu*) y est joint. Et c'est là le cachet du sceau de Dieu : VERITÉ. Et étant joints ensemble ils sont *un* dans l'*unité unique*. »

C'est l'*unissime* de saint Bernard.

II. Le même, partie 2e, col. 236, sur le texte du Deutéronome cité : « *Jéhova, Elohenu, Jéhova* (est) *un*. D'une unité unique, d'une volonté unique, sans aucune division. »

III. Le même, partie 2e, col. 286, sur le même texte du Deutéronome : « Le premier *Jéhova* c'est le point suprême, principe de toute choses. *Elohénu*, mystère de l'avènement du Messie. Le cond *Jéhova* joint ce qui est à droite et ce qui est à gauche dans un unique ensemble. »

IV. Le même, partie 3e, col. 116 : « Viens et considère le mystère de ce nom de *Jéhova*. Il y a trois *degrés*, et chacun de ces degrés est distinct, et cependant c'est un ensemble unique, entrelacé dans l'unité, degrés inséparables l'un de l autre.

La cabale emploie souvent l'expression *degrés*, pour *hypostases* de notre théologie. Elle se rencontre également dans les Pères de l'Eglise. Tertullien, par exemple, écrit : « Tres autem, non statu sed *gradu* ; quia unus Deus, ex quo et *gradus* isti, et formae et species, in nomine Patris et Filii et Spiritus Sancti. » Adv. Praxeam, cap. II.

V. Le même, partie 3e, col. 131. « Les *voies* cachées, les *lumières* insondables, les dix *paroles*, sortent toutes du point inférieur qui est sous l'*aleph*, א. Les *Séphiroth* émanent de la libre volonté de Dieu. Les *Séphiroth* ne sont pas des créatures, *absit* ! mais des *notions* et des *rayons* de l'*Infini*, par conséquent, éternelles comme l'Infini lui-même. »

Il est presque superflu de faire remarquer que *voies*, *lumières*, *paroles*, ici et ailleurs dans la cabale, est la même chose que *Séphiroth*. La lettre *aleph* est spécialement le symbole de l'*Infini*. Le Zohar le répète souvent.

VI. Le même, partie 3e, col. 302. « Le Très-Saint, loué soit-il, possède trois mondes où il se tient caché. Le premier est le monde suprême (l'atziluthique), le plus mystérieux, qui ne saurait être ni vu, ni connu que de celui-là même qui s'y tient caché. Le second est celui qui se rattache au monde suprême (le briatique). Le troisième est celui qui se trouve au-dessous des deux premiers, et dont séparé par une certaine distance. Et ceci est le monde où se tiennent les anges d'en-haut (le iétziratique). »

Un peu plus loin, le Zohar en traitant du quatrième monde (l'aciatique), dit : « Et viens et considère que si l'homme n'avait pas péché il n'aurait pas goûté de la mort dans ce monde inférieur au moment de s'élever dans les autres mondes (supérieurs) ; mais puisqu'il a péché il faut qu'il éprouve la mort avant de s'élever jusqu'à ces mondes. L'esprit se détache du corps qui reste dans ce bas monde ; et l'esprit est ensuite *purifié* selon sa culpabilité. Cela fait, il parvient au paradis terrestre. Il y est accommodé d'un autre vêtement, qui est lumineux, mais pour la forme et la figure entièrement semblable à celui qu'il avait dans ce monde-ci (1). »

On voit quelque chose qui ressemble au *purgatoire*. Dans la 3e partie, col. 557, le Zohar enseigne l'*éternité* des peines que souffrent les impies morts dans l'impénitence. « Ceux, dit-il, qui descendent dans l'*horreur*, *ne loueront pas Dieu* (Ps. CXV, 2) ; car ceux qui descendent dans l'*horreur* demeurent à jamais en enfer, בגיהנם ישתארין. Litt., *in gehenna permanebunt*.

VII. Compléments du Zohar ! « L'artisan admirable et caché, qui est *non*, *non-être*, אין, comprend en lui les Trois Séphiroth (suprêmes). Le א (de ce nom) est la *Couronne* ; le י, la *Sagesse* ; le ן, l'*Intelligence*. »

(1) Les éléments constitutifs du corps se dispersent après sa dissolution, et rentrent dans le domaine de la matière inorganique. Il s'ensuit que lors de la résurrection les molécules d'un premier corps pourront avoir passé à des milliers d'autres corps qui lui auront succédé sur la terre. Comment donc, demande la philosophie rationaliste, ces nombreux organismes pourront-ils se recomposer avec les parcelles matérielles qui leur auront été communes ? On voit ici que déjà la synagogue ancienne a prévenu cette objection. Elle admettait que les âmes seront revêtues de corps semblables, *pour la forme et la figure*, à ceux qu'elles avaient animées dans cette vie, mais sans les mêmes éléments constitutifs. On peut croire que cette opinion n'est nullement contraire à la foi catholique. En effet, la Vérité Divine nous apprend que les hommes ressuscités ne seront plus assujettis, comme dans la vie présente, aux besoins matériels et aux appétits grossiers, *sed erunt sicut angeli Dei*. Matth. XXII, 30.

Un illustre orateur, le T. R. P. Félix, de la C. de J., dans ses conférences à N. D. de Paris, a développé, avec son admirable éloquence, cette réponse à l'objection des incrédules contre la résurrection des morts.

Selon la théologie des Druides, l'âme, immatérielle et immortelle, s'en va errer, après la mort, dans les cercles supérieurs (*mondes supérieurs* du Zohar), à travers les astres et les grandes étoiles.

Le cabaliste Rabbi Schabbathi développe ces paroles de la manière suivante : « Par les explications que nous avons données dans les chapitres précédents, on peut se former une idée du mystère enseigné par les maîtres de la cabale ; savoir, que les trois premières (Séphiroth) sont considérées comme n'étant qu'une seule. Et l'on pourrait demander : Pourquoi disent-ils, *sont considérées comme une seule*, et non, *sont une seule* absolument, puisque toutes les Séphiroth ensemble ne sont qu'une seule unité ? Réponse. Parce que les trois premières, la Couronne, la Sagesse et l'Intelligence, sont trois *cervelles*, et quoiqu'elles se manifestent que dans un point seul, unique, simple, ils n'ont pas voulu qu'on les confondît, parce que chacune de ces cervelles est distincte des deux autres. Ce qui est dans les sept (dernières) Séphiroth se trouve dans les trois cervelles (les trois premières Séphiroth), et ce qui est dans les trois cervelles se trouve dans l'unité du point, et ce qui est dans l'unité du point se trouve dans l'Infini, loué soit-il ; de sorte qu'il n'y a nulle différence entre les Séphiroth. »

VIII. Ici le rabbin, à l'exemple du Zohar, partie 1re, col. 27 ; partie 3e, col. 376 et *alibi pluries*, compare le mystère des Séphiroth aux parties intégrantes d'un arbre, qui dans son tout n'est qu'un individu unique. Il continue ainsi : « Il en est de même du sujet que nous avons devant nous. La couronne, mystère du point est la racine cachée ; les trois cervelles sont le tronc : elles sont unies au *point* qui est leur racine. Les sept autres Séphiroth, qui sont les branches, sont unies au tronc, qui est les trois cervelles ; et tous ensemble sont unis dans le *point*, qui est la racine. Voilà pourquoi tous ensemble, le *point* et les trois cervelles et les sept Séphiroth, sont appelés une *unité absolue*, une *unité unique*, אחדות אחד. C'est aussi pour cette raison que les Docteurs de la Cabale ont figuré les dix Séphiroth par un arbre, parce qu'elles ressemblent à un arbre, ainsi que nous l'avons expliqué et que nous l'expliquerons encore. Et si quelqu'un séparait les Séphiroth d'entre elles, *quod absit* ! et les scindait, *quod absit* ! les mêmes Docteurs ont prononcé que cet homme *détruirait les plantes* ; car il serait comme quelqu'un qui couperait notre arbre en morceaux, ou l'arrachement du lieu de sa racine, lieu d'où il tire toute sa sève. »

IX. Suppléments du Zohar, fol. 17 recto de l'édition de Livourne, avec le commentaire qui accompagne le même texte dans le livre iétzira.

Ce que je fais imprimer en petite majuscule est du discours attribué au prophète, le reste appartient au commentaire.

« Discours du prophète Elie. C'EST TOI, Ô MAÎTRE DU MONDE, QUI AS

PRODUIT LES DIX PERFECTIONS. C'est-à-dire, l'*Infini*, loué soit-il, a fait émaner, les tirant de sa propre Essence, les dix *Perfections*, qui sont les dix Séphiroth, instruments de ses perfections pour la perfection des mondes. Car par elles il crée, forme et fait tout ce qu'il a créé. Le monde *briatique* (créatif) forme le monde *ietziratique* (formatif), et fait le monde *aciatique* (factice). Et il veut dire que ces dix Séphiroth sont dans l'*Infini*, loué soit-il, comme un instrument dans la main de l'artisan, pour parfaire, en s'en servant, toutes ses œuvres.

« ET NOUS LES APPELONS SÉPHIROTH. C'est-à-dire, ces *Perfections* qu'il, loué soit-il, a fait émaner, a produites de sa propre Essence, nous les appelons *Séphiroth*. L'intention d'Elie, de bénie mémoire, est de bien nous faire comprendre qu'il ne faut pas nous y tromper, absit! et absit! pensant et disant que les dix perfections soient séparées de lui, absit! comme l'outil est séparé de l'artisan. Quand l'artisan a besoin de travailler, il prend cet outil, et quand il a fini son travail, il le dépose et le laisse dans le lieu où on le conserve afin de l'y reprendre quand il en aura besoin de nouveau; car l'outil n'est pas inséparablement uni à la main de l'artisan d'une union continue, d'une union éternelle. Tu pourrais donc tomber dans l'erreur d'en penser autant des Séphiroth, en les assimilant absolument à des outils que l'on dépose à volonté, et de dire qu'elles sont une chose à part de l'Infini, loué soit-il, absit! et absit! Voilà pourquoi Elie, de bénie mémoire, nous avertit que cela n'est point. En effet, les dix Perfections dont nous traitons sont nommées par nous *Séphiroth*, terme qui en hébreu veut dire, *lumières qui brillent*. Elles brillent de l'Essence même de l'Infini, loué soit-il; elles y tiennent, y sont inhérentes comme le feu à la braise ardente. Ce feu est dans la braise, et ne saurait subsister sans elle. Il en est de même des Séphiroth; elles sont les flammes sacrées, lumières que fait briller leur foyer occulte, trésors saints de l'Essence de l'Infini, loué soit-il. Elles sont toutes attachées, inhérentes, liées, unies à l'Infini, loué soit-il, par une union, une connexion, une liaison incessante, éternelle; et aussi elles sont unies entr'elles, inséparables pendant toute l'éternité. Il (Elie) les appelle, *Sephiroth*, ce qui veut dire, *lumières*, *splendeurs*. La racine ספר de ce nom signifie, *éclairer*, *briller d'un éclat de lumiere*, ainsi que le montre le texte sacré dans l'Exode XXIV, 10, et dans Job. IV, 7. C'est ce que Elie nous fait entendre par ces paroles : POUR ÉCLAIRER PAR ELLES LES MONDES CACHÉS QUI N'APPARAISSENT PAS, ET LES MONDES QUI APPARAISSENT. Le sens est : pour éclairer par les Séphiroth mêmes, et au moyen d'elles, pour éclairer, dis-je, les mondes cachés et occultes, qui sont :

1° Les mondes de la *Bria* (2me monde) surnommés *le trône de sa gloire*, au nombre de dix trônes, dix mondes briatiques. Leur quiddité et leur mode d'être sont au-dessus de notre compréhension, ainsi que je le développerai dans la section du mystère des quatre mondes *Atzila*, *Bria*, *Iétzira* et *Acia*.

2° Les mondes de la *iétzira* (3me monde) qui forment dix mondes d'anges. Ce sont pareillement des mondes occultes, cachés à l'œil matériel.

Or, ces deux mondes, de la *Bria* et de la *Iétzira*, s'appellent *mondes qui n'apparaissent pas*. Ceux-ci, à leur tour, servent à éclairer et à créer, non seulement par leur intermédiaire, mais aussi de leur propre substance, les mondes apparents, perceptibles aux sens et compréhensibles pour l'intelligence des êtres matériels dont se composent les mondes de l'*Acia* (4me monde) ; car l'Acia aussi comprend dix mondes, dix sphères, qui sont dix cieux. Et nos Docteurs enseignent que ces dix cieux sont distants l'un de l'autre l'espace de cinq cents ans de marche (1), chacun d'eux est un monde à part, et enveloppe toute l'œuvre des six jours de la création, c'est-à-dire les sphères et tout ce qu'elles enserrent jusqu'au fond de la terre, les etoiles, les planètes, les *écorces*, les puissances de l'impureté, le démon des mauvaises pensées (2). Voilà ce qui s'appelle les *mondes apparents*.

Mais revenons aux paroles d'Elie. ET PAR ELLES (les Séphiroth) TU TE DÉROBES AUX ENFANTS DES HOMMES. Cela veut dire, comme l'Infini, loué soit-il, a fait toutes actions par l'entremise de ses Séphiroth, louées soient-elles, et en quelque façon se cachant dans l'action, laquelle n'est manifestée que par ses Séphiroth, louées soient-elles, et non par lui-même, *il se dérobe et se cache derrière elles*, ainsi qu'un homme qui se cache à la vue en couvrant toute sa personne d'un vêtement, de sorte que son vêtement seul est visible. Dieu ne se donne à connaître que par ses actes, et ceux-ci s'opèrent par ses Séphiroth, qui sont son vêtement.

Il dit ensuite : ET C'EST TOI QUI LES UNIS ET LES RATTACHES ENSEMBLE. Cela veut dire, bien que les Séphiroth seules se manifestent en agissant sur tous les mondes, leur action n'est cependant pas

(1) Le *Talmud*, traité Ilhaghiga, fol. 12 verso, donne les noms hébreux de ces dix cieux. La distance entre les dix cieux est tirée du livre iétzira, qui porte seulement, *cinq cents* ; mais le *Talmud*, même traité fol. 13 recto, y ajoute, *ans*.

(2) On a vu plus haut que par *écorces* les cabalistes désignent les anges déchus, les mauvais anges. C'est le démon des mauvaises inspirations, יצר הרע, disent les rabbins, qui excite les hommes à mépriser et à transgresser la loi de Dieu.

indépendante de l'Infini. On ne doit pas penser et dire que les Séphiroth seules agissent, et que l'Infini demeure étranger à ce qu'elles font. Ce serait une impiété; car elles n'agissent qu'en vertu de sa toute-puissante influence, laquelle les rattache et les unit dans une unité parfaite, absolue. Elles tiennent à lui comme le feu tient à la braise. Il est donc la source et le ressort de toute leur activité.

Et puisque tu en es le noyau et le foyer, quiconque séparerait ces dix Séphiroth l'une d'avec l'autre, serait coupable, comme s'il te déchirait et te mettait en pièces toi-même, ô maître du monde. Cela signifie, puisque l'Infini est l'intérieur des flammes dont brillent les Séphiroth, car elles ne resplendissent que de la grande clarté qui n'a point de bornes, et que lui-même se revêt de la puissance des lumières qui sortent de lui, pour opérer par elles toutes ses actions, cela étant ainsi, quiconque séparerait l'une de l'autre, en disant : la puisssance de lumière qui est dans telle Séphira n'est pas dans telle autre Séphira, laquelle possède une puissance de lumière différente, celui-là, en divisant séparant et disjoignant les Séphiroth, commettrait le péché énorme de trancher, de diviser, de scinder l'Essence unique de l'Infini, loué soit-il. Car il est l'unité la plus simple, et les Séphiroth émanées de cette unité simple. C'est la fosse, la perdition, la mort et le feu de l'enfer du plus profond abîme pour celui qui oserait s'en rendre coupable. »

X. Le système cabalistique du livre iétzira, que les rabbins attribuent au patriarche Abraham, est entièrement basé sur le dogme de la Trinité divine Il distingue en Dieu *trois Splendeurs*, Séphiroth, lesquelles se confondent dans la *Splendeur suprême*, et ne constituent ensemble qu'*une essence* ; à savoir :

1. L'*Infini*, autrement appelé, *la couronne suprême.*
2. La *Sagesse.*
3. La *Prudence.*

Ces trois Splendeurs suprêmes sont nommées aussi, dans les livres des cabalistes, *les trois voies*, *les trois degrés*, *les trois branches supérieures* (de l'arbre cabalistique), *les trois colonnes*.

[Ce qui est en petite majuscule appartient au texte du livre iétzira.]

La première voie s'appelle intelligence impénétrable, couronne suprême. Elle est la lumière primordiale, intellectuelle ; la gloire première, incompréhensible pour tous les hommes créés.

Commentaire de R. Abraham-ben-David, communément appelé *Raabad* :

« Le mystère de cette *Voie* est indiqué par la lettre aleph, א. Les lettres dont se compose le nom de ce caractère, א, ל, פ, forment également le mot פלא, qui signifie, l'*Admirable*. Cette dénomination convient à la première Voie, car il est écrit : *Et on l'appellera* l'ADMIRABLE, *le conseiller, le Dieu fort.* Isaïe, IX, 6.

Ce passage de Raabad est remarquable. Il reconnaît que le chapitre IX d'Isaïe doit s'entendre du Messie, et que le Messie est réellement Dieu, Dieu fait homme. Parvulus enim natus est nobis, et filius datus est nobis ; et vocabitur nomen ejus *admirabilis*.

LA DEUXIÈME VOIE EST L'INTELLIGENCE ILLUMINATIVE. ELLE EST LA COURONNE DE LA CRÉATION, LA SPLENDEUR DE L'UNITÉ. ELLE EST ÉLEVÉE AU-DESSUS DE TOUTES CHOSES. LES MAITRES DE LA TRADITION LA QUALIFIENT DE GLOIRE SECONDE.

Un autre rabbin, je veux dire, *Rabbi Saul*, en parlant de cette deuxième voie, s'exprime dans des termes analogues. Novissime diebus istis locutus est nobis in Filio, per quem fecit et saecula ; qui cum sit *splendor gloriæ*, et figura substantiae eius, sedet ad dexteram majestatis in excelsis. Rom. I, 1 sq.

LA TROISIÈME VOIE S'APPELLE L'INTELLIGENCE SAINTE. ELLE EST LE FONDEMENT DE LA SAGESSE PRIMORDIALE APPELÉE FOI FIDÈLE INÉBRANLABLE. AMEN *est la racine de la* QUALITÉ DE CETTE FOI. CETTE VOIE EST LA MÈRE (1) DE LA FOI, CAR LA FOI ÉMANE DE LA VERTU, C'EST-A-DIRE DE LA PUISSANCE QUI EST EN ELLE.

Notre sainte Mère l'Eglise nous enseigne que la foi est un des *fruits* de la *troisième voie* de Dieu, du Saint-Esprit.

On a vu plus haut que le terme *degré* n'appartient pas exclusivement aux rabbins cabalistes. Le terme cabalistique *voie* remonte à une haute antiquité. Il est tout chrétien, et je me prosterne devant mon Divin Redempteur quand il se fait connaître comme étant lui-même *La Voie.* Saint Thomas lui demandant : Domine, quomodo possumus *viam* scire ? il répond : Ego sum *Via.* Six siècles auparavant, Isaïe, le prophète évangélique, au chapitre XXXV où il prédit l'avènement du Messie, annonça qu'alors il y aura sur la terre la *voie sainte*. Et erit ibi semita et via, et *via sancta* vocabitur.

XI. Moïse Nahhménide, commentaire sur le premier verset de la Genèse : La doctrine de nos maîtres est que le mot *berêschit*, בראשית, (qui signifie, *au commencement*) indique que l'univers a été créé par l'entremise des dix Séphiroth. Et il (ce mot) désigne spé-

(1) Le texte porte, *le père*, parce que le terme hébreu נתיב, qui signifie *voie*, est un nom masculin.

cialement la Séphira appelé *la Sagesse* (la seconde Personne de la Trinité suprême). Elle est le fondement de tout le sujet de notre texte, car il est écrit : *Jehova a fondé la terre par la SAGESSE.* Prov. III, 19. Le mot *berêschit* désigne donc la Sagesse. Celle-ci est à la vérité la seconde dans l'ordre des Séphiroth, mais elle est la première qui se manifesta (1). Elle est en effet le commencement des commencements. Voilà pourquoi les targum de Jonathan et le Jerusalemite traduisent en chaldéen : *Par la SAGESSE Jéhova créa :* בחוכביא ברא יי (2).

XII. Commentaire du même Moïse Nahhménide sur le commencement de la Genèse, développé par le cabaliste R. Isaïe Hurwitz, dans son livre *Schelah*, fol. 271, verso : « Le Très-Saint, loué soit-il, a créé toutes les créatures, les tirant du néant absolu. Et nous n'avons pas dans la langue sainte d'autre terme que ברא (creavit) pour exprimer *faire sortir du néant à l'être.* Et il n'y a rien de tout ce qui a été fait sous le soleil, ou au-dessus, qui n'ait eu un commencement d'existence. Il (Dieu) a tiré du néant le plus absolu un élément extrêmement subtil, impalpable, puissance productrice en ce qu'elle est susceptible de recevoir des formes sensibles. C'est cet élément primitif que les Grecs nomment *hiulè* (ὕλη). Après le *hiulè* il n'a plus rien créé ; mais de cet élément il a tiré, formé et façonné toutes choses, les revêtant de formes de manière à les approprier chacune à l'usage auquel elle est destinée. Et sache que les cieux avec tout ce qu'ils contiennent sont de la matière ; la terre aussi et toutes les choses y appartenant sont une seule matière. Le Très-Saint, loué soit-il, a créé l'un et l'autre de rien. Et ils ont été créés séparément, ensuite en ont été faites toutes les choses qui les accompagnent. Et cette matière *hiulè* se nomme en hébreu *thohu*, תהו, et la forme dont cette matière est revêtue se nomme en hébreu *bohu*, בהו. Et c'est là ce que nos docteurs entendaient dire dans le livre iétzira : *Il a tout formé du propre* THOHU, *et il a fait essence ce qui n'était point.* Ainsi le texte s'explique naturellement selon la lettre. *Au commencement Dieu créa les cieux.* Il a tiré du néant leur matière. *Et la terre.* Il a tiré du néant sa matière. Et dans cette

(1) Ces derniers mots se lisent dans le fameux livre *Pardès* du cabaliste Moïse de Cordoue. Saint Jean dit également que la Séphira *seconde* dans l'ordre se manifesta aux hommes, et leur fit connaître la Sephira *première*, qui ne s'est jamais montrée. Deum nemo vidit unquam. Unigenitus Filius, qui est in sinu Patris, ipse enarravit. Joan. I, 18.

Les paroles du rabbin rappellent également celles du même Apôtre, verset 3 : Omnia per ipsum facta sunt, et sine ipso factum est nihil, quod factum est.

(2) Dans les Bibles imprimées le Jerusalémite seul porte la version que Nahhménide lisait dans l'un et l'autre targum.

création furent créées toutes les créatures des cieux et de la terre. »

XIII. R. Menahhem de Recanati : « Les trois premières Séphiroth sont appelées שכליות, *intellectuelles*, *notions*, et non דעת, *connaissance*, *attributs*. » (comme les sept suivantes.).

XIV. R. Méir fils de Todros de Tolède : « Les trois Séphiroth suprêmes qui sont : la *Couronne suprême*, la *Sagesse* et l'*Intelligence*, sont les *Séphiroth intellectuelles*, *les notions* ; et les sept autres Séphiroth sont celles nommées, dans le livre iétzira, ספור, *Splendeurs attributives*.

XV. R. Abraham Irira (1) dans son livre שער השמים, *la porte du ciel* : « Dieu dans ses dix Séphiroth ne communique pas sa nature aux trois mondes, *briatique*, *iétziratique* et *aciatique*... Les Séphiroth émanent du premier *Infini*, mais de telle façon qu'elles n'en sont nullement séparées. Les Séphiroth ne sont autre chose que la *Divinité déterminée*. Les mondes briatique, iétziratique et aciatique sont des créations ex nihilo. Il n'en est pas de même des Séphiroth. Celles-ci ne sont point sorties du néant, mais elles émanent éternellement de la substance du *premier Infini* ; et celui-ci, leur cause immédiate, n'en éprouve aucune diminution ainsi qu'une lumière qui communique sa clarté à une autre lumière. Les Séphiroth sont de la même nature que le premier Infini, avec la seule différence que l'infini existe par lui-même, *est a seipso, causa sine causa*, et que les Séphiroth émanent de lui ; en un mot, sont les *causées* de la cause première. De l'Infini, unité la plus absolue, se produit, s'engendre le *monde céleste*, העולם העליון, c'est-à-dire, ce qui en cabale est appelé, l'*homme primitif*, *Adam primitif*, אדם קדמון, être Divin qu'il ne faut pas confondre, quod absit ! avertissent les cabalistes, avec le *premier homme*, *premier Adam*, אדם הראשון, terrestre. L'Adam primitif est *un* et *beaucoup*, car toutes choses sont de lui et en lui, מניה וביה.

XVI. Dans le même livre, Dissertation III, chapitre IX, Iria développe plus amplement ce qu'il vient de dire en abrégé, et il explique en détail la nature des anges des diverses hiérarchies, dont je n'ai pas à m'occuper dans cette notice.

On vient d'entendre les plus grands maîtres de la cabale des Hébreux, et j'aurais pu augmenter considérablement le nombre de mes citations. Qu'on juge maintenant si les philosophes incrédules sont fondés à invoquer cette cabale en faveur du panthéisme.

(1) C'est ainsi que les rabbins prononcent ce nom, אירירא ; mais le véritable nom de ce célèbre cabaliste est *Herréra*. Il était Espagnol de la ville d'Herréra.

TABLE DES MATIÈRES

PREMIÈRE PARTIE

LES DIVISIONS DE LA KABBALE

DEUXIÈME PARTIE

LES ENSEIGNEMENTS DE LA KABBALE

TROISIÈME PARTIE

LES TEXTES

QUATRIÈME PARTIE

BIBLIOGRAPHIE RÉSUMÉE DE LA KABBALE

FIN DE LA TABLE

IMPRIMERIE BUSSIÈRE. — SAINT-AMAND (CHER).

EXTRAIT DU CATALOGUE

des ouvrages publiés

à la BIBLIOTHÈQUE CHACORNAC

SAINT-AMAND (CHER). — IMPRIMERIE BUSSIÈRE

Contraste insuffisant

NF Z 43-120-14

www.ingramcontent.com/pod-product-compliance
Ingram Content Group UK Ltd.
Pitfield, Milton Keynes, MK11 3LW, UK
UKHW020426200726
13857UKWH00002B/295

9 782012 832602